王定华 河南上蔡人。教育学博士、教授、博士生导师。北京外国语大学党委书记，国家督学，国家教师教育专家咨询委员会副主任委员，教育部普通高等学校师范类专业认证专家委员会副主任委员，全国高等学校设置评议委员会委员。曾在河南大学、河北大学和美国波特兰州立大学学习。先后担任河南大学教育系教师、国家教委基础教育司义务教育处副处长、高中教育处副处长，中国驻纽约总领事馆教育领事，教育部基础教育司办公室主任、综合处处长、副巡视员、副司长。2012年任教育部基础教育一司司长、全国少工委常务副主任，2016年任教育部教师工作司司长、国家督学。2018年任现职。长期参与国家教育政策制定，不懈推动教育改革发展，大力提倡学校品质提升，始终坚持理论与实践研究。主要研究领域为当代基础教育、教师专业发展、中美教育比较、一流大学建设。系列专著有《中国基础教育：观察与研究》《中国高等教育：观察与研究》《中国教师教育：观察与研究》《美国基础教育：观察与研究》《美国高等教育：观察与研究》《美国教师教育：观察与研究》等，主编《新时代高品质学校建设方略》《英国高等教育——中国大学校长之观察与研究》等近20部著作，发表学术论文160多篇。

> 教师教育
> 前景广阔
>
> 为"中国教师教育观察与研究"题
> 二〇二〇年元宵节 顾明远

国家教师教育专家咨询委员会主任委员、中国教育学会名誉会长、北京师范大学资深教授顾明远先生题词

K－12 Education in China
Higher Education in China
Teacher Education in China
K－12 Education in the USA
Higher Education in the USA
Teacher Education in the USA

"中美教育观察与研究系列"总目

中国基础教育：观察与研究
中国高等教育：观察与研究
中国教师教育：观察与研究
美国基础教育：观察与研究
美国高等教育：观察与研究
美国教师教育：观察与研究

丛书责编 刘立德 韩华球
本书责编 曾红梅

中国教师教育：观察与研究
TEACHER EDUCATION IN CHINA

王定华 著

人民教育出版社
·北京·

图书在版编目（CIP）数据

中国教师教育：观察与研究/王定华著 .— 北京：人民教育出版社，2020.8（2022.10重印）
ISBN 978-7-107-35064-1

Ⅰ.①中… Ⅱ.①王… Ⅲ.①教师教育-研究-中国 Ⅳ.① G451.2

中国版本图书馆 CIP 数据核字（2020）第 152192 号

中国教师教育：观察与研究

出版发行		人民教育出版社
		（北京市海淀区中关村南大街 17 号院 1 号楼　邮编：100081）
网	址	http://www.pep.com.cn
经	销	全国新华书店
印	刷	山东新华印务有限公司
版	次	2020 年 8 月第 1 版
印	次	2022 年 10 月第 3 次印刷
开	本	787 毫米 × 1 092 毫米　1/16
印	张	25
插	页	1
字	数	362 千字
印	数	3 501~5 500 册
定	价	63.00 元

版权所有·未经许可不得采用任何方式擅自复制或使用本产品任何部分·违者必究
如发现内容质量问题、印装质量问题，请与本社联系。电话：400-810-5788

出版说明

本书是王定华教授在人民教育出版社陆续出版的中美教育观察与研究系列专著中的一部。该系列包括《中国基础教育：观察与研究》《中国高等教育：观察与研究》《中国教师教育：观察与研究》《美国基础教育：观察与研究》《美国高等教育：观察与研究》《美国教师教育：观察与研究》。

世界上有近200个国家，其教育传统、教育体制、发展状况各有不同，都应该予以了解、全面把握。而美国作为最大的发达国家，其基础教育、高等教育、教师教育的历史、体制、理论、实践、经验、教训，更值得重点关注、深入透视。同时，我们的祖国正在走近世界舞台的中央。作为最大的发展中国家，我国的教育与美国教育相互影响，与世界教育同频共振，必须不断深化改革、加快发展、乐于借鉴、善于弘扬。

王定华教授长期从事中美教育比较研究，曾在教育部工作20多年，参与了一系列重要教育决策，还担任过中国驻纽约总领馆教育领事，走访调研过中美两国许多地方，因此对两国教育既有总体宏观把握，又有很多生动具体观感，遂以观察与研究的视角切入，编写成系列专著。观察，就要描述客观现实，分享心路历程，避免空泛无物；研究，就须进行理论思考，揭示事物规律，避免浅尝辄止。这两点王定华教授都实现了，并且做到了相得益彰。

中美教育观察与研究系列专著体现了以下几个特点：一是历史与现实相结合，二是国内与国外相结合，三是理论与实践相结合，四是学术性与政策性相结合，五是严谨性与可读性相结合。

《中国教师教育：观察与研究》中，"教师教育"是一个广义的概念，涵盖了各级各类教师的培养、培训、师德师风建设、认证、评价、职称评审、编制、待遇等，实际上是"教师队伍建设"的同义语。作者之所以在本书名中采用"教师教育"而不是"教师队伍建设"，是为了整套专著书名风格协调一致。

本书是作者承担的教育部委托课题"中美基础教育教师队伍建设比较研究"（课题编号：2018JSSKT007）、"中美高等教育教师队伍建设比较研究"（课题编号：2018JSSKT008）成果的一部分，同时也是北京外国语大学2020年度"双一流"建设的一项重大标志性成果。

希望并相信本书的出版能对新时代我国教师队伍建设的完善和发展起到积极推动作用。

人民教育出版社
2020年8月

代自序：新时代教师赋[①]

国将兴，必贵师而重傅。重教尊师，乃今之要务，国之根本。环顾世界，科技进步，大势汹涌浩荡。看我神州，华夏继往，万象澎湃承新。十九大盛举，图国家强盛，谋人民幸福，举国振奋鼓舞。新时代思想，十四条方略，两阶段论述，深谋远虑，纵横捭阖，擘画现代走廊，指明复兴通途。

回望悠长文化，博大精深，灿烂辉煌，绵延不断，泱泱中华亘古英才辈出，乃因建国君民教学为先，师恩浩荡诲人不倦，广惠历代朝野，成就莘莘学子。师道，溯源夏商，承传至今四千载矣。自鸿蒙初辟，文明肇始，乃有成均，凤雏麟子，蒙师诲而得以明人伦、习礼乐。至于春秋八百年，俱兴庠序之教，百家争鸣而师道日兴。圣贤辈出，璨若星河；经典轰传，富比五车。老庄得道，自成一代先圣；孔孟立论，允称万世师表。及暴秦之世，焚诗书，坑术士，六艺从此缺，天下未敢有藏诗、书、百家语者，师道亦损矣，是以未及二世而亡。汉尊孔儒，邦兴而国安。明帝尊桓荣以师礼，设几于东，荣居西而坐，独享尊荣，故

[①] 王定华. 新时代教师赋［N］. 中国教师报，2018-01-03（1）.

后世皆以"西席"誉之师者。科举取士,舍弃门第,起于隋,兴于唐,文教益兴,自县学、州学以至太学,受业者众。及宋,朝廷重文,公学既兴,私学亦盛。朱子世出,集理学之大成,讲播天下,自白鹿洞而岳麓,阐邹鲁之实学,绍濂洛之真传,广纳子弟,切磋琢磨,世皆传之。明清两朝,亦能弘文兴教,惜独尚八股,所学者三纲五常,文脉兹不传矣。及至民国,西学东渐,扫靡靡之风,开未有之境,是以大师林立,文道丕振,教化重兴。

师者,开蒙启愚,匡谬正误,善莫大焉。筑社稷之基础,培元而固本;育国家之栋梁,推陈而鼎新。古之成大事者,必有良师。昔孔圣弟子三千,贤者七二,各经天纬地之才;韩非李斯,拜相封疆,俱铭青史,以其师荀况故也;苏秦张仪,承鬼谷子纵横之学,在则国重,去则国轻,一时无两。故虽驽马逢伯乐,亦足以骋驰千里,追风逐日。今英才遇良师,必得以担当大任,举奋进之笔,谱华美乐章。

师者,非但传道授业解惑,亦必启人心智,明其德行。太上有立德,其次有立功,其次有立言,虽久不废,此之谓不朽。颜渊箪食瓢饮而不改其乐,子路闻过则喜,子贡取财有道,曾参三省其身,佳弟子为人所称道者,皆以其德也。古人云经师易得,人师难求,此之谓也。新时代四有之师,坚理想信念,守道德情操,固扎实学识,涵仁爱之心,定可引学子锤品德、习知识、新思维、献祖国。

师道承传,于今宏开格局,九州上下重教尊师。中央核心,号令天下,师德师风再建设,教师素质再提高,尊师重教再起航。师道新说,皆论为经典,成方向指南。师者辉耀,学高为师,身正为范,爱岗敬业,无私奉献,一支粉笔染双鬓,三尺讲台度春秋,皆最美风景。如黄大年者,心有大我,至诚报国,爱生如子;如李保国者,扎根太行,无惧风雨,学以致用。师中楷模,以其熠熠,使人昭昭。夫薪火之相传,修身并立德,拳拳以育人。是故,复兴梦想,定必达成。我辈唯莫负时代,为国出力,砥砺前行,方不愧师之教诲矣。

目录

第一章 中国教师队伍建设总览 /1

一、中国教师教育的概念坐标/2
二、中国教师队伍建设取得的成就/6
三、中国教师队伍建设面临的挑战/16
四、新时代教师队伍建设中央文件解读/20
五、结语/30

第二章 坚持把教师队伍建设作为基础工作 /35

一、教师是"基础之基础"/36
二、教师是"制高点之制高点" /39
三、教师是"根本之根本"/44
四、结语/48

第三章 新时代师德师风建设的观察与研究 /50

一、切实做好师德陶冶/52
二、传统文化助力教师德行/55
三、建立师德建设长效机制/58
四、高校师德问题研究/65
五、结语/72

第四章　中国教师教育的发展历程和振兴计划/76

一、中国教师教育的发展历程/77
二、实施卓越教师培养计划/91
三、实施教师教育振兴行动计划/99
四、结语/109

第五章　建设高素质专业化的中小学教师队伍/112

一、中小学教师队伍建设的历程/113
二、中小学教师队伍建设的改革探索/116
三、结语/119

第六章　建设高素质善保教的幼儿园教师队伍/121

一、幼儿园教师队伍建设的改革历程/122
二、幼儿园教师队伍建设的改革现状/125
三、幼儿园教师队伍建设的改革思路/129
四、幼儿园教师队伍建设的改革路径/132
五、结语/135

第七章　建设高素质双师型的职教教师队伍/137

一、双师型职教教师队伍建设的历程/138
二、双师型职教教师队伍建设的现状/140
三、双师型职教教师队伍建设存在的问题/145
四、新时代政策策略："职教师资12条"/149
五、结语/156

第八章　建设高素质创新型的高校教师队伍/157

一、高素质创新型高校教师队伍建设的历程/158
二、高素质创新型高校教师队伍建设的现状/161
三、加强高素质创新型高校教师队伍建设的对策/167
四、结语/172

第九章　新时代教师专业发展的观察与研究/176

一、新时代教师队伍素质结构新要求及内涵/178
二、教师专业发展工程项目/188
三、结语/195

第十章　新时代中小学教师国培的进展与方略/197

一、中小学教师国培的进展和成效/198
二、中小学教师国培的困难和问题/201
三、中小学教师国培的未来方略/202
四、结语/207

第十一章　新时代中小学校长国培的进展与方略/210

一、应运而生，"四大功能"　植根基础教育/211
二、进展良好，"四大工程"　助力不同群体/212
三、凝练方略，促进校长实现专业成长/221
四、结语/223

第十二章　新时代师范类专业认证的进展与方略/225

一、师范类专业认证的背景/226
二、师范类专业认证的特点/227
三、师范类专业认证的进展/230
四、师范类专业认证的前瞻/233
五、结语/236

第十三章　人工智能促进教师队伍建设的观察与研究/237

一、人工智能促进教师队伍建设的背景/238
二、人工智能促进教师队伍建设的方略/242
三、人工智能助推教师队伍建设的试点/247
四、结语/256

第十四章　中小学教师管理制度改革的观察与研究/258

一、中小学绩效工资制度实施情况/259
二、中小学教师编制配备情况/273
三、中小学岗位设置管理/282
四、结语/296

第十五章　高校教师职称评聘和考核评价的观察与研究/299

一、高校教师职称评聘/300
二、高校教师考核评价/314
三、结语/318

第十六章　薄弱地区教师队伍建设改革的观察与研究/319

一、乡村教师队伍建设情况/321

二、乡村教师队伍建设政策策略/329

三、乡村教师精准培训质量评价体系建设/338

四、乡村学校校长专业发展需求及培训对策/350

五、结语/355

附录　中共中央国务院关于全面深化新时代教师队伍建设改革的意见/359

主要参考书目/370

后记/375

Contents

Chapter 1 An Overview of Teaching Staff Building in China/1
Ⅰ. Concept of teacher education in China/2
Ⅱ. Achievements of teaching staff building in China/6
Ⅲ. Challenges of teaching staff building in China/16
Ⅳ. Interpretation of the document by CPC Central Committee on teaching staff building in the new era/20
Ⅴ. Conclusion /30

Chapter 2 Keeping Teaching Staff Building as a Basic Work/35
Ⅰ. Teachers are "the basis of the basic education" /36
Ⅱ. Teachers are "the high ground of the higher education" /39
Ⅲ. Teachers are "the foundation of the fundamental task" /44
Ⅳ. Conclusion/48

Chapter 3 Observation and Research on Teachers' Ethics Construction in the New Era/50
Ⅰ. Effectively strengthening morality building among teachers/52
Ⅱ. Cultivating teachers' good moral conduct though traditional culture/55
Ⅲ. Establishing lasting effect mechanism of teachers' ethics construction/58
Ⅳ. Research on ethics problems of college teachers/65
Ⅴ. Conclusion/72

Chapter 4 Development and Revitalization Plan of Chinese Teacher Education/76

Ⅰ. Development of teacher education in China/77

Ⅱ. Implementation of Excellent Teacher Training Program/91

Ⅲ. Implementation of Action Plan for the Revitalization of Teacher Education/99

Ⅳ. Conclusion/109

Chapter 5 Training High-quality & Professional Teaching Staff for Primary and Secondary Schools/112

Ⅰ. History of teaching staff building in primary and secondary schools/113

Ⅱ. Exploration and reform of teaching staff building in primary and secondary schools/116

Ⅲ. Conclusion /119

Chapter 6 Training High-quality Kindergarten Teachers Good at Both Nursing and Teaching/121

Ⅰ. History of the reform of teaching staff building in kindergartens/122

Ⅱ. Current situation of the reform of teaching staff building in kindergartens/125

Ⅲ. Ideas on the reform of teaching staff building in kindergartens/129

Ⅳ. Path for the reform of teaching staff building in kindergartens/132

Ⅴ. Conclusion/135

Chapter 7 Training High-quality & Double-capability Teaching Staff for Vocational Schools/137

Ⅰ. History of double-capability teaching staff building/138

Ⅱ. Current situation of double-capability teaching staff building in vocational schools/140

Ⅲ. Problems of double-capability teaching staff building in vocational schools/145

Ⅳ. Policies and strategies of the new era: Implementation Plan for Double-capability Teaching Staff Building in Vocational Schools/149

Ⅴ. Conclusion/156

Chapter 8 Training High-quality & Innovative College Teaching Staff/157

Ⅰ. History of training high-quality & innovative college teaching staff in China/158

Ⅱ. Current situation of training high-quality & innovative college teaching staff in China/161

Ⅲ. Solution to reinforcing the building of high-quality & innovative college teaching staff/167

Ⅳ. Conclusion/172

Chapter 9 Observation and Research on Teachers' Professional Development in the New Era/176

Ⅰ. New requirement and connotation of teachers' quality in the new era/178

Ⅱ. Projects of improving teachers' quality/188

Ⅲ. Conclusion/195

Chapter 10 Progress and Strategy of National Training Program for Primary and Secondary School Teacher in the New Era/197

Ⅰ. Achievement of National Training Program for Primary and Secondary School Teacher/198

Ⅱ. Difficulties and problems of National Training Program for Primary and Secondary School Teacher/201

Ⅲ. Future strategy for National Training Program for Primary and Secondary School Teacher/202

Ⅳ. Conclusion/207

Chapter 11   Progress and Strategy of National Training Program for Primary and Secondary School Principal in the New Era/210

Ⅰ. Time requiring— "four major functions" rooting in basic education/211

Ⅱ. On track— "four major projects" helping different groups/212

Ⅲ. Concentrated strategy—promoting principals' professional growth/221

Ⅳ. Conclusion/223

Chapter 12   Progress and Strategy of Teacher Education Accreditation in the New Era/225

Ⅰ. Background of teacher education accreditation/226

Ⅱ. Characteristics of teacher education accreditation/227

Ⅲ. Progress of teacher education accreditation/230

Ⅳ. Prospects of teacher education accreditation/233

Ⅴ. Conclusion /236

Chapter 13   Observation and Research on Improving Teaching Staff Building by Artificial Intelligence/237

Ⅰ. Background of improving teaching staff building by artificial intelligence/238

Ⅱ. Strategies of improving teaching staff building by artificial intelligence/242

Ⅲ. Pilot projects of improving teaching staff building by artificial intelligence/247

Ⅳ. Conclusion /256

Chapter 14   Observation and Research on Teachers' Management System Reform in the New Era/258

Ⅰ. Implementation of merit pay in primary and secondary schools/259

Ⅱ. Post Establishment for teachers in primary and secondary schools/273

Ⅲ. Post setting management in primary and secondary schools /282

Ⅳ. Conclusion/296

Chapter 15　Observation and Research on College Teachers' Professional Title Evaluation and Performance Appraisal/299

Ⅰ. College teachers' professional title evaluation and employment/300

Ⅱ. College teachers' performance appraisal/314

Ⅲ. Conclusion/318

Chapter 16　Observation and Research on Teaching Staff Building Reform in Rural Areas/319

Ⅰ. Teaching staff building in rural areas/321

Ⅱ. Policies and strategies of teaching staff building in rural areas/329

Ⅲ. Construction of quality appraisal system of precise training for rural teachers/338

Ⅳ. Professional development needs of principals in rural primary and secondary schools and the training solutions /350

Ⅴ. Conclusion/355

Appendix　Opinions of the CPC Central Committee and the State Council on Comprehensively Deepening the Teaching Staff Building Reform in the New Era/359

Bibliography/370

Afterword/375

第一章

中国教师队伍建设总览

百年大计,教育为本。教育大计,教师为本。如今,中国特色社会主义进入了新时代,中国的教师教育也进入了新时代。在党中央、国务院的坚强领导下,我国教师队伍建设取得了前所未有的巨大成就。教师队伍数量和素质大幅提升,管理更加规范,教师专业发展支撑体系得到巩固和加强,教师法律法规体系逐步建立并不断完善,教师工资待遇得到保障,教师社会地位不断提高,教师日益成为令人尊敬的职业之一。① 当然,成绩与问题同在,机遇与挑战并存。立足现在,面向未来,中国在教师队伍建设方面要做的工作还很多,必须抓住机遇,迎接挑战,不断改进教师的培养、培训、管理、服务,提高教师的工资待遇和社会地位,让全国1 670多万名大、中、小、幼、职、特各级各类学校的教师能够热心从教、安心从教、舒心从教、静心从教。

---

① 王定华. 教师队伍建设的重大成就与努力方向 [N]. 人民日报,2018-11-04 (5).

一、中国教师教育的概念坐标

教师是实施教育的人,教师是教育过程的引导者和组织者。①教师教育与师范教育一脉相承。教师教育来源于师范教育,先有师范教育,后有教师教育。教师教育涵盖师范教育,教师教育外延较大,师范教育外延较小。教师教育包含教师的职前培养、在职进修、管理服务、地位待遇,而师范教育则主要指教师的职前培养。

(一)教师

古人对教师的理解集中在言和行上。一方面,教师为"通达"之人,用自己的思想、学识、言行影响他人;另一方面,教师为他人的行为树立榜样。《荀子·议兵》中提到"四海之内若一家,通达之属,莫不从服,夫是之谓人师"。西汉的韩婴在《韩诗外传》中提到"智如泉源,行可以为仪表者,人师也",西汉的扬雄在《法言·学行》中断言"师者,人之模范也"。唐代的韩愈在《师说》中写下脍炙人口的名句"古之学者必有师。师者,所以传道受业解惑也"。

在现代,官方的政策文本和学者的论述著作给了教师概念更为专业、更为明确的界定。《中国大百科全书》(2009)将教师定义为:学校中向学生传递人类科学文化知识,进行思想品德教育,促进学生德、智、体、美诸方面全面发展,以培养学生成为社会需要的人才为职责的专业人员。鲁洁(1988)认为,教师是受一定社会的委托,在学校中以对学生的身心施加影响为职责的专门教育工作者。《中华人民共和国教师法》(1993)将教师定义为"履行教育教学职责的专业人员"。《中华人民共和国职业分类大典》(1999)把教师归类为"专业技术人员",即"从事各级各类教育教学工作的专业人员"。

西方世界对教师也有许多解释。捷克教育家夸美纽斯称"教师是太阳底下最光辉的职业",这既是对教师职业意义的赞美,也是对教师概念的描述。《大不列颠百科全书》(1999)把教师定义为"标准因国而异,但通常包括:受过正式的

---

① 孙河川. 教师评价指标体系的国际比较研究[M]. 北京:商务印书馆,2011:1.

教育或训练，具有某一学科领域的专业知识，取得从事这种工作的证明或许可，并保持不断更新和扩充的业务水平"。笔者观察，西方国家对中小学教师、大学教师是采用不同名词的，中小学教师（teacher）、大学教师（university faculty），或者大学讲师（instructor）、副教授（associate professor）、教授（professor）都有专门的对应词语。

在互联网发达的今天，网上对某一概念的界定往往影响广远。搜狗网的描述如下：教师是以教书为生的职业，是人类社会最古老的职业之一。在社会发展中，教师是人类文化科学知识的继承者和传播者。对学生来说，又是学生智力的开发者和个性的塑造者。因此人们把"人类灵魂的工程师"的崇高称号给予人民教师。在教育过程中，教师是起主导作用的，他是学生身心发展过程的教育者、领导者、组织者。教师工作质量的好坏关系到年轻一代身心发展的水平和民族素质提高的程度，从而影响到国家的兴衰。

基于上述描述和观点，我们可以对教师的概念进行梳理归纳。[①]

第一，教师是教学活动的组织者。从管理活动来看，教师是整个课堂活动中最直接的组织者和领导者，根据教学任务和课程计划安排，教师组织教学活动，帮助受教育者理解和掌握知识，并培养其形成良好的自我管理能力和习惯。

第二，教师是从事教育活动的专业人员。从职业特征来看，教师作为一项专门职业的从业者，需要掌握某一门或几门学科的知识，具备一定的素养、道德品质和知识储备，并具有表达、管理、领导等方面的能力，能够有效地引导受教育者掌握知识、形成技能、陶冶品德，完成整个教学任务。

第三，教师作为教育主体对其客体产生影响。从教育过程来看，教师进行教育教学活动的目的，是用自己的思想意识和知识体系去影响受教育者，帮助他们构建基本的知识体系，树立良好的情感、积极的态度、正确的价值观。当然，教师和学生也是互相促进的关系，理想的状态是达到教学相长。

（二）师范教育

"师范"中的"师"意为教师，"范"意为榜样、模范。古人云"师者，教人

---

① 孙河川. 教师评价指标体系的国际比较研究［M］. 北京：商务印书馆，2011：4-5.

以道者之称也""师者,人之模范也"。在英语中,师范为 normal,由法文 ecloe normale 而来。normale 源于拉丁文 norma,原义为木工的"规矩""标尺""图样""模型",均指规范的意思。应用于教育上,培养教师的机构即是 normal school(师范学校)。①

周洪宇研究认为,我国师范教育发端于南洋公学。1896 年 12 月,大理寺少卿盛宣怀获准在上海创办南洋公学。1897 年 4 月 8 日开学,先设师范院,招生 40 名。南洋公学师范院的设置,表征着中国师范教育迈出了第一步。②《中国大百科全书》(2009)把师范教育定义为"培养师资的专业教育"。

从形式上看,我国师范教育主要是教师的职前教育。比如,我国的师范学校主要是培养幼儿园、小学的教师,师范专科学校主要是培养初中教师,师范大学(学院)主要是培养高中教师。

从内容上看,我国的师范教育主要侧重于所教学科的专业教育,对如何当教师主要开设了"教育学""心理学""教材教法""教育实习"等课程,这些课程在整个课程设置中所占的比重较小。比如师范大学物理系的培养目标是培养中学物理教师,主要进行的是物理知识的传授与物理能力的训练,对如何做物理教师的知识和技能的教育就很不够。"教什么"的教育固然重要,但"如何教"的教育对做教师来说同样也是重要的。

从办学模式上看,师范教育采用的是独立的办学模式,职前教师的培养都是由中师、师专和师范本科院校进行,学生在入校的时候就被定向为教师,毕业后过去是由政府主管部门统一分配或协助安排到中小学和幼儿园任教。

师范教育不是中国独有的。西方一些发达国家在 20 世纪 30 年代以前也把培养教师活动称为"师范教育",把培养教师的学校称为"师范学校",这些学校主要进行小学教师的培养。2017 年秋,笔者率领中国高中校长研修团到美国东部研修,到马萨诸塞州波士顿近郊的塞勒姆州立大学参观时,就发现校园一座老建筑上赫然镌刻着 normal school 的字样。如今塞勒姆州立大学是美国马萨诸塞州的一所四年制综合性公立大学,是马萨诸塞州最大的州立大学和第四大公立高等教育机构,教育学依然是其长项学科。

---

①② 周洪宇. 教师教育论[M]. 北京:北京师范大学出版社,2010:2-5,18-19.

随着科学技术知识更新加速，教育普及程度提高，教师的地位不断提高，教师需要不断更新其知识结构并提高其教育教学水平，西方教师培养出现了职前培养和在职进修并举的情况，"师范教育"这一概念逐步被"教师教育"所取代。20世纪40年代，美国的师范学校开始退出历史舞台，逐步被师范学院所取代。之后，州立师范学院也从20世纪60年代开始发展成为综合性的州立学院或州立大学，既颁发人文学科学位证书，也颁发教育学位证书。随着师范院校的消失，"师范教育"在发达国家的有关文献和研究资料中已比较少见了。

（三）教师教育

随着我国教育事业的发展和教育国际交流的日益增多，原有的以师范教育为基础的话语系统已不能适应时代发展的要求和教育国际交流的需要，从师范教育到教师教育已是势所必然。

20世纪30年代后，西方"师范教育"逐渐被"教师教育"所取代并成为世界通用的概念，这不仅仅是简单的概念替换，它还标志着教师培养进入到了一个新的历史阶段。"教师教育"的内涵丰富，在内容上包括人文科学教育、学科教育、专业教育和教学实践，从顺序来看有职前教育和在职教育，从形式来看有正规的大学教育和非正规的校本教师教育，从层次来看有专科、本科和研究生教育。

第一，教师教育是系统的教师培养活动。20世纪90年代以前，我国的师范院校侧重的是进行职前教师的学历教育，教育学院侧重的是在职教师的学历达标教育。随着教师学历达标率的提高、基础教育水平的提高，我国的教师培养同世界发达国家所走过的路相类似：中等师范学校逐渐退出历史舞台，中小学教师培养开始由高等院校承担；学历教育和在职进修并举；教师趋向于高学历化；师范院校不仅开展职前教育，也开展在职教育，教育学院既开展在职教育，也开展职前教育；师范院校开始办非师范类专业；一些综合大学开始设教育研究部门并着手教育研究生的培养。显然，"师范教育"这一概念已经不能完全概括我国的教师培养活动了，相比之下，"教师教育"可以统括各种各样的教师培养、培训或进修活动。

第二，教师教育是专业化教育。教师教育就是把教师训练成为从事教育活动的专业人员。这不仅要求教师掌握所教学科的知识，同时还要求教师掌握作为教师的专业知识。教师教育的目的就是让教师具备专业知识、专业技能和专业实践能力。一个学生要想成为教师，必须在学习完一门学科或在学习一门学科的同时接受教师专业的教育。教师专业教育绝不只是传统的三门课程，而是新的教师教育课程系列：教师专业知识课程系列、教师专业技能课程系列和教师专业实践能力课程系列。

第三，教师教育是开放式教育。我们把教师教育作为专业教育，就可以把教师教育看作与其他教育并列的教育，比如法律专业教育、工程专业教育等，不仅仅可以运用独立封闭的体制来发展，而且可以运用开放的体制来发展，将教师教育纳入整个高等教育体系中作为高等教育的一部分，这就拓宽了教师教育的渠道。开放性还表明这一概念是世界通用的，使用"教师教育"有利于就教师的培养、发展等问题与其他国家进行对话和交流。

第四，教师教育是终身性教育。当今世界正处在大发展大变革大调整之中，新一轮科技和工业革命正在孕育，新的增长动能不断积聚。社会已经变为学习型社会，教师已经成了必须终身学习的职业。在这种情况下，教和学的方式都在发生着深刻的变化。学生可以通过网络以及其他传媒技术学到许多知识和技能，学校不再是学生受教育的唯一重要的场所。对学生来说，在学校中需要掌握的主要是获取知识的技能、语言和交流技能、信息技术和终身学习的技能，以及养成尊重知识和文化差异的态度。教师的功能在悄悄地发生着革命性变化：由"教师"变为"导师"。教师的职能主要是帮助学生如何在信息化的世界中识别、鉴定、获取知识，指导学生掌握信息技术和形成终身学习的能力。因此，教师不仅要接受职前教育，而且要在职进修，终身学习。[①]

二、中国教师队伍建设取得的成就

新中国成立以来，伴随着我国各级各类教育的不断发展，教师队伍规模不断扩大，专任教师从 1949 年的 93 万人增加到 2019 年的 1 671.26 万人，增长了

[①] 周洪宇. 教师教育论［M］. 北京：北京师范大学出版社，2010：2-5.

16.97 倍，其中，义务教育专任教师 973.09 万人，是 1949 年 88.86 万人的 10.95 倍，普通高中阶段学校专任教师 181.26 万人，是 1949 年 1.4 万人的 129.47 倍，普通高等学校专任教师 167.28 万人，是 1949 年 1.6 万人的 104.55 倍。① 世界最大数量的教师群体有力地支撑了世界上最大规模的教育事业，为我国教育整体进入世界中上水平行列做出了巨大贡献。

（一）构建中国特色教师教育体系

1951 年 8 月 27 日—9 月 11 日，教育部合并召开第一次全国初等教育会议和第一次全国师范教育会议，明确了新中国师范教育的发展方向，大体上奠定了新中国师范教育的基本格局，确立了独立设置的师范教育机构办学体制。这种体制延续多年，行之有效。然而，时代在变，万物皆流。改革开放 40 多年来，师范教育、教师教育的长足发展，为我国各级各类教育的发展提供了师资保障。

1980 年，教育部召开全国师范教育工作会议，提出建立一个健全的师范教育体系，保证师范生质量，加强中小学在职教师培训。强调重视师范教育的发展地位，明确师范教育是"工作母机"，是整个教育事业的基础。自此，我国师范教育体系逐步完善，并快速发展。

1996 年，国家教委发布《关于师范教育改革和发展的若干意见》，提出要"健全和完善以独立设置的各级各类师范院校为主体，非师范类院校共同参与，培养和培训相沟通的师范教育体系"，为我国师范教育改革指明方向。

1999 年，《中共中央国务院关于深化教育改革全面推进素质教育的决定》提出"鼓励综合性高等学校和非师范类高等学校参与培养、培训中小学教师的工作"，自此我国的师范教育从独立走向开放，从培养和培训分离走向一体化发展。师范教育逐步转变为教师教育。

可以看出，20 世纪 90 年代后，高等教育发生重大变革，单一师范教育模式被打破，中小学对综合大学高素质毕业生的需求迅速增长，当然对善于教学的师范毕业生依然依赖。职前培养、在职培养、在职培训皆有必然，"教师教育"概念应运而生。国家相继出台多个文件，强调师范教育改革，要求提高未来教师培

---

① 此处的统计数据不包括我国港澳台地区，本书其他处类似情况不再另加说明。

养质量和增加在职教师的培训机会。同时，学界对新教师的培养模式亦仁者见仁，智者见智。

进入21世纪以来，在知识经济和信息化浪潮的冲击下，传统的师范教育体系已难以满足教师教育的需求。因此，我国及时调整教师教育发展战略，通过一系列政策引导教师教育体系从独立封闭走向开放灵活。

2000年，教师资格制度全面实施，标志着我国教师教育发展进入结构调整和质量提升阶段。也就是说，综合大学毕业生和社会人士也可以参加教师资格考试，通过考试者便获得了担任中小学教师的资格。当然，高等学校和职业学校也同时实行了教师资格制度，只是在执行上比较灵活和宽松。

2001年，《国务院关于基础教育改革与发展的决定》颁布，提出"推进师范教育结构调整，逐步实现三级师范向二级师范的过渡。有条件的地区要培养具有专科学历的小学教师和本科学历初中教师，逐步提高高中教师的学历，扩大教育硕士的培养规模和招生范围"。

2007年，国务院决定依托北京师范大学、华东师范大学、东北师范大学、华中师范大学、陕西师范大学、西南大学6所教育部直属师范大学，实施师范生公费教育政策。公费师范生免缴学费、住宿费并补助生活费（简称"两免一补"），"两免一补"经费由中央财政全额负担。公费师范生毕业后回生源所在省份中小学履约任教并保证入编入岗。

公费师范生起初称免费师范生。教育部教师工作司为体现对这些师范生的尊重和关爱，根据大家建议，把"免"字改为"公"字。这样，公费师范生就可与公费留学生、公费研究生相提并论，似乎显得高大上了。

2018年，国务院办公厅转发教育部等部门《教育部直属师范大学师范生公费教育实施办法》，公费师范生履约服务期从制度设计时预设的10年调整为6年。

部属师范大学公费师范毕业生是中小学教师补充的优质来源，是加强教师队伍建设重要的源头活水。该政策实施10余年，试点工作取得重要进展和显著成效，对各地实施地方师范生公费教育政策有较大的示范带动作用。

一是向全社会发出了重视教师教育的强烈信号，吸引了大批优秀学生攻读师范专业。截至2019年，6所部属师范大学共招收约12万名公费师范生。

二是推动部属师范大学对教师教育给予多年来前所未有的重视和投入，集中最优质的教师教育资源进行培养，提高了培养质量。

三是开创了为基层学校特别是中西部基层学校补充高素质教师的新途径。2011—2018年为中小学补充了7.3万名高素质教师，其中88.6%到中西部中小学任教。

四是带动了28个省份实施地方师范生公费教育，每年吸引约4.1万名师范毕业生和非师范毕业生到农村中小学任教，有力加强了农村教师队伍建设。

在此过程中，教育部严控师范院校改制、摘帽，师范院校稳定在180所左右，其他参与教师教育的院校稳定在380所左右，教师教育专业点保持在5000个左右。高校、地方政府、中小学协同育人新机制普遍建立。

教育部实施了主要面向中小学教师和校长的国家级培训计划（简称"国培计划"）。2012—2019年，中央财政累计投入"国培计划"专项经费超过170亿元，培训各级各类教师超过1500万人次，有力地带动了各地5年一周期360学时的教师全员培训。①

教育部还实施了农村义务教育阶段学校教师特设岗位计划（简称"特岗计划"）。通过实施"特岗计划"，2012—2019年中央财政支持中西部省份共招聘62万名特岗教师，持续为乡村教育输入"新鲜血液"，优化了乡村教师队伍结构。

2013年，教育部启动集中连片特困地区乡村教师生活补助政策，到2018年已经安排专项经费153亿元，覆盖了725个贫困县，惠及130多万名乡村教师。②

（二）加强师德师风制度建设

党和政府坚持将加强思想政治素质和师德师风建设作为教师队伍建设的首要任务，将提高师资质量和专业能力作为教师队伍建设的工作核心，秉持"师德为

---

①② 数据来源于教育部教师工作司。

先、能力为本、学生为重、终身学习"的教师发展理念，大力振兴教师教育，大力推进教师专业化，全面提高教师综合素养，引领教师队伍整体面貌焕然一新，以崭新的姿态继续朝着大国良师新境界迈进。

2008年9月，教育部、中国教科文卫体工会全国委员会重新修订和印发《中小学教师职业道德规范》。2011年12月，教育部、中国教科文卫体工会全国委员会印发《高等学校教师职业道德规范》。2013年9月，教育部印发《关于建立健全中小学师德建设长效机制的意见》。2014年1月，教育部印发《中小学教师违反职业道德行为处理办法》。2014年9月，教育部印发《关于建立健全高校师德建设长效机制的意见》。

2018年11月，教育部印发《新时代高校教师职业行为十项准则》《新时代中小学教师职业行为十项准则》《新时代幼儿园教师职业行为十项准则》，同时印发《关于高校教师师德失范行为处理的指导意见》《中小学教师违反职业道德行为处理办法（2018年修订）》《幼儿园教师违反职业道德行为处理办法》。

2019年11月，教育部等七部门印发《关于加强和改进新时代师德师风建设的意见》，希望经过5年左右的努力，基本建立起完备的师德师风建设制度体系和有效的师德师风建设长效机制。教师思想政治素质和职业道德水平全面提升，教师敬业立学、崇德尚美呈现新风貌。教师权益保障体系基本建立，教师安心、热心、舒心、静心从教的良好环境基本形成，师道尊严进一步提振。全社会对教师职业认同度加深，教师政治地位、社会地位、职业地位显著提高，尊师重教蔚然成风。

一系列规范性文件的出台，引起全社会的广泛关注，为各级各类学校加强师德师风建设提供了重要遵循。基层绝大多数教师学为人师，行为世范，扎根基层，默默奉献，阳光美丽，爱岗敬业，成绩凸显，是值得信赖、值得尊重的群体。

（三）倡导全社会尊师重教

善之本在教，教之本在师。中华民族五千年的文明历史，积淀传承了尊师重教的优良传统。当前，全党全社会以"国将兴，必贵师而重傅"的精神，大兴"师道既尊，学风自善"之风，大为"师严道尊，民知敬学"之举，让绵延不断、经久不衰的传统美德发扬光大。中华民族素有尊师重教的传统，天、地、君、亲、师常被相提并论。尊师光荣、辱师可耻是大多数中国人的共识。尽管如此，瞧不起教师的人仍然存在，不尊重教师的事件屡有发生，教师收入偏低的情况一度十分普遍。改革开放后，国家采取了一系列提高教师社会地位、保障教师待遇的措施。

1. 提高教师社会地位

20世纪80年代中期，随着改革开放持续推进，教师队伍在坚持和发展中国特色社会主义事业中的作用与日俱增，教师的工作很大程度上决定着我国社会主义现代化建设的成败，决定着国家的未来。1985年1月21日，第六届全国人大常委会第九次会议同意国务院关于建立教师节的议案，确定每年9月10日为教师节。教师节的设立确定了人民教师的政治地位和社会地位，开启了中国尊师重教新纪元。

1993年10月31日，《中华人民共和国教师法》（以下简称《教师法》）由第八届全国人大常委会第四次会议审议通过，自1994年1月1日起施行。《教师法》的施行，意味着广大教师为社会主义教育事业所做贡献得到了法律保障，彰显着教师在全社会的特殊地位和重要作用。

步入21世纪，我国经济社会发展进入快车道，人力资源成为实现民族振兴、赢得国际竞争主动地位的战略资源。面对新的机遇和挑战，党和国家进一步强化科教兴国战略，并确立了人才强国战略，明确只有一流的教育，才有一流的人才，才能建设一流的国家。这一战略部署，关键在人才，基础在教育，根本在教师，重点突出了教师在教育工作中的基础性作用。教师队伍建设成为"始终把教育摆在优先发展战略地位"的重大工程和重点工作。

党的十八大以来，以习近平同志为核心的党中央，致力于实现中华民族伟大复兴的光明前景和中华民族千秋伟业的世代传承，立足时代前沿、统揽国际大势，顺应人民意愿，遵循教育规律，把教师作为教育发展的第一资源，更加重视教师队伍建设。历年教师节期间，党和国家领导人都会以不同的方式对教师表示关怀和慰问。

2013年9月9日，习近平向全国广大教师致慰问信，勉励广大教师做到

"三个牢固树立",即牢固树立中国特色社会主义理想信念、牢固树立终身学习理念、牢固树立改革创新意识。

2014年9月9日,习近平在人民大会堂亲切接见全国教育系统先进集体和先进个人代表,并到北京师范大学与师生代表座谈,发表《做党和人民满意的好老师》的重要讲话,号召各级党委和政府要满腔热情关心教师成长,回应教师诉求,解决教师工作和生活中普遍遇到的问题,勉励广大教师做有理想信念、有道德情操、有扎实学识、有仁爱之心的好老师。

2015年9月9日,习近平给"国培计划"北京师范大学贵州研修班全体参训教师回信,勉励广大教师做教育改革的奋进者、教育扶贫的先行者、学生成长的引导者。

2016年9月9日,习近平到北京市八一学校看望慰问师生,希望各级党委和政府要更加关心教师队伍建设,让他们安心从教、热心从教、舒心从教、静心从教,勉励广大教师做学生锤炼品格的引路人、做学生学习知识的引路人、做学生创新思维的引路人、做学生奉献祖国的引路人。

2017年教师节前夕,中央主要媒体重温了党的十八大以来习近平总书记在教师节对广大教师的深切寄语和殷切期望。

2018年1月20日,习近平亲自签发了《中共中央国务院关于全面深化新时代教师队伍建设改革的意见》。这是新中国成立以来,第一份以中共中央、国务院的名义印发的专门面向教师队伍建设的里程碑式文件,是贯彻落实党的十九大精神的重要举措,是满足人民日益增长的美好生活需要的重要举措。这个文件从党和国家事业发展全局的高度,分析总结了新的时代背景下教师队伍建设面临的一系列新形势、新任务和新要求,深刻系统回答了新时代教师队伍建设的一系列重大理论和实践问题,形成了新时代教师队伍建设改革的中国方案,成为当前和今后一个时期做好教师工作的行动指南。

2018年9月10日,党中央召开新时代第一次全国教育大会,习近平出席会议并发表重要讲话,向全国广大教师和教育工作者致以节日的热烈祝贺和诚挚问候。他强调,长期以来,广大教师贯彻党的教育方针,教书育人,呕心沥血,默默奉献,为国家发展和民族振兴做出了重大贡献。教师是人类灵魂的工程师,是人类文明的传承者,承载着传播知识、传播思想、传播真理、塑造灵魂、塑造生命、塑造新人的时代重任。全党全社会要弘扬尊师重教的社会风尚，努力提高教师政治地位、社会地位、职业地位，让广大教师享有应有的社会声望，在教书育人岗位上为党和人民事业做出新的更大的贡献。①

2019年教师节当天，习近平在人民大会堂接见全国优秀教师代表，向获奖教师表示热烈祝贺，向全国教师表示节日的祝福。

2. 提高教师工资待遇

尊师重教，提高教师工资待遇是一个重要标志。1985年，国务院工资制度改革小组、劳动人事部颁布《关于教师教龄津贴的若干规定》，提出在中小学、幼儿园等实施教师教龄津贴，鼓励教师长期从教。1987年，《国务院关于提高中小学教师工资待遇的通知》（国发〔1987〕102号）印发，提出将中小学教师和幼儿园教师现行的工资标准提高10%。1994年施行的《教师法》和2018年修订的《中华人民共和国义务教育法》规定，教师平均工资水平应不低于公务员平均工资水平，从法律上对教师工资水平给予保障。2006年，人事部、财政部《关于印发〈事业单位工作人员收入分配制度改革方案〉的通知》（国人部发〔2006〕56号）发布，要求包括各级各类学校在内的事业单位实行岗位绩效工资制度。从2009年1月1日起，我国率先在义务教育学校实施岗位绩效工资制度，2010年兑现到位。2013年，我国实施集中连片特困地区乡村教师生活补助政策，到2018年，已实现中西部22个省份725个集中连片特困地区县全覆盖，中央财政累计拨付奖补资金153亿元。

党和政府着力提升教师工资待遇，保障教师收入水平。② 2018年1月，《中共中央国务院关于全面深化新时代教师队伍建设改革的意见》（中发〔2018〕4号）提出，要不断提高教师地位待遇，完善中小学教师待遇保障机制，确保中小学教师平均工资收入水平不低于或高于当地公务员平均工资收入水平。2018年7月，在国务院总理李克强推动下，全国义务教育阶段教师增长了工资，中小学教师工资待遇增长的长效机制基本形成。到2019年，全国19大行业中，教师行业

---

① 王定华. 新时代我国教师队伍建设的形势与任务［J］. 教育研究，2018（3）：4-11.
② 陈宝生. 弘扬尊师重教好风尚　踏实强师筑梦新步伐［N］. 光明日报，2019-09-09（1）.

年平均工资水平排名第7位。在全面建成小康社会的决胜阶段，国家还大力实施集中连片特困地区乡村教师生活补助政策，广大乡村教师工资收入大幅提升，城乡教师工资待遇差距逐步缩小。

（四）深化教师管理体制机制改革

1. 实施教师资格制度

1995年12月，国务院令第188号《教师资格条例》发布。2000年9月，教育部令第10号《〈教师资格条例〉实施办法》发布。2011年9月，教育部印发《关于开展中小学和幼儿园教师资格考试改革试点的指导意见》《关于开展中小学教师资格定期注册制度试点工作的通知》，实施国家统一的中小学教师资格考试，对在编在岗教师实施5年一周期的定期注册制度。2013年8月，教育部印发《中小学教师资格考试暂行办法》《中小学教师资格定期注册暂行办法》。2019年1月，港澳台人员在内地（大陆）申请教师资格证政策出台，教育部办公厅、中共中央台湾工作办公室秘书局、国务院港澳事务办公室秘书行政司联合印发《关于港澳台居民在内地（大陆）申请中小学教师资格有关问题的通知》。

2. 改革教师职称制度

1986年，中央职称改革工作领导小组印发《关于转发国家教育委员会中、小学教师职务试行条例等文件的通知》（职改字〔1986〕第112号），建立了以职务聘任为主要内容的中小学教师职称制度。2009年，教育部会同人力资源社会保障部（即人力资源和社会保障部）率先启动了深化中小学教师职称制度改革试点工作。2015年9月，人力资源社会保障部、教育部联合印发《关于深化中小学教师职称制度改革的指导意见》（人社部发〔2015〕79号），全面推行中小学教师职称制度改革，将中学和小学两个教师职务（职称）系列合一，最高职务等级设置到正高级，破除了中小学教师职业发展的"天花板"，对于完善中小学教师评价机制、提高中小学教师职业地位，具有重大而深远的意义。2016—2018年，评审为中小学正高级者达9 000人。

1986年，中央职称改革工作领导小组印发《关于转发国家教育委员会〈高等学校教师职务试行条例〉等文件的通知》（职改字国科发〔1986〕第11号），建立了以职务聘任为主要内容的高校教师职称制度。从2013年起，高等学校副教授评审权的审批工作由教育部下放到省级人民政府教育行政部门实施。2017年，教育部等五部门印发《关于深化高等教育领域简政放权放管结合优化服务改革的若干意见》（教政法〔2017〕7号），将高校教师职称评审权全部直接下放至高校，由高校自主组织职称评审、自主评价、按岗聘用。条件不具备、尚不能独立组织评审的高校，可采取联合评审的方式。同年，教育部、人力资源社会保障部联合出台《高校教师职称评审监管暂行办法》，要求全国教育部门、人力资源社会保障部门分别在各自职责范围内加强监管，将高校教师职称评审权真正下放至高校。

3. 加强教师编制保障

2001年10月，国务院办公厅转发中央编办（即中央机构编制委员会办公室）、教育部、财政部《关于制定中小学教职工编制标准的意见》（国办发〔2001〕74号），从当时城乡经济发展水平和财政承受能力实际出发，对城市、县镇、农村中小学规定了不同的基本编制标准。2009年3月，中央编办、教育部、财政部印发《关于进一步落实〈国务院办公厅转发中央编办、教育部、财政部关于制定中小学教职工编制标准意见的通知〉有关问题的通知》（中央编办发〔2009〕6号），规定在县域范围内和总量控制的基础上，按照有增有减的原则，参照县镇标准核定农村中小学教职工编制，同时强调了落实增编因素。2014年11月14日，中央编办、教育部、财政部印发了《关于统一城乡中小学教职工编制标准的通知》（中央编办发〔2014〕72号），将原来的县镇、农村中小学编制标准统一到城市标准，进一步统筹城乡教育资源均衡配置。

在深化基础教育改革、促进基础教育发展过程中，国家统一了城乡中小学教职工编制标准，实施生师比与班师比相结合的教师配备标准，倾斜支持小规模学校和教学点。推进"县管校聘"改革，通过定期交流、学区一体化管理、教师走教等方式，引导优秀校长、教师向乡村和薄弱学校流动。

三、中国教师队伍建设面临的挑战

（一）师范教育需要振兴

进入 21 世纪第二个十年以来，教师教育整体上很受关注，专司新教师培养的师范教育被弱化和边缘化的趋势得到一定遏制，教师教育振兴的势头有所显现，但是还有一些问题亟待妥善解决。有的地方对教师教育重视依然不够，师范院校综合化的现象较为严重，对师范院校、师范专业的投入不足，对师范生生均拨款标准没有普遍提高。部分地方师范生培养质量难以适应新时代需要，课程内容与教学方法相对陈旧，教育模式程式化严重，教育实践缺乏实效。①

生源质量是制约教师队伍质量的关键要素。师范生的生源质量总体不高，距离让优秀的人培养更优秀的人这一目标还差得远。21 世纪的前 20 年，生源质量下滑成为诸多师范院校普遍的"苦衷"。造成这一问题的原因是多方面的，既有大学化冲击下新增院校或新增专业的盲目开设，也有市场化导向下的"无门槛"招生现象，同时也存在教师教育体系本身不健全所带来的一系列问题以及其他原因导致的招生问题，最主要的还是教师的职业吸引力不够。这些问题又会引发一系列新的问题，比如师范生从教信念不坚定、职业认同不高，师德水平、专业知识、专业技能有待提升，就业困难，等等。因此，如何提高生源质量是教师培养中急需排除的障碍。

（二）师德师风教育需要加强

在教师的职前教育中，部分院校的思想政治教育内容较为单一，纯理论学习、生硬说教偏多，师德的案例偏少，组织者没有严格筛选学习内容或是没有对其进行透彻的分析研究，导致理论学习的内容不切合当代青年或未来教师的实际情况，师范生无法产生共鸣或学以致用。某些院校提供的晦涩的理论学习内容甚至可能会成为师范生的负担，引发他们对于思想政治教育的消极情绪。

---

① 王定华. 新时代我国教师队伍建设的形势与任务［J］. 教育研究，2018（3）：4-11.

在教师的培训活动中，部分培训单位对受训教师的思想政治教育开展的形式不够多元，常常沿袭之前的方式，重复昨天的故事，尚未很好地利用当下飞速发展的新型传播媒介，也不太重视邀请一线的师德楷模前来现身说法，缺乏一些与时俱进的新形式。

在教师的日常工作中，学校往往更看重教师的教学能力，没有把师德修养放到突出位置，对教师的考核机制不健全，考核效果不理想。部分学校对教师的评价依然集中在传统应试教育模式下的成绩排名和升学率上，这种导向会使得教师把更多的精力放在专业技能的提升上，而可能忽略思想政治修养和师德修养的提升。有的考核没有区分度，或开展不科学，也没有一个专门的组织或机构负责进行考核解释，这就会让教师感到是在走过场，弄不好还可能影响教师工作的积极性。

我国各级各类学校的教师群体庞大，人数众多。可以说，绝大多数教师是好的，但也得承认教师群体良莠不齐。上课乱讲者有之，手机传谣者有之，性侵学生者有之，酒后驾车者有之。虽然只是个别，但仍属害群之马，不能迁就姑息，不可等闲视之。

（三）教师待遇需要提高

任何一项职业，工资待遇都是永葆其生命力和吸引力、增强其荣誉感和安全感的重要因素。教育要发展，教师质量要提高，教师的地位待遇必须得到切实保障，这也是教师教育工作者最想突破、力图实现根本性变革的领域。总的来看，全国各级各类教师平均工资水平连年增长，多年来均高于公务员平均工资水平，在19个行业大类中的排名从2013年的第11位前移到2016年的第7位，2019年仍保持第7位。但是，不同层次、不同地区的教师待遇差异很大。从层次上看，中小学教师平均工资水平仍相对较低，中小学教师工资之外的其他福利待遇也比较薄弱。从地区上看，中部地区中小学教师的工资待遇低于全国平均水平，职业吸引力相对不大。因此，提高全体教师的工资待遇，尤其是提高中部地区中小学教师的工资待遇，还处在进行时，仍在路上。

（四）管理体制需要理顺

《中华人民共和国教育法》第十五条规定："国务院教育行政部门主管全国教育工作，统筹规划、协调管理全国的教育事业。县级以上地方各级人民政府教育行政部门主管本行政区域内的教育工作。县级以上各级人民政府其他有关部门在各自的职责范围内，负责有关的教育工作。"按照这一管理体制，我国各级教育行政部门名义上负责主管教育工作，但教育人事权、教育财政权并不在教育行政部门。教育人事权在各级组织、编制、人事部门，教育财政权则属于各级财政部门，由此，在教育管理体制方面，我国形成了教育事务权、教育人事权、教育财政权高度分割的管理模式。

所谓高度分割，就是教育事务权、教育人事权、教育财政权分属于不同的职能部门，并由相应的职能部门独立行使，名义上主管教育工作的教育行政部门并不能真正参与教育人事和教育财政事务。这种管理体制带来一些弊端：一是从宏观上讲，教育行政部门缺乏教育的统筹权，从中央教育行政部门到地方教育行政部门概莫能外；二是从中观上讲，教育行政部门效率极其低下，因为各级教育行政部门统筹教育改革发展，必然涉及财政问题，必然涉及人的问题，而这些问题教育行政部门说了不算，必会导致严重的推诿扯皮；三是从微观上来讲，学校作为教育的主体缺乏创新活力。①

改革越到深处，面临的矛盾越多，难度越大。虽然中国城镇化进程、全面二孩政策、高考改革等带来了教师编制需求增多的现状，但真正增加编制总量的省份并不多，乡村学校结构性缺编和城镇"大班额"现象仍然存在。从交流轮岗来看，"县管校聘"改革逐步推进，县域内教师、校长交流轮岗渐续开展，但是人力资源社会保障部门管总量、教育部门管调配的格局尚未完全形成，学校人成为系统人的身份变革在一些省份还是空话，校际、区域均衡配置的推进依然在路上。

从职称改革来看，近年来改革力度很大，效度也很明显，但是中小学中高级岗位结构比例需要优化。高校教师职称评审权下放后，多数高校总体运行正常，

---

① 教育部教师工作司. 造就大国良师［M］. 北京：教育科学出版社，2018：46.

但相关的监管工作也不可掉以轻心。

（五）高校教师评价需要改革

高校学科评估、各类院校排名、"双一流"建设，实质上看重的是教师的科研成果，不管喜欢不喜欢、承认不承认，这客观上是一根强有力的"指挥棒"。于是，很多高层次人才对做好一流科研孜孜不倦、废寝忘食，然而他们开展本科教学的意识偏弱，以得过且过、消极应付的心态去开展本科教学，有的则由于开展科研实验、参加学术会议等分身乏术、有心无力。

高校青年教师教育教学能力普遍需要提高，他们虽然学历较高，但大多是非师范院校毕业，普遍缺乏教育教学方面的训练，在教学设计、教学研究、教学改革等方面还存在欠缺和不足，难以达到学科教学的要求。

多数高校教研室等教学基层组织弱化，集体备课难见踪影，老中青传帮带优良传统弘扬不够。即使有的高校开展团队建设，然而放眼望去，重视科研团队、轻视教学团队的现象较为普遍。可见，高校教师的考核评价机制尚待完善。

（六）乡村教师队伍需要补强

乡村和"三区三州"①是教师队伍建设领域的短板弱项，尤其"三区三州"是短中之短、弱中之弱。目前，全国乡村专任教师有近300万人，其中，"三区三州"专任教师有32万余人。受城乡发展不平衡、交通地理条件不便、学校办学条件欠账多等因素影响，当前乡村教师队伍建设仍面临职业吸引力不强、补充渠道不畅、优质资源配置不足、结构不尽合理、整体素质不高等突出问题，下不去、留不住、教不好的问题仍然在一些地方存在，这些问题制约了乡村教育持续健康发展。

---

① "三区三州"的"三区"是指西藏、新疆南疆四地州和四川、云南、甘肃、青海四省的藏区，"三州"是指甘肃省的临夏回族自治州、四川省的凉山彝族自治州和云南省的怒江傈僳族自治州。

四、新时代教师队伍建设中央文件解读

2017年元旦前夕,中共中央政治局委员、国务院副总理刘延东专程到教育部,向部领导和各司司长当面指出,党中央高度重视教师的作用,认为抓好教育必须抓好教师队伍建设。刘延东指示,要着手起草以高层名义加强新时代教师队伍建设的文件。会后,教育部领导指示由笔者牵头,启动此项工作。2017年元旦、春节假期我们基本上没有休息,从部内外、京内外抽调精兵强将,集中在位于北京大兴的国家教育行政学院,进行研讨、分析、列目。当时,我们考虑,不管怎么样,先把框架搭建出来,以作为进一步修改讨论的靶子。到了2017年春天,起草组果然拿出初稿与各地、各有关部门进行协商、讨论,听取意见。稿子于2017年的下半年逐渐成形。

2017年底,习近平主持党的十九大召开之后的第一次中央全面深化改革领导小组会议。在会上,教育部部长陈宝生汇报了加强教师队伍建设文件的背景、起草过程、主要内容等。习近平总书记、李克强总理和中央其他领导同志对文件内容都表示同意。这次会议之后,教育部的同志根据中央的意见,与有关部门进行了认真的对接沟通,以便让这个文件给教师带来更多的红利。并且,经中共中央办公厅法规局同意,我们把文件定名为《中共中央国务院关于全面深化新时代教师队伍建设改革的意见》。

2018年1月20日,习近平总书记签发《中共中央国务院关于全面深化新时代教师队伍建设改革的意见》,新华社于1月31日受权发布。全国教育工作者欢欣鼓舞。2月2日,中央电视台(现并入中央广播电视总台)《焦点访谈》对该文件进行解读。笔者出镜就该文件的重要内容、政策亮点进行介绍。2019年12月1日,在中央广播电视总台另一档黄金时段播出的节目《故事里的中国》中,主持人董卿就教师工作对笔者进行访谈,她又提及该文件的起草事宜,该文件再次引起广泛关注。

《中共中央国务院关于全面深化新时代教师队伍建设改革的意见》(本章以下

简称《意见》）是新中国成立以来第一份以中共中央和国务院名义印发的专门面向教师队伍建设的里程碑式文件，明确了新时代教师队伍建设的根本方向、政策举措、工作要求。《意见》擘画了新时代教师队伍建设的宏伟蓝图，指明了新时代教师队伍建设的改革方向，对各级党委和政府抓好新时代教师队伍建设工作提出了明确要求。落实好中共中央和国务院关于加强新时代教师队伍建设的重大战略部署，就必须认清当前教师工作面临的形势和挑战，明确新时代教师队伍建设的指导思想、基本原则，必须把握新时代教师队伍建设的重点任务和保障措施。①

（一）新时代教师队伍建设的指导思想

指导思想是行动指南。只有确立正确的指导思想，才能让教师队伍建设进程行稳致远，取得应有成效。指导思想应明确举什么旗、走什么路、坚持什么、树立什么。新时代教师队伍建设必须全面贯彻落实党的十九大精神，以习近平新时代中国特色社会主义思想为指导，紧紧围绕统筹推进"五位一体"总体布局和协调推进"四个全面"战略布局，坚持和加强党的全面领导，坚持以人民为中心的发展思想，坚持全面深化改革，牢固树立新发展理念，全面贯彻党的教育方针，坚持社会主义办学方向。落实立德树人根本任务，遵循教育规律和教师成长发展规律，加强师德师风建设，培养高素质教师队伍。倡导全社会尊师重教，力争形成优秀人才争相从教、教师人人尽展其才、好教师不断涌现的良好局面。

（二）新时代教师队伍建设的分阶段目标

加强新时代教师队伍建设，既要力求解决当前教师队伍建设存在的突出问题，又要着眼于中长期教育改革发展、经济社会发展对教师队伍建设的根本期盼，分阶段提出目标任务。

到2022年，教师培养培训体系基本健全，足以支撑各级各类教师的专业发展。教师职称制度得到较大改进，广大教师职业发展通道比较畅通。破除教师管理体制机制障碍取得重大进展，事权人权财权相统一的管理体制普遍建立。教师

---

① 王定华. 新时代我国教师队伍建设的形势与任务［J］. 教育研究，2018（3）：4-11.

待遇提升保障机制更加完善，教师职业吸引力明显增强。总体上，教师队伍规模、结构和素质能力基本满足各级各类教育发展需要。

到2035年，广大教师综合素质、专业化水平和创新能力大幅提升，培养数以百万计的骨干教师，造就数以十万计的卓越教师，让数以万计的教育家型教师脱颖而出，从而使教师整体素质和层次结构能够有效满足各级各类教育发展的需要。教师管理体制机制科学高效，实现教师队伍治理体系和治理能力现代化，教师队伍充满生机活力。广大教师能够主动适应信息化、人工智能等新技术变革，积极有效开展教育教学。全社会尊师重教蔚然成风，广大教师在岗位上有幸福感、事业上有成就感、社会上有荣誉感，教师真正成为令人羡慕的职业。

（三）新时代教师队伍建设的基本原则

第一，确保正确的政治方向。加强新时代教师队伍建设，必须确保中国特色社会主义办学方向，以落实立德树人根本任务、培养社会主义合格建设者和可靠接班人为出发点和落脚点，努力造就党和人民满意的高素质专业化创新型教师队伍。要坚持党管干部、党管人才，坚持依法治教、依法执教，坚持严格管理监督与激励关怀相结合，充分发挥党组织的领导和把关作用，确保党牢牢掌握教师队伍建设的领导权，保证教师队伍建设正确的政治方向。

第二，强化全方位保障措施。教育的改革发展，教师的积极有效工作，根本上取决于教师的地位待遇。必须坚持教育优先发展战略，把教师工作置于教育事业发展的重点支持战略领域，在规划上优先谋划教师工作，在经费安排上优先保障教师投入，在工作部署上优先满足教师队伍建设需要，拿出系列真招实招，对准广大教师最盼、最急、最忧的心声，解决好教师队伍建设重点、热点、难点问题。

第三，突出良好的师德师风。教师是立教之本、兴教之源。广大教师从事的是传播知识、传播思想、传播真理的工作，致力的是塑造灵魂、塑造生命、塑造人的事业。所以，要把提高教师思想政治素质和职业道德水平摆在首要位置，把社会主义核心价值观贯穿到教书育人全过程，突出全员全方位全过程师德养成，推动教师成为先进思想文化的传播者、党执政的坚定支持者、学生健康成长的指导者，推动教师做学生锤炼品格的引路人、做学生学习知识的引路人、做学生创新思维的引路人、做学生奉献祖国的引路人。

第四，深化各方面改革创新。改革是时代标志，是破解教师管理体制机制障碍的关键，不改革就没有出路。改革越到深处，面临的矛盾越多，难度越大。必须抓铁有痕，踏石留印，攻坚克难，砥砺前行。要抓住教师队伍建设的关键环节，优化国家顶层设计，推动基层实践探索，破解发展瓶颈，把管理体制改革与机制创新作为加强新时代教师队伍建设的突破口。

第五，针对相应的类型特点。我国东中西部区域经济社会发展差异、城乡发展差异，决定了不能用一个标准推动工作，不能用一把尺子衡量成绩。同时，各级各类教育对教师队伍的需要也不相同。因此，必须立足中国国情，根据各级各类教师的不同特点，统筹考虑区域、城乡、校际差异，采取针对性的政策举措，定向发力，确保实效。

（四）新时代教师队伍建设的重点任务

根据教师队伍建设面临的新形势，遵循新时代教师队伍建设的指导思想与基本原则，努力实现教师工作的总体目标，就必须将教师队伍建设工作重点放在以下几个方面。

1. 拓展师德师风建设内容

全面开展师德师风建设，是铺就教师职业底色之举，也是提升教师素养的关键。加强新时代师德师风建设，应当同时着重提高教师思想政治素质和职业道德水平，将社会主义核心价值观贯穿到教书育人全过程，突出全员全方位全过程师德养成。

首先，切实加强教师队伍党的建设。充分发挥党组织的领导和把关作用，确保党牢牢掌握教师队伍建设的领导权，把住方向，谋好大局，定好政策，促进改革。落实从严治党要求，加强政治建设，增强政治意识、大局意识、核心意识、看齐意识。

其次，大力提升教师思想政治素质。加强理想信念教育，解决好教师的世界观、人生观、价值观这个"总开关"问题。引导教师树立正确的历史观、民族观、国家观、文化观，坚定道路自信、理论自信、制度自信、文化自信；加强中华优秀传统文化和革命文化、社会主义先进文化教育。

再次,全面改善教师职业道德风貌。健全师德建设长效机制,引导广大教师以德立身、以德立学、以德施教、以德育德。开展师德师风建设工程,发掘师德典型,讲好师德故事,持续推出一大批影视作品和文学作品,注重宣传感召,弘扬社会正能量。加强师德教育,营造崇德向善、见贤思齐、德行天下的良好氛围。加强师德奖励,强化师德考评,推行师德考核负面清单制度,体现奖优罚劣。

最后,认真落实党的知识分子政策,对广大教师政治上充分信任,思想上主动引导,工作上创造条件,生活上关心照顾,让广大教师心暖气顺。

2. 推进教师教育综合改革

教师教育是教育事业的工作母机,是教师队伍建设的源头活水,具有先导性、关键性、基础性。新时代加强教师队伍建设,必须深入推进教师教育综合改革。

第一,完善教师教育体系。建立以师范院校为主体、高水平非师范院校参与的中国特色师范教育体系。为此,应研制师范院校建设标准和师范类专业办学标准,重点建设一批师范教育基地,整体提升办学水平;提高师范专业生均拨款标准,提升师范教育保障水平;调动一流综合性高校参与师范教育,增强教师教育力量;开展师范类专业认证,保障培养质量。

第二,提高师范生生源质量。要改革招生制度,可采取提前批次录取、增加面试环节的方式,或实行大类录取、入学后二次选拔跟进,吸引和鼓励乐教适教善教的优秀青年进入师范专业。

第三,创新教师培养模式。推进教师教育课程改革,增强师范生人文素养,以实践为导向优化教师教育课程体系,加强"三字一话"① 等教学基本功训练。不同类型、不同层次学校的教师,既应有共同的品质,又应有不同的特质,所以要分类培养高素质专业化的中小学教师、高素质善保教的幼儿园教师、高素质双师型的职教教师、高素质创新型的高校教师。

---

① "三字一话"指钢笔字、毛笔字、粉笔字和普通话。

第四，增强教师培训实效。陆续发布各学科教师培训的标准，针对受训教师的实际，做到按需施训，发挥好各类国培项目的示范引领作用，带动基层培训和校本教研，激励教师专业成长。中小学教师国培项目集中支持中西部乡村教师，职业院校教师素质提高计划重点提升职业院校教师的实践教学技能，高校教师国培项目注重提升西部青年教师教学能力。

第五，造就一流高等教育人才。服务创新型国家和人才强国建设、世界一流大学和一流学科建设，做好人才发展规划，鼓励拔尖人才脱颖而出、捷足先登，打造高校教师创新团队，立足本土培养、发展或面向全球引进一批具有国际影响力的学科领军人才和青年学术英才。

3. 促进校长队伍专业发展

中小学校长是教师队伍的关键少数，必须给予高度重视，不断促进校长队伍的专业发展。

首先，界定校长核心素养。《意见》要求："加强中小学校长队伍建设，努力造就一支政治过硬、品德高尚、业务精湛、治校有方的校长队伍。"

其次，加大校长培训力度。实施校长国家级培训计划，体现跨界培养。要开展乡村中小学骨干校长培训，帮助他们成为乡村教育管理骨干，带动乡村教育质量提升。还要精心选拔培育一批具有领航作用的名校长，组织多种形式研修，支持校长大胆探索，创新教育思想、教育模式、教育方法，形成办学风格，营造教育家脱颖而出的制度环境。

陶行知曾提出一流教育家的标准：一要立志，立宏伟大志；二要立功，立显赫之功；三要立言，立传世之言；四要立德，立高尚品德。当代教师应学习陶行知，养成博爱、奉献、求真、务实和创造五种精神，争做具有现代意识和高尚情操的优秀教师。①

林崇德认为教育家至少应具备三个条件：第一，教育家应懂得中外教育史，了解一些教育流派的主要观点，要明确当前教育改革的需要和着重点。第二，教

---

① 周洪宇. 教师教育论［M］. 北京：北京师范大学出版社，2010：6-7.

育家必须有教育的实践。任何一个教育家都有办学的经验,古今中外概莫能外。在中国,从孔子到现代教育家,像大学校长蔡元培、搞基础教育的陶行知等,他们都有丰富的教育经验或办学经历。在国外,从裴斯泰洛齐、赫尔巴特到蒙台梭利,他们都有教育的实践、办学的生涯,或者从事教育改革或指导教育改革的经历。第三,教育家要有教育理论体系,有教育理论观点,并且在国内或国外的教育界产生了较大的影响。严格讲,这三条缺一不可。①

最后,明确校长的新任务。《意见》指出,校长在办学治校能力得以提升之后,应"打造高品质学校"。这是新时代校长的共同任务。打造高品质学校,就要调动书记、校长的主体作用,确立学校发展哲学,凝练学校发展的价值观,开展课堂改造,科学实施课程,贯彻学校管理标准,完善学校章程,构建现代学校制度,促进学生全面发展。

4. 破解教师管理体制障碍

理顺教师管理体制机制,是释放激发教师工作活力的关键之举。要针对教师管理体制机制顽疾,逐一突破。

首先,创新教师编制配备,增加教师编制总量。对于中小学教师队伍,要盘活事业编制存量,优化编制结构,向教师队伍倾斜,采取多种方法多种形式增加中小学教师总量。实行省级统筹、市域调剂、以县为主、动态调配方式,加大统筹配置和跨区域调整力度。对于高校教师队伍,要积极探索实行高等学校人员总量管理,为高校人力资源自主配置留足空间。

其次,改进教师资格制度,提高教师准入门槛。新入职教师必须取得教师资格。逐步提高中小学和幼儿园教师入职学历标准,逐步将幼儿园教师学历提升至专科,小学教师学历提升至师范专业专科或非师范专业本科,初中教师学历提升至本科,有条件的地方将普通高中教师学历提升至研究生。严把高校教师选聘入口关,实行思想政治素质和业务能力双重考察。

再次,推进教师职称制度改革,更好地发挥职称对教师的激励作用。适当提

---

① 林崇德. 林崇德口述历史 [M]. 北京:北京师范大学出版社,2010:206.

高中小学中级、高级教师岗位比例，切实解决教师职称晋升难的问题，畅通教师职业发展通道。将高校教师职称评审权切实下放到高校，由高校自主组织职称评审、自主评价、按岗聘任。相关行政部门按照职责分工，做好高校教师职称评聘的事中事后监管。

最后，开展教师管理评价改革，激发各类教师工作活力。对中小学教师的评价，应当坚持德才兼备、全面衡量，突出教育教学实绩考核；对职业院校教师的评价，应当判断其双师型发展程度，是否具备必要的技能水平和专业教学能力；对高校教师的评价，应当突出对其教育教学业绩和师德的考核，并将教授为本专科学生上课作为基本制度。

5. 提升社会地位、工资待遇

教师的获得感、幸福感、安全感源于教师的地位待遇，应采取切实措施予以提升。

首先，明确教师职业的公共属性。公办中小学教师是国家公职人员，居于特殊的法律地位。与之相适应，教师的政治地位、社会地位、职业地位应得到提升，同时他们也必须承担国家使命和公共教育服务的职责。也就是说，较之一般的社会从业者，教师发挥着特殊的重要作用。

其次，提高教师工资待遇。完善中小学教师待遇保障机制，健全中小学教师工资增长长效联动机制，核定绩效工资总量时统筹考虑当地公务员实际收入水平，确保中小学教师平均工资收入水平不低于或高于当地公务员平均工资收入水平。对于高校教师，则需推进薪酬制度改革，扩大高校收入分配自主权。而民办学校，则应与教师依法签订合同，按时足额支付工资，包括社会保险等需要承担的费用。

再次，保障教师合法权益。建设现代学校制度，突出教师主体地位，落实教师知情权、参与权、表达权、监督权，保障教师参与学校决策的民主权利，维护教师职业尊严和合法权益，还要关心教师身心健康。

最后，加大教师表彰力度。大力宣传教师中的"时代楷模"和"最美教师"。开展国家级教学名师、国家级教学成果奖评选表彰，做好乡村学校从教 30 年教师荣誉证书颁发工作，开展多种形式的教师表彰奖励活动，并落实相关优待政策，还要鼓励社会力量对教师出资奖励。

6. 优化乡村教师资源配置

优化乡村教师资源配置，是补齐教师短板之举。

首先，强化乡村教师补充。鼓励师范院校为乡村学校及教学点培养一专多能的全科教师。鼓励大学毕业生去基层创业，增加定向培养师范生人数，扩大"特岗计划"实施规模，源源不断地为乡村学校补充合格师资。

其次，促进城乡交流轮岗。推进"县管校聘"改革，实行县域内义务教育学校教师、校长交流轮岗，推动城镇优秀教师、校长向乡村学校、薄弱学校流动。小规模学校或教学点的课程不易开足开齐，而实行学区（乡镇）内走教，则可在一定程度上加以弥补。

再次，加大乡村补助力度。在已有工作基础上，推动各地提高对乡村教师补助标准，不断扩大补助覆盖面。加强乡村教师周转宿舍建设，让乡村教师住有所居。

最后，优先支持青年教师。帮助乡村青年教师解决普遍存在的困难，关心乡村青年教师工作生活，并在培训、职称评聘、表彰奖励等方面向乡村青年教师倾斜。

7. 增加教师队伍建设投入

根据《意见》精神，各地应当切实将教师队伍建设改革作为教育财政的重点投入领域予以优先保障，完善支出保障机制。优化经费投入结构，优先支持教师队伍建设中最薄弱、最紧迫的领域，重点用于提高教师待遇保障和专业素质能力。加大师范教育投入力度，夯实教师队伍建设的基础。健全以政府投入为主、多渠道筹集教育经费的体制，充分调动社会力量投入教师队伍建设的积极性。制定严格的经费监管制度，规范经费使用，加强经费管理，切实用好每一笔经费，确保资金使用效益。

8. 形成教师队伍建设合力

在新的历史时期，不管是适应党内外、国内外环境的深刻变化，抢抓新时代带来的新机遇，还是应对工作对象和工作条件的深刻变化，解决新的历史条件下教师队伍建设改革面临的不平衡不充分发展的问题，都对教师工作者的治理能力提出了更高的要求。教师工作者应当更新治理理念，拓宽眼界和视野，补充新的专业知识，增强克难意识、创新意识、实干意识。教师工作者急需提升治理能力，做到责任过硬、作风过硬，掌握战略思维、创新思维、辩证思维、法治思维、底线思维，进而解决教师队伍建设改革难题，提高落实工作效益。教师队伍建设是个系统工程，除了教育部门承担责任之外，还有赖于其他部门的参与、支持和配合。教育部门要加强与编制、发展改革、财政、人力资源社会保障等部门的协同，形成联动机制。要积极争取社会支持，遵循双赢原则，鼓励和吸引社会力量积极参与支持教师队伍建设。要推动地区支援，促进不同区域之间的互相学习、借鉴和支援。

一分部署，九分落实。立足新时代，各地、各部门、各级各类学校应当以《意见》为指引，聚焦关键，锁定目标，攻坚克难，蹄疾步稳，切实抓好教师队伍建设各项政策的落实。

一是聚焦目标定向，抓好既定任务落实。按照教育现代化总体目标要求，抓好全国教育大会精神和中央教师文件的贯彻落实，确保教师队伍建设任务目标如期实现。到2022年，教师培养质量有较大提高，教师培训效果明显增强，教育管理体制机制基本理顺，教师职业吸引力明显增强。到2035年，教师综合素质、专业化水平和创新能力大幅提升，培养造就数以百万计的骨干教师、数以十万计的卓越教师、数以万计的教育家型教师。

二是聚焦问题导向，抓好破解难题落实。针对存在的问题，深入开展研究，优化政策设计，推动基层探索，根据各级各类教师特点和区域、城乡、校际差异，将国家政策化为操作方法，采取务实管用举措，破解制约发展的瓶颈，拓宽教师发展晋升通道。

三是聚焦发展走向，抓好各方协同落实。教师队伍建设的走向是凝聚人心、完善人格、开发人力、培育人才、造福人民。必须加强党委领导，抓好教育、发展改革、财政、人力资源社会保障、编制等部门的协调，统筹部署，形成合力，协同落实，激发教育事业持续健康发展，支持广大教师在新时代建功立业，努力培养德智体美劳全面发展的社会主义建设者和接班人。

历史在见证，人民在期待。面对未来，面对挑战，各相关责任主体应以自我革新的勇气、勇于担当的精神、久久为功的毅力，迈好新时代中国强师之路新步伐，书写教师队伍建设的新篇章。总结成绩，正视问题，立足新时代，在推进教育现代化的重大实践中，牢牢抓好教师队伍建设这一基础性工作，优先规划教师工作，优先投入教师工作，优先推动教师工作，使教育改革发展更有活力，让教育现代化动能更加强劲。

五、结语

教育是国之大计、党之大计。教师是立教之本、兴教之源。加强新时代教师队伍建设是全面贯彻党的教育方针、促进教育公平、提高教育质量、提升学校品质、深化教育改革的必然要求，是建设中国特色社会主义教育体系的重要内容，也是加快实现教育现代化、建设教育强国的根本保障。

党和政府不断加强教师队伍建设的制度设计，强化教师工作的法律法规、政策文件、专项计划的系统性建设，从根本上保证了教师队伍建设有法可依、有章可循，夯实了教师工作的政策基础，为优化教师队伍规模结构、提升教师队伍素质能力、创新教师队伍工作格局提供了根本遵循。

改革开放以来，特别是党的十八大以来，教师队伍建设贯彻新发展理念，换挡升级，提质增效，进展明显。一是师德师风建设不断完善。二是教师教育改革不断深化。三是教师国培体系得以建立。四是乡村教师队伍得到明显加强。五是推进教师编制配备改革。六是深化教师职称制度改革。七是教师整体素质结构得到优化，教师学历层次得到提升，年龄结构日趋优化，师生结构比例趋于合理。同时，教育工作面临的外部环境和内在需求都发生了深刻的变化，受城镇化进程、全面二孩政策、高考改革等因素影响，教师数量、质量等方面存在的矛盾愈发突出。教师队伍在区域、学校间还不平衡，教师培养和专业发展还不充分。一些地方对教师关心不够，重硬件轻软件、重外延轻内涵的现象比较突出。

《意见》要求不断提升教师政治地位、社会地位、职业地位，做出了一系列制度化安排。中国教师队伍建设的政策体系和顶层设计基本完成，形成了涵盖各级各类教师和各项教师工作的全方位、多领域的完整政策体系，高位引领、固本强基，正在破解长期以来制约我国教师队伍建设的体制机制障碍，为我国教师队伍建设创设了良好的制度环境。《意见》印发后很长一段时间里，长城内外，大江南北，系统上下，教师们都奔走相告、欢欣鼓舞、干劲倍增。这份文件是集体智慧的结晶，是新时代教师队伍建设改革的纲领性文件。大家普遍认为教师队伍建设迎来了新的重大发展机遇。笔者经常被问到最多的一个问题就是：这份文件主要有哪些亮点？在笔者看来，《意见》中的每一句话都经过了字斟句酌，都凝聚着各方面的力量，亮点纷呈。[①]

第一，意义特别重大。《意见》之所以意义特别重大，在于进一步强调了教师地位，断言教师是教育的第一资源，承担着传播知识、传播思想、传播真理的历史使命，肩负着塑造灵魂、塑造生命、塑造人的使命；在于时代呼唤，面对新方位、新征程、新使命，教师队伍建设显得更为重要；在于实践期盼，当前教师队伍建设虽然有很多成绩，但是也面临着诸多的问题，而破解这些问题需要顶层设计；在于中央部署，这是新中国成立以来第一份以中共中央和国务院名义印发的关于教师队伍建设的文件。

第二，指导思想明确。《意见》明确提出要坚持和加强党的全面领导，坚持以人民为中心的发展思想，坚持全面深化改革，牢固树立新发展理念，全面贯彻党的教育方针，坚持社会主义办学方向，落实立德树人根本任务，遵循教育规律和教师成长发展规律，加强师德师风建设，培养高素质教师队伍，倡导全社会尊师重教，形成优秀人才争相从教、教师人人尽展其才、好教师不断涌现的良好局面。

第三，基本原则坚定。新时代加强教师队伍建设，要遵循五个原则：一是确保方向，二是强化保障，三是突出师德，四是深化改革，五是分类施策。以最后一个原则为例，就是要做到：立足我国国情，借鉴国际经验，根据各级各类教师的不同特点和发展实际，考虑区域、城乡、校际差异，采取有针对性的政策举措，定向发力，重视专业发展，培养一批教师；加大资源供给，补充一批教师；创新体制机制，激活一批教师；优化队伍结构，调配一批教师。

第四，目标任务清晰。《意见》对2022年和2035年教师队伍建设目标分别进行了界定。

[①] 王定华. "亮"出新时代教师队伍建设好声音［N］. 中国教师报，2018-02-07 (4).

第五，突出师德师风。《意见》强调要健全师德建设长效机制，实施师德建设工程，引导广大教师以德立身、以德立学、以德施教、以德育德，坚持教书与育人相统一、言传与身教相统一、潜心问道与关注社会相统一、学术自由与学术规范相统一，争做"四有"好教师，全心全意做学生锤炼品格、学习知识、创新思维、奉献祖国的引路人。

第六，支持师范院校。《意见》提出，要实施教师教育振兴行动计划，建立以师范院校为主体、高水平非师范院校参与的中国特色师范教育体系，推进地方政府、高等学校、中小学"三位一体"协同育人。研究制定师范院校建设标准和师范类专业办学标准，提高对师范类专业的拨款水平，开展师范类专业认证，重点建设一批师范教育基地，整体提升师范院校和师范专业办学水平。

第七，分层培养教师。《意见》明确提出，要培养高素质专业化的中小学教师队伍、高素质善保教的幼儿园教师队伍、高素质创新型的高校教师队伍和高素质双师型的职教教师队伍。其中，要推进教师培养供给侧结构性改革，为义务教育学校侧重培养素质全面、业务见长的本科层次教师，为高中阶段教育学校侧重培养专业突出、底蕴深厚的研究生层次教师。大力推动研究生层次教师培养，增加教育硕士招生计划，向中西部地区和农村地区倾斜。

第八，发挥校长作用。《意见》明确提出，加强中小学校长队伍建设，努力造就一支政治过硬、品德高尚、业务精湛、治校有方的校长队伍。面向全体中小学校长，加大培训力度，提升校长办学治校能力，打造高品质学校。我国有近30万所中小学，每所学校都办出特色、与众不同，既没必要也不可能。中小学共通的东西才是主要的，比如贯彻方针、促进发展、落实课程、改进教学等。在新时代，要调动校长、书记的主体作用，确立学校发展的哲学，凝练学校发展的价值观，开展课堂改造，科学实施课程，贯彻义务教育学校管理标准，制定完善学校章程，构建现代学校制度，大力提升学校品质。

第九，创新编制管理。编制始终是教育发展的瓶颈，《意见》要求：盘活事业编制存量，优化编制结构，向教师队伍倾斜，采取多种形式增加教师总量，优先保障教育发展需要；创新编制管理，加大教职工编制统筹配置和跨区域调整力度，省级统筹、市域调剂、以县为主，动态调配。编制向乡村小规模学校倾斜，按照班师比与生师比相结合的方式核定；实行教师编制配备和购买工勤服务相结合，满足教育快速发展需求。

第十，促进均衡配置。《意见》强调实行义务教育教师"县管校聘"，深入推进县域内义务教育学校教师、校长交流轮岗，实行教师聘期制、校长任期制管理，推动城镇优秀教师、校长向乡村学校、薄弱学校流动。同时鼓励地方政府和相关院校因地制宜采取定向招生、定向培养、定期服务等方式，为乡村学校及教学点培养"一专多能"教师。

第十一，提高准入要求。完善教师资格考试政策，逐步将修习教师教育课程、参加教育教学实践作为认定教育教学能力、取得教师资格的必备条件。新入职教师必须取得教师资格。严格教师准入，提高入职标准，重视思想政治素质和业务能力。由教育部门负责招聘合格教师，学历要求也要提升。

第十二，畅通发展渠道。适当提高中小学中级、高级教师岗位比例，畅通教师职业发展通道。同时，推行中小学校长职级制改革，拓展职业发展空间，促进校长队伍专业化建设。进一步完善评价标准，建立符合中小学教师岗位特点的考核评价指标体系，坚持德才兼备、全面考核，突出教育教学实绩，引导教师潜心教书育人。对于职业院校教师的专业发展、高等学校的人事制度改革等，《意见》也都分别做出了明确规定。

第十三，界定公职人员。《意见》明确要突显教师职业的公共属性，强化教师承担的国家使命和公共教育服务的职责，确立公办中小学教师作为国家公职人员特殊的法律地位。权利得以界定，义务得以明确。

第十四，提升工资待遇。《意见》要求健全中小学教师工资长效联动机制，核定绩效工资总量时统筹考虑当地公务员实际收入水平，确保中小学教师平均工资收入水平不低于或高于当地公务员平均工资收入水平。

第十五，关心乡村教师。对乡村教师高看一眼，厚爱一分。《意见》要求深入实施乡村教师支持计划，关心乡村教师生活，在培训、职称评聘、表彰奖励等方面向乡村青年教师倾斜，优化乡村青年教师发展环境，丰富其精神文化生活。

第十六，民办学校同权。我们要认识到，民办学校的教师也是辛勤的园丁，民办学校的学生也是祖国的花朵。《意见》明确要依法保障和落实民办学校教师在业务培训、职务聘任、教龄和工龄计算、表彰奖励、科研立项等方面享有与公办学校教师同等权利。

第十七，提升社会地位。让教师在岗位上有幸福感，事业上有成就感，社会上有荣誉感，《意见》明确要大力宣传教师中的"时代楷模"和"最美教师"。开展国家级教学名师、国家级教学成果奖评选表彰，重点奖励贡献突出的教学一线教师，开展尊师活动，营造尊师重教良好社会风尚。同时建设现代学校制度，体现以人为本，突出教师主体地位，落实教师知情权、参与权、表达权、监督权。

第十八，强化组织保障。《意见》强调实行一把手负责制，紧扣广大教师最关心、最直接、最现实的重大问题，找准教师队伍建设的突破口和着力点，坚持发展抓公平、改革抓机制、整体抓质量、安全抓责任、保证抓党建，把教师工作记在心里、扛在肩上、抓在手中，摆上重要议事日程。

第十九，强化经费保障。各级政府要把教师队伍建设作为教育投入的重点领域，予以优先保障；完善支出保障机制，强化确保党和国家关于教师的各种利好能落到实处；优化经费投入的结构，向教师队伍倾斜。

第二十，开展督导检查。把深化教师队伍建设改革情况作为对党政领导干部督查督导的指标，并将结果作为党政领导班子和有关领导干部综合考核评价、奖惩任免的重要参考，确保各项政策措施全面落实到位，真正取得实效。

各地各有关方面应当认真落实《意见》精神，全面贯彻党的教育方针，落实立德树人根本任务，将大力提升教师队伍思想政治素质和能力水平作为教师队伍建设的核心任务抓紧抓实。深入落实新时代教师职业行为十项准则，坚持严管与厚爱并重，不断焕发教师崇德、修德、养德内生动力。深化教师工作领域综合改革，厚植教师队伍建设的基础性、先导性、全局性地位和作用，着力打造一支师德高尚、业务精湛、结构合理、充满活力的高素质专业化创新型教师队伍，为培养担当民族复兴大任的时代新人筑牢坚实基础。

第二章

坚持把教师队伍建设作为基础工作

2018年9月10日，在中华人民共和国第34个教师节当天，党中央召开了新时代的第一次全国教育大会。会议全面阐释了新时代教育改革发展重大理论和实践问题，指出要坚持把教师队伍建设作为基础工作，教育投入要更多向教师倾斜，不断提高教师待遇，这充分体现了党中央对教育的高度重视和对教师的亲切关怀。

教育部部长陈宝生曾经鲜明地指出：基础教育是教育的基础，教师是基础之基础；高等教育是教育的制高点，教师是制高点之制高点；立德树人是教育的根本任务，教师是根本之根本。[1]

---

[1] 2017年6月16日，全国乡村教师队伍建设暨万名教师支教工作会议在乌鲁木齐召开，陈宝生出席会议并讲话，其中对教师的作用和地位进行了阐述。

一、教师是"基础之基础"

基础教育是中国教育的基础。中小学时期是一个人习惯养成、道德涵养、精神发育、心灵成长的关键时期。基础教育是青少年成长成才的必要路径,是提高民族素质的奠基工程,在我国国民教育体系中处于重中之重的基础性、先导性地位。没有良好的基础教育,就没有高质量的高等教育,也就难以培养出德智体美劳全面发展的社会主义建设者和接班人,难以培养出能够满足党、国家、人民、时代需要的创新型人才。基础教育在很大程度上决定了国民教育发展的水平和质量,是教育改革发展中最基础、最核心的工作。要遵循青少年成长特点和规律,扎实打好基础。

教师队伍是基础教育的基础。① 教育大计,教师为本。教师是人类灵魂的工程师、时代进步的先行者,承担着传播知识、传播思想、传播真理的历史使命,肩负着塑造灵魂、塑造生命、塑造人的历史重任,是民族振兴、国家繁荣、教育发展的重要基石。办好基础教育,根本在教师,关键在教师。②

(一)教师是贯彻党的教育方针的基础

党的教育方针是关于教育培养目标和发展方向的根本遵循,是人才培养的总目标,是教育事业的灵魂。基础教育是立德树人的事业,要旗帜鲜明加强思想政治教育、品德教育,加强社会主义核心价值观教育,引导学生自尊自信自立自强。教师的职责是教书育人,培养的人应该与党和人民同心同行,是理想远大、信仰坚定、乐于奉献的人,是遵纪守法、品行高尚的人,绝不能是"精致的利己主义者"。

广大教师应认清自己肩负的使命和责任,始终同党和人民站在一起,自觉做中国特色社会主义的坚定信仰者和忠实实践者,忠诚于党和人民的教育事业,自觉把党的教育方针贯彻到教学管理工作全过程,帮助青少年学生"扣好人生的第

---

① 王定华. 教师是基础教育的基础 [J]. 人民教育,2017 (15/16):16-19.
② 王定华. 全面建成小康社会之际我国教师队伍建设基本方略 [J]. 全球教育展望,2018 (11):53-62.

一粒扣子",树立为祖国服务、为人民服务的意识,成为党和国家需要的人才。

(二)教师是实现基础教育公平的基础

教育公平是社会公平的重要基础。促进教育公平,坚持教育的公益性和普惠性,是中国特色社会主义教育的显著特征。要不断促进教育发展成果更多、更公平地惠及全体人民,以教育公平促进社会公平正义。促进教育公平,其根本措施在于合理配置教育资源特别是教师资源。加快教师资源优化配置,既是一种众望所归的改革实践,更是一股循环往复的改革动力。

近年来,我国采取了一系列重大政策举措,如实施乡村教师支持计划、统筹推进县域内城乡义务教育一体化改革发展、深入推进县域内校长、教师交流轮岗等,取得了良好成效。

但是,由于历史的原因以及地区经济发展的不平衡,我国一些地方的区域之间、城乡之间、学校之间的教育发展水平存在较大差距,"择校热""学区房""城镇大班额"等热门教育问题,无不显现出老百姓对优质教师资源的热切期盼。要坚持共享发展理念,大力推进教师资源合理配置,把"发展教育脱贫一批"作为重要举措,加快实施教育扶贫工程,实施教育精准扶贫,使特殊困难群体及其后代的发展能力得到有效提升,阻断贫困代际传递;消除城乡二元结构壁垒,大幅度提升乡村教师队伍整体水平,巩固义务教育基本均衡发展成果,整体提高基础教育标准化建设水平和教育质量,让每个孩子都平等享有接受良好教育的机会,努力增进千万乡村家庭的福祉。

陶行知深刻认识到教师具有关系到国家和民族前途命运的地位和作用。他警醒世人:"农不重师,则农必破产;工不重师,则工必粗陋;国民不重师,则国必不能富强;人类不重师,则世界不得太平。"[1] 他还提出:"在教师手里操着幼年人的命运,便操着民族和人类的命运。"[2]

---

[1] 出自陶行知的教育小说《古庙敲钟录》。
[2] 出自陶行知《地方教育与乡村改造》一文。

（三）教师是提高基础教育质量的基础

质量是教育事业的生命线。提高教育质量是面对全面建成小康社会的新形势、面对人民群众接受优质教育的新期盼所做出的战略选择，反映了教育发展的内在需求，是办好人民满意教育的迫切要求。党和国家把提高质量确立为教育改革发展的核心任务，提出要树立科学的教育质量观，坚持规模与质量的统一，走内涵式发展道路。提高教育质量，是"十三五"期间教育发展的战略主题。教师是立教之本、兴教之源，有一流的教师才能有一流的教育，有一流的教育才能有一流的教育质量，才能培养出一流的人才。

要不断提高教师素质，优化教师结构，打造一支高素质专业化创新型教师队伍。要引导教师做到：坚持以人为本，落实立德树人根本任务，牢固树立质量意识，尊重学生成长规律，以自身扎实的知识功底、过硬的教学能力、勤勉的教学态度、科学的教学方法，促进学生全面发展，塑造学生健全人格；切实关注过程公平，平等对待每个学生，不冷淡贫困生，不歧视学困生，不扼杀个性生，让不同出身、天资和性格的学生心中都充满阳光和希望，努力让每个学生都对自己有信心、对未来有希望，成长为有用之才。

（四）教师是推动基础教育创新的基础

创新是一个民族进步的灵魂，是一个国家兴旺发达的不竭动力，也是中华民族最深沉的民族禀赋。教师通过卓有成效的育人活动培育创新人才。创新人才是衡量一个国家综合国力的重要指标，在激烈的国际竞争中，唯创新者进，唯创新者强，唯创新者胜。随着我国经济发展进入新常态，我们不断加快转变经济发展方式，大力推进供给侧结构性改革，深入实施科教兴国、人才强国和创新驱动发展战略，倡导大众创业、万众创新，实现从要素驱动、投资驱动转向创新驱动，需要一支宏大的创新人才队伍。

然而，由于历史欠账等因素，中国人口素质整体还不够高，创新型人才总量还不足，这越来越成为制约创新发展的瓶颈。教师是教育创新的实践者和推动者，是培养人才的根本和基础力量。要引导教师进一步改革人才培养思维模式和方式方法，推进素质教育，创新教育方法，提高人才培养质量，既传授学生扎实的专业知识，又超越知识本身，创设更为宽松、更为有利于学生个性发展的氛围和环境，切实保护学生的好奇心和想象力，将学生科学精神、创新思维和创造能力的培养贯穿于教育教学全过程，培养和造就一大批厚基础、宽视野、高素质、具备国际竞争力的创新型人才。

（五）教师是实现基础教育现代化的基础

教育现代化是一个国家教育发展的较高水平状态，是对传统教育的超越。要实现"两个一百年"奋斗目标和中华民族伟大复兴的中国梦，必须有现代化作保障。教育的现代化归根结底是"人的现代化"，人既是教育现代化的实践主体，又是价值主体，更是终极目标。没有人的现代化，也就没有真正意义上的教育现代化。教师是教育现代化的建设者、实践者，现代化的教师队伍是推进教育现代化的关键，没有教师现代化的教育意识和教育行为，就不可能培育出现代化的学生，更谈不上现代化的教育。经过多年努力，中国教育总体发展水平进入世界中上行列，但与发达国家相比仍有一定差距。要认真分析教育改革发展的形势任务，有力抓住教师队伍建设面临的问题，准确把握教师队伍现代化的内涵要义，努力实现教师队伍的标准化、专业化、均衡化、信息化、国际化，进而提高教育现代化的水平。

当前，中国进入了新的发展阶段，正在统筹推进"五位一体"总体布局和协调推进"四个全面"战略布局，大力推进"一带一路"倡议和科技强国、制造强国等重大战略工程，倾力追逐中华民族伟大复兴的中国梦。国家繁荣、民族振兴、教育发展、人民幸福，需要我们大力培养造就一支品德高尚、业务精湛、结构合理、充满活力的高素质专业化创新型教师队伍，需要涌现一大批好老师。

二、教师是"制高点之制高点"

高校教师是国家培养高端人才的主力军，是开展科研创新、服务社会、传承文化的重要力量。培养社会主义建设者和可靠接班人，重点在高校，关键在高校教师。

（一）"制高点之制高点"的战略地位

高校教师决定着高端人才培养质量。当前国际竞争异常激烈，高端人才作为第一人力资源，决定着一个国家的综合国力水平。高端人才培养的主阵地在高校，高端人才培养的核心力量是高校教师。高校教师作为高等教育教学工作的主体，直接决定着课堂教学的质量；作为学术创新的主力，直接影响着学生创新能力的培养；作为价值观的传播者，直接影响着学生的价值取向。因此，只有牢牢抓住高校教师队伍建设这个制高点，才能加快"双一流"建设，为实现中华民族伟大复兴提供人才支撑。

高校教师影响着国家创新能力发展。创新驱动根本上取决于人才驱动，科学研究是培养创新人才的重要途径。高校是中国科研体系的重要组成部分，高校教师是推动中国科技创新能力发展的重要力量。从高端科技人才分布情况看，高校容纳了半数的两院院士以及大多数的千人计划入选者、长江学者、杰出青年基金获得者等高级专业人才。在科研项目上，高校教师作为科研主体，承担了80%左右的国家自然科学基金面上项目和70%的国家自然科学基金重点项目。因此，只有牢牢把握高校教师队伍这个制高点，才能源源不断地培养创新人才、产生科研成果，推动整个国家的现代化建设。

高校教师推动着教育国际化进程。教育国际化是21世纪各国大学所追求的发展理念，世界发达国家无不通过教育国际化来提高大学的办学水平和培养具有国际竞争力的人才。当前，随着高等教育领域国际合作交流的日渐增多，高校教师通过出国留学、开展国际合作科研项目、组织召开国际学术会议和国家派出教学等形式，承担着传播中国文化、引进先进技术、培养国际人才等任务。多层次、宽领域的教育交流与合作，广泛而深入地借鉴经验，将有力促进中国教育改革发展，提高中国教育国际化水平，提升中国教育的国际地位、影响力和竞争力。

（二）"制高点之制高点"的主要内涵

高等教育作为中国教育战略制高点的定位，要求高校教师不仅是有理想信念、有道德情操、有扎实学识、有仁爱之心的好老师，更应该成为"四有"标准的制高点。

一是理想信念的制高点。民族的未来，寄托于教育；国家的明天，取决于青年。青年的价值取向决定了未来整个社会的价值取向。做好大学生思想引领工作是高校的重要使命，是关乎人才培养质量的深层次、根本性和战略性问题。高校必须将理想信念教育作为高等教育的重要内容。"教育者先受教育"，高校教师作为高校人才培养的核心力量，必须率先垂范，具有坚定的理想信念，努力成为先进思想文化的传播者，成为青年奉献祖国的引路人，成为高等教育体系中理想信念的制高点。

二是道德情操的制高点。高校是全社会高端人才的摇篮，高校立德树人，是为全社会立德，为全社会树人。立德，首先立师德；树人，首先树人师。好教师首先应该是以德施教、以德立身的楷模。大学阶段正是人生观、价值观形成时期，抓好这一时期的价值观养成十分重要。高校教师是学生德之源，有责任成为道德情操的制高点，引导学生扣好人生第一粒扣子，做好学生道德修养的镜子，不断提升人格品质，忠诚于党的教育事业，执着于教书育人，把正确的道德观传授给学生。

三是扎实学识的制高点。教学是教师的首要任务，高质量完成教学工作，传道、授业、解惑，培养大学生求真、创新的能力，要求高校教师不仅要具有扎实的基础知识，还要具有深厚的学术素养。高校教师还肩负着科技创新的重任，肩负着服务经济社会发展的使命。扎实学识、创新能力是实现以上职能的根本支撑。因此，治学是高校教师教好书、育好人的必要条件。作为高校教师，必须站在知识发展前沿，把科研与教学有机统一起来，刻苦钻研、严谨笃学，不断充实、拓展、提高自己。

四是仁爱之心的制高点。爱是教育的灵魂，没有爱就没有教育。高校是学生踏入社会前最后一座象牙塔，是教师把好教书育人关的最后一道关口。大学生面对未来错综复杂的社会生活，更需要高校教师怀有仁爱之心，"千教万教，教人成真"。只有触及大学生的情绪和意志领域，围绕学生、关爱学生和服务学生，才能教育引导学生做到"四个正确认识"；只有怀有仁爱之心，才能以一颗淡泊名利之心、忠诚于事业之心，实现自我完善和知识的传递创新。

（三）"制高点之制高点"的现实差距

广大高校教师应当善于为人、为师、为学，而实际上这个群体还存在着一些现实差距。这些差距制约了高校教师自身的发展，也影响了高等教育"战略制高点"作用的发挥。

一是重教书轻育人。少数高校教师存在"重教书轻育人"现象，如"有课即来，无课即走"，只注重传授书本知识，不注重塑造学生品格、品行、品味等。这种现象的出现，一方面是由于教师对"以学生为本，培养全面发展的人"的教育活动本质认识不到位，将教育仅仅看作是知识的传递与智力的开发，而忽略了道德、人格等方面的教育；另一方面是由于教师对育人主体的认识存在偏差，认为高校的育人工作，尤其是对学生的价值引领工作，是辅导员、学生管理工作人员的工作，而不是专任教师的分内职责。事实上，注重学生的全面发展，完成国家层面的意识形态教育要求，在学生群体中奠定国家、社会发展的思想基础，是每个教育工作者的天然使命，是推动国家教育事业发展的内在要求。

二是重言传轻身教。现实中，一方面，由于受西方自由主义、个人主义等思潮的影响，个别高校教师有言行不一，甚至德行不符合教师身份的现象；另一方面，个别教师不愿背负道德责任，仅仅将教师这一神圣职业作为一种可以应付的普通工作来对待。另外，由于市场经济的冲击，部分高校教师禁不住外面世界的诱惑，存在过分追求经济利益的心理。这些现象不仅对学生的道德观念产生负面影响，甚至会使学生对所学的知识产生怀疑。"学高为师，身正为范"，教师不仅要通过课堂教学等方式将知识"言传"给学生，更应该以身作则，通过自身良好的道德素质来影响学生，将真善美的种子播撒在学生心中。

三是重"潜心问道"轻"关注社会"。个别高校的极少数教师中存在着不问世事、但求做好学问的现象，缺乏社会实践锻炼，缺乏对国情社情的了解。甚至有的教师"潜心问道"也只是关注自己是否有足够的成果评职晋级，进而将"潜心问道"功利化。"先天下之忧而忧，后天下之乐而乐"，心系天下、忧国忧民，是中国知识分子自古以来的优良传统。同时，无论是社会科学研究还是自然科学研究，只有关注国家、社会发展的迫切需要，找准科研工作与现实需要的契合点，才能真正发挥自身所长，做出有价值、有现实意义的科研成绩，服务于国家和人民。

四是重学术自由轻学术规范。西方国家的一些学者不断宣扬历史终结论、意识形态终结论等论调，提倡在学术研究领域"非意识形态化"。这种本身即具有意识形态色彩的观点，却在我国个别高校的极少数教师中产生影响，他们主张在研究、言论中"去政治化"，将学术理论与社会价值相脱离，盲目追求所谓的"学术自由"，对一些敏感政治问题随意发表个人的观点，甚至在课堂教学、公共论坛上对公众散播不负责任的言论。事实上，学术自由是有前提的，要遵守学术伦理，遵守法律法规，不能把探索性的学术问题等同于严肃的政治问题，也不能将严肃的政治问题当成一般的学术问题。

（四）"制高点之制高点"的建设探索

"木有所养，则根本固而枝叶茂，栋梁之材成。"① 用才之基在储才，储才之要在育才。高校教师的成长不仅依靠个人的努力，还需要各级教育主管部门、学校和社会提供支持，加强培养，从政治思想、组织保障、制度机制和人文环境四个层面深刻领会党的十九大精神，聚焦高校教师制高点建设。

一是构建党管人才的工作格局。择天下英才而用之，关键是要坚持党管人才的原则。各级教育部门的党组织、高校党委要肩负起领导和组织高校教师发展的责任，遵循社会主义市场经济规律和人才成长规律，认真贯彻党的知识分子政策，着力破除束缚高校教师发展的思想观念，加强师德师风建设，坚持正确方向、坚持立德树人、坚持服务国家、坚持改革创新，充分激发高校教师教书育人、科学研究、创新创业的活力，更好地支撑创新驱动发展战略、服务经济社会发展。

二是提供坚强有力的组织保障。各级教育主管部门和学校应增强为高校教师做好服务的思想意识和行动自觉，做到政治上充分信任、思想上主动引导、工作上创造条件、生活上关心照顾，多为他们办实事、做好事、解难事。把尊师文化融入办学治校理念和教育改革实践中去，把加强高校教师队伍建设作为最重要的基础工作来抓，坚持教育规划、资金、政策等要素优先向教师队伍建设倾斜，调

---

① 出自［宋］林逋《省心录》。

动各方力量、提供广阔舞台、实施坚强保障。

三是建立科学完善的制度体系。推进教育治理体系和治理能力现代化,深化"放管服"改革,推进管评办分离,进一步破解体制机制障碍和瓶颈,最大程度地激发高校教师的积极性、主动性和创造性。建设现代大学制度,完善内部管理机构,健全议事规则和决策程序,突出教师主体地位,切实落实高校教师在办学模式、育人方式、资源配置、人事管理等方面的知情权、参与权、表达权和监督权。健全符合高校教师职业特点的工资分配激励约束机制,充分发挥绩效工资的激励导向作用。

四是营造宽松和谐的人文环境。教师地位特殊,理应受到尊敬,我们应在全社会弘扬尊师重教的良好风尚。应加强对高校教师的人文关怀,建立沟通交流机制,创造良好的人际交往环境;改善工作条件,创造良好的教学科研环境;加强高校校园文化建设,创设社会文化积淀和升华的平台;改善文体活动条件,提供有利于身心健康的锻炼、休闲环境。将解决高校教师的思想问题与实际问题结合起来,提振士气、鼓舞人心,使广大高校教师潜心教书育人。

三、教师是"根本之根本"

立德树人是教育的根本任务,教师是根本之根本。①

"立德""树人"之说由来已久,影响深远。《左传·襄公二十四年》有云:"太上有立德,其次有立功,其次有立言,虽久不废,此之谓不朽。"《管子·权修》有云:"一年之计,莫如树谷;十年之计,莫如树木;终身之计,莫如树人。"现代人将"立德""树人"结合使用,更可彰显其教育价值。而今,中国特色社会主义进入新时代,中国教育亦进入新时代。在新时代,虽然教师角色多元、任务繁杂,但其核心使命是立德树人。②

教师从事的是塑造灵魂、塑造生命、塑造人的工作,既要做句读之师,更要做品行之师,既要精于"授业",更要善于"传道",实现"经师"和"人师"的

---

① 王定华. 用奋进之笔谱写新时代教师队伍建设新篇章[J]. 教育科学研究,2018(2):5-9.

② 王定华. 教师的核心使命是立德树人[J]. 中小学管理,2018(9):1.

统一，用人品、学识、阅历、经验点燃学生对真善美的向往，帮助学生扣好人生第一粒扣子，树立正确的世界观、人生观、价值观，获得持续发展动力，具备奉献社会的素养。

党的十九大强调优先发展教育事业，指出：建设教育强国是中华民族伟大复兴的基础工程，要全面贯彻党的教育方针，落实立德树人根本任务，培养德智体美劳全面发展的社会主义事业建设者和接班人。这一论断是对当前中国教育价值指向的精准定位，是对当下教育根本任务的基本规定。立德树人是教育的根本任务，教师是根本的根本。要深刻认识教师在落实立德树人、提高教育质量中的核心作用，努力营造教师发展的良好环境。这是对教育的根本任务、教师的重要作用及两者辩证关系的精辟阐述，指明了加强教师培养发展、提升教师队伍质量的方向路径。

（一）立德树人是教师职业的内在要求

习近平指出，教师的工作是塑造灵魂、塑造生命、塑造新人的工作，并引用陶行知的"千教万教教人求真，千学万学学做真人"等名言，提出做"四有"好老师的要求。一个优秀的教师，应该是"经师"和"人师"的统一，既要精于"授业""解惑"，更要以"传道"为责任和使命，既要做句读之师，更要做品行之师，用学识、阅历、经验点燃学生对真善美的向往，帮助学生树立正确的世界观、人生观、价值观，引领学生健康成长。

长期以来，广大教师忠诚于党的教育事业，呕心沥血、默默奉献，潜心治学、教书育人，赢得了全社会的广泛赞誉和普遍尊重。同时也必须看到，中国特色社会主义进入了新时代，我国社会主要矛盾已经转化为人民日益增长的美好生活需要和不平衡不充分发展之间的矛盾。国家发展、民族振兴、人民向往更美好的生活，都需要更好的教育，这个更好的教育已不仅仅是明亮的教室、完善的设备等硬件条件，更多地体现在综合的教育品质上，体现在培养能够适应中国特色社会主义发展要求的高素质人的能力上。这一切都要靠教师来实现、来完成。这不仅对教师适应信息化时代教育教学的能力提出更高要求，更对教师加强新时代道德养成、引领学生树立正确理想信念和社会主义道德观念提出更高标准。

（二）立德树人要靠教师不懈的自我修养

身不修则德不立，立德树人首先需要教师加强自我修养。广大教师要在教育教学各个环节中，自觉承担起立德树人的光荣使命，主动做好"师德文章"。要严以修身，做有理想信念、有道德情操、有扎实学识、有仁爱之心的好教师。要不忘初心，坚持教书与育人相统一，坚持言传与身教相统一，坚持潜心问道与关注社会相统一，坚持学术自由与学术规范相统一。要甘为人梯，做学生锤炼品格、学习知识、创新思维、奉献祖国的引路人。要胸怀天下，为人民服务，为中国共产党治国理政服务，为巩固和发展中国特色社会主义制度服务，为改革开放和社会主义现代化建设服务。

教师要做学生道德成长的示范者。其身正，不令而行；其身不正，虽令不从。教师本身便是一个道德体，他所站立的地方就是教育。教师要牢固树立中国特色社会主义理想信念，积极传播正能量，自觉做中国特色社会主义的坚定信仰者、党执政的坚定支持者、先进思想文化的传播者。坚守教师的神圣职责，努力成为学生做人处事的镜子，率先垂范，以模范的言谈举止为学生树立榜样。

教师要做学生道德成长的引导者。教师不仅传播知识、传播思想、传播真理，还塑造灵魂、塑造生命、塑造人，进行人性道德的启蒙，提升生命的境界。教师要做一个通透的人，自觉地把全面贯彻党的教育方针、践行社会主义核心价值观、实施素质教育和立德树人有机结合起来，增强学生的价值判断能力、选择能力和塑造能力，引领学生身心健康成长。教师要根据学生个性特点和成长规律，在春风化雨间不仅传授知识，而且传授美德，帮助学生敢于追梦、筑梦、圆梦。

教师要做学生道德成长的陪伴者。道德教育，重在潜移默化。学校如水，师生如鱼，道德行为犹如游泳，大鱼前导，小鱼尾随。教师和学生相互唤醒、相互陪伴、相互砥砺、相互成全，在教与学的体验中立己达人，把正确的道德认知、自觉的道德养成、积极的道德实践紧密结合起来，在潜移默化中完成灵魂的转向与品德的积极塑造。同时，师生共育，求真、向善、赏美，并在知行合一上下功夫，将社会主义核心价值观内化为精神追求，外化为自觉行动。

（三）立德树人要强化教师管理、引导和服务

立德树人的提出，促使中国教育从"注重分的应试教育"转向"注重人的素质教育"这一根本方向上来，从注重"科学认知"这一教育的工具性价值回归到"人的全面发展"这一终极价值之上。在这样的转向与回归中，教师的管理、引导和服务成为落实立德树人根本任务的根本。教育部门要定政策、搭台子、铺路子，引领教师自觉担负起"人师"的责任和使命，不断提升教书育人的智慧和能力；各级党委、政府要在全社会营造尊师重教的浓厚氛围，进一步加强教育供给侧结构性改革，破解体制机制障碍，推进教师队伍治理体系和治理能力现代化，形成优秀人才争相从教、教师人人尽展其才、"四有"好老师不断涌现的良好局面。

一是提高教师思想政治素质。切实加强理想信念教育，引导教师深入学习领会党中央精神。加强中华优秀传统文化和革命文化、社会主义先进文化教育，积极弘扬爱国奋斗精神。不断开辟思想政治教育新阵地，组织广大教师开展多种形式的社会实践活动，充分了解党情、国情、社情、民情，进一步坚定"四个自信"。落实党的知识分子政策，政治上充分信任、思想上主动引导、工作上创造条件、生活上关心照顾，增强思想政治工作的针对性和实效性。

二是加强教师队伍党的建设。全面推进从严治党，健全教师党支部，组织教育管理党员教师，充分发挥党支部的战斗堡垒作用和党员的先锋模范作用。加大在教师中发展党员力度，重视在优秀青年教师和海外归国教师中发展党员，选优配强党支部书记。坚持党的组织生活各项制度，创新方式方法，增强党的组织生活活力，引导党员教师遵从党章党规，加强党性锻炼，增强"四个意识"，做合格党员。

三是弘扬高尚师德师风。创新师德教育，突出全员全方位全过程师德养成，引导教师以德立身、以德立学、以德施教、以德育德。加强师德宣传，注重典型引领，弘扬楷模精神，形成强大正能量。开展师德师风建设工程，实施教师宣传国家重大题材作品立项，推出一批有影响的展现教师时代风貌的影视作品和文学作品。强化师德考评，推行师德考核负面清单制度。

四是提升教师教书育人能力。加大师范院校支持力度，建好师范院校和师范

专业。深入实施卓越教师培养计划，推进地方政府、高校和中小学"三位一体"协同育人，分类培养高素质专业化的中小学教师、高素质善保教的幼儿园教师、高素质双师型的职教教师、高素质创新型的高校教师，从源头上为高素质教师队伍提供坚强支撑。促进教师专业发展，统筹推进国培项目，强化校本教研，发挥教学名师示范带动作用，引领教师成长成才，促进教育家办学。

五是营造尊师重教的浓厚社会氛围。各地应把尊师行动融入治国理政实践中，把加强教师队伍建设作为重大政治任务和根本性民生工程摆在重要议事日程，坚持教育规划、经费、政策、资源等要素优先向教师队伍建设倾斜，提升教师的政治地位、经济地位和社会地位。加强尊师教育，把尊师文化融入课堂教学、校园文化和社会实践多位一体的育人平台，帮助孩子从小埋下尊师的种子。加大表彰力度，提升奖励层级，落实相关优待政策，鼓励社会力量对教师出资奖励。维护教师合法权益和职业尊严，关注教师身心健康，提供有效健康服务，帮助教师克服职业倦怠，让教师安心、热心、舒心、静心从教，让教师职业成为受人尊重、让人羡慕的职业。

四、结语

时代在进步，社会在发展，教师对于社会发展所起的作用是永恒的。党的十八大以来，习近平总书记连续就加强教师队伍建设做出系列重要论述，表达对中国教育的重视、对中国教师的尊敬，也为全社会尊师敬师做出了表率。总书记高度评价教师工作的重要性，指出教师从事的是传播知识、传播思想、传播真理的工作，是塑造灵魂、塑造生命、塑造新人的工作，他强调，一个人遇到好老师是人生的幸运，一个学校拥有好老师是学校的光荣，一个民族源源不断涌现出一批又一批好老师则是民族的希望。①全社会都应当深入学习总书记关于教育和教师工作重要讲话精神，学深悟透蕴含其中的尊师思想、立场、观点和方法，统领构建新时期尊师文化。

一是要厚植尊师文化。从战略高度优先谋划教师队伍，优先投入教师所需，

---

① 2016年9月9日习近平总书记在考察北京市八一学校时的讲话。

改善教师待遇，关心教师健康，维护教师权益，增进教师福祉，减轻教师工作负担，充分信任、紧紧依靠广大教师，支持优秀人才长期从教、终身从教，形成全社会尊师重教机制，营造浓厚的尊师重教文化氛围，将尊师、爱师、敬师充分转化为行动自觉。各地应当满腔热情关心教师，让广大教师在岗位上有幸福感、事业上有成就感、社会上有荣誉感，让教师成为让人羡慕的职业。

二是落实尊师行动。把尊师文化融入各级党委和政府治国理政理念和实践中去，把加强教师队伍建设作为基础工作来抓，坚持教育规划、资金、政策等要素优先向教师队伍建设倾斜。要拿出真招实招，推进教师待遇权益保障。根据《教师法》《中华人民共和国义务教育法》规定和中央文件要求，建立联动机制，确保中小学教师平均工资收入水平不低于或高于当地公务员平均工资收入水平。要科学调整教育支出结构，教育投入更多向教师倾斜，确保国家各项惠师强师政策落地见效。坚持激励关怀与严格管理相结合，使广大教师执着于教书育人，形成热爱教育的定力、淡泊名利的坚守。要加强尊师教育。

三是营造尊师风尚。完善教师荣誉制度，实施教师国家功勋荣誉表彰制度，完善"人民教育家"等荣誉称号的授予。通过报刊、电视、广播、新媒体等多种渠道加强社会教育，营造全社会尊师光荣、鄙师可耻的浓厚氛围。加大教师表彰力度，大力宣传教师中的"时代楷模"和"最美教师"。积极探索建立教师公共服务社会支持体系，完善教师从教保障激励机制。

四是重振师道尊严。中华优秀传统文化中尊师重道的思想是厚植尊师文化的源泉，良好家风中尊敬师长的礼教是尊师精神内化养成的土壤，醇厚校风中敬爱老师的规训是尊师行为固化的结晶，社会氛围中感念师恩的行动是礼敬教师的感召。要加强尊师宣传，重振师道尊严，避免"校闹"，归还教师必要的教育惩戒权，取缔教师背负的过度安全责任。

正如教育部部长陈宝生在 2020 年全国教育工作会议上所言，尊重教师职业专业性，清理和规范针对教师的各类督查、检查、考核、评比。让行政的归行政，社会的归社会，校园的归校园。要共同唱响尊师风尚主旋律、弘扬正能量，让广大教师在岗位上有自豪感、事业上有成就感、社会上有荣誉感，提高教师的政治地位、社会地位、职业地位。

第三章

新时代师德师风建设的观察与研究

中国对师德的追求古已有之，一直延续至今。从广义上来讲，师德不仅指教师的职业道德，还涵盖了教师的职业理想、职业精神、职业信仰等，还涉及教师的职业人格、气质、风范等。① 从狭义上来看，师德包括"教师人格素养的个人品德和职业素养的职业道德，是一种道德情感与道德追求，是教师处理与自己、学生、同事，乃至与教育、社会和国家之间关系的一切思想行为规范的总和"②。在本书中，师德指教师的职业道德和行为规范，是教师专业成长与发展过程中约束自我的参照标准和努力追求的职业信念，是教师在教育教学中外显的、可感知的品格与气质。

---

① 刘新生. 当代大学师德建设的价值取向 [J]. 中国高等教育，2011（23）：21-23.
② 邵光华. 发挥教师道德示范作用 [J]. 教育研究，2014（5）：74.

高尚的师德师风可以充分发挥其榜样作用。教师肩负着道德引导和伦理教化的重要使命。师德是教师素质的灵魂，它是整个社会道德体系的组成部分。① 高尚的师德能够为学生树立学习的榜样，促进他们养成正确的道德观、高尚的人格和品德，并将其转化为自身的情感认同和行为习惯。除此之外，教师之间也会互相影响，高尚的师德师风有助于教师队伍内部的团结协作。

高尚的师德师风可以充分发挥其引领作用。教师自身对理想信念和人生价值的追求，会对学生产生潜移默化的影响，促使学生树立正确的人生理想和追求。一方面，基于社会对教师的要求，教师开展符合主流价值取向的教育活动来引导学生。另一方面，基于对自身的价值认同，教师会将无形之中所选择的主流价值观加以重构，并对学生产生影响。② 此外，师德建设对学生具有科学文化层面的价值引领作用，即教书与育人的共通融合，实现立德树人的目标，促进学生的全面发展。

党的十八大报告明确提出，要"加强教师队伍建设，提高师德水平和业务能力"。党的十九大报告进一步强调，"要全面贯彻党的教育方针，落实立德树人根本任务"。师德师风是高素质教师队伍的一项重要评价指标。③

2018年初，一则合肥教师拦高铁的新闻，引起了网民的高度关注。一个本属个人的不当行为，却被提高到师德高度，在全社会引起了很大争议和广泛讨论，最终合肥市教育局不得不对当事的教师进行了严肃处理。当然这个教师也不服气，认为自己在教育教学过程中并无不当，且在工作中还多次受到过表扬表彰，而这一次的行为，自己只是作为一个公民而不是教师。但是处理的决定还是做出了，很多人也认为应该对她进行处理。这件事从一个侧面反映出人们对教师品德、行为、操行的要求和期待高于普通公民。当然这也可以从正面来理解，也就是在人们的心目中，教师应该是人之楷模。所以在加强教师队伍建设的时候，强调师德十分必要。

---

① 张艳国，刘小强. 坚持立德树人　培养师德高尚的人民教师 [J]. 中国高等教育，2011（9）：51-52.
② 王晓莉. "立德树人"何以可能：从道德教育角度的审思与建议 [J]. 全球教育展望，2014（2）：20-22.
③ 王定华. 以深厚师德素养和高超能力水平培养时代新人 [J]. 人民教育，2018（17）：1.

一、切实做好师德陶冶

育有德之人，需有德之师，教师不仅要成为经师、学问之师，更要成为人师、品行之师。要提升师德教育质量，创新师德教育范式，将师德教育融入教师职前培养、职后培训全过程。要强化宣传感召，讲好师德故事、弘扬高尚精神，注重发掘教师身边的榜样，将榜样力量转化为广大教师的生动实践。

陶行知是我国近现代著名的教育理论家和教育实践家，他的教师理论是其教育思想宝库的重要组成部分。陶行知一生以"爱满天下"的人格魅力、"千教万教教人求真"的崇高信念，孜孜不倦地从事着既平凡而又神圣的教育事业，培养出了大批的优秀人才。他堪称人民教师的光辉楷模，被毛泽东赞为"伟大的人民教育家"，被宋庆龄称为"万世师表"，被董必武称为"敬爱的陶夫子，当今一圣人"，被郭沫若称为"两千年前的孔仲尼，两千年后的陶行知"。他对教师的地位和作用、思想品德和业务能力的素质要求，培养教师的途径和方法，以及乡村教育，不但从理论上有系统、深刻的精辟认识，而且在实践体验上也是非常丰富和广博的，他是中国近现代教育家中师范教育的先行者。

陶行知十分重视师德修养，对师德建设有着许多精辟、深刻的论述。"捧着一颗心来，不带半根草去"彰显的是无私奉献精神，"人民第一""爱满天下"表达的是教育大爱，"千教万教教人求真，千学万学学做真人"凸显的是强烈使命感，"人生天地间，各自有禀赋。为一大事来，做一大事去"呈现的是执着精神。陶行知具有炽烈真挚的教育情怀和"爱满天下"的家国情怀。时代虽在不断变迁，师德精神却是永驻的，应该一代一代传承下去。"四有"好老师标准，就是对师德的强调。但是从目前情况看，个别教师违反师德行为时有发生。各级各类学校应进一步加强师德师风教育，引导教师以德立身、以德立学、以德施教、以德育人。

（一）加强理想信念教育

教师的职业道德，首先表现为要有坚定的献身教育的职业信念和职业理想。陶行知曾经赋诗"人生天地间，各自有禀赋。为一大事来，做一大事去。多少白发翁,蹉跎悔歧路。寄语少年人,莫将少年误",表达了他对于教育事业的坚定信念。陶行知正是怀揣坚定的理想信念,认定教育是大事业,决心献身教育事业,绝不动摇,鞠躬尽瘁,死而后已。在今天的经济条件下,教师的地位和待遇相对来说依然不高,薪资较高的行业常常具有诱惑力。作为人民教师,学习和发扬陶行知忘我从教的理想信念,具有现实意义。

在新时代,要推动广大教师坚定"四个自信"。引导教师准确理解和把握社会主义核心价值观的深刻内涵并带头予以践行。引导广大教师充分认识中国教育辉煌成就,扎根中国大地,办好中国教育。引导广大教师热爱祖国、奉献祖国,加强中华优秀传统文化和革命文化、社会主义先进文化教育,弘扬爱国主义精神。创新教师思想政治工作方式方法,落实党的知识分子政策,使思想政治工作接地气、入人心。

(二) 塑造教师人格魅力

"爱满天下"映照着陶行知人格魅力的光辉,感染和影响了一代代教育后人。陶行知晚年给育才学校师生《最后的一封信》中写道:"平时要以'仁者不忧,知者不惑,勇者不惧,达者不恋'的精神培养学生和我们自己。有事则以'富贵不能淫,贫贱不能移,威武不能屈,美人不能动'相勉励。"教师的人格魅力是教师内在精神的凝聚和外在品质的升华,它所产生的吸引力和感染力对学生的影响是巨大的、深远的,有些方面甚至会影响学生的一生。陶行知在给女儿的信中写道:"先生不应该专教书,他的责任是教人做人;学生不应当专读书,他的责任是学习人生之道。"教师的人格魅力是一种不可或缺也是一种不可取代的教育力量,如春风化雨般潜移默化地滋润着学生的心灵。

(三) 磨炼过硬政治素质

学高为师,德高为范;人之无德,何以为师?教师的一言一行不仅对学生有着最深刻、最直接的影响,而且一举一动也往往成为社会风尚的标杆。当代教师一定要政治素质过硬、业务能力精湛、育人水平高超。所以,必须加强师德师风建设,让广大教师成为引导学生健康成长、引领社会良好风尚的重要力量。

我们办的是社会主义教育,必须坚持教育为人民服务、为中国共产党治国理政服务、为巩固和发展中国特色社会主义制度服务、为改革开放和社会主义现代化建设服务,始终做到为党育人,为国育才。做人民教师,就是要肩负起先进思想文化的传播者、党执政的坚定支持者、学生健康成长的指导者和引路人的职责与使命。必须坚定政治方向,拥护中国共产党的领导;自觉爱国守法,恪守宪法原则,遵守法律法规,依法履行教师职责,忠于祖国、忠于人民。传播优秀文化,弘扬真善美,传递正能量,引领社会风尚,将坚定的理想信念传递给每个学生,培养年轻一代对党和国家、对民族和社会高度的责任感,全心全力引导学生爱党爱国、立志成才、奉献祖国、服务社会。广大教师要有理想信念,有道德情操,有扎实学识,有仁爱之心,做学生锤炼品格、学习知识、创新思维、奉献祖国的引路人。为此,必须多措并举,切实提高广大教师思想政治素养和师德水平。

(四)确保党的领导全面落实

落实全面从严治党要求,切实加强教师党支部和党员队伍建设,充分发挥党支部教育管理监督党员的战斗堡垒作用,发挥党员教师的先锋模范作用,把广大师生凝聚在党的周围。坚持党管人才原则,识才、爱才、用才,形成优秀人才争相从教、教师人人尽展其才、好老师不断涌现的良好局面。要转作风、优服务、重监管,以党建工作促进教师工作。

一是强化实地调研。把功夫用在前面,切实深入基层,聆听基层声音,找准问题、明确重点,借鉴基层经验、发现亮点,提出举措,科学制定教师队伍建设各项政策,确保出台的政策举措好操作、能落地、可评估。不出糊涂文,不做糊涂事,不给一线造成困扰和负担。

二是优化基层服务。主动公开政务信息,做好政策解疑释惑,结合调研、会议、宣传等工作,针对不同群体,采用不同的话语,特别要用好新媒体手段,将政策阐述与工作案例相结合,为开展相关工作提供有力服务。

三是加强落实监管。在"放管服"改革背景下,积极创新监管方式方法,确保政策落地。健全重大项目监管评价机制,事前评审公正、事中监管细化、事后评价结果公开,确保各地各校实施项目的积极性和能动性。改进政策落实监管评价方式方法,利用信息技术手段,探索大数据评估,重点评估基层工作成效,努力使出台的每项政策举措都能落地生根、开花结果，打通政策举措落实的"最后一公里"，增强广大教师的获得感。

师德不是空泛的，而是实实在在的。教师的修养是在日积月累中不断升华，历久弥新。笔者认识的一位老教师便是如此。范基公老师曾长期执教于北京二中。在这所闻名遐迩的重点中学里，范老师度过青春年华，洒下辛勤汗水，发挥聪明才智，做出积极贡献。他曾任北京二中教育科研室主任，系统关注过思维科学、教育艺术的功效以及多元智能理论的应用等。离开一线岗位后，范老师毫不懈怠，神采奕奕，勤于思考，笔耕不辍。范老师不单纯为写而写，而是有很强的问题意识和目标导向，不论记人还是叙事，都遵循求索、求真、育人之道，肩负浓厚的"为世人留点'文化记忆'"的使命，用心思考感悟并赋予笔端，笔耕不辍，让人肃然起敬。翻阅他的文集，仿佛触摸到中国几十年来基础教育改革发展的脉搏，又宛如洞悉到范老师大半生教书育人的心路历程。文集主要是散文、教科研论文、教育随笔，再现了北京二中往事，呈现了这所百年老校的鲜明风格与特色。该文集既系列评介了新中国成立以来北京二中历任的六位主要学校领导人，又饱含深情地回忆了多位老师和学生，还谈到与学校有关的一些知名教授、学者等。从独特的视角呈现了往事如珍的校园内外生活的生动画卷，记录了丰富的办学和育人经验。从学校提出的"全面发展，学有特色"，到"个性发展"，再到后来的"可持续发展"，表现出学校在不同历史时期不断追寻和探索育人的轨迹，更表现出这位老教师丰富的阅历、渊博的学识、淡定的人生。①

二、传统文化助力教师德行

中国优秀传统文化和传统美德博大精深，浩如烟海。中华优秀传统文化中的瑰宝，是教师德行提升取之不尽、用之不竭的资源。②

（一）注重伦理、道德至上

中华优秀传统文化崇尚天伦与美德，积极向上，值得当代教师心向往之。孝

---

① 范基公. 厚积落叶听秋声：从教六十周年文选［M］. 北京：现代教育出版社，2018：2.
② 王定华. 中华传统文化视域下的教师德行提升［J］. 中国教师，2016（11）：11-14.

悌忠信，礼义廉耻，基本八德，人皆应有。"德不孤，必有邻"，在提高师德修养过程中教师不会孤单。一个人假如"德之不修，学之不讲"，就不能成为人类灵魂的工程师。教师要有仁爱之心，"入则孝，出则悌，谨而信，泛爱众，而亲仁，行有余力，则以学文"。"人而不仁，如礼何？人而不仁，如乐何？"教师要具备看齐意识，"见贤思齐焉，见不贤而内自省也"。对自己的品德"吾日三省吾身"，对自己的学问"温故而知新"。有教无类是教师的美德，"自行束脩以上，吾未尝无诲焉"；务实诚信也是教师的美德，"知之为知之，不知为不知，是知也"；低调谦虚更是教师的美德，"三人行，必有我师焉"。

在当下，面对来自权力、地位、金钱的压力或者诱惑时，教师应坚定政治方向，遵循教育规律，笃信教育价值。不唯上，不唯书，实事求是，追求真理，不受名利诱惑，长期坚守在学校一线岗位上，淡泊名利，宁静致远，执着于最本质、最本真的立德树人。无论是普通的教育工作者还是未来的教育家，都必须有较高的修养，深谙中国优秀传统文化的基本要素，具备良好德行。

（二）儒家为主、和而不同

儒家文化是中华传统文化的重要组成部分。教师应突出这个重点，不能眉毛胡子一把抓。学习儒家学说必须首先熟悉《论语》，个中的思想是中国人的生活准则和安身立命的精神支柱，是中华民族精神最重要的思想基础。儒家的一些主张，恰是当今教师德行提升之所需。例如，儒家提倡心胸开阔，"君子坦荡荡"；提醒珍惜时间，"逝者如斯夫，不舍昼夜"；号召尊重年轻一代，"后生可畏"；赞赏光明正大，"三军可夺帅也，匹夫不可夺志也"；鼓励智、仁、勇，"智者不惑，仁者不忧，勇者不惧"。所有这些，都是教师们需要加强的。

当然，儒家思想和中国历史上存在的其他学说既相互竞争又相互借鉴，既独树一帜又和谐统一。和谐中的相反相成思想，和谐中的多样性统一特征，和谐思想的有机整体观，皆富哲理。教师在学习传统文化、提升自身德行时，应侧重选择儒家文化之瑰宝，兼顾其他学说之名作。

（三）与时俱进、应物变化

传统文化，不仅是古代文化。许多学说、流派都是顺应社会发展和时代前进不断发展更新的。文化的发展犹如树木生长，从幼苗到长成参天大树，要经过数十年、数百年的时间。在树木生长过程中，可能会遇到病虫害，严重时甚至会威胁到树木的生命。为了保证树木健康成长，就要治理病虫害，精心呵护。只有这样，才能让枯木逢春，焕发新的活力，从而枝繁叶茂，茁壮成长。有时还要嫁接其他树木，增强树的活力。而所有这一切，都是在树木的本根基础上进行的，离开本根，就沦为无本之木。从"五四"运动到新中国成立之前的民主革命时期所创造的文化，也应纳入对学生的传统文化教育范畴。这一时期的文化是中西文化交汇的成果，与此前的中华文化相融通，是联系中国古代文化与当代文化的桥梁。

中华民族厚德载物、自强不息的精神追求，蕴含着日新月异、与时俱进的人文气质，是全球化时代传承民族文化基因、培育主流价值的重要载体。面对世界范围价值观交流、交融、交锋的新态势，针对改革开放和市场经济条件下思想意识多元多变的新特点，我们迫切需要以社会主义核心价值观来规范、引领和主导，为多元时代凝聚中国力量指明方向。社会主义核心价值观是中国当代社会的最大公约数，是一种特殊的精神文化公共产品。而优秀传统文化是中华文明的精髓，是核心价值观的重要内容。在全面对外开放和实施"一带一路"倡议的新形势下，加强中华优秀传统文化浸润，有助于教师增强对国家和对社会主义核心价值观的认同，凝聚起实现中华民族伟大复兴中国梦的强大正能量。

中华优秀传统文化体现的是与时俱进，所以，广大教师应具有创造意识，敢探未发现的新理，具有开辟精神，敢入未开化的边疆。创造时想得深，开辟时看得远。勇于打破落后桎梏、冲破无谓藩篱，敢于直面教育改革发展中的重大理论和现实问题，大胆探索，积极实践，创新教育思想、教育模式和教育方法。教师们对古今中外主要的教育体系、教育流派，或继承弘扬、推陈出新，或学习借鉴、取其真知，或独树一帜、自圆其说。一味随波逐流，就会浅尝辄止；完全孤芳自赏，又难免曲高和寡。

（四）兼容并蓄、务实厚生

中华民族是一个兼容并蓄、海纳百川的民族，在漫长的历史进程中，不仅输出文化，还学习其他民族的好东西，从不同文明中寻求智慧、汲取营养。在这个世界上，不管是谁，都应维护各国各民族文明的多样性，加强相互交流、相互学习、相互借鉴，而不应该相互隔绝、相互排斥、相互取代。同时，中华优秀传统文化注重发挥教化功能，助益国家治理，体现经世致用。广大教师应表现出对人类尊严、价值、命运的维护、追求和关切，对博大精深中华优秀传统文化高度珍视，饱读经典，古为今用，具有深厚的文化修养。

在进一步改革开放的今天，世界上多元多样的文化元素纷纷呈现在人们面前，文明成果千姿百态。广大教师必须加强对中华优秀传统文化的传承，具有高度的文化自觉和文化自信，在经典浸润下形成良好的情感、端正的态度和正确的价值观，走好中国道路，弘扬中国精神，凝聚中国力量。

（五）循循善诱、诲人不倦

教师要热爱读书，博览群书，具有渊博学识，同时深谙教育教学规律，要利用传统文化中的美德内容教育学生。比如，讲爱国的"先天下之忧而忧，后天下之乐而乐""岳母刺字'尽忠报国'"，讲勤学的"少壮不努力，老大徒伤悲""只要功夫深，铁杵磨成针"，讲诚信的"言必信，行必果""论必作，作必成"，讲友善的"融四岁，能让梨""温良恭俭让"。从诸子百家到宋明理学，从唐诗宋词到明清小说，从《三字经》《弟子规》到民俗歌谣，很多内容都是价值观教育的经典。

"人生也有涯而知也无涯"，教师要准确把握加强优秀传统文化教育的关键环节，融入课程体系、融入社会实践、融入学校管理、融入学校文化，因地制宜，因校制宜。要启发诱导，"不愤不启，不悱不发"；要因材施教，"小以小成，大以大成"。要从过去、现在、未来的延长线上组织教学，润物无声、潜移默化，引导中小学生正确认识历史规律，准确把握现实国情，不断增强道路自信、理论自信、制度自信、文化自信。

三、建立师德建设长效机制

党中央一直非常重视加强师德师风建设。《中共中央国务院关于全面深化新时代教师队伍建设改革的意见》把"突出师德"作为教师队伍建设的基本原则，提出一系列举措，健全师德建设长效机制，弘扬高尚师德。

教育系统认真贯彻落实党中央对教育特别是教师队伍建设的讲话、指示精神，全面加强师德建设。教育部先后印发了关于建立健全中小学、高校师德建设长效机制的意见，明确提出针对中小学教师的十种师德禁行行为和针对高校师德的"红七条"，建立健全教育、宣传、考核、监督、奖惩相结合的师德建设长效机制，构建了覆盖各级各类教育的师德建设制度体系。

（一）教师模范人物值得宣传学习

要加强师德教育，大力选树全国重大典型。笔者在担任教育部教师工作司司长期间，参与选树李保国、黄大年、汪自强、钟扬、陈琳等人为"全国优秀教师"的工作。

2016年6月，习近平总书记对河北农业大学李保国先进事迹做出重要批示，指出："李保国同志35年如一日，坚持全心全意为人民服务的宗旨，长期奋战在扶贫攻坚和科技创新第一线，把毕生精力投入到山区生态建设和科技富民事业之中，用自己的模范行动彰显了共产党员的优秀品格，事迹感人至深。李保国同志堪称新时期共产党人的楷模，知识分子的优秀代表，太行山上的新愚公。广大党员、干部和教育、科技工作者要学习李保国同志心系群众、扎实苦干、奋发作为、无私奉献的高尚精神，自觉为人民服务、为人民造福，努力做出无愧于时代的业绩。"

李保国同志事迹先进，品格优秀，值得学习。中国农业大学原党委书记瞿振元指出："教书育人、立德树人，创新科技、服务人民，是大学教师要做的两件大事。做好其中一件，都是不容易的事。但是，李保国同志都做了，而且都做好了，他是新时期大学教师的榜样。"① 笔者也为李保国的事迹所感动，在《光明日报》撰文，表示要见贤思齐，努力做出无愧于时代的业绩。②

一是对党忠诚、心系群众，做合格共产党员。坚定理想信念，坚守精神追求，坚持为民情怀，是共产党人安身立命的根本和永葆生机活力的前提。李保国

---

① 瞿振元. 大学的革新 [M]. 北京：商务印书馆，2018：88.
② 王定华. 努力做出无愧于时代的业绩 [N]. 光明日报，2016-07-13（2）.

同志的事迹，为广大教师特别是党员教师做出了很好的榜样，也为积极参加"两学一做"学习教育提供了很好的契机。

二是学为人师、行为世范，做立德树人典范。立德树人是教育的根本任务，是教师的天职使命。广大教师要向李保国同志学习，时刻铭记教书育人使命，甘当人梯，甘当铺路石。既当好经师，以学术造诣开启学生的智慧之门；又当好人师，以人格魅力引导学生心灵。热爱学生、严慈相济，辛勤耕耘、乐于奉献，把全部精力和满腔热情献给教育事业。遵循学生成长成才规律，改进教育教学方式，践行知行合一，注重与生产劳动、社会实践相结合。崇德向善、以德施教，带头践行社会主义核心价值观，引导学生把握好人生方向，扣好人生的第一粒扣子。

三是扎实苦干、扶贫富民，做教育脱贫表率。消除贫困、改善民生，根本靠教育，关键在教师。广大教师要向李保国同志学习，不畏艰难、锲而不舍，勇于把扶贫使命扛在肩上，敢于把富民重任抓在手中。加大科技扶贫力度，深入贫困地区开展产学研用合作，提高当地生产水平，帮助农民点石成金。积极参加志愿服务，广泛普及科学知识、弘扬科学精神、传播科学思想、倡导科学方法，提高贫困人口科学文化素质，强化他们的"造血"机能。

四是瞄准需求、刻苦钻研，做科技创新标兵。科学研究的价值，体现在对知识、真理的追求，也要靠服务经济社会发展、增进人民群众福祉的实效来体现。广大教师要向李保国同志学习，面向经济社会发展的主战场，聚焦人民群众的新需求，把论文写在祖国的大地上，把科技成果应用在实现现代化的伟大事业中。增强创新意识，敢为天下先，敢于挑战最前沿的科学问题。遵循创新规律，既奇思妙想，独创独有，又兼容并蓄，博采众长。紧扣时代发展，坚持问题导向，围绕国家需要、人民需求，为经济社会发展提供科技战略支撑。积极对接地方部门及企业，开展应急攻关，为地方发展、企业成长提供技术支持。密切对接市场，及时将最新科技成果快速转化为生产力，更好地造福社会，更快地造福人民。

2017年5月，习近平总书记对吉林大学黄大年先进事迹做出重要指示，指出黄大年同志秉持科技报国理想，把为祖国富强、民族振兴、人民幸福贡献力量作为毕生追求，为中国教育科研事业做出了突出贡献，他的先进事迹感人肺腑。总书记号召，要以黄大年同志为榜样，学习他心有大我、至诚报国的爱国情怀，学习他教书育人、敢为人先的敬业精神，学习他淡泊名利、甘于奉献的高尚情操，把爱国之情、报国之志融入祖国改革发展的伟大事业之中、融入人民创造历史的伟大奋斗之中，从自己做起，从本职岗位做起，为实现"两个一百年"奋斗目标、实现中华民族伟大复兴的中国梦贡献智慧和力量。为贯彻落实好总书记这一重要指示精神，教育部党组和陈宝生部长高度重视，部署推进了一系列学习宣传贯彻活动，创建全国高校黄大年式教师团队就是其中之一。

2017年7月，教育部印发《关于开展全国高校黄大年式教师团队创建活动的通知》，正式启动创建活动，从师德师风、教育教学、科研创新、社会服务、团队建设等5个维度确定了团队创建指标，并具体细化为"心有大我，至诚报国""立德树人，教书育人""敢为人先，开拓创新""知行统一，甘于奉献""团结协作，持续发展"。经过各高校按标准创建、部属高校自主申报、非部属高校由省级教育行政部门遴选推荐、专家评审、网上公示，在全国确定了首批201个"全国高校黄大年式教师团队"。

2018年4月18日，北京高校获得黄大年式教师团队的代表会聚到北京外国语大学（简称北外）接受教育部的集中颁牌。笔者当时作为教育部教师工作司司长、北外党委书记主持了这场活动。笔者认为，这些团队的教师和黄大年一样，把个人梦想融入实现中华民族伟大复兴中国梦的壮阔篇章之中，实现了爱国之情、强国之志、报国之行的完美统一。在全国各地，还有许多以首批黄大年式教师团队为代表的优秀高校教师典型。他们有的瞄准国际前沿，敢于超越，进行重大科技创新；有的甘于清贫寂寞，静心耕耘，开展基础学科研究；有的扎根西部边疆，无怨无悔，矢志不渝，攻坚克难。教育部和各地各校值得深入挖掘和宣传这样一批教书育人的先进模范，在教育战线形成学先进、赶先进、当先进的浓厚氛围，向全社会充分展示新时代广大教师的良好精神风貌，唱响教育改革发展的主旋律。

北外陈琳教授是中国著名的外语教育专家，参与编写了新中国第一部全国大学英语专业通用教材，主持了中国第一套广播电视英语教学节目，主编了中国第一套小初高"一条龙"英语教材。2018年，教育部授予陈琳"全国优秀教师"荣誉称号，称他是立德树人、敬业奉献的教师楷模，他心怀对中国外语教育事业的一腔热忱，70年来孜孜不倦地为外语教育改革做出重要贡献，是生动践行

"四有"好老师和"四个相统一"要求的杰出榜样。他爱党敬党、服务人民的高尚品质，教书育人、为人师表的师德风范，大公无私、敬业奉献的高尚情操，笔耕不辍、老有作为的进取精神，激励着我们不断砥砺前行。① 2020年，年近百岁高龄的他依然老骥伏枥、孜孜耕耘、退而不休。

中国特色社会主义进入新时代，教育面临新的形势和任务，人民群众对更高质量教育的需求越发强烈。经济社会的发展，特别是信息化的快速推进，带来了一系列关于教师行为边界、师生关系的新命题。一些师德违规行为时有发生，并通过信息网络快速、广泛传播，引发了社会高度关注和深刻讨论。在多元思想碰撞、多种势力介入下，教师形象不断被损害，师道尊严的传统正在弱化，这严重影响教师教书育人的积极性，制约教育质量的提高。因此，应开展教师宣传国家重大题材作品立项，推出一批让人喜闻乐见、能够产生广泛影响、展现教师时代风貌的影视作品和文学作品，发掘师德典型、讲好师德故事，加强引领，注重感召，弘扬楷模，形成强大正能量。

（二）教师行为准则力求精准施策

2018年，教育部出台教师职业行为十项准则，覆盖大、中、小、幼、职、特各级各类学校教师，提出共性要求，划出基本底线。在具体内容上，突出政治对标、突出教师队伍存在的突出问题、突出新形势新情况新要求，是进一步加强教师队伍师德素养、建立师德建设长效机制、筑牢师德防线的重要举措。

准则是教师职业行为的基本规范。师德师风是评价教师队伍素质的第一标准。长期以来，广大教师牢记使命、不忘初心、爱岗敬业、教书育人、改革创新、服务社会，做出了重大贡献，党和国家高度肯定，学生、家长和社会普遍尊重。但是，也有个别教师放松自我要求，不能认真履职尽责，甚至出现严重违反师德行为，损害教师队伍整体形象。2018年，教育部制定了《新时代中小学教师职业行为十项准则》《新时代高校教师职业行为十项准则》《新时代幼儿园教师职业行为十项准则》。三个准则有较多的相同部分，也有根据学段特点做出了不

---

① 王定华，曾天山. 民族复兴的强音：新中国外语教育70年[M]. 北京：外语教学与研究出版社，2019：171-180.

同的规定。

新时代中小学教师职业行为十项准则

教师是人类灵魂的工程师,是人类文明的传承者。长期以来,广大教师贯彻党的教育方针,教书育人,呕心沥血,默默奉献,为国家发展和民族振兴作出了重大贡献。新时代对广大教师落实立德树人根本任务提出新的更高要求,为进一步增强教师的责任感、使命感、荣誉感,规范职业行为,明确师德底线,引导广大教师努力成为有理想信念、有道德情操、有扎实学识、有仁爱之心的好老师,着力培养德智体美劳全面发展的社会主义建设者和接班人,特制定以下准则。

一、坚定政治方向。坚持以习近平新时代中国特色社会主义思想为指导,拥护中国共产党的领导,贯彻党的教育方针;不得在教育教学活动中及其他场合有损害党中央权威、违背党的路线方针政策的言行。

二、自觉爱国守法。忠于祖国,忠于人民,恪守宪法原则,遵守法律法规,依法履行教师职责;不得损害国家利益、社会公共利益,或违背社会公序良俗。

三、传播优秀文化。带头践行社会主义核心价值观,弘扬真善美,传递正能量;不得通过课堂、论坛、讲座、信息网络及其他渠道发表、转发错误观点,或编造散布虚假信息、不良信息。

四、潜心教书育人。落实立德树人根本任务,遵循教育规律和学生成长规律,因材施教,教学相长;不得违反教学纪律,敷衍教学,或擅自从事影响教育教学本职工作的兼职兼薪行为。

五、关心爱护学生。严慈相济,诲人不倦,真心关爱学生,严格要求学生,做学生良师益友;不得歧视、侮辱学生,严禁虐待、伤害学生。

六、加强安全防范。增强安全意识,加强安全教育,保护学生安全,防范事故风险;不得在教育教学活动中遇突发事件、面临危险时,不顾学生安危,擅离职守,自行逃离。

七、坚持言行雅正。为人师表,以身作则,举止文明,作风正派,自重自爱;不得与学生发生任何不正当关系,严禁任何形式的猥亵、性骚扰行为。

八、秉持公平诚信。坚持原则,处事公道,光明磊落,为人正直;不得在招生、考试、推优、保送及绩效考核、岗位聘用、职称评聘、评优评奖等工作中徇私舞弊、弄虚作假。

　　九、坚守廉洁自律。严于律己，清廉从教；不得索要、收受学生及家长财物或参加由学生及家长付费的宴请、旅游、娱乐休闲等活动，不得向学生推销图书报刊、教辅材料、社会保险或利用家长资源谋取私利。

　　十、规范从教行为。勤勉敬业，乐于奉献，自觉抵制不良风气；不得组织、参与有偿补课，或为校外培训机构和他人介绍生源、提供相关信息。

　　制定教师职业行为准则，明确新时代教师职业规范，针对主要问题、突出问题划定基本底线，是对广大教师的警示提醒和严管厚爱，是深化师德师风建设，造就政治素质过硬、业务能力精湛、育人水平高超的高素质教师队伍的关键之举。

（三）教师行为准则应当切实贯彻

　　教育部要求各地各校结合落实师德师风建设长效机制，扎实开展准则的学习贯彻。各地各校应结合本地区、本学校实际进行细化，制定具体化的教师职业行为负面清单及失范行为处理办法，提高针对性、操作性。做好宣传解读，坚持全覆盖、无死角，采取多种形式帮助广大教师全面理解和准确把握，做到人人应知应做、必知必做，真正把教书育人和自我修养结合起来，时刻自重、自省、自警、自励，自觉做以德立身、以德立学、以德施教、以德育德的楷模，维护教师职业形象，提振师道尊严。

　　各地各校应把准则要求落实到教师管理具体工作中。把好教师入口关，在教师招聘、引进时组织开展准则的宣讲，确保每位新入职教师知准则、守底线。要将准则要求体现在教师聘用、聘任合同中，明确有关责任。要强化考核，在教师年度考核、职称评聘、推优评先、表彰奖励等工作中必须进行师德考核。改进师德考核方式方法，避免形式化、随意化。完善师德考核指标体系，提高科学性、实效性。

　　各地各校应以有力措施坚决查处师德违规行为。按照准则及相应的处理指导意见、处理办法要求，严格举报受理和违规查处。对于发生准则中禁止行为的，要态度坚决，一查到底，依法依规严肃惩处，绝不姑息。对于有虐待、猥亵、性骚扰等严重侵害学生行为的，一经查实，要撤销其所获荣誉、称号，追回相关奖金，依法依规撤销教师资格、解除教师职务、清除出教师队伍，同时还要录入全国教师管理信息系统，任何学校不得再聘任其从事教学、科研及管理等工作。涉嫌违法犯罪的要及时移送司法机关依法处理。要严格落实学校主体责任，建立师德建设责任追究机制，对师德违规行为监管不力、拒不处分、拖延处分或推诿隐瞒等失职失责问题，造成不良影响或严重后果的，要按照干部管理权限严肃追究责任。

当然，教师行为规范的执行最好与唤起教师的道德自觉结合起来。促进教师成为真正幸福的教师，应进一步深化师德修养，打造不竭的内驱动力和幸福源泉。朱永新说：为教师者，要用心做人，用脚做事。用心做人，即寻找人生的意义；用脚做事，即提高人生的价值。人一旦寻找到人生的意义之后，就会义无反顾，就会把毕生的生命鲜血投入到一个事业之中。这正是他一贯以来的坚持与信仰。他提出了教师的"四重"境界和"吉祥三宝"。"四重"境界即做让学生瞧得起的教师、做让自己心安的教师、做让学校骄傲的教师、做让历史铭记的教师。每个境界的提升，既是理想主义的指引，也是实证精神的践行。教师的"吉祥三宝"即专业阅读、专业写作和专业发展共同体，是提升自身境界的"法门"。[①]

不积跬步，无以至千里；不积小流，无以成江海。真正有志于做教师、希望做好教师、坚持追寻教育理想的人，须从有限的自我做起，树立师道尊严、提高专业水准、升华道德境界，才能从内心里感到"真正幸福"，也才能让教师成为"让人羡慕的职业"。

四、高校师德问题研究

（一）高校师德建设的主要问题

1. 高校教师队伍存在的主要问题

一是个别教师学术不端。学术不端就是学术活动的功利化，主要体现在重数

[①] 朱永新. 致教师 [M]. 武汉：长江文艺出版社，2016：56-60.

量、轻质量、成果掺水、论文抄袭、教师侵占学生学术成果等方面。许多师生认为，这个问题现在比较突出，必须坚决反对任何形式的学术不端。解决这一问题的关键，应出台更为明确的制度规定，确定哪些是学术不端行为以及相应的惩罚措施，并依此严格惩处学术不端者。

二是个别教师课堂不讲政治。高校个别教师课堂不讲政治的现象确实存在，有的教师自由主义思想泛滥，观点偏激，在讲台上发泄不满情绪。对此，多数教师和学生都认为，教师应当坚持正确的政治立场，这是对学生成长负责的表现。如果教师不讲政治，可能会对学生产生一定程度的误导。有个别教师认为，大学崇尚学术自由，应当允许教师自由发表意见，是不是不讲政治很难界定，如果控制得太严可能会出现"左"的倾向。当然，绝大多数师生关注的焦点是，对于课堂不讲政治应如何界定以及如何进行有效监管。

三是教师兼职兼薪问题。观察中，笔者注意到，教师中对此主要有四种观点，即提倡兼职兼薪、不提倡兼职兼薪、允许兼职兼薪但要有所限制、认为兼职兼薪与师德无关。其中，持第三种观点的比例最大。特别是一些工科、艺术类专业教师，认为兼职可以开阔视野、反哺教学、服务社会，还可以帮助学生实习和就业。也有部分青年教师表示，现实的生存压力比较大，不得不考虑兼职兼薪。同时，持这种观点的教师认为，兼职兼薪的基本前提是必须完成所承担的教学和科研任务，不能影响正常工作。他们建议区分对待学术兼职和其他兼职，区分对待不同专业领域，加强对兼职兼薪行为的规范管理和监督检查。绝大多数学生则认为，在不影响正常教学的前提下，可以允许或鼓励教师兼职兼薪，这对学生的成长发展并无坏处。但学生对个别教师重兼职、轻教学的态度极为反感。

四是师生异性交往问题。对于师生恋问题，一部分师生认为婚姻法规定婚姻自由，高校也不应限制师生正常地恋爱和结婚，但他们不能做出与法律相悖的事情。还有一部分师生明确反对任何形式的师生恋，认为会造成不好的影响，而且师生之间在交往中是不对等的。对于出于某种利益或目的的婚外恋等不正当异性交往，师生一致认为不能容忍，必须坚决反对和禁止。部分师生建议参考国外一些高校的相关做法，明确规定教师与学生异性交往的道德底线。

五是收受礼品礼金礼券问题。多数师生认为，教师和学生之间的礼物往来也是彼此情感交流的一种方式，要加以区别对待。如果学生仅是为了表达对教师的感谢，适当地送一点儿小礼物是可以接受的，但额度不能太大。如果是出于某种不正当的目的，则应当严格禁止。部分师生建议参考国外高校的相关做法，规定对礼物的基本限额。

六是拜师宴和谢师宴的问题。多数师生认为，师门聚会可以起到沟通感情的作用，但不要奢侈浪费，不能给学生造成负担。师生可以更多地通过座谈会、茶话会等简朴的形式来加强交流。

七是缺乏敬业精神，对教学投入不足。有些教师对自身职业的热爱、对从事教育工作的荣誉感和使命感有所降低。相当一部分教师重科研、轻教学，在时间和精力上对教学明显投入不足，认为只要完成规定的教学工作量就可以了，不必在提高教学质量上花费太多功夫。

八是育人意识淡薄，师生关系疏远。部分教师只"教书"不"育人"，未能履行好"传道、授业、解惑"的职责。有些教师只注重传授专业知识，对学生的思想状况视若无睹。有些教师片面认为思想教育工作是政工干部的事，与自己无关。学生反映最集中的问题就是教师与学生交流太少，教师通常上完课就匆匆离开。还有一些学生认为，现在教师和学生之间越来越像老板和雇员的关系，有的教师把学生当作科研工具，经常安排过多的工作。

2. 师德建设工作存在的主要问题①

一是师德规范内容欠缺明确的行为约束性。有些教师认为，目前高校师德规范的内容大多是"高标准"的，偏重价值性倡导，缺乏职业性规定。在复杂的现实环境中，由于个体理解和感受的差异，"高标准"的师德规范很难产生明确的行为约束作用。

二是教师考核评价制度导向带有功利性。多数教师认为，教师考核评价制度大多强调对教师的业务考评，而对教师的思想道德素养则强调得远远不够。师德考核评价通常是软指标、虚指标，处于边缘化的地位。在考核评价指标体系中，存在着科研评价与教学评价失衡、学术评价与道德评价倒挂的现象。虽然师德考核评价与教师的岗位聘任、业绩考核、评奖评优等挂钩，但实际可操作性并不

---

① 杨晓慧，等. 高校师德建设调研报告 [R]. 长春：东北师范大学，2014.

强,很难引起教师足够的关注和重视。

三是师德考核评价制度内容存在"盲区"。部分教师认为,师德考核评价制度的内容有诸多空白点,具体指标存在着"惰政"的问题,也就是易于量化的就考核(如教学工作量),不易于量化的就规避(如教学质量),并没有形成完整的指标体系。绝大多数高校都实行师德失范惩治机制,但具体的实施标准非常模糊,并没有明晰的细则。这些空白点往往使师德考核评价制度流于形式,难以发挥刚性的约束作用。

四是师德监督机制功能缺位。部分教师认为,虽然设有师德监督环节,但监督的实效性并不明显。由于缺乏科学有效的师德测评标准和测评工具,因此高校虽有教师准入制度,但缺少明确的教师退出机制,对师德的约束和警示作用十分乏力。多数高校对师德监督都采用了体制内和体制外相结合的方式,但由学生、家长和社会构成的体制外监督处于弱势,由学校有关职能部门主导的体制内监督依然占有绝对权重,导致监督缺乏客观性、公正性和可信度。

3. 造成高校教师职业道德问题的因素

造成高校教师职业道德失范问题的原因比较复杂,各地各校情况也有不同。不过,一些原因值得关注。

一是高校教师职业道德法规尚不明晰。2011年12月,教育部印发了《高等学校教师职业道德规范》,从"爱国守法、敬业爱生、教书育人、严谨治学、服务社会、为人师表"六个方面对高校教师职业道德做出规范。这个规范为高校教师遵守职业道德提出方向,然而相关具体细则并不明晰。比如,在"严谨治学"中提出"坚决抵制学术失范和学术不端行为",关于学术不端的具体表现有明文规定,然而,关于学术失范并没有具体的评判标准和处罚标准。此外,《教育部关于建立健全高校师德建设长效机制的意见》规定了七类师德禁行行为,比如"不得对学生实施性骚扰或与学生发生不正当关系",但并没有对什么是不正当关系做出界定,这就导致部分教师和学生对"师生恋"问题的态度一分为二。

二是教师职业道德教育培训和宣传力度不够。受教育部教师工作司委托,广东外语外贸大学朱文忠教授于2018年通过问卷调查和访谈发现:部分高校教师所在学校鲜有定期对教师组织相关的职业道德讲座或培训;有三分之一的教师表示举办过相关培训,但是培训次数也就一年一次或者两次,而且往往是相关事情发生后才组织教师职业道德讲座,且大多流于形式,收效甚微。因此,各高校有必要加大宣传力度,定期组织教师职业道德培训。为避免讲座和培训走形式、走过场,各高校需要创新宣传方式。

三是部分教师自身角色定位不明确。教书育人是所有教师最基本的职责,也是所有教师应有的基本道德。但是,部分教师自身定位不明确,不认真教书,更不育人。有的教师只是念PPT(演示文稿),干巴巴地讲授书本知识。有的甚至不认真备课,应付式地完成课堂教学,这是导致学生厌学逃课的重要原因之一。教师既要教书,也要育人。教师应该积极进取,不断提高自身专业水平,努力钻研,用生动有趣的教学向学生传授知识。同时,还要给学生进行思想品德教育,这就要求教师首先自身要树立正确的价值观、人生观,不能在课堂上给学生传递偏激甚至错误的观点,误导学生。还有少部分教师上课不认真,却私开培训班、补习班给学生授课,对"副业"的投入远远大于对本职工作的投入,而且还影响到了本职工作,严重影响了教学质量。

四是部分教师职责分工不明确。除了最基本的教书育人职责,教师到底还有哪些职责?部分高校教师表示,教师工作繁杂,压力太大,职责太多,既要忙于教学,还要忙于科研和职称评审,部分教师甚至还身兼行政职务,耗费了大量时间,因此无暇顾及最基本的教学工作。重科研轻德育已成为大学一种普遍现象。在这种指导思想下形成的唯论文和课题的考核和激励指标,让部分教师忽视了最基本的职责,也忽视了自身品德的修养。

部分教师让学生打杂,比如帮忙报销发票、送盒饭、改试卷等。以论文和课题为主要考核和激励指标的晋升机制,导致部分教师铤而走险,主要表现之一就是学术不端,论文剽窃。部分教师为了自己的晋升,刻意拉拢或者讨好学生。迫于教师的权威以及无法保证学生信息不被泄露的情况下,学生期末对教师的测评成了"走过场",无法真正体现学生对教师的真正评价。

五是部分教师自身道德修养不够。个别教师自身道德修养不够,出现了"性骚扰"或者"师生恋"。接受访谈的教师均表示对学生"性骚扰"是绝不允许的,但是也表示身边或多或少有此类事,或者听说过此类事。这主要是由于教师自身道德修养不够。然而,对于"师生恋"这个问题,教师对此持不同意见。一部分教师认为，只要在师生关系存续期间，"师生恋"是绝不允许的。另一部分教师则认为，即使双方存在师生关系，教师和学生真心相爱、单身的情况下是可以自由恋爱的。①

（二）加强和改进高校师德建设的相关考虑②

笔者在工作调研中了解到，师生们都从不同角度对加强和改进高校师德建设提出了中肯的意见和建议。大家普遍认为，师德重在建设，要在发展中解决师德存在的问题，从有利于师资队伍健康发展和高等教育质量提升的角度来制定加强和改进师德建设的举措。师德建设是一项整体性和系统性工程。2012年8月20日发布的《国务院关于加强教师队伍建设的意见》明确提出："建立健全教育、宣传、考核、监督与奖惩相结合的师德建设工作机制。"2019年，教育部又出台关于师德的相关文件，提出更加明确的师德要求。笔者认为，在师德建设上，教育是重点，宣传是抓手，考核是核心，监督是关键，奖惩是突破口。当前，加强和改进高校师德建设，应当探索构建集教育培训、宣传引导、考核评价、监察督导、奖惩激励、组织保障于一体的长效机制，推进高校师德建设的制度化、常态化和长效化。

1. 加强师德教育培训

建立岗前和在职一体化的师德教育机制，把教师的继续教育与师德培育有机结合起来。健全新教师尤其是青年教师岗前教育制度，加大对专任教师、研究生导师、辅导员等群体的师德教育力度。多渠道、分层次地开展形式多样的师德教育，在加强教师思想政治教育、职业道德教育、法制法规教育的同时，重视学术规范教育和心理健康教育。

可设立高校师德培训和研修基地，搭建专门平台，探索师德培训在各级各类教师培训项目中的有效融入。以《高等学校教师职业道德规范》为核心，进一步丰富和完善师德培训内容体系，明确高校教师职业的道德理想、道德原则和道德

---

① 朱文忠. 新时代我国高校教师职业道德问题与对策研究［R］. 广州：广东外语外贸大学，2018.

② 杨晓慧，等. 高校师德建设调研报告［R］. 长春：东北师范大学，2014.

准则三个层面的要求，增加与教师专业成长和自身发展密切相关的培训内容。

2. 加大师德宣传引导

将大学精神培育与师德文化建设相结合，大力弘扬"学为人师，行为世范"的优良传统，着力营造尊师重教的校园文化氛围，推进学风、教风、校风的良性互动。不断创新载体，形成全面铺展、全程渗透、全员参与的师德宣传引导新格局。注重典型宣传与主题教育相结合。加强对先进典型的发掘、选树和推广，通过报刊、电视、广播、网络等媒介，加大宣传和舆论引导，切实发挥典型的示范引领作用。利用教师节等重大节庆日、纪念日的契机，积极开展生动鲜活的主题教育活动，强化师德的实践养成。畅通师生联系渠道，倡导建立健康和谐的师生关系，明确师生交往的道德原则、伦理规范和行为准则。

3. 改进教师考评体系

将师德建设作为学校工作考核和办学质量评估的重要指标，将师德考核作为教师考评的首要标准，使其充分发挥导向和约束作用。根据不同类型教师的岗位职责和工作特点，完善教师分类考评办法。

确立重师德、重教学、重育人、重贡献的教师考评准则，引导教师潜心教书育人。完善教师考评指标体系，注重指标权重的科学性和合理分配，注重指标的数量和质量关系，兼顾专业和群体特点。进一步重视并落实师德指标的权重，注重考核教师在理想信念、教书育人、学术道德、服务社会和文化创新等方面的表现，并作为业绩考核、职称评审、岗位聘用、派出进修和评优奖励等的重要依据。探索建立全方位立体式的师德考评方式，将学校评价与社会评价、平时考核与定期考核、定性考核与量化考核有机结合起来。健全高校教师准入制度，把师德作为教师资格认定和新教师聘用的必备条件，并将师德考评结果与教师退出机制相衔接。

4. 强化师德监督机制

构建公正严明的师德监督机制，使师德监督的各个环节紧密相连、协调运转。在监督主体上，要实现学校、教师、学生、家长、社会"五位一体"的共同参与,并加大体制外监督的权重;在监督流程上,既要有年度评议、问题报告、状况调研、舆情反应等预防环节,也要有申诉、受理、裁决、公示、反馈等处置机制;在监督方式上,要设立邮箱、电话、网络等多种形式,确保渠道的畅通和有序;在监督重点上,由主管部门牵头,建立"师德征信管理系统",对师德状况及时进行备案,加强诚信监督。

5. 完善师德奖惩制度

建立健全奖励制度,加大表彰奖励力度。将师德表现作为评优的必要条件,对师德表现突出的教师,予以重点培养、表彰和奖励。在同等条件下,师德表现突出的,优先晋升职务职称,优先获选学科带头人、骨干教师。

建立健全处理教师违反职业道德行为的工作机制,增强对失德行为调查、取证、审定等环节的科学性和权威性,对学术处分、行政处分、司法处理等惩戒标准做出清晰界定。对存在师德问题的教师,要及时诫勉、警示和处分;对师德表现不佳者,要严格惩治;对有严重失德行为并造成严重后果、影响恶劣的,要依据有关规定,撤销教师资格或予以解聘。

6. 落实师德建设保障体制

加强师德建设顶层设计,明晰相关机构设置。建立健全党委统一领导,党政责权明确、分工协作、齐抓共管的工作格局。地方各级教育行政部门和高校主要负责人是师德建设工作第一负责人。各高校都要构建起由党委宣传部门牵头,组织、人事、教务、科研、工会等职能部门协同配合,各院(系)党组织具体实施的工作体制,努力形成推进师德建设的合力。

完善师德建设配套制度,坚持解决思想问题与解决实际问题相结合。深化高校收入分配制度改革,不断改善教师的工作条件、生活待遇,积极营造和谐宽松的整体环境。

五、结语

2019年底,教育部等七部门印发《关于加强和改进新时代师德师风建设的意见》，进一步明确了新时代师德师风建设的指导思想、基本原则、工作目标及任务举措，强调健全师德师风建设长效机制，倡导全社会尊师重教。

文件强调，新时代师德师风建设工作要把立德树人的成效作为检验学校一切工作的根本标准，把师德师风作为评价教师队伍素质的第一标准，将社会主义核心价值观贯穿师德师风建设全过程，严格制度规定，强化日常教育督导，加大教师权益保护力度，倡导全社会尊师重教。要坚持正确方向、坚持尊重规律、坚持聚焦重点、坚持继承创新，严管与厚爱并重，强化多方协同，推进师德师风建设工作制度化、常态化。

文件从全面加强教师队伍思想政治工作、大力提升教师职业道德素养、将师德师风建设要求贯穿教师管理全过程、营造全社会尊师重教氛围、加强师德师风建设工作保障等五个方面，提出15项任务举措。坚持教育者先受教育，健全教师理论学习制度，注重理论与实践相结合，引导教师积极参与社会实践，将师德涵养融入教育教学工作、立德树人过程，锤炼高尚道德情操。严格教师管理，将师德师风建设工作做在日常、严在日常，在教师的招聘引进、考核评价、日常监督与违规惩处等方面，强化师德师风要求，突出师德师风第一标准。同时，还在依法保障教师履行教育职责、维护教师依法执教职业权利、加强尊师教育以及鼓励社会各方积极参与支持教师工作等多个方面采取了一系列举措，着力提升教师的政治地位、社会地位、职业地位，让广大教师享有应有的社会声望，营造全社会尊师重教浓厚氛围。

文件对推进师德师风建设任务落实做出部署，要求各地各校把加强师德师风建设、弘扬尊师重教传统作为教师队伍建设的首要任务，夯实学校主体责任，压实学校主要负责人第一责任人责任，建立健全责任落实机制。强调将教师队伍建设作为教育投入重点予以优先保障，支持师德师风建设。并提出要建设一批师德师风建设基地，提高师德师风建设工作的科学性、实效性。通过多方举措，努力建设政治素质过硬、业务能力精湛、育人水平高超的高素质专业化创新型教师队伍，激励广大教师在教书育人岗位上为党和人民的教育事业做出新的更大贡献。

这份文件连同2018年11月教育部印发的《新时代高校教师职业行为十项准则》《新时代中小学教师职业行为十项准则》《新时代幼儿园教师职业行为十项准则》，从国家层面构建起了规范教师职业行为与指导师德师风建设整体工作相结合的新时代师德师风建设制度体系。

师德师风是评价教师队伍素质的第一标准。在新时代第一次全国教育大会上，习近平总书记希望广大教师要像春蚕吐丝那样竭心力，像蜡炬成灰那样发光热，像和风细雨那样润心田，像孺子牛那样做人梯。立足新时代，我们要更加突出师德师风建设，着力健全长效机制，实施师德师风建设工程，全面强化师德教育，加快建设师德全员养成体系。持续加强优秀师德典范选树宣传，引导和规范广大教师以德立身、以德立学、以德施教。立德树人要靠教师不懈的修养提升。身不修则德不立。广大教师要在日常工作各个环节，自觉承担起立德树人光荣使命，主动做好"师德文章"。要严以修身，做有理想信念、有道德情操、有扎实学识、有仁爱之心的好老师。要不忘初心，坚持教书与育人相统一、言传与身教相统一、潜心问道与关注社会相统一、学术自由与学术规范相统一。要甘为人梯，做学生锤炼品格的引路人、学习知识的引路人、创新思维的引路人、奉献祖国的引路人。要胸怀天下，为人民服务，为中国共产党治国理政服务，为巩固和发展中国特色社会主义制度服务，为改革开放和社会主义现代化建设服务。

思想政治素质过硬是新时代高尚师德的核心要求。教育是为党和人民服务、为中国特色社会主义服务的光荣事业。做人民教师，就是要肩负起先进思想文化的传播者、党执政的坚定支持者、学生健康成长的指导者的职责与使命。必须坚定政治方向，拥护中国共产党的领导；自觉爱国守法，恪守宪法，遵守法律法规，依法履行教师职责，忠于祖国、忠于人民。带头践行社会主义核心价值观，传播优秀文化，弘扬真善美，传递正能量，引领社会风尚，将坚定的理想信念传递给每一位学生，培养年轻一代对党和国家、对民族和社会高度的责任感，全心全力引导学生爱党爱国、立志成才、奉献祖国、服务社会。[1]

教育教学业务精湛是新时代高尚师德的要义。当老师，应争取做到心无旁骛，甘守三尺讲台，这是教师的天职。新时代教师应更好地履行自己所肩负的这份神圣职责，不遗余力地为学生学习和成长贡献才学和智慧。在教育教学全过程中，教师要遵循教育规律和学生身心发展规律，积极探索革新教书育人模式，勇于投身教学改革创新实践，改进教学方法，增强教学能力，严守教学纪律。教学

---

[1] 王定华.以深厚师德素养和高超能力水平培养时代新人[J].人民教育，2018 (17)：1.

相长，因材施教，循循善诱，成为扎实知识、深厚学养、高尚品德的集大成者，用智慧和知识倾心培养每名学生。严慈相济，诲人不倦，做学生的良师益友，用真心和爱心关爱保护学生，为学生一生的发展奠定坚实基础。

立德树人本领高超是新时代高尚师德的价值所向。有了高尚师德，就要立德树人、建功立业。立德树人实质上就是全面贯彻党的教育方针，坚持实施素质教育，培养德智体美劳全面发展的社会主义事业合格建设者和可靠接班人。立德树人，教师要做学生成长引导者，动之以情，晓之以理，循循善诱，弘扬美德，传授知识，帮助学生追梦、筑梦、圆梦。立德树人，教师要做学生道德成长示范者，坚持言行雅正，以身作则，为人师表，作风正派，以模范言行为学生树立榜样，以高尚人格魅力为学生确立标杆。立德树人，教师要做学生道德成长陪伴者，教师和学生相互唤醒、相互陪伴、相互砥砺、相互成全，把正确的道德认知、自觉的道德养成、积极的道德实践紧密结合起来，在教与学的体验中立己达人，悉心呵护学生健康成长。

地位待遇不断提高是新时代高尚师德的必要保障。各地各有关部门都应按照中央要求，明确教师队伍建设目标原则，执行教师从教行为十项准则，提高教师教育教学素质能力，理顺教师管理体制机制，确保教师实际收入不断增长。教师是教育的第一资源，各地各有关部门必须切实维护教师合法权益和职业尊严，替教师着想，给教师办事，为教师撑腰，回应其关切，解决其问题。对广大教师政治上充分信任、思想上主动引导、工作上创造条件、生活上关心照顾，努力营造尊师重教的浓厚社会氛围。只有这样，对教师的要求才能更加理直气壮，高尚师德的形成才能更加顺理成章。

第四章

中国教师教育的发展历程和振兴计划

  教师教育改革发展既包括教师培养院校和培养专业的改革发展,也包括幼儿园、中小学、职业院校、高等院校教师队伍建设的改革发展。新时代教师教育改革发展是建设教育强国、全面贯彻党的教育方针、办好各级各类教育的先决条件。师范院校和师范专业是教师队伍建设的工作母机,办好师范院校和师范专业是从源头上提升教师教育质量的动力源泉。2018年1月20日颁布的《中共中央国务院关于全面深化新时代教师队伍建设改革的意见》(本章以下(简称《意见》)明确指出,要"加大对师范院校支持力度。实施教师教育振兴行动计划,建立以师范院校为主体、高水平非师范院校参与的中国特色师范教育体系"。

一、中国教师教育的发展历程

回溯中国教师教育的发展历程，就是要回溯自师范教育发轫以来的大致脉络，回溯新中国成立以来中国师范院校和师范专业的发展历程。研究历程，有助于从历史变迁中准确把握中国师范院校和师范专业的总体发展规律，为未来改革发展提供借鉴。

（一）中国近现代师范院校和师范专业的演进历程

中国近现代师范教育，也像中国近现代社会和教育一样，是在一种被迫的状态下产生和发展起来的。1840年，西方列强的坚船利炮打开了中国几千年封建社会封闭的大门，中国封建统治阶级不得不采用"西学"，以图达到对内镇压异己反抗、对外抵御外强瓜分的目的。1861年1月，清廷批准设立"总理各国事务衙门"。这是洋务运动开始的标志。1861年底，曾国藩在安庆设立军械所。1862年8月24日，京师同文馆开办。这一年是同治元年，实为"同光新政"的开端，也称"洋务新政"。然而，甲午一役，彻底粉碎了洋务之梦。1895年，清政府被迫签订《马关条约》，康有为等人"公车上书"，请求拒和、迁都、变法。以此为契机，士大夫们逐渐认识到西方教育的本质，对洋务教育进行了深刻的检讨。1896年，李端棻上《请推广学校折》，请自京师以及各省府州县皆设学堂，呼吁推行西方学制。而梁启超则是不遗余力地宣传师范教育作用的教育理论家。也是在1896年，梁启超在《时务报》发表《变法通议》等文章。涉及教育的，有《学校总论》《论科举》《论师范》《论女学》《论幼学》《学校余论》等篇。他曾慨叹，发展近代学校受制于师资，"师范学堂不立，教习非人"。基于此，他大力提倡开办师范学堂，认为师范学堂为"群学之基"，各级学堂离开此基，均无从谈起。他说："故欲革旧习，兴智学，必以立师范学堂为第一义。"所以，他认为，维新变法"其无遽立大学堂而已，其必自小学堂始"。而要设小学，必须"辅之以师范学堂"。①

---

① 周洪宇. 教师教育论 [M]. 北京：北京师范大学出版社，2010：18-19.

在上述历史背景下，遂有中国师范教育之萌芽。1896年12月，大理寺少卿盛宣怀获准在上海创办南洋公学。1897年4月8日开学，先设师范院，招生40名。南洋公学师范院的设置，表征着中国师范教育迈出了第一步。

以南洋公学师范院为肇端，一批零零星星的师范学堂相继创办。1902年《钦定学堂章程》颁布后，于1898年提议创办的京师大学堂才真正开办。设预科，分二门，曰政科、艺科；设速成科，亦分二门，曰仕学馆、师范馆。这是中国高等教师教育之发轫。1902年2月，为通州地方小学校预计，状元实业家张謇创办通州师范学校，于1903年4月27日正式开学，名曰"通州民立师范学校"。这是中国私立师范学校之始。1902年5月，张之洞创办湖北师范学堂，专门培养中小学教习。这是中国独立的、官办师范专门学校之始。

随着师范教育在日益广泛的层面上推行，至1904年1月13日《奏定学堂章程》（又称癸卯学制）颁布，师范教育全面的制度化正式开始。癸卯学制注重师范教育的特质，首次明确了师范教育在整个教育系统中的独立地位。这种独立设置的师范教育体制，是符合当时中国教育的实际状况和实际需要的，是历史发展的必然，对中国的文化启蒙和教育普及具有十分重要的意义。

1912年中华民国成立以后，对清末遗留的政治、经济、文化教育等进行了一系列资产阶级改造。在教育上，重新进行了教育制度改革，颁布了新的学制，史称"壬子·癸丑学制"。此次学制改革，就师范教育教育体制而言，虽创立了师范学区制，但总体上与癸卯学制中师范教育体制是连贯一致的。1912—1922年，中国师范教育的独立地位是稳定的，处于稳步发展的状态。至1922年，全国师范学校共385所，在校学生共43 846名。

1922年新学制（史称"壬戌学制"）的颁布，动摇了师范教育的独立地位。壬戌学制没有制定专门的师范教育规程，也没有师范生品行、待遇、服务等方面的相应规定，并取消了师范生的公费待遇。该学制的颁布，虽然在中国教育史上有其重要的历史地位，但就师范教育而言，它模糊了师范教育与普通教育的界限，忽视了师范教育的特色，对于20世纪20—30年代中国师范教育的衰落，负有不可推卸的责任。1922—1928年，全国师范学校从385所减至236所，师范生人数从43 846人减至29 470人，严重摧残了师范教育，也在一定程度上阻碍了新教育的发展。

在整个国家正规师范教育被削减的同时，另一股师范教育潮流在民间悄然兴起，那就是乡村师范教育。到陶行知于1927年在南京创办晓庄师范学校时，乡村师范教育已进入了一个新的发展阶段。乡村师范教育的实践表明，在当时中国的教育水平和经济条件下，独立的师范教育体制是不能取消的。1928年5月，第一次全国教育会议召开，独立的师范教育体制开始重建。经过北平师大师生的坚决斗争，尤其是在全国教育学界长期的呼吁下，1932年国民政府教育部公布了《师范教育法》，从法律上确定了师范教育的独立地位。1933年，教育部又公布了《师范学校规程》；1934年，公布了《师范学校课程标准》。至此，独立设置的师范教育体制逐渐恢复，重新步入正轨。1949年10月1日，中华人民共和国成立，标志着中国的教育发展进入了一个新的历史时期。[1]

（二）新中国师范院校和师范专业的发展阶段

新中国成立之初，改造国民党政权遗留下来的旧的师范教育，保证人民大众的受教育权利，培养大批各类建设人才，成为当时教育的当务之急。为了确保师资的供给，根据当时的具体国情，我国采取了独立设置的师范教育体制，即中小学教师由独立设置的师范院校培养，师范院校只设师范专业，师范生免交学费，享受助学金，毕业后由国家统一分配至中小学工作的体制。至此，19世纪末到20世纪40年代有关师范教育是否独立设置的争论画上了一个句号，独立设置的师范教育体制最终占了主导地位。历史业已证明，新中国成立以来，这一独立设置的师范教育体制支撑了世界上最庞大的中小学教育，不但培养了大批新师资，而且培训了大批在职教师，为中小学教师队伍建设发展，为新中国的教育事业做出了不可磨灭的贡献。

"文化大革命"时期中国教育发展出现了长时间的停滞甚至倒退，师范院校在"文化大革命"结束后进行了大规模的恢复和重建。改革开放以来，中国师范院校和师范专业的发展大体可分为恢复重建时期（1978—1985年）、开放过渡时期（1986—2001年）、发展完善时期（2002—2016年）和全面深化改革时期（2017年至今）四个时期，每个时期的特点分别是：恢复建立独立封闭的三级师

---

[1] 周洪宇. 教师教育论[M]. 北京：北京师范大学出版社，2010：19-20.

范教育体系，三级师范向二级师范过渡，二级师范向新三级师范过渡，开放、灵活的教师教育体系向开放、协同、联动的现代教师教育体系转型。

1. 恢复重建时期（1978—1985 年）

"文化大革命"结束之后，国家高度重视师范院校和师范专业建设的重要意义，恢复建立"文化大革命"之前的三级师范教育体系逐渐提到了日程上来。1978 年 4 月 22 日，在教育部召开的全国教育工作会议上，中共中央副主席、国务院副总理邓小平做了重要讲话，指出："一个学校能不能为社会主义建设培养合格的人才，培养德智体全面发展、有社会主义觉悟的有文化的劳动者，关键在教师。"①"我们要提高人民教师的政治地位和社会地位。不但学生应该尊重教师，整个社会都应该尊重教师。"②1978 年 10 月 12 日，教育部在《关于加强和发展师范教育的意见》中提出要恢复和建立以中专、大专和本科为核心的三级师范教育体系。这就为师范院校和师范专业的恢复建设提供了重要的政策依据。到1979 年底，全国高等师范院校共有 161 所，在校学生 31 万多人，中等师范学校1 000 多所，在校学生 48 万多人，比"文化大革命"以前均有成倍增加。

1980 年 9 月 29 日，教育部在全国第四次师范教育工作会议上提出：师范教育是教育事业中的"工作母机"，是培养人才的人才基地；要办好它，就必须建立一个健全的师范教育体系，使之成为培养各类中等、初等学校和幼儿园合格师资的基地。这次会议确立了师范院校在教师培养中的核心地位。1983 年 8 月 22日，教育部下发《关于中小学教师队伍调整整顿和加强管理的意见》，要求"高中教师应具备高等师范学校（或其他高等学校）本科毕业的学历或同等学力；初中教师应具备高等师范学校（或其他高等学校）专科毕业的学历或同等学力；小学教师应具备中等师范学校毕业的学历或同等学力"。这就在国家文件中明确规定了各级学校教师任职的学历资格，同时也为师范院校和师范专业培养师范人才提出了具体的目标和方向。

这一时期，我国基础教育领域的教师培养由三级师范（高师本科、高师专科、中等师范）组成。每一类的师范院校培养每一类的师资，如幼儿园师资由幼

---

①② 中共中央文献研究室. 邓小平论教育 [M]. 3 版. 北京：人民教育出版社，2004：71.

儿师范学校和幼儿高等师范学校培养，中小学师资分别由高等师范学校和中等师范学校培养，职业学校的师资则由专门的职业技术师范学院培养。

2. 开放过渡时期（1986—2001年）

随着我国三级师范体系的恢复完成，我国师范院校数量不断增加，师范院校教师培养质量开始日益受到社会的广泛关注。发达国家开放的师范教育体系开始受到我国学者和政府的高度关注，这一时期我国一些高水平综合大学开始开设师范专业，承担教师培养任务。我国师范教育体系走向开放，三级师范开始向二级师范过渡。

1986年3月，国家教育委员会在《关于加强和发展师范教育的意见》中提出，为实现中学教师来源多样化，综合大学和有条件的其他高等院校要把培养中等教育师资作为重要任务之一。1993年颁布的《教师法》规定"非师范学校应当承担培养和培训中小学教师的任务"。虽然1996年的全国师范教育工作会议针对一部分高师院校的非师范化倾向予以制止，强调"必须继续保持独立的师范教育体系，使庞大的中小学教育新师资的培养和在职教师的培训有稳定的基础"，但是1999年3月16日教育部《关于师范院校布局结构调整的几点意见》明确提出了建立开放的教师教育体系。文件指出，"从现在起，我国师范教育的发展趋势是：（1）以师范院校为主体，其他高等学校积极参与，中小学教师来源多样化；（2）师范教育层次结构重心逐步升高；（3）职前职后教育贯通，继续教育走上法制化轨道"。文件提出三级师范向二级师范过渡的目标，同时提出：积极推进市（地）教育学院与当地师范院校合并，提高师范教育的效益和质量；鼓励综合大学参与培养中小学教师；积极推动师范教育的资源重组（如以省、自治区、直辖市统筹为主，在有条件的市或地区推进师范专科学校、教育学院和中等师范学校合并，建设一批师范学院或师范专科学校承担中小学教师的培养培训任务；办得好的一批中师可以通过联合、合并、充实、提高组建成师范专科学校，其余中师可改为教师培训机构或其他中等学校）。自此以后，大批中等师范学校升格为师范专科学校，我国三级师范（高师本科、高师专科、中等师范）逐渐完成向二级师范（高师本科、高师专科）过渡的历史任务。

3. 发展完善时期（2002—2016年）

经历了前期的开放过渡阶段，学术界以及社会各界逐渐接受了高水平综合院校和其他院校开设师范专业、参与教师培养与培训的做法。这一阶段我国逐渐建立了开放灵活的教师教育体系，二级师范（高师本科、高师专科）向新三级师范（高师研究生、高师本科、高师专科）体系不断发展。

2002年9月8日，江泽民在北京师范大学建校100周年庆祝大会上的讲话中提出："要进一步建立和完善适应我国教师教育发展需要的、开放灵活的教师教育体系，努力造就一支献身教育事业的高水平的教师队伍。"这就为建立开放灵活的教师教育体系提出了顶层设计要求。《教育部2003年工作要点》明确提出"加快建立开放灵活的教师教育体系，提高办学层次，推进师范院校改革，鼓励综合性大学开展教师教育"。基于大量的调研和设计，《2003—2007年教育振兴行动计划》明确强调："构建以师范大学和其他举办教师教育的高水平大学为先导，专科、本科、研究生三个层次协调发展，职前职后教育相互沟通，学历与非学历教育并举，促进教师专业发展和终身学习的现代教师教育体系。"此后，无论是高等师范学校还是开设有师范专业的非师范高等学校都将研究生层级的教师培养作为今后一个时期的发展重点，通过师范类学术型硕士和专业型硕士的培养，有力地提升了我国教师队伍整体的学历层次。

2010年，我国参与教师教育的院校有2 862所，其中：综合性高等院校352所，占12.3%；高等师范院校143所，占5%；中等职业学校2 367所，占82.7%。所有参与教师教育的院校中，师范院校（包括中师）284所，占9.9%。似乎中等层次的教师教育占的比例最大。但经过了教师教育的开放化历程，我国教师培养的层次已经提高，专科以上的在校师范生数和毕业生数占2/3以上。1981年，我国有中等师范学校962所，在校生436 904人；高等师范院校186所，本科、专科在校生共计321 444人，师范专业研究生在校生1 347人。[①] 专科以上师范生占在校师范生总数的42.5%。对比可见，教师教育的学历层次明显提高。

[①] 《中国教育年鉴》编辑部. 中国教育年鉴：1949—1981 [M]. 北京：中国大百科全书出版社，1984：963-971.

这一时期，对于教师教育机构的人才培养，教育部出台了一系列的文件进行规范。2011年10月8日，教育部出台了《教师教育课程标准（试行）》，对教师教育机构设置和教师教育课程提出了基本要求。2012年2月10日，教育部印发了《幼儿园教师专业标准（试行）》《小学教师专业标准（试行）》《中学教师专业标准（试行）》，在全国范围内贯彻执行。之后又陆续颁布了《中等职业学校教师专业标准（试行）》《特殊教育教师专业标准（试行）》。一系列教师专业标准的颁布使教师队伍管理逐渐走向精细化，同时也为各级各类师范院校和综合院校师范专业的人才培养提供了明确的内容和方向。

4. 全面深化改革时期（2017年至今）

中国特色社会主义进入了新时代，中国师范教育发展同样进入了新时代。随着一系列文件的出台，中国教师培养逐渐从开放、灵活的教师教育体系向开放、协同、联动的现代教师教育体系转型。

这个时期的师范教育，已经涵盖在教师教育的大范畴之中了。

进入新时代以来，党和国家高度重视教师队伍建设和教师教育机构的发展。2018年1月，《教师队伍建设改革意见》明确提出要"全面提高中小学教师质量，建设一支高素质专业化的教师队伍"，同时"建立以师范院校为主体、高水平非师范院校参与的中国特色师范教育体系，推进地方政府、高等学校、中小学'三位一体'协同育人"。2018年3月，教育部、国家发展改革委（即国家发展和改革委员会）、财政部、人力资源社会保障部和中央编办五部委共同印发了《教师教育振兴行动计划（2018—2022年）》，其中明确提到要"加大对师范院校的支持力度，不断优化教师教育布局结构，基本形成以国家教师教育基地为引领、师范院校为主体、高水平综合大学参与、教师发展机构为纽带、优质中小学为实践基地的开放、协同、联动的现代教师教育体系"。这就在原有的提倡综合大学开设师范专业的基础上强化了地方教师发展机构与优质中小学校协同培养教师的新机制，对师范院校和师范专业的人才培养模式提出了新挑战。

（三）中国师范院校和师范专业的现状①

2014年9月9日，习近平在同北京师范大学师生代表座谈时提出，"今天的学生就是未来实现中华民族伟大复兴中国梦的主力军，广大教师就是打造这支中华民族'梦之队'的筑梦人"，广大人民教师要做有"理想信念、道德情操、扎实学识、仁爱之心"的"四有"好老师。师范院校和师范专业是培养"四有"好老师的基地，也是新时代教师队伍建设的工作母机，面临着一系列机遇和挑战。了解中国师范院校和师范专业的现状是新时代教师教育改革发展的基础。

1. 不同层次的师范院校和师范专业校构成现状

按照培养层次划分，我国当前的师范院校主要由研究生层次、本科层次、专科层次和中专层次四层次的院校构成，具体可以从院校数量和学生规模两个维度进行考察。

研究生层次是中国教师教育的最高层次，主要由教育硕士和教育博士两个层次构成。2018年，我国共有144所院校培养教育硕士，其中师范院校60所（师范大学46所，师范学院14所），综合大学84所，分别占院校总数的41.67%和58.33%。教育博士的试点院校共有27所，其中师范大学19所，综合大学8所，分别占院校总数的70.37%和29.63%。在专业设置上，我国教育硕士设有教育管理、学科教学、现代教育技术、小学教育、科学技术教育、心理健康教育、学前教育、特殊教育8个专业和19个专业方向，教育博士设有教育领导与管理、学校课程与教学、学生发展与教育3个专业方向，师范专业学位的专业设置框架已经初步形成。

本科层次是我国教师教育的主体。2018年，我国参与本科层次师范生培养的院校有师范大学46所，师范学院73所，综合大学69所，地方综合学院170所，独立学院36所，其他院校（分校、大专班）1所。当前已经形成了师范院校与综合院校为主的、开放的教师教育体系，师范院校特别是师范大学成为师范类普通本科生的培养主体，综合院校中综合大学参与不足，地方综合学院是参与

---

① 本部分数据除注明的外，均来自教育部教师工作司的工作资料。

主体。

专科层次是我国教师教育的次要主体。2018年，我国参与专科层次师范生培养的院校有师范大学13所，师范学院48所，师范专科学校70所，综合大学15所，地方综合学院97所，高等专科学校（除师专外）4所，教育学院7所，独立学院3所，高等职业学校161所，分校1所。当前已形成了以师范院校、综合院校和职业院校为主体的开放教师教育体系，职业院校、地方综合学院、师范专科学校和师范学院是师范类普通专科学生的培养主体。

中专层次处于我国教师教育的最底层，特别是培养学前教育专业人才的中专学校仍然是一个庞大的群体。2018年，我国参与中专层次师范生培养的院校有中等师范学校107所，调整后中等专业学校906所，成人中专69所，职业高中1 078所，其他中职机构（附设中职班）314所。这些院校是参与教师教育的本科层次和专科层次院校数量总和的3倍多，在校生规模分别达到本科层次和专科层次师范生在校生规模的82.77%和168.53%。这一高比例的群体显示我国教师教育学历层级总体提升的任务依然十分艰巨。

由此可见，进入21世纪之后，中国本科师范院校数量迅速增加，专科师范院校数量迅速减少。高等师范本科院校由1998年的75所增加到2019年的121所，增长了61.33%；专科院校则从1998年的154所下降到2019年的75所，下降了51.30%。高等师范院校的办学层次明显提高。

非师范院校参与教师教育已成规模。据不完全统计，自实施开放的教师教育体系以来，我国的非师范院校培养的师范生几乎占到师范生的一半。2002年，全国共有475所高等学校招收师范类全日制本专科学生，其中：高师院校183所，教育学院34所；非师范院校258所，占54.3%。2002年，全国共有140.2万名师范类普通本专科在校生，其中高师院校师范生占70.0%，教育学院师范生占2.6%，其他高校的师范生占27.4%。[1] 2010年，非师范高校培养的本专科师范生占师范生总数的47.70%。[2] 2011年，非师范高校的本专科师范毕业生占

---

[1]《中国教育年鉴》编辑部. 中国教育年鉴：2004 [M]. 北京：人民教育出版社，2004：263.

[2]《中国教育年鉴》编辑部. 中国教育年鉴：2011 [M]. 北京：人民教育出版社，2012：284.

师范毕业生的 47.3%。① 2018 年，非师范高校的本专科师范毕业生占师范毕业生的 48.87%。由此可见，独立设置的师范院校仍然是我国教师教育的主力，但非师范院校几乎在教师教育领域占据半壁江山。

2. 不同区域师范院校和师范专业分布现状

2019 年，我国师范大学的区域分布呈现"东密、中均、西疏"的特征，遍布除西藏、宁夏之外的全国 29 个省份。其中，吉林有 1 所部属师范大学和 2 所省份所属师范大学，北京、上海、湖北、重庆均有部属和省份所属师范大学各 1 所，陕西有 1 所部属师范大学而无省份所属师范大学，安徽有 4 所师范大学，江西有 3 所师范大学，天津、辽宁、吉林、江苏、浙江、福建、山东、广东、广西、四川、新疆均有 2 所省份所属师范大学，黑龙江、内蒙古、河北、山西、河南、湖南、云南、海南、贵州、甘肃、青海各有 1 所省份所属师范大学。西藏、宁夏既无部属师范大学，也没有省份所属师范大学。

师范学院、师范专科学校和中等师范学校的区域分布呈现"橄榄状"。主要表现为：东部 11 个省份共有师范学院 19 所，平均每个省份有 1.73 所；中部 8 个省份共有师范学院 25 所，平均每个省份有 3.13 所，其中河南 1 省就达 7 所；西部 12 个省份共有师范学院 27 所，平均每个省份有 2.25 所。特别需要指出的是，东部的北京、天津、上海 3 个省份和西部的西藏、青海、新疆 3 个省份均没有师范学院，而中部省份则都有师范学院。东中西部平均每个省份的师范高等专科学校分别为 2.18 所、3.88 所和 1.92 所，且东部的北京、天津、上海、海南 4 个省份和西部的陕西、青海 2 个省份均没有师范高等专科学校。东中西部平均每个省份的中等师范学校分别为 2.27 所、5.25 所和 3.33 所，且东部和西部各有 4 个省份没有中等师范学校。

很多非师范院校通过开设师范专业承担师范生培养的任务。参与教师教育的非师范院校中，综合大学和地方综合学院最多的是山东省，分别达到 6 所和 16 所；高职高专最多的是河南省，达到 21 所。参与教师教育的综合大学、地方综

---

① 《中国教育年鉴》编辑部. 中国教育年鉴：2012 [M]. 北京：人民教育出版社，2013：265.

合学院在数量上呈现"中部突出,东比西高"的特征。东部11个省份共有26所综合大学参与,平均每个省份有2.36所;中部8个省份共有21所综合大学参与,平均每个省份有2.63所;西部12个省份共有21所综合大学参与,平均每个省份有1.75所。东中西部平均每个省份参与教师教育的地方综合学院分别为5.73所、7.25所和4.08所。参与教师教育的高职高专在院校数量上呈现"中部突出,东西相近"的特征。东部11个省份共有48所高职高专参与,平均每个省份有4.36所;中部8个省份共有63所参与,平均每个省份有7.88所;西部12个省份共有54所参与,平均每个省份有4.5所。

3. 不同类型院校师范专业分布状况

师范专业是师范生培养的核心渠道,无论是师范院校还是开设师范专业的综合院校,均需要通过师范专业的课程与教学来落实师范生的培养工作。2018年,3 078所教师教育院校开设师范专业数为9 831个,校均3.19个。师范院校的校均师范专业数为16.85个,为各类院校之最。高职高专和中等职业学校的校均师范专业数较少。许多开设师范专业的综合大学和地方综合学院大多是由师范高等专科学校或师范学院升格或合并而成的,因此师范专业数相对较多。综合大学和地方综合学院中校均师范专业数为10.99个,成为一支重要力量。

4. 不同学科师范专业院校分布状况

培养不同学科教师的院校数量呈现明显的阶梯分布特征。培养英语、语文两个学科教师的院校数量最多,在450所以上,其中培养英语教师的院校达到475所;培养音乐、体育、美术、数学四个学科教师的院校数量次之,均在400所左右;培养信息技术、物理、化学、生物、政治、历史六个学科教师的院校为200~300所,培养地理学科教师的院校数量最少,仅为160所。

从学历层次来看,上述十三个学科的师范类本科专业数均高于专科专业数。其中,语文、数学、英语、音乐、体育、美术本科专业数为专科专业数的1.5~2.5倍,物理、化学、生物、政治、历史、地理、信息本科专业数为专科专业数的4~8倍。

5. 不同学段师范专业院校分布状况

培养不同学段教师的院校和专业呈现不同的态势。开设学前教育教师的院校由东部到西部逐步递减，而开设小学教育专业的院校数量则"中部突出，东西相近"。

培养各学段教师的院校和专业主要集中在师范院校、综合院校和职业院校三类院校之中。具体而言，开设学前教育专业的院校主要集中在职业院校，为2 564所（其中中等职业学校2 409所），占学前教育专业开设院校总数的86.83％，在校生规模占72.83％，其次为师范院校和综合院校。由此可以看出，学前教育专业整体培养层次较低，究其原因主要在于幼儿园教师地位待遇偏低以及《教师法》对幼儿园教师的学历要求偏低。开设小学教育专业的院校主要集中在师范院校，为154所，占小学教育专业开设院校总数的42.90％，在校生规模占48.22％，其次为综合院校和职业院校。

（四）中国师范院校和师范专业发展的改革思路

1. 开展师范院校和师范专业供给侧结构改革，提升教师培养学历层次

当前，我国教师教育供给侧与社会需求侧之间的矛盾表现在多个方面。一是规模上的持续性供过于求。相关数据显示：2006—2015年，我国每年的师范毕业生平均数为70.16万人，只有27.89％的师范毕业生能进入中小学教师岗位，不到总数的三分之一；而且每年录用的中小学教师中，至少20％来自非师范类专业。[①] 师范生的供需矛盾十分突出。二是结构上的脱节性供需不适。比如，社会对高规格、高层次教师的急迫需求与大规模专科及以下学历层级教师供给之间存在矛盾，来自基层一线的旺盛的、高质量的教师培训需求与现实教师培训的针对性不强、实效性不高之间存在矛盾。

这就需要教师教育机构，尤其是地方师范院校和师范专业摒弃非理性的规模化师范生招生，适度降低师范生招生数量，努力提升师范生培养质量和学历层次。从发达国家的实践来看，教师教育大学化是显著趋势，本科学历是教师职业资格准入的基准线、合格线。芬兰等国家更是从20世纪70年代开始就将中小学

---

① 王琼. 教师教育需供给侧结构性改革［N］. 中国教育报，2016-09-12（3）.

教师教育提升至硕士层次，要求教师必须具备硕士学位。① 相比而言，我国教师队伍的学历层级、学历结构还不够合理，距离社会对高规格、高层次教师的需求还存在较大差距。这就需要适时对教师合格学历的法定标准进行修订，将《意见》中关于教师学历提升的导向意见转化为法定标准。这就要求对《教师法》进行修订，重新确定我国教师合格学历的法定标准，将幼儿园教师的合格学历确定为专科，小学、初中、高中教师的合格学历确定为本科。

2. 重建教师教育机构，实现教师教育二次转型

我们国家在教师教育机构上既有师范院校，又有综合院校，同时师范院校表现出强烈的综合化趋势，失去了早期师范院校的性质。严重的问题还在于，在同一个师范院校内与教师培养有关的组织机构不止一个，体现出教师教育机构的分散性特征。一所师范大学可以同时存在教育科学学院或教育学院、初等教育学院、学前教育学院，彼此在师范大学内是独立设置的机构，同时中学教师培养还分散在各文理学院，机构的分散性在全国大多数大学都存在。

这就要求我国师范院校在向综合院校第一次转型的基础上，建立教师教育学科制度，成立院校内部的教师教育的二级专业学院，将所有的教师教育资源都集中在教师教育的二级专业学院，形成一种教师教育资源整合的治理模式，实现我国教师教育的二次转型。在这一过程中，需要建立教师教育整合治理模式，实施大学教师教育组织、制度、人力、财务、实践等资源有效整合，② 从而真正完成我国教师教育的转型。

3. 控制师范生培养总量，逐步取消中职院校招生，调整院校布局

当前我国师范生培养总体处于供大于求的态势，这就需要政府控制师范生培养总量，逐步建立市场与规划相结合的管理机制，避免教师教育机构盲目和无序性发展，实现资源的有效配置和有效利用。既要保障足够的师资供给，又要避免

---

① 黄海军. 芬兰的高质量教师从何而来 [N]. 中国教育报, 2017-12-01 (7).
② 朱旭东, 袁丽. 论二次转型背景下大学教师教育资源整合 [J]. 教师教育研究, 2016, 28 (3): 1-6.

过度培养和重复建设，通过教师培养数量的减少和层级的提升，让各级各类师范院校和师范专业发挥所长，培养更多优质的师资储备，择优选入教育行业。

具体而言，政府一方面要确立教师培养数量、资格证书获得数量和最终岗位就业数量之间合适的比例，为政府规划和院校培养计划提供依据。更重要的是，另一方面要逐步取消中职院校的师范生招生，逐步减少生源质量不好、师资实力不强的中职院校所培养的师范生进入教师队伍。并且通过院校布局调整，减小中专层次教师培养规模。根据地区差异，在教师培养机构匮乏的西部省份扩大本科院校培养规模，并鼓励有实力的师范院校和综合院校新设或增加研究生层次培养，特别是高水平综合大学加入研究生层次师范生培养队伍。

4. 完善师范类专业认证体系，提升师范专业办学质量

从国际经验来看，包括教师教育机构认证、师范类专业认证在内的教师教育认证制度，是教师教育质量保障体系的重要组成部分。2018年启动实施的师范类专业认证是推动我国教师教育综合改革"牵一发而动全身"的着力点，也是完善我国教师职前教育质量保障体系的关键一环。当前，我国初步构建起横向三类、纵向三级的师范类专业认证标准体系，组建了专家委员会，填补了我国教师职前教育质量缺乏有效制度监管的空白。以师范类专业认证为契机或抓手，进一步健全完善教师职前教育质量监测机制和管控系统，是我国教师教育质量保障体系建设的重要内容。

首先，要以师范类专业认证为契机，系统采集全国师范类专业建设的相关数据，建设并充实全国教师教育基本状态数据库，依托大数据建立完善师范类专业办学质量监测机制，对各地各校师范类专业办学基本状况实施持续、动态、系统监测，在此基础上建立更加完备的教师职前教育质量监测机制，为学校出具年度监测诊断报告，为教育行政主管部门提供监管依据，为社会提供质量信息服务。

其次，要强化认证结果运用，不仅要将认证结果作为师范类专业准入、质量评价和教师资格认定的重要依据，而且要配套建立低表现专业预警机制、援助机制，根据监测数据确认并发布年度低表现师范类专业名单，对进入名单的师范专业给予专业援助和支持，协助其进行整改，整改后进行再评估，对于整改不力的要取消招生资格。

5. 建立和完善实体化的教师教育学院培养体制，探索有中国特色的教师教育治理结构

当前教师教育普遍分散在师范院校或综合大学的各个文理学科院系，这种分散的教师教育治理结构严重制约教师教育质量的提升，同时也制约相关文理学院学科发展的进程。比如，学科教师教育师资不能形成合力，而且由于学科归属等原因，他们在各文理学科学院评价中处于不利地位，甚至逐渐被边缘化。正是在这样的师范院校综合化与教师教育大学化的背景下，教师教育学院这种有中国特色的教师教育模式产生了。《教师教育振兴行动计划（2018—2022年）》明确提出"推动高校有效整合校内资源，鼓励有条件的高校依托现有资源组建实体化的教师教育学院"。这一政策的出台，为教师教育学院的发展提供了政策保障。

二、实施卓越教师培养计划①

（一）卓越教师培养计划的实施背景

教师教育是教育事业的工作母机，有高质量的教师教育，才有高水平的教师队伍。一个时期以来，我国教师教育体系不断完善，教师教育改革持续推进，教师培养质量和水平得到了提高，但也出现了一些新情况和新问题。部分院校不关注基础教育和职业教育的改革发展，关起门来办教师教育，教育教学改革相对滞后，教育实践质量不高，教师教育师资队伍薄弱，培养出来的师范生与幼儿园、中小学和中等职业学校的实际需求还存在一定差距。

针对教师培养的薄弱环节和问题，2014年9月，教育部启动实施卓越教师培养计划，以适应国家经济社会发展和教育改革发展为总体要求，以深化教师培养模式改革，建立高校与地方政府、中小学协同培养机制为重点，充分发挥示范

---

① 王定华. 关于深入实施卓越教师培养计划的若干思考［J］. 中国高教研究，2016（11）：1-3.

引领作用，推动举办教师教育院校深化教师培养机制、课程、教学、师资、质量评价等方面的综合改革，全面提高教师培养质量，努力培养一大批有理想信念、有道德情操、有扎实学识、有仁爱之心的好教师。

（二）卓越教师培养计划的特点、任务

卓越教师培养计划是我国高教领域系列卓越人才教育培养计划的重要组成部分，是高校深化教育教学改革、提高教学水平和教师人才培养质量的重要抓手。卓越教师培养计划主要有以下三个突出特点。

一是坚持问题导向。针对教师培养的适应性和针对性不强、课程教学内容和教学方法相对陈旧、教育实践质量不高、教师教育师资队伍薄弱等突出问题，从创新协同培养机制、建立模块化的教师教育课程体系、突出实践导向的教师教育课程内容改革等方面采取了一系列有针对性的措施。

二是反映基层创新。在深入调研的基础上，将相关院校在创新协同育人机制、深化教育教学改革、建设教师教育师资队伍等方面的试点经验上升为国家政策。

三是加强分类指导。针对中学教育、小学教育、学前教育、中等职业教育、特殊教育改革发展需要，遵循不同类别教师的培养规律，分别提出卓越中学、小学、幼儿园、中等职业学校、特殊教育学校教师培养模式的改革重点和目标要求。

卓越教师培养计划提出了四个方面的主要任务。

一是在建立高校与地方政府、中小学"三位一体"协同培养新机制方面，明确了高校与地方政府、中小学全方位协同的具体内容，提出要建立"权责明晰、优势互补、合作共赢"的长效机制。

二是在强化招生就业环节方面，提出：通过自主招生、入校后二次选拔、设立面试环节等多样化的方式，遴选乐教适教的优秀学生攻读师范专业；开展生动有效的就业教育，鼓励引导师范生到基层特别是农村中小学任教。

三是在推动教育教学改革创新方面，提出：建立模块化的教师教育课程体系，突出实践导向的教师教育课程内容改革，在教师教育课程中充分融入优秀中小学教育教学案例；推动以师范生为中心的教学方法变革，充分利用信息技术变

革教师教学方式和师范生学习方式；开展规范化的实践教学，将实践教学贯穿培养全过程，分段设定目标，确保实践成效；探索建立社会评价机制，试行卓越教师培养质量年度报告制度。

四是在整合优化教师教育师资队伍方面，提出高校建立教师教育师资队伍共同体，聘请中小学、教研机构、企事业单位和教育行政部门的优秀教育工作者、高技能人才担任兼职教师，形成教师教育师资队伍共同体持续发展的有效机制。

（三）卓越教师培养计划的实施进展

经高等学校申报、省级教育行政部门推荐、专家会议遴选，并经网上公示，2014年12月，《教育部办公厅关于公布卓越教师培养计划改革项目的通知》印发，确定62所高校承担80个卓越教师培养计划改革项目。项目承担学校高度重视卓越教师培养计划改革项目实施工作，根据《教育部关于实施卓越教师培养计划的意见》和项目实施方案，在人才培养模式改革等方面进行了积极探索，积累了有益的经验。相关省份在政策、经费方面给予了倾斜支持，以确保计划顺利实施。

1. 优选生源，遴选乐教适教学生攻读师范专业

北京师范大学、南京师范大学通过加大招生宣传力度、参与本科自主招生命题等方式，有效深入考核学生的专业知识和基础素质。华东师范大学、上海师范大学积极探索师范生"适教"潜能的考察方法和标准，面试方案包括专家面谈、讲台体验、团队互动和心理测试等多个环节。杭州师范大学按照"三位一体"招生要求，将高考成绩、会考成绩和面试成绩按照5∶2∶3比例，汇总本校招生总成绩。天津职业技术师范大学等加大入校后"二次选拔"力度，从大学一、二年级在校生中选拔优秀生源进入师范专业学习。为加强"本硕一体化"中学教师培养，华东师范大学等增加免试攻读教育硕士人数，选拔乐教适教、专业基础扎实、专业研究能力突出的优秀学生进入教育硕士阶段学习。

2. 协同育人，提高教师培养适应性和针对性

东北师范大学从扩大U-G-S（高校—地方政府—中小学）实验区辐射范围、

在全国建设"优质教师教育创新实验区"和"本科实习"转向"本硕融合"等三个方面积极拓展U-G-S平台，促进教育科研与教育实践的有效融合。上海师范大学紧紧围绕"卓越中学语文教师"培养指向，根据长期合作型、松散结合型和项目委托型三种协同培养模式，建设5个以教学科研一体化的课题组共同组成的研究中心支撑卓越教师培养计划，实现协同培养机制的创新。首都师范大学、浙江师范大学积极建设教师发展学校，建立了大学和中小学的深度交流机制。江西科技师范大学、河南科技学院等积极加强与相关企业和职业学校建立联系，建立校外实践和教学基地，积极构建校—政—企—校"四位一体"协同育人机制。重庆市建立了由高校、政府、区县教师进修学院和中小学组成的"四位一体"协同培养机制，成立了由22家单位组成的重庆教师教育联盟，共同制定培养目标，搭建交流平台，开展教学研究。

3. 实践导向，深化师范生培养教育教学改革

华中师范大学充分利用本校教育信息化优质资源，研制中学数字化教师信息技术应用能力标准，培养能在信息网络环境下面向真实问题教学的各学科数字化教师。陕西师范大学建立学生海外游学制度，力求让参加卓越教师改革项目的每名学生具有一个月左右的海外教育见习实习经历。西南大学建设"师元在线"网络研修平台，开发师范生课堂教学能力测评系统，并与教育创新实验区等机构合作开发建设优质中小学微课程和精品案例资源库。首都师范大学实行"4+6"实习，4周在远郊区农村校实习，6周在城区优质校实习，使学生对我国的基础教育有更全面的了解。浙江师范大学以竞赛为抓手开展师范生教学技能训练，构建了五级师范生教学技能竞赛体系。河南大学卓越班学生在开封市一些中学开展"一对一"跟随优秀教师见习，并赴全省各类中学实习，作为中学教学名师助手，全程跟岗。湖南第一师范学院启动修订并全面实施新版人才培养方案，加强培养适应农村基础教育改革与发展的卓越教师，力求形成可供示范、推广的农村卓越小学教师培养新模式。沈阳师范大学、四川师范大学等适应培养应用型幼儿园教师要求，对培养课程、培养方式、实习见习等各方面进行了全方位的设计。重庆师范大学构建全新小学全科教师师范生培养课程体系，并针对新要求将特殊教育专业人才培养方案修订为"教育与康复2+2整合型"方案。卓越职教师资培养院校对师范生做出企业实践教学和职业学校教育实习各半年的实践教学要求。

4. 加强师资，提升教师培养的重要"软实力"

东北师范大学每年有计划地从师范专业相关学科专业中选择10名本科生实行"本科—课程与教学论硕士—课程与教学论博士"连读，为学校学科教育教师队伍补充新生力量。江苏师范大学实施"博士化工程""国际化工程""接地气工程""借智工程"四大工程，为卓越中学教师培养提供有力的教师教育师资保障。郑州师范学院组建了由本校和郑州大学医学院、河南省康复中心以及特殊教育学校等三方面人员组成的项目师资团队，为复合型特教教师培养奠定基础。广东省于2014年启动实施高校与中小学校师资互聘千人计划，计划到2018年实现高校与中小学校师资互评覆盖本校所有师范类专业。

5. 优先支持，形成合力积极推动计划举措落地

对于卓越教师培养计划，全国共有216所高校申报项目276个，入选率仅为29%。入选的62所院校都高度重视，精心筹划、周密组织，举全校之力在经费安排、政策支持方面予以倾斜，保证卓越教师培养计划的顺利实施。不少省份也在经费、政策方面积极支持计划实施、举措落地。江苏省对卓越教师培养计划给予经费支持，并优先支持项目学校开展教育硕士学位工作，优先安排师范类专业招生计划，在职称评审中将项目视作国家级教改项目，参与教师优先进入国内访问学者计划和江苏省高校优秀中青年教师境外研修计划等。湖南省由教育厅统筹师范生生源，统筹建立实践实训基地800余个，为高校师范生实践实训提供重要保障。

（四）卓越教师培养计划的提质升级

2018年7月，《教育部关于实施卓越教师培养计划2.0的意见》发布。

卓越教师培养计划2.0雄心勃勃地谋划：经过5年左右的努力，办好一批高水平、有特色的教师教育院校和师范专业，师德教育的针对性和实效性显著增强，课程体系和教学内容显著更新，以师范生为中心的教育教学新形态基本形成，实践教学质量显著提高，协同培养机制基本健全，教师教育师资队伍明显优化,教师教育质量文化基本建立。到2035年,师范生的综合素质、专业化水平和创新能力显著提升,为培养造就数以百万计的骨干教师、数以十万计的卓越教师、数以万计的教育家型教师奠定坚实基础。

1. 卓越教师培养计划2.0的重要举措

(1) 全面开展师德养成教育。将"四有"好老师标准、"四个引路人"、"四个相统一"和"四个服务"等要求细化落实到教师培养全过程。加强师范特色校园、学院文化建设,着力培养"学高为师、身正为范"的卓越教师。通过实施导师制、书院制等形式,建立师生学习、生活和成长共同体,充分发挥导师在学生品德提升、学业进步和人生规划方面的作用。通过开展实习支教、邀请名师名校长与师范生对话交流等形式,切实培养师范生的职业认同和社会责任感。通过组织经典诵读、开设专门课程、组织专题讲座等形式,推动师范生汲取中华优秀传统文化精髓,传承中华师道,涵养教育情怀,做到知行合一。

(2) 分类推进培养模式改革。适应五类教育发展需求,分类推进卓越中学、小学、幼儿园、中等职业学校和特殊教育学校教师培养改革。面向培养专业突出、底蕴深厚的卓越中学教师,重点探索本科和教育硕士研究生阶段整体设计、分段考核、有机衔接的培养模式,积极支持高水平综合大学参与。面向培养素养全面、专长发展的卓越小学教师,重点探索借鉴国际小学全科教师培养经验、继承我国养成教育传统的培养模式。面向培养幼儿为本、擅长保教的卓越幼儿园教师,重点探索幼儿园教师融合培养模式,积极开展初中毕业起点五年制专科层次幼儿园教师培养。

(3) 深化信息技术助推教育教学改革。推动人工智能、智慧学习环境等新技术与教师教育课程全方位融合,充分利用虚拟现实、增强现实和混合现实等,建设开发一批交互性、情境化的教师教育课程资源。及时吸收基础教育、职业教育改革发展最新成果,开设模块化的教师教育课程,精选中小学教育教学和教师培训优秀案例,建立短小实用的微视频和结构化、能够进行深度分析的课例库。建设200门国家教师教育精品在线开放课程,推广翻转课堂、混合式教学等新型教学模式,形成线上教学与线下教学有机结合、深度融通的自主、合作、探究学习模式。创新在线学习学分管理、学籍管理、学业成绩评价等制度,大力支持名师名课等优质资源共享。利用大数据、云计算等技术，对课程教学实施情况进行监测，有效诊断评价师范生学习状况和教学质量，为教师、教学管理人员等进行教学决策、改善教学计划、提高教学质量、保证教学效果提供参考依据。

（4）着力提高实践教学质量。设置数量充足、内容丰富的实践课程，建立健全贯穿培养全程的实践教学体系，确保实践教学前后衔接、阶梯递进，实践教学与理论教学有机结合、相互促进。全面落实高校教师与优秀中小学教师共同指导教育实践的"双导师制"，为师范生提供全方位、及时有效的实践指导。推进师范专业教学实验室、师范生教育教学技能实训教室和师范生自主研训与考核数字化平台建设，强化师范生教学基本功和教学技能训练与考核。建设教育实践管理信息系统平台，推进教育实践全过程管理，做到实习前有明确要求、实习中有监督指导、实习后有考核评价。遴选建设一批优质教育实践和企业实践基地，在师范生教育实践和专业实践、教师教育师资兼职任教等方面建立合作共赢长效机制。

（5）完善全方位协同培养机制。支持建设一批省级政府统筹，高等学校与中小学协同开展培养培训、职前与职后相互衔接的教师教育改革实验区，着力推进培养规模结构、培养目标、课程设置、资源建设、教学团队、实践基地、职后培训、质量评价、管理机制等全流程协同育人。鼓励支持高校之间交流合作，通过交换培养、教师互聘、课程互选、同步课堂、学分互认等方式，使师范生能够共享优质教育资源。积极推动医教联合培养特教教师，高校与行业企业、中等职业学校联合培养中职教师。大力支持高校开展教师教育管理体制改革，构建教师培养校内协同机制和协同文化，鼓励有条件的高校依托现有资源组建实体化的教师教育学院，加强办公空间与场所、设施与设备、人员与信息等资源的优化与整合，聚力教师教育资源，彰显教师教育文化，促进教师培养、培训、研究和服务一体化。

（6）建强优化教师教育师资队伍。推动高校配足配优符合卓越教师培养需要的教师教育师资队伍，在岗位聘用、绩效工资分配等方面，对学科课程与教学论教师实行倾斜政策。加大学科课程与教学论博士生培养力度和教师教育师资国内访学支持力度，通过组织集中培训、校本教研、见习观摩等，提高教师教育师资的专业化水平。加强教师教育学科建设，指导高校建立符合教师教育特点的教师考核评价机制，引导和推动教师教育师资特别是学科课程与教学论教师开展基础教育、职业教育研究。通过共建中小学名师名校长工作室、特级教师流动站、企业导师人才库等，建设一支长期稳定、深度参与教师培养的兼职教师教育师资队伍。指导推动各地开展高等学校与中小学师资互聘，建立健全高校与中小学等双向交流长效机制。

（7）深化教师教育国际交流与合作。加强与境外高水平院校的交流与合作，共享优质教师教育资源，积极推进双方联合培养、学生互换、课程互选、学分互认。提高师范生赴境外观摩学习比例，采取赴境外高校交流、赴境外中小学见习实习等多种形式，拓展师范生国际视野。积极参与国际教师教育创新研究，加大教师教育师资国外访学支持力度，学习借鉴国际先进教育理念经验，扩大中国教育的国际影响。

（8）构建追求卓越的质量保障体系。构建中国特色、世界水平的教师教育质量监测认证体系，分级分类开展师范类专业认证，全面保障、持续提升师范类专业人才培养质量。推动高校充分利用信息技术等多种手段，建立完善基于证据的教师培养质量全程监控与持续改进机制和师范毕业生持续跟踪反馈机制以及中小学、教育行政部门等利益相关方参与的多元社会评价机制，定期对校内外的评价结果进行综合分析并应用于教学，推动师范生培养质量的持续改进和提高，形成追求卓越的质量文化。

2. 卓越教师培养计划2.0的保障机制

（1）构建三级实施体系。教育部统筹计划的组织实施工作，做好总体规划。各省（自治区、直辖市）教育行政部门要结合实际情况，制定实施省级"卓越教师培养计划2.0"。各高校要结合本校实际，制定落实计划2.0的具体实施方案，纳入学校整体发展规划。

（2）加强政策支持。优先支持计划实施高校学生参与国际合作交流、教师教育师资国内访学和出国进修；对计划实施高校适度增加教育硕士招生计划，加强教师教育学科建设，完善学位授权点布局，教育硕士、教育博士授予单位及授权点向师范院校倾斜。推进教育硕士专业学位研究生培养与教师职业资格的有机衔接。将卓越教师培养实施情况特别是培养指导师范生情况作为高校教师考核评价和职称晋升、中小学工作考核评价和特色评选、中小学教师评优和职称晋升、中小学特级教师和学科带头人评选、名师名校长遴选培养的重要依据。

（3）加大经费保障。中央高校应统筹利用中央高校教育教学改革专项等中央高校预算拨款和其他各类资源，结合学校实际，支持计划的实施。各省（自治区、直辖市）加大经费投入力度，统筹地方财政高等教育、教师队伍建设资金和中央支持地方高校改革发展资金，支持计划实施高校。

（4）强化监督检查。成立"卓越教师培养计划2.0"专家委员会，负责计划的指导、咨询服务等工作。实行动态调整，专家组将通过查阅学校进展报告、实地调研等形式对计划实施情况进行定期检查。对完成培养任务、实施成效显著的，予以相关倾斜支持；对检查不合格的，取消"卓越教师培养计划2.0"改革项目承担资格。

三、实施教师教育振兴行动计划

2018年3月，教育部等五部门印发了《教师教育振兴行动计划（2018—2022年）》，这是贯彻落实《意见》的一项重大举措，其基于当前和未来教育改革发展对高素质专业化创新型教师队伍的需求，提出了振兴我国教师教育的十大行动，以从源头上加强教师队伍建设。下面从政策分析的视角解析教师教育振兴行动计划的出台背景，全面阐释振兴教师教育十大行动的核心内容，并提出确保各项行动落地见效的保障举措。①

（一）教师教育振兴行动计划出台背景分析

我国教师教育历史悠久，不断发展壮大。若从1897年南洋公学师范院建立算起，我国教师教育已经走过了120多年的历程，培养了数以千万计的中小学、幼儿园教师，支撑起了世界上最大规模的基础教育体系。从20世纪末期开始，我国封闭定向的传统师范教育体系开始被打破，开放灵活的现代教师教育体系逐

---

① 王定华. 关于实施教师教育振兴行动计划的政策与思考[J]. 国家教育行政学院学报，2018（6）：3-9.

渐形成，教师教育办学层次从旧三级向新三级转变，教师教育逐步迈入大学化新阶段。据统计，2017年全国共有187所本专科层次的师范院校和383所举办教师教育的非师范院校，其中包括142家教育硕士培养单位和15家教育博士培养单位；每年新录用的30万名左右的中小学教师中，师范毕业生占3/4以上。

近年来，国家先后启动实施师范生公费教育、卓越教师培养计划、教师教育精品资源共享课建设计划、中小学教师和校长国家级培训计划、职业院校教师素质提高计划、中小学教师信息技术应用能力提升工程等重大项目，着力加强教师培养和培训，教师教育改革力度不断加大。但是，在我国教师教育体系开放程度增大的同时，过程监管和质量评估没有跟上，致使教师教育院校出现了办学水平参差不齐的现象，部分院校办学不规范，高水平大学参与不足。师范院校主要以文理教育为主，在大学综合化发展中处于不利位置，长期以来获得的外部资源和支持不足。部分师范院校举办教师教育的动力不足，师范类专业和师范生比例在逐年下降，教师教育特色在退化，教师教育体系在弱化。在新的历史发展阶段，激烈的国际竞争、经济社会发展的转型升级、人民群众对于公平而有质量教育的迫切需求，同时基础教育改革发展，构建现代职业教育体系的新形势、新任务、新要求，都对高素质教师供给提出了更加迫切的需求。在这样的形势下，师范生生源质量下滑、培养层次规格不高、课程教学陈旧、学科专业和师资薄弱、内涵发展不够等问题愈发凸显，教师培养培训质量滞后于教育事业发展需求，这些问题正在成为制约教育进一步改革发展的瓶颈。

教师教育是促进教育公平、提高教育质量、加快实现教育现代化的重要支撑，是缩小教育的城乡、区域、校际差距，加强对困难群体精准帮扶的根本。立德树人根本任务的落实、民族素质的提高、学生的健康成长、创新人才的培养、高素质专业化创新型的教师队伍的建设也在呼唤高水平的教师教育。因此，振兴教师教育已是箭在弦上，不得不发，面对新形势、新任务、新要求，唯有把教师教育摆在更加重要的战略地位，优先规划、优先支持、优先保障、加快振兴，才能推动我国教育事业科学发展。

（二）教师教育振兴行动计划主要内容阐释

《教师教育振兴行动计划（2018—2022年）》首先明确了振兴教师教育的目

标任务，即："经过5年左右努力，办好一批高水平、有特色的教师教育院校和师范类专业，教师培养培训体系基本健全，为我国教师教育的长期可持续发展奠定坚实基础。师德教育显著加强，教师培养培训的内容方式不断优化，教师综合素质、专业化水平和创新能力显著提升，为发展更高质量更加公平的教育提供强有力的师资保障和人才支撑。"为实现这一目标，该计划从师德教育养成、培养规格层次提升、教师资源供给改善、教师教育模式创新、师范院校作用发挥等五个维度，提出了十大行动，打出了一套振兴我国教师教育的"组合拳"。

1. 师德养成教育全面推进行动

育有德之人，需有德之师。高尚的师德，将对学生产生最生动、最具体、最深远的影响。因此，加强教师教育，要将师德教育摆在首要位置，强化党建引领，丰富师德教育内涵，将提高思想政治素质与提升师德修养并举，切实增强广大教师立德树人的责任感和使命感。

一是推进教师党建工作。全面推进从严治党，健全教师党组织，宣传引导凝聚师生，充分发挥党支部战斗堡垒作用。选优配强党支部书记，注重选任党性强、懂教育、会管理、有威信的优秀党员教师担任党支部书记。加大在教师中发展党员力度，重视在优秀青年教师中发展党员，充分发挥党员教师的先锋模范作用。坚持党的组织生活制度，创新方式方法，增强党的组织生活活力，引导党员教师遵从党章党规，加强党性锻炼，切实增强广大教师的政治意识、大局意识、核心意识、看齐意识。

二是推进提高思想素质。切实加强理想信念教育，推动教师加强中国特色社会主义理论体系学习。推动教师准确理解和把握社会主义核心价值观的深刻内涵和实践要求，将之体现在教书育人全过程。推动教师加强中华优秀传统文化教育，使广大教师热爱祖国、奉献祖国、积极弘扬爱国主义精神。不断开辟思想政治教育新阵地，组织广大教师开展多种形式的社会实践活动，使他们充分了解党情、国情、社情、民情，进一步坚定道路自信、制度自信、理论自信、文化自信。落实党的知识分子政策，政治上充分信任，思想上主动引导，工作上创造条件，生活上关心照顾，不断增强教师思想政治工作的针对性和实效性。

三是推进师德师风养成。切实加强师德教育，将提高教师职业道德水平摆在提升教师能力素质的首要位置，将师德教育作为师范生培养和教师培训课程的必修模块，贯穿到教书育人全过程，引导教师以德立身、以德立学、以德施教、以德育德。大力弘扬"学而不厌、诲人不倦"的教书育人精神，将"四有"好老师、"四个引路人"和"四个相统一"要求细化落实到教师教育课程，培养一大批学高为师、身正为范的新时代优秀人民教师。要广泛开展中华优秀传统文化教育，通过组织经典诵读、开设专门课程、开展专题培训等形式，引导师范生和在职教师汲取文化精髓、传承中华师道、涵养教育情怀、做到知行合一。

2. 教师培养层次提升行动

一是提升教师培养供给侧结构性改革水平。全面提高师范生的综合素养与能力水平，全面提升教师培养的学历层次。为义务教育学校侧重培养素质全面、业务见长的本科层次教师。为高中阶段教育学校侧重培养专业突出、底蕴深厚的研究生层次教师。办好一批幼儿师范高等专科学校和若干所幼儿师范学院，扩大专科以上层次幼儿园教师培养规模。

二是提升对教师教育素质能力要求。增加一批教育硕士专业学位授权点，引导鼓励有关高校扩大教育硕士招生规模，对教师教育院校硕士研究生推免指标予以统筹支持。支持探索普通高中、中等职业学校教师本科和教育硕士研究生阶段整体设计、分段考核、有机衔接的培养模式。适当增加教育博士专业学位授权点，引导鼓励有关高校扩大教育博士招生规模，面向基础教育、职业教育教师校长，完善教育博士选拔培养方案。支持师范院校扩大特殊教育专业招生规模，加大特殊教育领域教育硕士培养力度。鼓励优秀特岗教师攻读教育硕士。

3. 乡村教师素质提高行动

一是做好乡村教师定向培养补充。推进本土化乡村教师培养，扩大乡村教师公费定向培养规模，以集中连片特困地区县和国家级贫困县为重点，通过公费定向培养、到岗退费等多种方式，为乡村学校培养补充一专多能的"全科"教师，让他们下得去、留得住、教得好、有发展。支持中西部地区提升师范专业办学能力，加强中西部地区和乡村学校教师培养，着力为边远、贫困、民族地区教育精准扶贫提供师资保障。加大紧缺薄弱学科教师和民族地区双语教师培养力度。

二是开展乡村教师全员培训。重点加强区县教师发展中心建设，建立健全乡村教师成长发展的支持服务体系。改进乡村教师培训内容，针对教育教学实际需要，注重新课标新教材和教育观念、教学方法培训，赋予乡村教师更多选择权，提升乡村教师培训实效。推进乡村教师到城镇学校跟岗学习，鼓励引导师范生到乡村学校进行教育实践。继续实施"国培计划"，集中支持中西部乡村教师校长培训。

4. 师范生生源质量改善行动

一是改善师范生招生培养制度。改革师范生招生制度，鼓励部分办学条件好、教学质量高的院校师范专业实行提前批次录取或采取入校后二次选拔方式，选拔有志于从教的优秀学生进入师范专业。加大入校后二次选拔力度，鼓励设立面试考核环节，考察学生的综合素养和从教潜质，招收乐教适教善教的优秀学生就读师范专业。改进完善教育部直属师范大学师范生免费教育政策，将"免费师范生"改为"公费师范生"，履约任教服务期调整为6年。推进地方积极开展师范生公费教育工作，对符合相关政策规定的，采取到岗退费或公费培养、定向培养等方式，吸引优秀青年踊跃报考师范院校和师范专业。提升学前师范生生源质量，前移培养起点，积极推行初中毕业起点五年制专科层次幼儿园教师培养。

二是改善教师教育院校层次结构。推动一批有基础的高水平综合大学成立教师教育学院，设立师范专业，积极参与基础教育、职业教育教师培养培训工作。整合综合大学优势学科的学术力量，凝聚高水平的教师教育师资团队。发挥综合大学的专业优势，开设厚基础、宽口径、多样化的教师教育课程。创新教师培养形态，突出教师教育特色，重点培养教育硕士，适度培养教育博士，造就学科知识扎实、专业能力突出、教育情怀深厚的高素质复合型教师。

5. "互联网+教师教育"创新行动

一是创新教师培养模式。充分利用云计算、大数据、虚拟现实、人工智能等新技术，推进教师教育信息化教学服务平台建设和应用。实施好教师教育在线开放课程建设计划，遴选认定200门教师教育国家精品在线开放课程，推动在线开放课程广泛应用共享。研制师范生信息技术应用能力标准，推动以自主、合作、探究为主要特征的教学方式变革，提高师范生的信息素养和信息化教学能力。

二是创新教师培训模式。以"互联网+"支持中小学教师全员培训，促进教师终身学习和专业发展。推动信息技术与教师培训的有机融合，实行线上线下相结合的混合式研修。依托全国教师管理信息系统，加强在职教师培训信息化管理。推行培训自主选学，实行培训学分管理，建立培训学分银行，搭建教师培训与学历教育衔接的"立交桥"。实施新一周期中小学教师信息技术应用能力提升工程，引领带动中小学教师校长将现代信息技术有效运用于教育教学和学校管理。实施人工智能助推教师队伍建设行动，推动教师主动适应信息化、人工智能等新技术变革，积极有效开展教育教学。

6. 教师教育改革实验区建设行动

一是推进"三位一体"协同育人。地方政府、高等学校、中小学相互配合，协同支持建设一批由地方政府统筹，教育、发展改革、财政、人力资源社会保障、编制等部门密切配合，高校与中小学协同开展教师培养培训、职前与职后相互衔接的教师教育改革实验区，带动区域教师教育综合改革，全面提升教师培养培训质量。

二是实施卓越教师培养计划2.0。从2018—2019学年起，推动实践导向的教师教育课程内容改革和以师范生为中心的教学方法变革，突出师德、创新、实践等新时期教师发展需求，开设模块化、选择性和实践性的教师培养课程，构建公共基础课程、学科专业课程、教师培养课程比重适当、结构合理、理论与实践深度融合的课程体系。强化教育实践能力提升，以教育见习、实习和研习为主要模块，构建包括师德体验、教学实践、班级管理实践、教研实践等全方位的教育实践内容体系。

三是以"国培计划"带动全员培训改革。改革中小学、幼儿园教师国家级培训计划，按照面向全员、突出骨干、倾斜乡村、学用结合、协同治理的原则，全面推进中小学教师全员培训。实施新一周期职业院校教师素质提高计划，按照示范引领、服务需求、产教融合、整体提升的总体思路，组织职业院校教师分层、分类参加国家级培训，带动地方有计划、分步骤实施全员培训，同时建立教师到企业实践常态化机制。实施中小学名师名校长领航工程，将个性培养、情境培养、跨界培养、课题培养、精准培养、协同培养相结合,培养造就一批具有较大社会影响力、能够在基础教育领域发挥示范引领作用的领军人才。实施高校教师国培,引领各级各类高校健全新入职教师培训制度,突出教育教学技能、信息技术应用、大学生学业及心理辅导能力提升,采取"专题讲授+实践教学+返岗教研"相结合的混合型培训方式,让新入职教师走上讲台前具备所需的素质能力。加强教育行政部门对新教师入职教育的统筹规划,推行集中培训和跟岗实践相结合的新教师入职教育模式。

7. 高水平教师教育基地建设行动

一是建设教师培养体系。建立以师范院校为主体、高水平非师范院校参与的中国特色师范教育体系。综合考虑区域布局、层次结构、师范生招生规模、校内教师教育资源整合、办学水平等因素,重点建设一批师范教育基地,发挥高水平、有特色教师教育院校的示范引领作用。加强教师教育院校师范生教育教学技能实训平台建设。建立稳定的教育实践基地,切实落实师范生到中小学教育实践不少于半年制度。国家和地方有关重大项目充分考虑教师教育院校特色,在规划建设方面予以倾斜。推动高校有效整合校内资源,鼓励有条件的高校依托现有资源组建实体化的教师教育学院。推进教师教育职前职后一体化建设,实现师范教育和教师培训功能融合。师范院校评估要体现师范教育特色,确保师范院校坚持以师范教育为主业,严控师范院校更名为非师范院校。

二是建设教师培训体系。加强县级教师发展中心建设,制定教师发展中心建设标准,实现培训、教研、电教、科研部门有机整合,继而更好地为区域教师专业发展服务。推动教师学习资源公共服务平台和教师网络研修社区建设,支持教师线上线下相结合混合式的终身学习。依托相关高等学校和大中型企业,共建双师型职业教育教师培养培训体系。推进高校成立教师发展中心,加强院系教研室和教师学习共同体建设,夯实高校教师专业发展平台。

8. 教师教育师资队伍优化行动

一是优化教师教育师资队伍建设。引导支持高校加大学科课程与教学论博士生培养力度,做好教师教育师资队伍储备。改进教师教育师资管理评价,对教师教育师资的工作量计算、业绩考核等评价与管理，应充分体现教师教育工作特点。在岗位聘用、绩效工资分配等方面，对学科课程与教学论教师实行倾斜政策。优化教师教育师资结构，鼓励高校引进优秀中小学教师担任兼职教师，实行高校教师和中小学教师共同指导师范生的"双导师制"。推进职业学校、高等学校与大中型企业共建共享师资，允许职业学校、高等学校依法依规自主聘请兼职教师，支持有条件的地方探索产业导师特设岗位计划。推进高校与中小学教师、企业人员双向交流。高校与中小学、高校与企业采取双向挂职、兼职等方式，建立教师教育师资共同体。国家和省级教育行政部门加大对教师教育师资国内外访学支持力度。

二是优化培训者队伍建设。各地应统筹建设培训专家库，并实行动态调整，建立一支专兼职结合的优秀培训者队伍。要注重遴选一线优秀教师作为兼职培训者，将其承担教育行政部门组织或认定的培训任务计入教学工作量，并建立工作绩效考核机制。实施骨干培训者队伍建设工程，国家开展万名专兼职教师培训者培训能力提升专项培训。组建中小学名师工作室、特级教师流动站、企业导师人才库，充分发挥教研员、学科带头人、特级教师、高技能人才在教师常态化研修中的重要作用。

9. 教师教育学科专业建设行动

一是加强教师教育学科体系建设。建立健全教师教育本专科和研究生培养的学科体系，大力推进教师教育一流学科建设，推进教师教育研究，凝聚教师教育智力资源。鼓励支持有条件的高校自主设置"教师教育学"二级学科，国家定期公布高校在教育学一级学科设立"教师教育学"二级学科情况，加强教师教育的学术研究和人才培养。

二是加强教师教育课程资源建设。构建全方位教育实践内容体系，将实践教学贯穿培养全过程，分段设定目标，与基础教育、职业教育课程教学改革相衔接，强化"三字一话"，提高教师育人的实践能力和课堂变革的能力。修订《教师教育课程标准（试行）》，组织编写或精选推荐一批主干课教材和精品课程资源。发布《中小学幼儿园教师培训课程指导标准》①。开发中等职业学校教师教育课程和特殊教育课程资源。鼓励高校针对有从教意愿的非师范类专业学生开设教师教育课程，协助其参加必要的教育实践。建设公益性教师教育在线学习中心，提供教师教育核心课程资源，供非师范类专业学生及社会人士修习。

10. 教师教育质量保障体系构建行动

一是加强教师教育质量标准制定与引领。研究制定师范院校建设标准和师范类专业办学标准，规范指导各地加强师范院校和师范专业建设。出台《普通高等学校师范类专业认证标准》②，启动开展师范类专业认证，将认证结果作为师范类专业准入、质量评价和教师资格认定的重要依据，并向社会公布。

二是加强教师教育质量监测评估。建立高校教师教育质量自我评估制度。建立健全教育专业学位认证评估制度和动态调整机制，推动完善教育硕士培养方案，聚焦中小学教师培养，逐步实现教育硕士培养与教师资格认定相衔接。建设全国教师教育基本状态数据库，建立教师培养培训质量监测机制，发布《中国教师教育质量年度报告》。建立健全教师培训质量评估制度。高校教学、学科评估要考虑教师教育院校的实际，将教师培养培训工作纳入评估体系，体现激励导向。

（三）教师教育振兴行动计划保障措施探析

一分部署，九分落实。为使相关责任主体将振兴教师教育的各项行动落到实处，确保改革举措取得成效，必须明确责任分工，加大经费投入，开展督促检查，确保将《教师教育振兴行动计划（2018—2022年）》落到实处。

1. 明确责任分工

各地党委和政府应当提高对教师培养培训工作的重视程度，把振兴教师教育列入更高位置，纳入优先的议事日程。加强组织领导，强化统筹协调，突出问题

---

① 已于2018年1月由教育部正式出台。
② 教育部已于2017年出台中学教育、小学教育、学前教育三类认证标准。

导向，采取有力举措，切实做好各项行动的贯彻落实工作。教育行政部门要做好行动实施的规划和总体指导，对教师队伍建设实际情况进行深入调研，摸清当前和中长期教育改革发展对教师培养供给的需求，科学规划师范生培养规模结构，确保教师培养与岗位需求有效衔接；同时，要根据教育发展对教师能力素质需求和教师能力素质发展现状，科学制定各级各类教师培训的规划，满足教师专业发展需求，引领教师终身学习。应建立振兴教师教育的部门协调机构，推进教育、发展改革、财政、人力资源社会保障、编制等部门的沟通协调，推动相关部门履职尽责，为教师教育振兴提供有力的人力、物力和财力支持，营造更为有利的政策环境。教育部成立国家教师教育咨询专家委员会①，为教师教育改革的重大决策提供有力智力支持，总体指导各地行动的实施工作。各省级教育行政部门也要相应成立专家指导组织，做好本地教师教育各项改革行动的咨询指导工作。

2. 加大教师教育经费投入

切实扭转教育发展中重硬件轻软件、重外延轻内涵的倾向，切实加大教师队伍建设的经费投入力度，要将教师队伍建设作为教育投入的优先领域予以保障。同时，要优化教师队伍建设经费的支出结构，重视教师教育的"工作母机"作用，优先安排经费支持师范院校，支持教师专业发展。要提高师范生生均拨款标准，使师范生生均拨款标准高于一般专业的拨款标准，满足师范生培养在实践教学方面的额外成本支出，彰显国家对教师教育的重视，激发高校承办教师教育的积极性。要加大教师培训的经费投入力度，满足广大教师日益增长的能力提升和专业发展的需要。各级政府要将教师培训经费列入财政预算，有条件的地方要出台教师培训经费拨款标准，确保足额安排教师培训经费。各级各类学校要按照年度公用经费预算总额的5%安排校本教师培训经费，确保教师5年360学时全员培训落到实处。

3. 建立督查落实机制

要建立健全教师教育质量保障机制。教育部已经发布《普通高等学校师范类

---

① 2019年11月5日在北京师范大学召开了成立会议。

专业认证实施办法（暂行）》及中学教育、小学教育、学前教育三类认证标准，启动了师范类专业认证工作。各地必须把师范类专业认证工作做扎实，发挥专业认证的核心抓手作用，以评促建、以评促改、以评促强。要建立完善教师培训质量评估体系，采取学员评估、专家评估和第三方评估等方式，加强教师培训过程监控和绩效评估。要探索实施大数据评估，建设全国教师教育基本状态数据库，利用大数据开展教师培养培训质量监测。要强化专项督导，国家有关部门组织开展对教师教育振兴行动计划实施情况的专项督导检查。要建立奖惩制度，对教师教育改革成效突出的地方要予以表彰奖励，对行动落实不到位、敷衍塞责的，要追究相关部门负责人的领导责任。

四、结语

教师教育是教育事业的工作母机，是教师队伍建设的源头活水，是先导性、关键性、基础性工作。习近平总书记明确提出："要加强教师教育体系建设，加大对师范院校的支持力度，找准教师教育中存在的主要问题，寻求深化教师教育改革的突破口和着力点，不断提高教师培养培训的质量。"因此，我们必须把师范教育放在中华民族伟大复兴基础工程的战略位置上来思考、来统筹、来部署，要切实给师范教育升位，坚持师范院校的主体地位不动摇，全面办好各级各类师范院校，同时鼓励综合大学举办师范教育，加强和拓宽教师供给渠道，改进教师供给方式，提升教师供给质量。为此，2018年3月，教育部等五部门印发《教师教育振兴行动计划（2018—2022年）》。该计划着眼长远，立足当前，以提升教师教育质量为核心，以加强教师教育体系建设为支撑，以教师教育供给侧结构性改革为动力，推进教师教育创新、协调、绿色、开放、共享发展，从源头上加强教师队伍建设，着力培养造就党和人民满意的师德高尚、业务精湛、结构合理、充满活力的教师队伍。

一要提升新教师培养层次。要全面提高师范生的综合素养与能力水平，为幼儿园培养一大批学前教育专业专科教师，为义务教育学校培养更多接受过高质量教师教育的本科学历教师，为普通高中培养补充更多研究生层次教师，为中职大幅培养补充具有实践技能的双师型专业课教师；实施卓越教师培养计划2.0，建设一流师范院校和一流师范专业，推动全方位协同育人。

二要着力提高师范生生源质量。吸引遴选更多乐教适教的优秀高中毕业生攻读师范大学师范专业；遴选优秀初中毕业生，推行五年制专科层次幼儿园教师培养；实行师范专业提前批次录取，鼓励设立面试考核环节，关注未来教师综合素质。

三要加强教师教育学科专业和课程建设。国家定期公布高等学校在教育学一级学科设立"教师教育学"二级学科情况，鼓励支持高等学校设置教师教育学博士学位点，加强教师教育的学术研究和人才培养；加大对教师教育师资国内外访学支持力度，支持高校加强学科课程与教学论博士生培养。

四要加快以学习者为中心的课程教学改革。要充分利用云计算、大数据、虚拟现实、人工智能等，实现"互联网＋教师教育"创新。研制师范生信息技术应用能力标准，推动以自主、合作、探究为主要特征的教学方式变革，提高师范生信息素养和信息化教学能力；出台教师培训课程指导标准，推动对教师教育教学能力进行科学诊断、合理设课。自2018年起，教育部启动实施教师教育在线开放课程建设计划，遴选认定200门教师教育国家精品在线开放课程；在"国培计划"中全面推动线上线下混合式培训，全面推动实施教师培训课程标准，将分层分类、按需施训落到实处。

在21世纪第三个十年里，各地要以建设师范院校为主体、高水平综合大学参与的高水平和灵活开放的教师教育体系为目标，在基地建设、经费投入、院校评估、学科建设、师资队伍等方面加大对师范院校的支持力度，同时要加强监管和质量保障体系建设，促进师范院校特色发展、争创一流，对建设高素质专业化创新型教师队伍形成有力支撑。

一要抓规划。各地要对教师队伍建设实际情况进行深入调研，科学规划师范生培养规模、结构；确保培养与岗位需求有效衔接；要制定各级各类教师培训规划，推动教师终身学习、持续发展。

二要抓引领。要重点建设一批国家级师范教育基地，整体带动师范院校和师范专业办学水平提升；鼓励有基础、有条件、有意愿的高水平综合大学设立师范类专业，培养学科知识扎实、专业能力突出、教育情怀深厚的高素质复合型教师；要重点建设一批国家教师发展协同创新实验基地，示范引领各地更好地建设区域教师专业发展支持服务体系。

三要抓投入。要提高师范生生均拨款标准，加大师范教育投入力度，增强高校举办师范教育的动力；要落实中小学按照年度公用经费预算总额的5%安排教师培训经费，确保教师5年360学时全员培训落到实处。

四要抓监管。要建设教师教育基本状态数据库，开展专家实地检查，做好师范生、用人单位、参训学员评估等，建立健全教师教育质量保障体系，加强教师培养培训质量监测。

五要抓认证。坚持"学生中心、产出导向、质量持续改进"的认证理念，坚持"统一体系、学校申请、省部协同"的认证办法，建立师范类专业认证制度，健全教师教育质量保障体系，促进教师教育振兴行动计划落实，推动教师教育综合改革，从源头上为建设高素质教师队伍做好保障。

第五章

建设高素质专业化的中小学教师队伍

中小学教育是我国基础教育的重要组成部分，中小学教师是我国基础教育教师队伍的主力军。兴国必先强师，打造一支高素质专业化的中小学教师队伍是新时代教育发展的迫切要求。针对教师的评价、考核应建立在以"高素质"和"专业化"分别为横轴和纵轴的坐标系中，"高素质"指中小学教师良好的思想政治觉悟和崇高的师德师风，"专业化"指中小学教师职前教育的提升、选拔及准入门槛的拔高和职业教育的完善。在综合考量这两个维度的基础上，改进当前中小学教师编制、职称及薪酬机制，以期实现新时期教师队伍改革的宏伟目标，为实现教育强国的理想奠定坚实基础。

一、中小学教师队伍建设的历程

梳理中小学教师队伍建设的改革历程离不开对于"教师是如何培养的"及"谁可以成为教师"的追溯,因此,下面对我国教师教育的模式、教师的准入及资格模式进行梳理。

(一)中小学教师教育改革回眸

新中国成立后,教师教育模式的发展有较为清晰的时间分段。

第一个发展阶段是中等师范教育模式过渡到小学教师、幼儿园教师培养模式。随着社会经济对人才需求层次的提升,中等师范教育模式由于学生学历起点低、课程设置专业性不强等弊端,逐渐向幼儿园及小学教师培养模式转变,其中包括五年一贯制模式和"3+2"模式。五年一贯制模式是指在师范院校就读5年,直接获得专科学历。"3+2"模式则是在前3年学习普通高中文化和小学教师的基本技能,完成3年中师课程的学习后,经过甄选,再继续学习2年的大专课程。

第二个发展阶段主要是从师范专科学校教师教育模式向师范学院教师教育模式过渡。师范专科学校教师教育模式对改善当时我国师资短缺状况做出了重要贡献,但是由于专科师范修业年限较短,且主要针对农村生源,诸多问题逐渐暴露,于是逐渐转向师范学院教师教育模式,其中包括"3+1"模式、"2+2"模式等。

第三个发展阶段主要是高等师范院校本科的挑战与转型。

虽然经历了三个阶段的变革,但是师范教育的一些主旋律一直被延续了下来,比如国家始终坚持对师范教育政策的有效干预与控制,而在这一过程中,师范教育政策体系日臻完善与成熟。

国家以财政力量大力支持师范教育的发展。20世纪90年代起,中国高等师范院校开始逐渐收取学费。同时,为了调动学生学习的积极性和主动性,照顾学生的实际需求,学校通过设立各种形式的奖学金对师范生进行不同程度的补助、补贴。2007年5月,国务院发布《教育部直属师范大学师范生免费教育实施办法（试行）》，规定从 2007 年秋季学期起，六所部属师范大学实行师范生免费教育，免除学费、住宿费并补助生活费。2013 年、2015 年，江西师范大学、福建师范大学先后加入免费师范生培养的队伍中来。2017 年，为体现这项改革的公益性质，增强师范生的荣誉感，国家把"免费师范生"更名为"公费师范生"，受到欢迎。

2018 年，《中共中央国务院关于全面深化新时代教师队伍建设改革的意见》（本章以下简称《意见》）指出，"鼓励各地结合实际，适时提高师范专业生均拨款标准"以及"对符合相关政策规定的，采取到岗退费或公费培养、定向培养等方式"。

（二）中小学教师资格制度的改革探索

教师资格制度是国家对教师实行的特定的职业许可制度。它规定了从事教师职业所应具备的资质和准入条件。实行教师资格制度，对于把握教师队伍源头、提升教师队伍整体素质具有重要意义。从 20 世纪 80 年代开始，我国对教师资格制度的建设被提上日程。教师资格制度的建设大致可划分为四个阶段。

第一阶段是教师资格制度建设的准备阶段。我国在相当一段时间内对教师的准入理念、学历标准以及考核检定等都缺乏适切严谨的制度进行规范和约束，为摆脱这一困境，提升教师队伍的整体水平，国家开始对教师资格制度的建设进行准备，特别是 1986 年国家教育委员会发布《中小学教师考核合格证书试行办法》，明确了实行中小学教师资格证书制度的目的与重要意义。根据规定，凡不具备国家规定合格学历的教师，可经过培训，考核合格后获得相应的合格证书。上述教师考核办法是我国教师资格制度建设的有益尝试，虽然带有明显的过渡性质，却为实行严格的教师资格制度打下了基础。

第二阶段是教师资格制度的确立阶段。经过第一阶段的政策准备与经验积累，1993 年 10 月《教师法》正式颁行，其中规定"国家实行教师资格制度。中国公民凡遵守宪法和法律，热爱教育事业，具有良好的思想品德，具备本法规定的学历或者经国家教师资格考试合格，有教育教学能力，经认定合格的，可以取得教师资格"。这是我国首次从法律角度明确教师的专业地位，首次以法律形式确定教师资格证为我国教师的基本从业许可证。1995 年，国务院发布《教师资格条例》，进一步完善了教师资格明确和检定的政策要求。

第三阶段是教师资格制度的全面实施阶段。1999年6月，《中共中央国务院关于深化教育改革全面推进素质教育的决定》颁布，明确提出要全面实施教师资格制度。2000年，教育部颁布《〈教师资格条例〉实施办法》。2001年1月，教育部在北京召开全面实施教师资格制度工作会议，在全国范围内正式启动实施教师资格制度。同年5月，教育部印发《关于首次认定教师资格工作若干问题的意见》，对教师资格认定的各项相关内容再一次明确。2001年12月，教育部印发《中小学教师队伍建设"十五"计划》，对大力推进中小学人事制度改革，依法转变教师任用制度提出了明确要求。据统计，在这一时期，对教师资格的认定工作取得了一系列的成绩，全国中小学师生比的下降、教师学历的普遍提升、教师队伍年龄构成的年轻化，都不断推动教师资格认定制度的成熟与发展。

第四阶段是教师资格制度的调整与改革阶段。进入21世纪后，为了进一步推进素质教育，提高教师队伍可持续发展水平，提升教师资格制度的时效性，教育部将中小学教师资格考试和定期注册的工作纳入教师教育制度改革的计划中。教育部将启动实施教师资格考试和定期注册制度试点工作列为2011年20项国家层面的重大教育改革项目之一，提出要深化教师管理制度改革，建立教师职业准入和管理制度，开展资格考试改革试点，试行5年一周期的教师资格定期登记制度。[①] 2010年7月，《国家中长期教育改革和发展规划纲要（2010—2020年）》印发，再一次强调要完善教育人才管理制度，建立"国标、省考、县聘、校用"的中小学教师职业准入和管理制度。2012年，教育部印发《小学教师专业标准（试行）》《中学教师专业标准（试行）》，分别对小学、中学教师在专业理念与师德、专业知识、专业能力三个方面提出专业素质要求。2015年，教育部印发《特殊教育教师专业标准（试行）》。2018年，《意见》要求"完善教师资格考试政策，逐步将修习教师教育课程、参加教育教学实践作为认定教育教学能力、取得教师资格的必备条件"。

教师标准体系的逐步完善和实施，推动建立起严格的教师任职资格和职业标

---

① 《中国教育年鉴》编辑部.中国教育年鉴：2012 [M].北京：人民教育出版社，2013：66.

准体系。这种学历层次由低到高、资格审定由宽到严、职业标准从无到有的转变，无一不表明教师教育政策目标设定的逐渐专业化、标准化、规范化。

二、中小学教师队伍建设的改革探索

（一）师范生教育实践的改革探索

在培养中小学教师的过程中，教育实践十分重要。笔者观察发现，做好教育实践，应当在以下方面着力。

一是明确教育实践的目标任务。师范生教育实践是教师教育课程的重要组成部分，是教师培养的必要环节。举办教师教育的院校要围绕培养适应中小学教育教学需要、高素质专业化的"四有"好老师的目标要求，通过系统设计和有效指导下的教育实践，促进师范生深入体验教育教学工作，逐步形成良好的师德素养和职业认同，更好地理解教育教学专业知识，掌握必要的教育教学设计与实施能力、班级管理与学生指导能力等，为从事中小学教育教学工作和持续的专业发展奠定扎实的基础。

二是构建全方位的教育实践内容体系。举办教师教育的院校要坚持把社会主义核心价值观融入教育实践全过程，将教育实践贯穿教师培养全过程，整体设计、分阶段安排教育实践的内容，精心组织体验与反思，促进理论与实践的深度融合。在师范生培养方案中设置足量的教育实践课程，以教育见习、实习和研习为主要模块，构建包括师德体验、教学实践、班级管理实践、教研实践等全方位的教育实践内容体系，切实落实师范生教育实践累计不少于半年时间。

三是丰富创新教育实践的形式。举办教师教育的院校要采取观摩见习、模拟教学、专项技能训练、集中实习等多种形式，丰富师范生的教育实践体验，提升教育实践效果。充分利用信息技术手段，开发优质教育实践资源，组织师范生参加远程教育实践观摩与交流研讨，探索建设师范生自主研训与考核数字化平台。要积极开展实习支教和置换培训，鼓励引导师范生深入薄弱学校和农村中小学，增强社会责任感和使命感。要拓宽教育实践渠道，积极探索遴选师范生到海外开展教育实践等多种形式，开阔师范生的视野。

四是组织开展规范化的教育实习。举办教师教育的院校要制订教育实习课程标准、实施计划、实习手册、评价标准等工作规范，做到实习前有明确要求、实习中有严格监督、实习后有考核评价。教育实习应包括教学实习、班主任实习、教研实习等多项内容，其中，教学实习应保证足量的课堂教学授课时数。实行实习资格考核制度，师范生必须在相关课程学习和技能考核合格后方可进入教育实习环节。要建立完善以实习计划、实习教案、听课评课记录、实习总结与考核等为主要内容的师范生教育实习档案袋制度。

五是推行教育实践"双导师制"。师范生教育实践由举办教师教育的院校教师和中小学教师共同指导。举办教师教育的院校要安排数量足够的责任心强、教学经验丰富、熟悉中小学教育教学实践的教师，采取驻校指导、巡回指导和远程指导等多种方式进行有效指导。举办教师教育的院校要与地方教育行政部门、中小学协同遴选优秀教研员和中小学教师担任指导教师。举办教师教育的院校要与中小学、教研机构通过专题研究、协同教研、定期培训等多种形式，不断提高指导教师的专业化水平和实践指导能力。

六是完善多方参与的教育实践考核评价体系。举办教师教育的院校要以指导教师评价为主，兼顾同伴评价、自我评价、学生评价和实践基地评价，综合运用课堂观察、学生访谈及教育实践档案分析等多样化的方式，全面客观评价师范生教育实践。探索建设师范生教育实践管理系统和教师成长数字化档案，形成从职前培养到职后培训的教师专业发展档案库。完善教育实践与就业一体化的指导体系，大力推动教育实践与就业的有机结合。

七是协同建设长期稳定的教育实践基地。地方教育行政部门要统筹考虑本地区师范生规模结构和服务面向，与举办教师教育的院校共同遴选建设长期稳定、多样化的教育实践基地。实践基地应具备良好的校风师风、较强的师资力量、丰富的课程资源和教改实践经验，确保能为师范生提供充足的实践岗位、充分的实践机会、有效的实践指导和安全健康的实践环境。中小学要将接纳师范生教育实践作为应尽义务和重要责任，地方教育行政部门要将接纳师范生教育实践作为中小学工作考核评价和特色评选的重要内容。

八是建立健全指导教师激励机制。举办教师教育的院校要将教师指导师范生教育实践作为教学业绩考核的重要内容，制定指导师范生教育实践在折算教学工作量、职称晋升、薪酬分配等方面的优惠政策。地方教育行政部门和中小学要将指导师范生教育实践纳入教师业绩考核范围，作为中小学教师评奖评优和职称晋升的重要依据，作为中小学教师评选特级教师和学科带头人的重要条件。

九是切实保障教育实践经费投入。地方教育行政部门要高度重视师范生教育实践工作，加强组织领导和统筹协调，加大经费投入力度。要在经费安排、教师补充和教师培训等方面对实践基地予以优先支持。举办教师教育的院校要建立师范生教育实习经费保障机制，加大教育实践经费投入，确保完成师范生教育实践任务的需要。

（二）中小学教师准入资格的改革探索

在中小学教师队伍建设中，有必要完善教师职业准入资格，促进教师聘任与相关标准的不断规范与提升。为了确保教师资格制度的实施与完善，政府不仅在检定标准、内容、手段等方面进行了完善与规范，更是推进了教师资格的法治化与标准化建设。从2000年《〈教师资格条例〉实施办法》的颁行，到《关于首次认定教师资格工作若干问题的意见》的实施，再到《中小学教师资格定期注册暂行办法》的施行，教师的聘任与检定制度不断规范和提升。

1999年，《中共中央国务院关于深化教育改革全面推进素质教育的决定》指出，"鼓励综合性高等学校和非师范类高等学校参与培养、培训中小学教师的工作"。至此，以倡导综合性高校参与教师培养为标志的开放性、非定向型的教师教育体系逐步开始确立。

在这一体系建设初期，我国的教师资格的获得存在两种途径：一是师范专业的学生在修满毕业前直接获得；二是非师范生通过参加教师资格考试获得。这种混合式的教师资格制度在实施初期对于拓宽师资来源、吸引优秀人才进入教师队伍做出了积极的贡献，但在我国师资队伍由量化建设向质性突破的转轨过程中，混合式的教师资格制度受到诟病。当时，有些同志认为，这种教育制度的设定无法保障师资来源的质量，不利于教师专业化的发展。甚至认为，这种标准不统一、程序不公平的教师资格认证制度，不符合教师教育发展的内在规律，不利于开放型教师教育体系的完全建立。因此，为打破这种双轨制的教师资格制度的限制，我国逐步建立统一的国家教师资格考试制度，以严把教师入口关。2013年，根据《中小学教师资格考试暂行办法》的规定，我国开始实行教师资格全国统一考试，无论是师范毕业生或是社会人员，都需要参加国家统一的教师资格考试，考试合格后方可获得教师资格证书。这种全国统考的形式，曾在一定程度上提升了教育的公平性，有效促进了教师专业化的发展，也满足了开放型教师教育体系建设的需求。

但是，在实践中，新问题出现了。一是师范院校和师范专业受到前所未有的巨大冲击。师范生须与非师范生、社会人士一样参加并通过教师资格考试方可获得教师资格证书，师范教育失去了比较优势。二是人们发现，没有接受过师范教育或教育实践的人，仅仅通过教师资格考试就获得教师资格证并进入中小学任教，往往不具有教育情怀，不善于组织教学。毕竟，中小学教学是专业性很强的工作，中小学生也是非常复杂的群体，每个学生又是十分独特的个体，还是应该由接受过师范教育的人担当教师。

所以，教育部听取多方意见建议，开展广泛深入调研，决定继承我国师范教育传统优势，同时针对现实情况与时俱进。启动师范类专业认证，授权通过了国家认证、获得卓越等次的师范专业为其毕业生颁发教师资格证；鼓励国家重点非师范大学创办教师教育学院，培养高素质的未来教师。

三、结语

教师是教育发展的第一资源，是国家富强、民族振兴、人民幸福的重要基石。[1] 从国际看，科技进步日新月异，国际竞争日趋激烈，人才越来越成为提高综合国力和国际竞争力的战略性资源和决定性因素。从国内看，大力建设社会主义现代化国家，加快实现中华民族伟大复兴的中国梦，归根到底要靠人才。从人民看，我国社会主要矛盾已经转化为人民日益增长的美好生活需要和不平衡不充分的发展之间的矛盾，人民"上好学"的需求越来越旺盛。从教育看，加快教育现代化，办好人民满意的教育，建设教育强国，是国家的基础工程。无论是从人才、人民需求来看，还是从教育发展来看，关键在教师。

---

[1] 王定华. 谋划教育基本方略　建好教育第一资源［N］. 中国教育报，2017-12-08（1）.

在各级各类教师群体中，中小学教师人数最多，占比最大，广受关注。中小学教师队伍建设，是我国教师队伍建设的重中之重。培养好、培训好中小学教师，维护好、发展好中小学教师队伍，必须采取科学合理、行之有效的方略。方略即方向、方法、政策、策略，实施好方略需要对特定对象总结提炼、分析综合、明确重点、狠抓落实。各地各相关方面必须实施好教师队伍建设基本方略。

第六章

建设高素质善保教的幼儿园教师队伍

人生百年，立于幼学。学前教育在国际化背景下逐渐升温，越来越多的国家认识到要加快教育的改革发展，归根结底要促进教师的发展，而幼儿园教师作为儿童最先接触的教师，有着重要的意义，幼儿园教师的培养逐渐成为国内外学界较为关注的话题之一。在中国，"建设高素质善保教的幼儿园教师队伍"不仅是国家的期许，也是人民的夙愿。幼儿园教师的培养已走过一百多年，梳理幼儿园教师队伍的改革历程，把握历史脉络，分析发展趋势是非常有价值的。只有在此基础上厘清幼儿园师资队伍建设的现状，抓住师资队伍建设中的问题，才能着力建设高素质善保教的幼儿园教师队伍。

一、幼儿园教师队伍建设的改革历程

我国幼儿师范教育肇始于清末，经过曲折发展，培育了世代英才，而幼儿园教师规范化、制度化、体系化的培养是改革开放以后的事。40多年来，幼儿园师资队伍建设取得了长足进展。

（一）幼儿园教师培养培训之政策变迁

政策是支撑幼儿园教师发展的动力和保障。1978年以后，得益于国家出台的一系列政策，幼儿园教师培养得以稳步发展，其政策涉及幼儿园教师的培养与培训、权利与义务、资格与任用等。1978—1986年，教育部发布了一些政策文件，如《关于加强和发展师范教育的意见》《中等师范学校教学计划试行草案》《幼儿园教育纲要（试行草案）》等，但基于当时的社会背景，学前教师教育处于恢复阶段。

1988年，国务院办公厅转发了《关于加强幼儿教育工作的意见》；1989年，国务院批准了新中国第一个学前教育行政法规《幼儿园管理条例》，随后地方政府也开始了地方性学前教育立法工作。

20世纪90年代末，幼儿园教师队伍建设呈现出发展和深化的趋势。1995年《三年制中等幼儿师范学校教学方案（试行）》对中等幼儿师范学校的培养目标与规格、课程设置与时间安排等进一步做了明确规定。[1]

2003年，国务院办公厅转发了教育部等部门（单位）《关于幼儿教育改革与发展的指导意见》。文件提出："提高幼儿师范学校办学水平和教育质量。……结合幼儿教育改革的实际，及时调整专业、课程设置和教学内容，深化教育教学改革，积极参与幼儿园的教育实践。制订幼儿教育师资培养、培训规划，加强幼儿教师培养、培训机构建设。……实行幼儿园园长、教师资格准入制度，严格实行持证上岗。"

教育部于1996年发布《全国幼儿园园长任职资格、职责和岗位要求（试

---

[1] 魏军. 我国幼儿教师政策变迁的文本分析［J］. 学前教育研究，2009（6）：20-23.

行）》，于 2001 年发布《幼儿园教育指导纲要（试行）》，于 2007 年发布《关于加强民办学前教育机构管理工作的通知》，于 2016 年发布《幼儿园工作规程》，对学前教育机构的管理、园长和教师的任职资格等加以规范。

2010 年，《国务院关于当前发展学前教育的若干意见》对幼儿园教师的准入、待遇、地位、培养、培训等提出进一步的要求，并统筹规划，提出实施学前教育三年行动计划。

2018 年，《中共中央国务院关于全面深化新时代教师队伍建设改革的意见》（本章以下简称《意见》）和《教师教育振兴行动计划（2018—2022 年）》的出台更是凸显出幼儿园教师培养培训的相关政策与时俱进。

（二）幼儿园教师队伍建设基本情况

幼儿园教师的数量和学历是反映教师队伍建设基本情况的指标。1981—2000 年，幼儿园教师的数量从 43.09 万人增长至 94.65 万人，增加了一倍多。受经济、教育等多方面因素的影响，2001 年，幼儿园教师数量有所下降，专任教师为 54.6 万人，但此后各年保持继续增长的态势，2010 年幼儿园专任教师达 114.4 万人，2017 年达 243.21 万人。幼儿园教师学历也呈上升趋势，中师、高中以上毕业者和受过专业训练一年以上者所占比例逐年增加，初中及以下者所占比例逐年下降。幼儿园园长的学历也明显提高，非师范专业高中毕业的园长数量逐年下降，师范类本专科毕业的园长数量逐年增加。[①] 本科毕业的幼儿园教师，2001 年为 9.1 万人，2017 年达 60.7 万人。研究生学历、大专学历的幼儿园教师比例相应增长。这一系列的数据说明幼儿园教师队伍的质量在不断提升。

（三）幼儿园教师培养院校的发展

20 世纪 70 年代末，我国提倡建立独立的师范教育体系，形式上是指包括高等师范院校、中等师范学校和教育学院（教师进修学校）在内的师范教育体系。1978 年，中等师范学校有 1 028 所，在校生 35.99 万人；1988 年，中等师范学

---

① 中国学前教育研究会. 百年中国幼教：1903—2003 [M]. 北京：教育科学出版社，2003：130.

校有 1 065 所，在校生 68.35 万人。① 2000 年以来，在高等教育大众化的背景下，教师教育也面临转型，幼儿师范学校、专科学校升格、合并，多所师范高等专科学校建立，幼儿园教师队伍逐渐变得庞大。从全国教育事业发展统计公报的数据中可以发现，近年来幼儿园教师数量逐年增长。经过 21 世纪第二个十年的努力，学前教育"短板"现象有较大改观，资源短缺、投入不足、师资队伍不健全以及城乡、区域发展不平衡，特别是"入园难""入园贵"现象得以缓解。②此外，学前教师培训体系在摸索中逐渐建立起来，幼儿园教师培训纳入国培项目，教育部的多个文件中都涉及幼儿园教师培训的内容。幼儿园教师培训政策的演进呈现出鲜明的特点：政策总体追求由数量转向质量，政策文本中学前教师主体性不断凸显；政策核心价值由效率转向公平。③

（四）幼儿园教师培养培训制度的改革

从制度层面看，幼儿园行政管理制度、经费制度、教师资格制度、园长任职资格制度等逐渐建立起来。1980 年《国家预算收支科目》规定，在地方教育事业经费中列幼儿教育专项。国家"九五"计划要求"地方负责，分级管理和有关部门分工负责"，是对幼儿教育行政管理体制和财政投入体制的重新统筹规划和整体布局。④ 1993 年，《教师法》颁布，规定"取得幼儿园教师资格，应当具备幼儿师范学校毕业及其以上学历"，这标志着学前教师的培养逐步走上正轨。2012 年，教育部颁发的《关于加强幼儿园教师队伍建设的意见》中明确规定全面实施幼儿园教师资格考试制度，幼儿园教师应在上岗前接受教育部门组织的学前教育专业培训，国家制定幼儿园园长专业标准和任职资格标准，提升教师专业化水平。此外，针对幼儿园教师聘任、编制、待遇等问题，中央编办、财政部、人力资源社会保障部等相应部门也力图加强管理、统筹协调，建立考核和问责机

---

① 《中华教育历程》编委会. 中华教育历程：下卷 [M]. 北京：光明日报出版社，1997：1373.

② 刘明远. 当前我国学前教育教师队伍建设面临的问题与对策 [J]. 教师教育研究，2014，26 (2)：1-5.

③ 曲铁华，王凌玉. 我国学前教师培训政策的演进历程及特点：基于 1978—2016 年政策文本的分析 [J]. 河北师范大学学报（教育科学版），2018，20 (1)：24-31.

④ 蔡迎旗. 幼儿教育财政投入与政策 [M]. 北京：教育科学出版社，2007：46-47.

制,依法保障幼儿园教师的权利。

二、幼儿园教师队伍建设的改革现状

幼儿园教师队伍建设虽取得了一些成就,如幼儿园教师数量有所增长,学历有所提升,培养机构和制度已初具规模,但仍面临诸多问题。

(一)面对幼儿园教师"质"和"量"的双重挑战

学前教育的改革,关键在于教师。当下学前教师面临着双向挑战,这种挑战不仅来自数量的需求,还要面对质量的考验。近年来,学前教育不单是教育的问题,更是成为民生问题。为了缓解众多地区幼儿入园难的问题,国家采取了一系列措施,全国幼儿园数量、入园儿童数逐年增加,幼儿园教师队伍不断扩张。2017年,幼儿园教职工419.29万人,比上年增加37.50万人,增长9.82%;专任教师243.21万人,比上年增长20.01万人,增长8.96%;学前教育毛入学率达79.6%,比上年提高2.2个百分点。[①] 然而,随着全面二孩政策落地,对幼儿园教师仍然有很大需求。2015年,全面二孩政策出台。根据人口统计的相关研究,2019年到2021年因全面二孩政策而新增的学前教育适龄幼儿迅速增多,之后增速开始回落。在此期间,教师和保育员的需求量不断上升,其中专任教师需求量从2016年的271.79万人增长到2021年的383.39万人,保育员需求量从2016年的135.89万人增长到2021年的191.69万人。到2021年,供需矛盾最突出。[②]

借鉴国际经验,教师、保育员和幼儿的比例有一个基本的要求,大体上教师与幼儿的比例是1∶15,保育员与幼儿的比例是1∶30。我国目前有220万名幼儿园教师、4 600万名在园幼儿,按这个数字来推算,现在还缺71万名教师、76

---

① 教育部. 2017年全国教育事业发展统计公报[EB/OL]. http://www.moe.edu.cn/jyb_sjzl/sjzl_fztjgb/201807/t20180719_343508.html.
② 杨顺光,李玲,张兵娟,等."全面二孩"政策与学前教育资源配置:基于未来20年适龄人口的预测[J]. 学前教育研究,2016(8):3-13.

万名保育员。① 在农村地区，教师缺口表现得更为突出。2013年，我国农村地区学前教育学校有专任教师86.13万人，校内配备保健医生3.1万人，保育员2.1万人，农村地区的专任教师数量与保健医生、保育员数量悬殊，远不足以维持幼儿园"一保一教"或"两教一保"。② 由此可见，学前教师数量还不足以满足我国学前教育发展的需要。

与此同时，教师数量的扩张要以教师质量提升为前提，这不仅是国际趋势使然，在国内也是民心所向。例如，幼儿园教师"虐童"事件时有发生，使人们对幼儿园师德产生怀疑，这种质疑不仅使民众，也使学者们对幼儿园教师质量不断进行追问和反思，由此引发出对高质量的幼儿园教师的极大呼吁和诉求。党的十九大以来，我国社会主要矛盾的转化也体现在教育中，公平而有质量的教育如何落地，全面加强教师队伍建设是重要的举措之一。培养高素质专业化创新型教师队伍，其核心在于教师质量的提升。对此，世界各国都在不断探索，通过政策引领、资金支持、改革制度、提高待遇等达到质量提升的目的。例如，美国通过设计中小学教师的认证标准提升教学质量，芬兰、新加坡、加拿大通过解决教师流失、职业倦怠等问题调整相关政策，促进教师质量提升。③ 无论是哪一种方式或途径，这一系列的改革和尝试，最终落脚点在于教师质量的提升、教育质量的改进。

（二）学前教师教育体系尚需健全

高质量的教师在于高质量的教师教育体系。学前教师教育体系的不完善是制约幼儿园教师发展的重要原因之一。从幼儿园教师的培养机构上看，"办好一批幼儿师范专科学校和若干所幼儿师范学院，支持师范院校设立学前教育专业"是《意见》对于幼儿师范院校的要求。20世纪末21世纪初，随着我国教师教育体

---

① 教育部部长陈宝生回答中外记者提问（实录）[EB/OL]. http://news.youth.cn/gn/201803/t20180316-11512256.html.

② 赖昀，薛肖飞，杨如安. 农村地区学前教育教师资源配置问题与优化路径：基于陕西省X市农村学前教师资源现状的调查分析[J]. 教育研究，2015（3）：103-111.

③ 杨捷，吴路珂. 国际视域下的教师培养政策及其发展走向[J]. 比较教育研究，2014（10）：37-42.

系的转型，以及高等教育大众化的走向，由于缺乏管理，在市场经济的作用下，部分职业院校私自开设学前教育专业。因此，加强对幼儿师范院校的管理既是解决遗留问题，合理布局，提升规模与层次，也是对幼儿园教师培养质量的严格把关。

从幼儿园教师培养、管理制度上看，2017年教育部等四部门《关于实施第三期学前教育行动计划的意见》指出，要"理顺学前教育管理体制和办园体制。建立健全'国务院领导，省地（市）统筹，以县为主'的学前教育管理体制"，"深化幼儿园教师培养培训机制、补充机制和工资待遇保障机制改革"。教育部对幼儿园教师培训不仅从政策上给予帮扶，也从经费上予以支持。培训对象、培训范围不断扩大，从幼儿园园长到全员，从城市到乡村全面覆盖。

在幼儿园教师培养机构中，师范高等专科学校和其他高职高专是主力。培养学前教师的院校中，综合学院数量最多，共84所，占25%，其他高职高专65所，占19%，其余依次是师范学院50所，师范大学35所，师范高等专科学校34所，综合大学29所，中师24所，其他类型院校17所，独立学院4所。承担了最大培养规模的是师范高等专科学校与其他高职高专，其在校生人数分别占学前教师培养总在校生数的23.6%和20.1%。①

学前教师培养则以大专为主。目前在各类院校中一共开设了包括中专、大专、本科层次的625个学前教育专业，调研统计数据涉及有效值566个专业。其中有275个大专层次的专业，占全部专业数的48.6%。从2015年招生数上看，招生最多的是大专层次，共招69 740人，占招生总数的66.7%。② 由此可见，无论是学前教师培养机构，还是学前教师培养层次，都是改善教师队伍的重要方面。

（三）幼儿园教师流动大

幼儿园教师流动是教育体制中不可避免的问题，也是制约教师队伍发展的瓶颈，英、美等发达国家也无一例外地存在该问题。在我国，幼儿园教师的流动和

---

① 教育部内部资料。
② 教育部教师工作司资料。

流失问题比较突出，尤其是一些民办幼儿园教师流动性更大。据对北京、吉林、云南、辽宁四省份的实地调查，工资收入、薪酬满意度等因素对幼儿园教师的流动和流失存在显著影响，幼儿园教师向职业外流失更多考虑的是本行业与其他行业的相对工资水平和预期工资差异。编制、办园类型、职称、性别、工龄、本单位工作年限也是影响幼儿园教师流动与流失的重要因素。① 幼儿园教师流动带来的一系列问题也成为幼儿园教师队伍建设的羁绊。

（四）幼儿园教师资源分配不均

教育资源的优化配置是保障教育公平、促进均衡发展的关键要素。有学者对陕西省48所幼儿园教师进行调查，发现陕西省幼儿园教师资源存在明显不均衡现象，其中公办幼儿园、城市幼儿园比民办幼儿园、县城幼儿园拥有更多优质的教师资源。② 其实这种现象不只是在陕西省存在，而是在全国范围内都存在。对全国12个省份24个县108所幼儿园进行的调研发现，当前农村学前教师资源配置在数量、学历上有一定改善，但在年龄层次、编制结构、职称层次方面依然存在不同程度的问题，且在不同性质幼儿园之间、不同地区幼儿园之间差异显著。③ 造成教师资源分配不均的原因有社会、经济、政策等多方面，而解决这一问题也需要多方共同努力，比如政府的政策支持、宏观调控，师范院校职前教育的引导。

（五）幼儿教师教育者整体素质不高

教师教育者在教师教育体系中的作用和角色是无可替代的，从一定程度上讲，教师教育者的整体层次和水平折射出院校的层次和培养水平。程秀兰等对陕西省高校学前教育专业的教学进行现状调研，发现该省学前教育专业师资是造成

---

① 杜屏，朱菲菲，杜育红. 幼儿教师的流动、流失与工资关系的研究［J］. 教育与经济，2013（6）：59-65.

② 李少梅，黄怡冰，康康，等. 陕西省幼儿教师资源配置的现状与存在问题分析及解决对策［J］. 学前教育研究，2011（6）：9-14.

③ 于东青，张永慧，王晓阳. 农村学前教师资源配置现状及相关建议：基于十二省份的调研数据［J］. 教育理论与实践，2017，37（26）：34-37.

教学问题的主要原因之一。首先，教师数量不足，理论课和技能课均缺教师；其次，教师学历层次普遍偏低，主要集中于大专和本科两个层次；最后，教师专业化水平不高，科研意识淡薄，科研能力薄弱。① 除陕西省外的其他地区，尤其是偏远地区的学前教师教育者队伍也存在同样的问题。因此，若要提升幼儿教师队伍的质量，幼儿教师教育者素质和能力的提升应是首先要解决的问题。

三、幼儿园教师队伍建设的改革思路

（一）完善学前教师法治体系

面对 21 世纪初叶幼儿园教师的严峻问题，我国应启动新的政策和顶层设计。② 这种顶层设计首先应表现在幼儿园教师相关的政策、法规的建立。夏婧、庞丽娟对我国幼儿园教师培养的相关政策进行梳理，发现我国相关法律中缺乏对幼儿园教师培养的专门、具体规定，并且未建立培养机构的资质认证体系，缺乏对培养质量评估的相关规定。③ 法律法规的缺失始终是制约幼儿园教师队伍建设的"短板"。我国学前教育历史悠久，但是学前教育法至今未立。在多方努力下，2018 年 9 月，学前教育法才被纳入第十三届全国人大常委会立法规划中。2020 年 5 月的全国两会上，全国人大代表、全国政协委员纷纷呼吁加快学前教育立法进程。除学前教育法之外，与幼儿园教师相关的其他法规也应相应建立。要使幼教事业"有法可依，有章可循"，则必须建立和完善相关法律法规。

除相关的法律法规外，学前教师教育体系的机构制度、幼儿园教师培养培训的相关制度，也同样亟待建立并完善，从而规范幼儿园教师培养的各个环节，为高素质善保教幼儿园教师队伍建设把好关。

---

① 程秀兰，甄俊芳. 陕西省高校学前教育专业教学存在的问题及其解决策略 [J]. 学前教育研究，2011（6）：3-8.

② 刘明远. 当前我国学前教育教师队伍建设面临的问题与对策 [J]. 教师教育研究，2014，26（2）：1-5.

③ 夏婧，庞丽娟. 我国幼儿教师培养政策：特点、矛盾与建议 [J]. 教师教育研究，2014，26（4）：35-40.

（二）补充保育员培养，保"量"提"质"

多年来，我国学前教育中一直存在着"重教轻保"的问题，在实践中，保育员大多未经过专业的培养，入职门槛较低。随着国际"保教一体化"趋势，构建0~6岁婴幼儿保育与教育一体化的学前教育管理体系与服务体系成为各国关注的焦点。因此，保育员的培养应引起足够重视。国内目前专门培养保育员的院校或专业并不多，然而在实践中保育员队伍又存在低门槛、高需求、低质量的现象。2003年，劳动和社会保障部出台《育婴员国家职业标准》，将保教人员分为育婴员、育婴师、高级育婴师。相关培训于2005年开展，多由民间机构等组织。因此，相应的高校应顺应"保教一体化"趋势，在本科、大专职前培养中，增设0~3岁婴幼儿早期保教课程，培育相应师资。[①]《意见》指出"建设一支高素质善保教的教师队伍。……突出保教融合，科学开设儿童发展、保育活动、教育活动类课程"，实则对教师和保育员都提出了更高的要求。在实际工作情境中，幼儿园也践行着"保教不分家"的宗旨，这也正是学前教育的独特性所在。"保教一体化"要求正视二者关系，顺应国际发展趋势。

（三）严格把好人才培养端口，创新培养模式

把控生源质量是发达国家提升人才培养质量的重要方式之一。严格把好人才培养端口，是指既加强学前教育专业学生的入学资格筛选，又加强学前教育专业学生的毕业资格认定。[②] 首先，需要提升专业、职业吸引力，吸引更多人报考；其次，需要建立健全相关选拔制度，比如对学前教育师范生可以增加面试环节，通过面试，选拔出热爱学前教育专业并具有胜任力的师范生；最后，要创新培养模式，针对不同层次的师范生制定不同的培养方案，有计划、有目的、有侧重地进行培养。

笔者了解到，南京师范大学学前教育专业具有悠久历史。20世纪50年代

---

① 但菲，索长清. "保教一体化"国际趋势与我国学前师资培育改革 [J]. 教育研究，2017（8）：96-102.

② 徐红. 发达国家学前教育师资职前培养模式的经验及启示 [J]. 外国中小学教育，2016（2）：43-48.

初,著名教育家陈鹤琴先生以南京师范学院院长身份兼任幼儿教育系主任,亲自领导本科专业建设,为南京师大学前教育专业奠定了坚实基础。南京师大学前教育专业现已办成江苏省唯一的本科学前教育精品专业,还入选了教育部卓越幼儿园教师培养计划,为我国学前教育事业培养了大批专业人才。老师们在注重学科建设的同时,不断加强本科教育研究,将本科专业建设作为全员参与的重大研究项目。他们在建设中研究,在研究中建设。经过长期的努力,对如何培养卓越幼儿园教师、如何造就精品课程、如何提升教育质量、如何与国际学前教育专业交流互鉴、如何体现以学生为本、如何加强本科生教材建设、如何打造本科实践教学体系、如何建立完善的学前教育专业管理制度等等问题,做出了理论和实践两个层面的回答,形成了独具特色的学前教育本科人才培养体系。这里凝聚了南京师大老师们的敬业和专业精神,彰显了理论联系实际的工作作风,反映出强烈的问题意识,也体现出老师们以学生为本的价值立场和改革创新的实践取向。事实上,他们在建立课程群制度、毕业生"回炉"制度、新生提前介入制度、"鹤琴论坛"制度以及实训室管理制度等方面进行了很多开创性的探索。

在培养模式上,南京师大以学前教育改革实验区为引领,发动政府、高校、幼儿园等多方联合共同培养师范生,以卓越教师项目为试点和依托,增强师范生理论与实践结合的能力,在实践场景下培养师范生自主学习、自我反思。

(四)聚焦需求,增强培训实效

教师培训是教师专业发展、教师队伍建设中的重要一环。各地应按照"国培计划"要求,做好培训统筹规划,明确分层分类培训重点,择优遴选培训机构,改进培训内容方式,从而提升教师素质能力,进一步增强教师培训实效。[①]《意见》指出"建立幼儿园教师全员培训制度,切实提升幼儿园教师科学保教能力"。各地应完善教师全员培训制度,促进教师终身学习和专业发展。继续实施"国培计划",建立完善的中小学教师国培体系。转变培训方式,改进培训内容,紧密

[①] 教育部办公厅、财政部办公厅关于做好2017年中小学幼儿园教师国家级培训计划实施工作的通知[EB/OL]. http://www.moe.gov.cn/srcsite/A10/s7034/201703/t20170314_299563.html.

结合教育教学一线实际，组织高质量培训。①

此外，各地应以专家教师为引领，培养一批"幼儿园名师"。针对当前幼儿园规范办园存在的突出问题，组织举办民办幼儿园园长专题培训班，切实提升幼儿园园长规范办园的能力和水平。以省级教师培训团队、骨干教师和校长为重点培训对象，培养一批优秀培训专家和"种子"教师，开发一批优质培训课程教学资源，凝练一批"线上线下"混合式培训模式，为各地科学有效开展中西部和幼师国培项目提供典型示范和资源支撑。分科打造一批示范培训基地和品牌培训专业，使其成为精品培训项目的"大本营"。②

四、幼儿园教师队伍建设的改革路径

（一）调整地方师范院校招生结构

对幼儿园教师的高需求和多数院校低质培养间的矛盾是横梗在我国教师教育体系内的问题之一。我们不否认中职在弥补幼儿师资短缺上做出的贡献，但在培养质量上确实存在问题，而解决这一问题的有效途径可以通过调整地方师范院校及其学院的教师教育专业招生结构来实现，减少这些院校的中学教师教育专业招生数，增加幼儿园教师教育专业的招生数。③适当压缩中专中职层次的培养规模，顺应地区之间学前教育均衡发展，也是提升培养层次和培养质量的有效途径。④对于中职层次可以适度增加保育员培养，专科院校可以升格、合并等方式走向本科教育，大力发展学前本科教育是提升幼儿教师生源和质量的重要举措。建立一

---

① 王定华. 着力加强教师队伍建设，引领基础教育内涵发展 [J]. 中国教育学刊，2017（5）：卷首语.

② 教育部办公厅、财政部办公厅关于做好2018年中小学幼儿园教师国家级培训计划组织实施工作的通知 [EB/OL]. http://www.moe.gov.cn/srcsite/A10/s7034/201803/t20180313_329820.html.

③ 朱旭东. 再论我国师范院校教师教育存在的问题：认识误区、屏障和矛盾 [J]. 教育发展研究，2016（2）：1-6.

④ 彭世华，伍春辉. 湖南省近中期学前师资培养需求预测 [J]. 学前教育研究，2012（5）：28-35.

批高水平学前师范院校，减少非学前师范学校附设的学前教育点，使其各就其位，各扬所长。①

（二）筛选生源

《意见》指出"创新幼儿园教师培养模式，前移培养起点，大力培养初中毕业起点的五年制专科层次幼儿园教师"。从初中毕业生中选择一批热爱幼儿教育事业、具有较高素质、适合从事幼儿教育工作的学生，经过5年的专业培养，充实到幼儿园教师队伍，是解决当前师资培养问题的途径之一。政府应大力培养一批学前教育五年制公费生，尤其要花大力气培养一批"招得来、下得去、用得上、稳得住"，能够回到农村地区，特别是贫困地区任教的学前教育教师。逐步完善五年制免费定向招生政策，包括招生方式、拨款标准、定岗实习等。② 师范院校在选拔师范生过程中，可以借鉴芬兰的经验，通过分数筛选一批学生，接着对考生进行面试，控制面试通过率、录取率，这样筛选出来的学生具有被教导的潜能、合适的人格特质和学习动力等综合条件。③

（三）创新培养模式，加强师范生实习

相比其他阶段的教育对象，幼儿的特殊性决定了幼儿园教师工作的特性——保育和教育结合，这就要求教师要有足够的实践经验。美国学前教育学生实习时间很长，目的是使学生掌握幼儿园工作的全部经验，如若报考幼儿教育硕士研究生，则必须具有3年直接与幼儿接触的工作经验，其课程强调理论联系实际。美国在培养幼儿园教师方面要求学生须经过幼儿园和小学低年级两次实习，以利于幼小衔接。④ 2016年，教育部印发《关于加强师范生教育实践的意见》，从实践的目标、内容、形式、评价等方面推进师范生实习。实践场景下师范生的培养显

---

① 彭世华. 高等教育大众化背景下的学前教师教育必须坚持和发展精英教育的取向［J］. 学前教育研究，2007（3）：52-55.

② 伍春辉，谭日辉，陈亮. 湖南省学前师资发展策略探析［J］. 学前教育研究，2012（10）：54-56.

③ 刘晓红，王海波. "落差最小"的教育体制：芬兰学前教育现状、特征及启示［J］. 外国中小学教育，2011（9）：32-37.

④ 周采. 比较学前教育［M］. 北京：人民教育出版社，2010：40.

得必要而迫切。

（四）发挥学前教育改革实验区引领作用

2015年，教育部遴选基础较好、目标任务明确、政策措施具体、条件保障有力的地区作为国家实验区，重点围绕提高学前教育改革发展的条件保障和推进体制机制建设开展先行试点，建立促进学前教育持续健康发展的长效机制。[①] 以实验区为试点，发挥引领作用，带动区域学前教育发展。同时，也可加强与地方政府、大学等联合育人，构建多样化联合培养模式，建立联合培养基地，融合教学、科研、人才培养、实践等功能，使职前教育和职后教育接轨，优化资源，实现功能的最大化。

（五）构建区县学前教师教育体系

学前教师教育体系建设中学前教师培训是不可或缺的一环，园长培训、骨干教师培训早已纳入国培项目，然而新教师、乡村教师以及其他群体的学前教师培训则相差甚远，培训机会少、培训实效性不高等问题始终是制约教师队伍、教师教育体系发展的短板。为了提高培训的时效性，有学者提出培训需求分析、培训模式改革、培训效果评价等，也有学者提出"职业发展阶梯计划"（career ladder initiative），因势利导对不同发展阶段的学前教师给予不同的、具有针对性的补偿和指导，促进学前教师专业发展，提升学前教师专业素质。[②] 但这是治标不治本，根本上要建立区县学前教师教育体系。

在很多地区，区县教师教育体系基本处于停滞状态，比如教师进修学校、教师发展中心、名师工作室、教师发展学校都形同虚设，机构间的割裂、制度的不完善都无法使机构、教师教育体系形成合力、发挥作用，并且不同地区、不同背景的教师情况复杂，因此教师专业发展、队伍的建设只能依赖于区县教师教育体系的构建。各地要发挥优秀教师的引领作用，建立各机构间的关系，整合各方资

[①] 教育部办公厅关于申报国家学前教育改革发展实验区的通知 [EB/OL]. http://www.moe.gov.cn/srcsite/A06/s3327/201509/t20150907_206026.html.

[②] 徐海娇，柳海民. 近年美国学前教育改革项目成效、特点及启示 [J]. 现代教育管理，2017（4）：124-128.

源，构建学前教师教育的良好生态。

五、结语

中国幼儿师范教育源远流长，取得的成就有目共睹，为今天幼教事业的发展奠定了良好根基。然而相比发达国家，我国还有很长的一段路要走。我国学前教师教育制度尚不完善。从学前教师培养机构制度上看，认证标准、评估标准、质量标准等尚未建立。从幼儿园教师培养的制度上看，幼儿园教师专业标准还需完善，幼儿园教师教育者标准缺失，幼儿园教师准入制度、评聘制度、职称制度和幼儿园的各项管理制度、监督制度、保障制度的不完善都制约着幼儿园教师队伍的发展。

幼儿园教师工作在基层，奉献在细微，影响在开端，是广大幼儿成长的引导者、养育者、呵护者。幼儿园教师素质品质与能力水平，与幼儿健康成长高度相关，必须在师范院校和专业机构中予以培养和提升。

2018年，习近平总书记在北京大学师生座谈会上的讲话中指出，要形成"高水平人才培养体系。……学生在大学里学什么、能学到什么、学得怎么样，同大学人才培养体系密切相关。……人才培养体系必须立足于培养什么人、怎样培养人这个根本问题来建设，可以借鉴国外有益做法，但必须扎根中国大地办大学"。"扎根中国大地"的学前教师教育体系构建是促进学前教育、学前教师发展的根本之所在。从宏观角度讲，学前教师教育体系包含机构和制度两个层面，然而我国学前教师培养机构的认证标准、评估标准，学前教师准入标准等至今仍未建立起来。中国特色的学前教师教育体系任重道远。

党的十九大提出了一系列重大战略举措，强调"优先发展教育事业"，"办好学前教育"，实现"幼有所育"，"加强师德师风建设，培养高素质教师队伍，倡导全社会尊师重教"。党中央、国务院还出台了《关于全面深化新时代教师队伍建设改革的意见》，对当前和未来各级各类教师队伍建设做出了制度性安排，也对幼儿园教师的培养培训提出了明确要求。我们要根据中央精神，遵循教育规律和教师成长规律，针对各地实际情况，发挥师范院校优势，挥舞奋进之笔，谱写新时代幼儿园教师队伍建设新篇章。

首先,要全面提高幼儿园教师质量,建设一支高素质善保教的教师队伍。办好一批幼儿师范专科学校和若干所幼儿师范学院,支持师范院校设立学前教育专业,培养热爱学前教育事业、以幼儿为本、才艺兼备、擅长保教的高水平幼儿园教师。创新幼儿园教师培养模式,前移培养起点,大力培养初中毕业起点的五年制专科层次幼儿园教师。优化幼儿园教师培养课程体系,突出保教融合,科学开设儿童发展、保育活动、教育活动类课程,强化实践性课程,培养学前教育师范生综合能力。

其次,要建立幼儿园教师全员培训制度,切实提升幼儿园教师的科学保教能力。加大对幼儿园园长、乡村幼儿园教师、幼儿园"转岗教师"、普惠性民办幼儿园教师的培训力度。创新幼儿园教师培训模式,依托高校和优质幼儿园,重点采取集中培训与跟岗实践相结合的方式培训幼儿园教师。支持师范院校与幼儿园协同建立幼儿园教师培养培训基地。

最后,要用深入的研究、科学的理论支撑幼儿园教师培养和学前教育实践。学前教育有规律,不能人云亦云,不能摸着石头过河。要探索规律、遵循规律、运用规律,坚持用符合规律的科学理论指导课程设计、优化教学过程、支撑幼儿园教师的全面培养和能力建设。

第七章

建设高素质双师型的职教教师队伍

进入21世纪以来,世界范围内的信息技术和产业变革迅猛发展,科技生产结构日新月异,社会分工不断细化,对人才培养也提出了新的要求。培养高素质、专业化的生产、建设、管理和服务第一线的技术应用人才成为现代职业教育质量提升的重要议题。《国务院关于加快发展现代职业教育的决定》指出:"形成适应发展需求、产教深度融合、中职高职衔接、职业教育与普通教育相互沟通、体现终身教育理念,具有中国特色、世界水平的现代职业教育体系。"现代职业教育体系的形成和职业教育的内涵式发展依托于建设一支人员精干、素质优良、结构合理、专兼结合、特色鲜明、相对稳定的高素质双师型教师队伍。双师型教师队伍建设是党的十九大报告中"培养高素质教师队伍"的重要内容,也是职业教育教师队伍建设的目标和要求以及现代职业教育发展的关键和难点。

一、双师型职教教师队伍建设的历程

"双师型教师"概念的提出源自20世纪末我国职业教育发展的现实困境,形成于高职高专院校师资培养实践的总结与提炼。① 20世纪90年代,为适应改革开放对各行各业人才的迫切需求,加之普通高中进行改制及"三改一补"② 政策的推行,中等职业教育和高等职业教育在办学规模上迅速发展,而随之而来的便是师资队伍无法满足职业教育加速发展的需要。除了从行业企业招聘相应的工程技术人员及熟练工人担任兼职教师外,如何提升现有的教师队伍质量成为现代职业教育内涵发展的重要命题。1990年,上海冶金高等专科学校③教师培养实践探索,首次提出双师型教师的概念。之后,双师型教师成为讨论的热点,同时纳入了国家政策的范畴。④从国家政策体系对双师型教师队伍建设的要求来看,其政策演进大致经历了初现、深化及成熟三个阶段。

(一)政策初现阶段(1995—1999年)

从政策层面来看,双师型教师的概念最早见于《国家教委关于开展建设示范性职业大学工作的通知》这一政策文本中。该文本对申请试点建设示范性职业大学的基本条件和目标要求做了明确规定,"有一支专兼结合、结构合理、素质较高的师资队伍。专业课教师和实习指导教师具有一定的专业实践能力,其中有1/3以上的'双师型'教师"成为示范性职业大学申报的基本条件,其目标在师资建设层面表现为"专业课教师和实习指导教师基本达到'双师型'要求"。随后,"双师型教师"陆续见于《国家教委关于高等职业学校设置问题的几点意见》《面向二十一世纪深化职业教育教学改革的原则意见》等政策文本中,其内涵倾

---

①④ 朱孝平."双师型"教师概念:过去、现在与将来[J]. 职教论坛,2008(14):26-28.
② 所谓"三改一补":一是改革高专,办成规范化的高职;二是通过职业大学扩大办学规模,提倡联合办学;三是将有条件的成人高校办出高职特色;四是发挥少数重点中专的优势,办高职班。
③ 2000年与上海轻工业高等专科学校、上海化工高等专科学校合并组建为上海应用技术学院,2018年更名为上海应用技术大学。

向于教师的"双重能力",即职业教育教学能力和专业技术实践能力,但"双重能力说"对双师型教师的解读仍显单一,政策的落实成效也受到了一定影响。

(二)政策深化阶段(2000—2009年)

随着职业教育改革的不断推进,双师型教师的内涵也不断丰富,呈现出了"双重身份说""双重素质说""双重证书说"等多元化的解读,并且其培养与管理机制也在政策推进中不断完善。

2000年,教育部发布的《关于加强高职高专教育人才培养工作的意见》对双师型教师的内涵界定为:既是教师,又是工程师、会计师等。这体现了双师型教师的双重身份特征。2002年,教育部发布《关于加强高职(高专)院校师资队伍建设的意见》,指出:双师型教师应具有双师素质,即扎实的理论基础和较强的技术应用能力;通过培养培训既有教师队伍和引入企业技术、管理人员两种方式完善教师队伍素质结构。随后,《国务院关于大力发展职业教育的决定》、教育部等七部门《关于进一步加强职业教育工作的若干意见》、教育部《高职高专院校人才培养工作水平评估方案(试行)》等政策文件,规定专业基础课和专业课中双师素质教师比例达到50%为合格,达到70%者为优秀。这对高职高专院校双师型教师的结构比例有了明确的规定,对双师型教师的培养起到了重要的指导作用。此外,其他的政策也对双师型教师的资格认证和职称评审等问题进行了规定,并在规定中对双师型教师应具备的资格证书类型(教师资格+技术资格)、企业实践经历、职称类型(中级以上教师职称+中级以上技术职称)等进行了详细的说明,从而丰富了双师型教师的内涵,并强调要加强双师型教师队伍建设、拓宽双师型教师队伍来源渠道,为逐步建立双师型教师资格认证体系、明晰双师型教师专业发展路径进行了有益的探索。

(三)政策成熟阶段(2010年至今)

自2010年以来,职业教育教师队伍建设目标逐步明确,政策内容逐步完善,双师型教师队伍建设的系统与规范成为未来职业教育发展的重要议题。《国家中长期教育改革和发展规划纲要(2010—2020年)》的颁布和实施,使以往关注双师素质转向双师型教师培养体系建设,并建立了相应的激励和管理制度。该文件明确指出:"加强'双师型'教师队伍和实训基地建设,提升职业教育基础能力。""积极推进学历证书和职业资格证书'双证书'制度。""完善符合职业教育特点的教师资格标准和专业技术职务(职称)评聘办法。"持有专业技术资格证书和教师资格证书被认为是双师型教师的基本内涵,其本身也与未来的职称评定直接挂钩。此外,在双师型教师队伍建设的路径上,通过校企合作建设培养培训基地,也是促进职业教育培养体系优化和在职教师专业发展的重要途径。在那之后,全国共建立了 300 多个省级职教师资培训基地,其服务人群涵盖职业学校的骨干教师、专业带头人、专业课教师、实习指导教师等,① 双师型教师队伍的结构得到优化,职教教师资质也随着政策的出台而不断提升。

2016 年,教育部、财政部出台了《关于实施职业院校教师素质提高计划(2017—2020 年)的意见》。文件以建立完善双师型教师培训体系为重点,通过系统设计及教师队伍建设的机制创新,开创了双师型教师队伍建设的系统化局面。围绕着教师素质提高,2018 年出台的《中共中央国务院关于全面深化新时代教师队伍建设改革的意见》(本章以下简称《意见》)等政策文件也相应地规定了职业教育双师型教师队伍建设的目标和培养培训体系建设的重点任务。《意见》指出:"继续实施职业院校教师素质提高计划,引领带动各地建立一支技艺精湛、专兼结合的双师型教师队伍。加强职业技术师范院校建设,支持高水平学校和大中型企业共建双师型教师培养培训基地,建立高等学校、行业企业联合培养双师型教师的机制。"《意见》对我国高素质双师型教师队伍建设的结构优化、培养和培训基地建设、教师专业发展机制等方面进行了规定,使双师型教师队伍建设有了思路和方向。

二、双师型职教教师队伍建设的现状

经过二十多年的职业教育改革与实践,我国双师型教师队伍在培养模式构建、培训体系建设等方面取得了一定成效。在国家政策和地方配套制度的双重保

---

① 柯婧秋,石伟平.改革开放 40 年我国职业教育师资队伍建设的历史演进与未来展望[J].中国职业技术教育,2018(21):22-27.

障下,职教师资水平日益提升,职教教师资格认证标准和职称晋升制度也在不断发展之中。同时,我们应认识到,为适应未来经济社会变革和职业教育发展的趋势,我们必须立足于现状,厘清问题和困难,为我国双师型职教教师队伍建设提供可靠的依据和路径支持。

(一)整体情况:专任教师数量增加,学科分布有明显差异

从双师型教师政策提出至今,中等职业学校的专任教师数量增长较快,高等职业院校的专任教师数量稳定增长,生师比结构趋于合理,双师型教师队伍建设初见成效。根据教育部公布的统计数据可知,2017年全国职业院校共有专任教师132.13万人。其中,中等职业学校专任教师83.92万人,与2016年基本持平;高等职业院校专任教师48.21万人,比2016年增长1.5万人。兼职教师队伍总量大约为43万人,相比2016年稳定增长。中等职业学校生师比为19.59:1,高等职业院校生师比为22.9:1,生师比结构基本合理。[①]

在中等职业教育阶段,教师的学科分布也存在着明显的差异。根据2017年的统计数据可知,中等职业学校的教师以专业课教师和文化基础课教师居多,二者之和占据了教师总量的近60%,公共管理与服务类、轻纺食品类、石油化工类、能源与新能源类、司法服务类、资源环境类、休闲保健类的学科教师占比很少(见表7-1)。由此可见,当前中等职业学校更关注学生的文化基础能力及相应的职业技能素养养成。此外,从表7-1中可知,实习指导课教师的数量与专业课、文化基础课教师的数量相比仍显不足,且低于信息技术类、加工制造类、财经商贸类、教育类和文化艺术类等具体学科的教师数量。这一现状表明,我国在建设双师型教师队伍过程中对实习指导教师队伍建设的关注仍需加强。

表7-1 2017年中等职业学校专任教师数量

学科类别	教师数/人	学科类别	教师数/人
专业课	350 740	信息技术类	59 704
文化基础课	265 472	加工制造类	46 205

---

① 根据教育部门户网站2017年教育统计数据和教育事业发展公报进行的统计。

续表

学科类别	教师数/人	学科类别	教师数/人
财经商贸类	38 225	土木水利类	11 004
教育类	35 370	其他	9 951
文化艺术类	33 132	公共管理与服务类	5 091
实习指导课	24 186	轻纺食品类	4 197
医药卫生类	24 131	石油化工类	2 852
交通运输类	22 259	能源与新能源类	2 219
农林牧渔类	18 873	司法服务类	1 860
旅游服务类	17 692	资源环境类	1 682
体育与健身	14 680	休闲保健类	1 613

资料来源：教育部2017年教育统计数据。

（二）双师型教师的培养模式：多元化与动态化并存

对于双师型职教教师而言，其专业素质应该是学术性、师范性和技术性的统一。经过二十多年的探索，当前我国职教领域双师型教师培养呈现出多元化和动态化特征。

1. 双师型教师培养模式的多元化

我国职业院校双师型教师培养模式表现出多元化特征，各职业院校根据区域经济发展和人才需求的状况，制订相应的培养方案。其中，以天津职业技术师范大学的"双证书一体化"和"本科＋技师"模式、同济大学的"同济模式"、河北科技师范学院的双"三三四"模式、山东理工大学的"324"模式、西北农林科技大学的"三突出、四双制"模式、江苏理工学院的"3332"模式为代表，凸显了融学术性、师范性和技术性为一体的职教教师培养模式，其技术训练取向明显，内涵相似而形式多样。

例如，天津职业技术师范大学的"双证书一体化"和"本科＋技师"模式，旨在使培养的职教师资既持有大学本科毕业证书，又持有技术等级证书，既有较强的专业理论知识，又有较高的操作技能，既能从事理论教学，又能指导技能训练。

同济大学的"同济模式"强调理实一体（理论与实践一体）、双师导向（教师工作过程与技师工作过程），把握和聚焦职教师资能力核心要素（职业教育理念、职业工作过程分析、职教课程开发、专业教学法、教学媒体技术），通过三元协同（基地、职业学校、企业）、两化并重（信息化推进现代化，国际化带动本土化），[①] 实现精品化、特色化和示范性的双师型职教教师培养目标。此外，河北科技师范学院的"三三四"模式、山东理工大学的"324"模式等双师型教师培养模式，都关注到未来教师的职业性与师范性的结合、理论性与实践性的结合、技术性与专业性的结合，并通过全方位的校企合作、多渠道的双师建设、精细化的技术训练、标准化的质量保障等多重路径保障双师型教师的培养质量，从而为提升我国的职教师资质量提供保证。

2. 双师型教师培养模式的动态化

以上所述均是职教师资培养机构基于国家政策、地方经济发展需要和职业教育需求而提出的本土化培养模式，涉及学术性、技术性、师范性三个维度，较好地体现了当前国家对双师型教师队伍建设的要求。由于职教师资人才素质结构具有跨领域的复杂性，因此其在培养过程中形成特色的同时，又具有动态性的特征，使得本地和本校的师资培养深度契合所在地区的人才需求和产业变革趋势，保证了人才培养的综合化与适切性。

同时，我们也应认识到，众多模式之中尚缺乏具有引领作用的、适宜推广的特色培养模式，且校本化的培养规格、路径因东中西部之间、城乡之间的差异性，不利于区域之间职教师资培养的统一管理和评价。因此，探索我国职业教育发展规律，提高人才培养质量，制定可推广的、具有明确标准的职教师资培养与认证制度，是我国职业院校双师型教师培养改革的重点，亦是我国高等职业师范

[①] 徐大真，等. 我国职业学校教师培养培训现状调研报告［R］. 天津：天津职业技术师范大学，2016：25.

教育的重任之一。

（三）双师型教师培养培训机构分布：区域之间不平衡

双师型教师的培养培训必须依托国家和地方职教师资培养培训基地的建设，而基地的布局特征与地区的经济发展水平、国家的政策支持力度以及当地的职业教育基础有紧密的联系。教育部的相关数据显示，我国从1997年起正式启动国家级职教师资培养培训基地建设工作，并于2015年末批准建立了101个国家级职教师资培养培训基地，其中包含93个全国重点建设职教师资培养培训基地和8个全国职业教育师资专业技能培训示范单位。全国重点建设职教师资培养培训基地主要分布在长三角、环渤海地区和东南沿海地区。西北和西南地区（尤其是宁夏、西藏、青海等地区）基本没有建成职教师资培养培训基地。因此，职教师资培养培训基地建设以优势教育资源地区为引领，东部地区资源配置集中，环渤海经济圈、长三角地区的职教师资资源较多。相比起来，全国重点建设职教师资培养培训基地在西部地区偏少，区域之间呈现出不平衡状态。不同地区中等职业学校专任教师的数量也反映出了这种不平衡。根据教育部的统计数据，2017年东部地区中等职业学校专任教师数为299 212人，西部地区中等职业学校专任教师数为137 420人，中部地区中等职业学校专任教师数为203 766人。东部地区的专任教师数为西部地区的两倍以上，这从另一层面也反映出职教师资培养培训基地的分布概况及特点。

（四）双师型教师职后培训：培训效果有所提升，培训机会仍不均等

天津职业技术师范大学徐大真教授调研发现，90%以上的教师表示，职教师资培训内容能有效运用到工作中，培训提高了自己的学术性、技术性、师范性水平，促进了自己的专业发展，满足了自己专业需求。培训形式多样灵活，参培人员积极性高。在国外进修、国家培训、省级培训、市级培训和校级培训的多种培训形式中，教师参加最多的是校级培训，国外研修机会最少。从培训机会上看，国家重点示范校的教师得到国外进修的机会最多，人均0.21次；普通学校的教师得到的机会最少，人均0.12次。从总的培训次数上看，省（市）级重点

示范校的教师参加的培训次数最多,人均 15.36 次,普通学校的教师参加的培训次数最少,人均 11.13 次。①

除校际的差异外,专业之间也存在机会不均等现象。调查发现,由于专业方向不同,受培训项目安排的影响,有的教师一年中有多次进修培训的机会,如工科类专业课的教师,而有的教师进修培训的机会较少,如公共基础课的教师。这也说明了相比起来,职教师资的培训更加关注专业教师的在职发展,而对公共基础课教师的专业发展并未给予足够的关注。公共基础课教师的专业发展对职教师资的双师型素养有着重要的影响,因为公共基础课教师在职业教育情境中的专业发展与其他教育情境中有所不同,与专业教师也有所差异,唯有该群体具有职业教育中的"专业地位",职业教育师资培养才是综合的、全面的,而不是单向度的。

三、双师型职教教师队伍建设存在的问题

职业教育质量提升需要有双师型教师作为保障,因此建设一支师德高尚、结构合理、技艺精湛、专兼结合、善于创新的双师型教师队伍便显得尤为重要。然而,受我国教育规模及教师专业化水平所限,双师型职教教师队伍建设仍存在着问题和困境。唯有直面这些问题和困境,才能寻求可行性策略以提升我国职教教师质量。

(一)师资数量短缺,结构不尽合理

随着我国职业教育规模的扩大,加之职业院校师资的"理实一体化"需求不断扩大,职业院校双师型教师数量不足、结构单一的问题也愈发明显。以北京市高职教育教学检查情况为例,平均只有 25.17% 的教师获得了职业技术资格证书,参加过职业教育教学科研工作的只有 38.15%,教师队伍中有过企业实践经

---

① 徐大真,等. 我国职业学校教师培养培训现状调研报告[R]. 天津:天津职业技术师范大学,2016:5.

历的不足 1/4。① 在中部和西部地区，具有双师素质的师资数量则更少，与国家所规定的 80% 的双师型教师比例相去甚远。此外，在我国高等职业教育双师型师资数量严重短缺的同时，职教师资结构也不甚合理，主要表现在三个方面。

一是专任教师队伍庞大却并未具备双师素质，兼职教师比例过小，无法在职业教育过程中发挥足够的专业影响。②

二是本科及以上学历的教师人数偏低，从而导致整体师资结构学历层次下降。

三是具有初级职称者和无职称者占非专任教师总数的比重高，同时教师的职称结构严重偏向理论教学方面，无法满足双师型教师的实践能力要求。③

可以说，双师型教师数量的短缺和结构的不合理直接影响了教师资源的有效配置，降低了教师队伍质量，从而难以保障职业教育的科学化与教师专业化水平。

（二）总体素质偏低，资格认定难有标准

目前中等职业学校的教师队伍中，以应届生为主体的专任教师应成为未来职业院校教师队伍的核心力量。然而，现实并非如此。2014 年，我国 26 所职业技术师范院校共有 17 911 名师范生毕业，当年中等职业学校录用本科毕业生 13 215 人，实际录用职业技术师范毕业生仅为 1 484 人，占中等职业学校录用本科毕业生人数的 11.23%，占职业技术师范毕业生的 8.29%，远远低于普通师范院校 30% 的录用比例。④

相比起兼职教师，无企业实践经验、无技术资格等级证书的应届生，在学科教学能力、动手实践能力、实训教学能力、指导与示范能力等素质结构上处于弱

---

① 唐贵伍. 高职高专"双师型"教师队伍建设的难点与对策［J］. 高教论坛，2003（3）：8-10.

② 中华人民共和国教育部高等教育司，中国高教学会产学研合作分会. 必由之路：高等职业教育产学结合操作指南［M］. 北京：高等教育出版社，2004：100.

③ 魏海明. 再论职业教育"双师型"教师队伍建设［J］. 科学经济社会，2011，29（3）：85-88.

④ 曹晔. 职业教育教师队伍建设的新思路、新机制、新举措［J］. 职业技术教育，2017，38（1）：37-42.

势，与国家所倡导的既具有深厚理论知识又具有丰富技术实践经验的双师型教师要求差距明显。同时，受客观条件的限制，具备双师素质、理论基础扎实、实践经历丰富的技术人员往往是企业的技术骨干，很难补充到职教师资队伍中开展相应的职教教学活动。职业院校师范生被录用的比例偏低，企业技术人员在职教教师队伍中的稳定性难以保证，二者的共同效应直接影响了职教教师队伍的整体素质，使双师型教师队伍专业化难以实现。

此外，由于没有切实推行双师型教师准入制度，也没有建立双师型教师的资格标准，因此高职院校双师型教师的入口管理、定期注册和资格更新等缺乏制度保障。如果没有严格意义上的、具有独立价值的双师型教师资格认证标准，那么职教教师的人才培养、招聘和专业发展便无从谈起，谁来教、如何教、教得如何等问题都将无法确定其合理性依据，双师型师资队伍建设难以实现规范化操作，职业教育质量也难以得到提升。

（三）职前培养机制不健全，职后培训制度未建立

随着教师教育大学化、专业化改革的深入，教师教育的一体化成为当前教师培养与专业发展的重要特征。教育部在全国设立了许多职业教育师资培养培训基地，且这些基地与诸多职业教育院校建立了合作关系，但在双方的合作模式、基地在职教师资队伍培养中的地位、职教师范生如何能将基地实践与校内学习有机结合等方面，目前尚未有全国性的政策意见进行指导。各地在制定相应的实施办法时差异较大，导致职教教师培养质量参差不齐。同时，以高等院校为主体的职教师资培养机构由于学科专业的多样性及学校发展的需求，对职教教师培养模式和机制的建设关注不够，在与企业实践的合作过程中成效不大，从而直接影响了师范生的职业实践能力提升，割裂了职业教育与社会经济发展的有机联系。

在职后培训制度上，专业化的培训设计、高效能的培训评估是保障双师型教师养成和发展的重要基石。虽然《国家中长期教育改革和发展规划纲要（2010—2020年）》指出要"加大职业院校教师培养培训力度。依托相关高等院校和大中型企业，共建'双师型'教师培养培训基地"，但在具体的培训过程中，相应的职后培训制度和保障并未建立，对培训的类型、内容、形式、价值导向和评估不明晰，直接影响了培训的实施过程：学历提升培训渠道受阻；专业技能培训内

容与实际需求不符；培训形式仍以经验传递为主，创新性不足；师资培训只注重追求数量而不注重质量和效益，只注重业务培训而不注重素质的全面提高，只注重扩大规模而不注重优化结构。① 到目前为止，我国高职院校仍沿用传统的基于职业技术师范学院的培训模式和以普通院校为基地的培训模式对双师型教师进行培训，二者并未有机结合。不同层级的培训缺乏合理的评估标准和制度，导致培训评估不规范、不系统，影响了后续培训质量的提高和培训的持续性发展。

（四）兼职教师聘任标准不明晰，管理制度不科学

职业院校可以聘请企业的优秀技术人员担任兼职教师，他们是双师型教师队伍的重要组成部分，也是职教师资的有机来源。但是，在双师型教师专业资格准入制度不健全的情况下，兼职教师的聘任标准也不清晰。许多兼职教师虽然达到了本专业较高的技术水准，但由于没有接受过专业的教师培训，在担任教职的过程中缺少对职业教育教学理论的认识和对职教学生的理解，专注于技艺的传递而忽视了教育教学内在的规律，因此他们不具备任教的资格。职业院校在聘任兼职教师承担指导任务时对其所持的资格证书、所具有的专业素质亦不会严格把关，导致部分兼职教师进入教学场域后无法发挥其专业和技术引领特征，而有些具备指导资格的技术人员因职称标准和校企合作等原因，未能进入职教领域，从而导致兼职教师人才队伍的结构性短缺。此外，对于兼职教师的聘任与培训、绩效考核、福利与津贴等方面尚未建立起科学的管理制度，兼职教师队伍管理没有成熟的监督和考核办法，因此兼职教师的流动性强、稳定性差，从而影响了职教教学的连续性和有效性。

（五）职称评定和管理机制不健全，激励措施不到位

职称评定是双师型教师发展的外部制度保障，也是激励双师型教师提升自我的有效因素。现行的职教教师职称评定仍存在着重基础理论研究、轻实际应用研究，重论文发表、轻教学应用的倾向。对于职教教师而言，如何基于生产变革进

---

① 魏海明. 再论职业教育"双师型"教师队伍建设［J］. 科学经济社会，2011，29（3）：85-88.

行应用型研究、如何基于社会行业发展需求开展教学研究是其研究工作中的重心，但以论文发表为导向的职称制度和成果转换制度影响了职教教师开展科技成果研究和教学研究的积极性。同时，由于不同行业间的职业能力转换困难，政策缺乏适切性和操作性，许多企业生产、管理人员进入职业教师教育机构后，虽然授课深受学生欢迎，但很难获得相应的职称，这也在一定程度上影响了职业院校双师型师资队伍的建设和发展。①

在管理制度和激励保障方面，双师型教师来源渠道多样，专业技术背景复杂，难以有统一化、规范化的管理标准。而且绝大部分职业院校并没有制定和实施适合双师型教师工作特点和要求的管理措施，只是参照普通专任教师的管理办法调整性地进行管理与评价，对双师型教师教学实践及成果应用能力管理上存在盲区，导致对双师型教师进行专业培训与继续教育的难度加大，不能科学衡量他们对教学、实践和科研成果的贡献，自然也无法制定有效的激励措施，使其用心地投入到人才培养和科研生产中。职称评定制度、科学管理制度、激励制度的缺失，严重影响了双师型教师队伍的积极性和创造性。

四、新时代政策策略："职教师资 12 条"

2019 年，教育部、国家发展改革委、财政部、人力资源社会保障部印发了《深化新时代职业教育"双师型"教师队伍建设改革实施方案》（又称"职教师资 12 条"）。

（一）"职教师资 12 条"出台背景

改革开放以来特别是党的十八大以来，职业教育教师培养培训体系基本建成，教师管理制度逐步健全，教师地位待遇稳步提高，教师素质能力显著提升，为职业教育改革发展提供了有力的人才保障和智力支撑。但是，与新时代国家职业教育改革的新要求相比，职业教育教师队伍还存在着数量不足、来源单一、校

---

① 徐大真，等. 我国职业学校教师培养培训现状调研报告［R］. 天津：天津职业技术师范大学，2016：5.

企双向流动不畅、结构性矛盾突出、管理体制机制不灵活、专业化水平偏低的问题，尤其是同时具备理论教学和实践教学能力的双师型教师和教学团队短缺，已成为制约职业教育改革发展的瓶颈。

为促动破解这一问题，在国务院领导下，教育部孙尧副部长直接指挥，教师工作司黄伟副司长具体牵头，汇聚全国力量，研究相关政策，制定政策文件。文件起草组认为，面对建设社会主义现代化强国、新时代国家职业教育改革的新形势新要求，落实立德树人根本任务，深化职业教育教师队伍建设改革，提高教师教育教学能力和专业实践能力，优化专兼职教师队伍结构，打造一支高素质双师型教师队伍，是职业教育教师队伍建设改革的一项紧迫任务。

经过近一年半的辛勤工作，2019年8月，教育部、国家发展改革委、财政部、人力资源社会保障部印发了"职教师资12条"。

（二）"职教师资12条"目标任务

"职教师资12条"提出的总体目标：经过5～10年时间，构建政府统筹管理、行业企业和院校深度融合的教师队伍建设机制，健全中等和高等职业教育教师培养培训体系，打通校企人员双向流动渠道，双师型教师和教学团队数量充足，双师结构明显改善。建立具有鲜明特色的双师型教师资格准入、聘用考核制度，教师职业发展通道畅通，待遇和保障机制更加完善，职业教育教师吸引力明显增强，基本建成一支师德高尚、技艺精湛、专兼结合、充满活力的高素质双师型教师队伍。

"职教师资12条"还提出一些具体目标：到2022年，职业院校双师型教师占专业课教师的比例超过一半，建设100个校企合作的双师型教师培养培训基地和100个国家级企业实践基地，选派一大批专业带头人和骨干教师出国研修访学，建成360个国家级职业教育教师教学创新团队，教师按照国家职业标准和教学标准开展教学、培训和评价的能力全面提升，教师分工协作进行模块化教学的模式全面实施，有力保障1+X证书制度试点工作，辐射带动各地各校双师型教师队伍建设，为全面提高复合型技术技能人才培养质量提供强有力的师资支撑。

（三）"职教师资 12 条"基本方略

1. 建设分层分类的教师专业标准体系

教师标准是对教师素养的基本要求。没有标准就没有质量。适应以智能制造技术为核心的产业转型升级需要，促进教育链、人才链与产业链、创新链有效衔接。建立中等和高等职业教育层次分明，覆盖公共课、专业课、实践课等各类课程的教师专业标准体系。修订《中等职业学校教师专业标准（试行）》和《中等职业学校校长专业标准》，研制高等职业学校、应用型本科高校的教师专业标准。通过健全标准体系，规范教师培养培训、资格准入、招聘聘用、职称评聘、考核评价、薪酬分配等环节，推动教师聘用管理过程科学化。引进第三方职教师资质量评价机构，不断完善职业教育教师评价标准体系，提高教师队伍专业化水平。

2. 推进以双师素质为导向的新教师准入制度改革

完善职业教育教师资格考试制度，在国家教师资格考试中，强化专业教学和实践要求，按照专业大类（类）制定考试大纲、建设试题库、开展笔试和结构化面试。建立高层次、高技能人才以直接考察方式公开招聘的机制。加大职业院校选人用人自主权。聚焦专业教师双师素质构成，强化新教师入职教育，结合新教师实际情况，探索建立新教师为期 1 年的教育见习与为期 3 年的企业实践制度，严格见习期考核与选留环节。自 2019 年起，除持有相关领域职业技能等级证书的毕业生外，职业院校、应用型本科高校相关专业教师原则上从具有 3 年以上企业工作经历并具有高职以上学历的人员中公开招聘；自 2020 年起，除双师型职业技术师范专业毕业生外，基本不再从未具备 3 年以上行业企业工作经历的应届毕业生中招聘，对特殊高技能人才（含具有高级工以上职业资格或职业技能等级人员）可适当放宽学历要求。

3. 构建以职业技术师范院校为主体、产教融合的多元培养培训格局

优化结构布局，加强职业技术师范院校和高校职业技术教育（师范）学院建设，支持高水平工科大学举办职业技术师范教育，开展在职教师的双师素质培训进修。实施职业技术师范类专业认证。建设 100 个校企合作的双师型教师培养培训基地和100个国家级企业实践基地，明确资质条件、建设任务、支持重点、成果评价。校企共建职业技术师范专业能力实训中心，办好一批一流职业技术师范院校和一流职业技术师范专业。健全普通高等学校与地方政府、职业院校、行业企业联合培养教师机制，发挥行业企业在培养双师型教师中的重要作用。鼓励高校以职业院校毕业生和企业技术人员为重点培养职业教育教师，完善师范生公费教育、师范院校接收职业院校毕业生培养、企业技术人员学历教育等多种培养形式。加强职业教育学科教学论师资队伍建设。支持高校扩大职业技术教育领域教育硕士专业学位研究生招生规模，探索本科与硕士教育阶段整体设计、分段考核、有机衔接的人才培养模式，推进职业技术教育领域博士研究生培养，推动高校联合行业企业培养高层次双师型教师。

4. 完善"固定岗＋流动岗"的教师资源配置新机制

在现有编制总量内，盘活编制存量，优化编制结构，向双师型教师队伍倾斜。推进地方研究制定职业院校人员配备规范，促进教师规模、质量、结构适应职业教育改革发展需要。根据职业院校、应用型本科高校及其专业特点，优化岗位设置结构，适当提高中、高级岗位设置比例。优化教师岗位分类，落实教师从教专业大类（类）和具体专业归属，明确教师发展定位。建立健全职业院校自主聘任兼职教师的办法。设置一定比例的特聘岗位，畅通高层次技术技能人才兼职从教渠道，规范兼职教师管理。实施现代产业导师特聘岗位计划，建设标准统一、序列完整、专兼结合的实践导师队伍，推动形成"固定岗＋流动岗"、双师结构与双师素质兼顾的专业教学团队。

5. 建设"国家工匠之师"引领的高层次人才队伍

实施职业院校教师素质提高计划，分级打造师德高尚、技艺精湛、育人水平高超的教学名师、专业带头人、青年骨干教师等高层次人才队伍。通过跟岗访学、顶岗实践等方式，重点培训数以万计的青年骨干教师。加强专业带头人领军能力培养，为职业院校教师教学创新团队培育一大批首席专家。建立国家杰出职业教育专家库及其联系机制。建设1 000个国家级双师型名师工作室和1 000个国家级教师技艺技能传承创新平台。面向战略性新兴产业和先进制造业人才需要,打造一批覆盖重点专业领域的"国家工匠之师"。在国家级教学成果奖、教学名师等评选表彰中,向双师型教师倾斜。

6. 创建高水平结构化教师教学创新团队

2019—2021年,服务职业教育高质量发展和1+X证书制度改革需要,面向中等职业学校、高等职业学校和应用型本科高校,聚焦战略性重点产业领域和民生紧缺领域专业,分年度、分批次、分专业遴选建设360个国家级职业教育教师教学创新团队,全面提升教师开展教学、培训和评价的能力以及团队协作能力,为提高复合型技术技能人才培养培训质量提供强有力的师资保证。优化结构,统筹利用现有资源,实施职业院校教师教学创新团队境外培训计划,组织教学创新团队骨干教师分批次、成建制赴德国等国家研修访学,学习国际"双元制"职业教育先进经验,每年选派1 000人,经过3~5年的连续培养,打造高素质双师型教师教学创新团队。各地各校对接区域重点专业集群,促进教学过程、教学内容、教学模式改革创新,实施团队合作的教学组织新方式、行动导向的模块化教学新模式,建设省级、校级教师教学创新团队。

7. 聚焦1+X证书制度开展教师全员培训

全面落实教师5年一周期的全员轮训制度,对接1+X证书制度试点和职业教育教学改革需求,探索适应职业技能培训要求的教师分级培训模式,培育一批具备职业技能等级证书培训能力的教师。把国家职业标准、国家教学标准、1+X证书制度和相关标准等纳入教师培训的必修模块。发挥教师教学创新团队在实施1+X证书制度试点中的示范引领作用。全面提升教师信息化教学能力,促进信息技术与教育教学融合创新发展。健全完善职业教育师资培养培训体系,推进双师型教师培养培训基地在教师培养培训、团队建设、科研教研、资源开发等方面提供支撑和服务。支持高水平学校和大中型企业共建双师型培训者队伍,认定300个双师型教师培养培训示范单位。

8. 建立校企人员双向交流协作共同体

加大政府统筹,依托职教园区、职教集团、产教融合型企业等建立校企人员双向交流协作共同体。建立校企人员双向流动相互兼职常态运行机制。发挥央企、国企、大型民企的示范带头作用，在企业设置访问工程师、教师企业实践流动站、技能大师工作室。在标准要求、岗位设置、遴选聘任、专业发展、考核管理等方面综合施策，健全高技能人才到职业学校从教制度，聘请一大批企事业单位高技能人才、能工巧匠、非物质文化遗产传承人等到学校兼职任教。鼓励校企共建教师发展中心，在教师和员工培训、课程开发、实践教学、技术成果转化等方面开展深度合作，推动教师立足行业企业，开展科学研究，服务企业技术升级和产品研发。完善教师定期到企业实践制度，推进职业院校、应用型本科高校专业课教师每年至少累计1个月以多种形式参与企业实践或实训基地实训。联合行业组织，遴选、建设教师企业实践基地和兼职教师资源库。

9. 深化突出双师型导向的教师考核评价改革

建立职业院校、行业企业、培训评价组织多元参与的双师型教师评价考核体系。将师德师风、工匠精神、技术技能和教育教学实绩作为职称评聘的主要依据。落实教师职业行为准则，建立师德考核负面清单制度，严格执行师德考核一票否决。引入社会评价机制，建立教师个人信用记录和违反师德行为联合惩戒机制。深化教师职称制度改革，破除"唯文凭、唯论文、唯帽子、唯身份、唯奖项"的顽瘴痼疾。推动各地结合实际，制定双师型教师认定标准，将体现技能水平和专业教学能力的双师素质纳入教师考核评价体系。继续办好全国职业院校技能大赛教学能力比赛，将行动导向的模块化课程设置、项目式教学实施能力作为重要指标。试点开展专业课教师技术技能和教学能力分级考核，并作为教师聘期考核、岗位等级晋升考核、绩效分配考核的重要参考。完善考核评价的正确导向，强化考评结果运用和激励作用。

10. 落实权益保障和激励机制提升社会地位

在职业院校教育教学、科学研究、社会服务等过程中，全面落实和依法保障教师的管理学生权、报酬待遇权、参与管理权、进修培训权。强化教师教育教学、继续教育、技术技能传承与创新等工作内容，制定职业教育教师减负政策，适当减少专任教师事务性工作。依法保障教师对学生实施教育、管理的权利。职业院校、应用型本科高校校企合作、技术服务、社会培训、自办企业等所得收入，可按一定比例作为绩效工资来源；教师依法取得的科技成果转化奖励收入不纳入绩效工资，不纳入单位工资总额基数。各地要结合职业院校承担扩招任务、职业培训的实际情况，核增绩效工资总量。教师外出参加培训的学时（学分）应核定工作量，作为绩效工资分配的参考因素。按规定保障中等职业学校教师待遇。

11. 加强党对教师队伍建设的全面领导

充分发挥各级党组织的领导和把关定向作用，充分发挥教师党支部的战斗堡垒作用，加强对教师党员的教育管理监督和组织宣传，充分发挥党员教师的先锋模范作用。实施教师党支部书记"双带头人"培育工程，配齐建强思想政治和党务工作队伍。着力提升教师思想政治素质，用习近平新时代中国特色社会主义思想武装头脑，坚持不懈培育和弘扬社会主义核心价值观，争做"四有"好老师，全心全意做学生锤炼品格、学习知识、创新思维、奉献祖国的引路人。健全德技并修、工学结合的育人机制，构建"思政课程"与"课程思政"大格局，全面推进"三全育人"，实现思想政治教育与技术技能培养融合统一。落实立德树人根本任务，挖掘师德典型、讲好师德故事，大力宣传职业教育中的"时代楷模"和"最美教师"，弘扬职业精神、工匠精神、劳模精神。

12. 强化教师队伍建设改革的保障措施

加强组织领导，将教师队伍建设摆在重要议事日程，建立工作联动机制，推动解决教师队伍建设改革的重大问题。深化"放管服"改革，提高职业院校和各类办学主体的积极性、主动性，引导广大教师积极参与，推动教师队伍建设与深化职业教育改革有机结合。将教师队伍建设作为中国特色高水平高职学校和专业建设计划投入的支持重点，现代职业教育质量提升计划进一步向教师队伍建设倾斜。鼓励各地结合实际，适时提高职业技术师范专业生均拨款标准，提升师范教育保障水平。加强督导评估，将职业教育教师队伍建设情况作为政府履行教育职责评价和职业院校办学水平评估的重要内容。

五、结语

双师型教师队伍建设对国家经济社会发展具有重要意义，应从政策、制度和机制上予以保障，使之常态化、持续化和规范化。要结合我国职业教育发展实际和社会产业变革要求，把建设一支具有现代教育理念、师德高尚、专兼结合、结构合理、教学水平高和实践能力强的双师型师资队伍作为首要目标，在具体的培养和培训过程中使其成为集生产、建设、管理、服务于一体的专业化双师型教师，促进职业教育领域的"教学做"与"理实一体化"创新，进而实现职业教育的质量提升。

立足新时代，我们应当根据职业教育特点，研究制定中等职业学校人员配备规范。完善职业院校教师资格标准，探索将行业企业从业经历作为认定教育教学能力、取得专业课教师资格的必要条件。落实职业院校用人自主权，完善教师招聘办法。推动固定岗和流动岗相结合的职业院校教师人事管理制度改革。支持职业院校专设流动岗位，适应产业发展和参与全球产业竞争需求，引进行业企业一流人才，吸引具有创新实践经验的企业家、高科技人才、高技能人才等兼职任教，深化产教融合。完善职业院校双师型教师评价标准，吸纳行业组织、企业作为评价参与主体，重点评价职业素养、技能水平和专业教学能力。

面向现代化，我们应当贯彻落实2019年教育部等四部门印发的《深化新时代职业教育"双师型"教师队伍建设改革实施方案》提出的12项工作举措：建设分层分类的教师专业标准体系，推进以双师素质为导向的新教师准入制度改革，构建以职业技术师范院校为主体、产教融合的多元培养培训格局，完善"固定岗＋流动岗"的教师资源配置新机制，建设"国家工匠之师"引领的高层次人才队伍，创建高水平结构化教师教学创新团队，聚焦1＋X证书制度开展教师全员培训，建立校企人员双向交流协作共同体，深化突出双师型导向的教师考核评价改革，落实权益保障和激励机制提升社会地位，加强党对教师队伍建设的全面领导，强化教师队伍建设改革的保障措施。

第八章

建设高素质创新型的高校教师队伍

我国科教兴国战略的实施和创新型国家建设目标的实现,需要一批又一批创新型高素质人才。高校作为知识生产、传播和应用的重要载体,培养创新型人才是其最为重要的任务,而创新型人才的培养关键在于拥有高素质创新型教师。创新型教师能够实施创新教育计划,变革教学的内容和方法,培养创造型人才,产出原创性科技成果。

一、高素质创新型高校教师队伍建设的历程

改革开放以来,我国非常注重高校教师队伍建设工作,高校教师队伍建设主要经历了恢复发展、稳步发展、转型发展、全面发展四个阶段。

(一)高校教师队伍建设的恢复发展(1978—1985年)

1978年,国务院批转教育部《关于高等学校恢复和提升教师职务问题的请示报告》。为了积极恢复中国停滞多年的高等教育事业,使广大教师重拾生疏了的教学业务,1980年,教育部发布《全国重点高等学校接受进修教师工作暂行办法》,要求采取多种形式加强高校教师培训工作。1984年,教育部发布《高等学校举办助教进修班的暂行规定》,在一部分师资力量较强的高校开始试办助教进修班,培训青年教师。为调动高校教学、科研人员的积极性和创造性,建立科学技术奖励制度,国务院于1984年发布《中华人民共和国科学技术进步奖励条例》,教育部于1985年发布《关于科学技术奖励工作的通知》。1985年,《中共中央关于教育体制改革的决定》发布,对加强教师队伍建设提出了明确的要求。[①] 此阶段,高校教师队伍建设的目的主要是弥补"文化大革命"给高校教师队伍造成的损失,并努力重建高校教师队伍。为此,政府发布一系列文件积极恢复和落实各种相关措施,使我国高校教师队伍建设逐渐走向正轨。

(二)高校教师队伍建设的稳步发展(1986—1997年)

随着社会经济的发展和高校教师队伍的壮大,国家对师资队伍建设的重点开始转向中青年学科带头人和学术骨干教师的选拔与培养。自1986年以后,国家先后在北京师范大学、武汉大学等校建立高校师资培训中心,各省份也开始建立省级高校师资培训中心和培训点。另外,教育部于1986年颁布《关于教师在职攻读硕士、博士学位规定》等政策文件,以促进大学教师提高学历文凭和专业水平。据统计,1992—1997年,全国高校教师约有10万人次参加骨干教师进修

---

① 陈相见. 我国高校教师发展历程与特征[J]. 大学(研究版),2014(4):30-36.

班、助教进修班、单科进修班、高级研讨班以及以同等学力申请硕士学位班等各种形式的培训进修。此阶段，国家建立的高校教师培训体系，在一定程度上改变了原有的自上而下以行政手段为主的高校教师培训管理体系，改进了全国重点高校接受进修教师的做法，增强了高校教师培训工作的灵活性、针对性和计划性，为高校教师创新能力的提升奠定了基础。

（三）高校教师队伍建设的转型发展（1998—2010年）

1998年，第九届全国人大常委会第四次会议通过的《中华人民共和国高等教育法》对高校教师队伍建设做了具体规定，成为高校教师发展的一个转折点。之后随着1999年高校扩招，我国对高校教师队伍建设在数量和质量上的要求逐渐提高。教育部于1999年8月发布《关于新时期加强高等学校教师队伍建设的意见》，针对所面临的形势对未来5年提出了具体目标、政策措施和工作重点，为高校教师队伍建设指明了方向。2001年，教育部发布《关于加强高等学校本科教学工作提高教学质量的若干意见》，提出"逐步建立和完善国家、省市、高等学校三级教师培训制度"，鼓励高校之间，高校与科研机构、企业的教学合作和有序的人才流动，鼓励派出优秀骨干教师到国外著名大学进行教学进修学习。2004年6月，教育部发布《高等学校"高层次创造性人才计划"实施方案》和有关实施办法，对以往高校人才激励计划进行了总结和深化，三级人才激励体制开始形成。2007年1月，教育部、财政部联合下发《关于实施高等学校本科教学质量与教学改革工程的意见》，提出要"促进教学研讨和教学经验交流，开发教学资源，推进教学工作的老中青相结合，发扬传、帮、带的作用，加强青年教师培养"。截至2010年底，教育部提供的数据显示，普通高等学校精品课程数目总计为3 904门，涵盖了文学、法学、理学、工学、医学、艺术学等多个学科领域，国家层面的精品课程体系基本建立。此阶段，由于高校扩招，高校教师数量上的快速增长使得教师的整体质量参差不齐，因而国家、政府、学校、社会各界越来越重视高校教师队伍的建设，高校教师个体的内在发展需求开始引起各界的重视。

（四）高校教师队伍建设的全面发展（2011年至今）

2011年7月，教育部、财政部联合下发《关于"十二五"期间实施"高等学校本科教学质量与教学改革工程"的意见》，提出高校要"创新中青年教师培养培训新模式，形成有利于中青年教师学术发展与教学能力提升的新机制，实现中青年教师培养培训常态化、制度化"。2012年，教育部发布《关于全面提高高等教育质量的若干意见》，提出高校教师要"创新教育教学方法，倡导启发式、探究式、讨论式、参与式教学。促进科研与教学互动，及时把科研成果转化为教学内容，重点实验室、研究基地等向学生开放"，并提出要着力"推动高校普遍建立教师教学发展中心，重点支持建设一批国家级教师教学发展示范中心，有计划地开展教师培训、教学咨询等，提升中青年教师专业水平和教学能力"。2016年，教育部发布的《关于深化高校教师考核评价制度改革的指导意见》明确提出，将克服唯学历、唯职称、唯论文等倾向，坚持师德为先、教学为要，注重凭能力、实绩和贡献评价教师。2017年，教育部、财政部、国家发展改革委联合发布《统筹推进世界一流大学和一流学科建设实施办法（暂行）》，对于一流大学和一流学科建设在师资队伍方面的要求是：教师队伍政治素质强，整体水平高，潜心教书育人，师德师风优良；一线教师普遍掌握先进的教学方法和技术，教学经验丰富，教学效果良好；有一批活跃在国际学术前沿的一流专家、学科领军人物和创新团队；教师结构合理，中青年教师成长环境良好，可持续发展后劲足。2018年的《中共中央国务院关于全面深化新时代教师队伍建设改革的意见》强调，要"全面提高高等学校教师质量，建设一支高素质创新型的教师队伍。着力提高教师专业能力，推进高等教育内涵式发展。……全面开展高等学校教师教学能力提升培训，重点面向新入职教师和青年教师，为高等学校培养人才培育生力军"。此阶段，高校教师的发展以满足国家需求为主导，高校教师发展的内容从单一的教学技能到教学、科研、社会服务一体，从教书匠到教育"专家"，从"单面手"到"多能全人"。①

---

① 李朝晖，盛腊梅. 论高校教师发展之动态演进路径选择［J］. 教育与教学研究，2013，27（8）：16-18.

二、高素质创新型高校教师队伍建设的现状

（一）培养高素质创新型高校教师的意义

高等教育在科学技术进步和经济社会发展中占有不可或缺的重要地位。在完成高等教育使命的过程中，教师是关键因素，高等教育要培养具有创新精神和创新能力的高素质人才，必须有一支高素质创新型的高校教师队伍。① 因此，高校必须注重教师全方位的素质提高，尤以培养创新能力为先。高素质创新型高校教师指的是拥有符合时代精神的教育理念、与时俱进的知识结构，且具有一定创新精神和创新能力的高校教师。这样的高校教师队伍是我国建设创新型国家和人力资源强国的重要力量。高素质创新型教师的培养对于创新型国家建设和人力资源强国建设，具有前瞻性、基础性与战略性意义。

第一，培养高素质创新型高校教师队伍是推动社会进步的重要动力。创新位于新时代我国"五大发展理念"的首要位置，是推动经济社会发展的灵魂要素，是建设中国特色社会主义教育强国的必然要求。面对全球新一轮科技革命与产业变革的重大机遇和挑战，面对中国经济发展新常态下的趋势变化和特点，党中央、国务院做出了加快实施创新驱动发展战略的重大决策。人才是创新的根基，是创新的核心要素，培养创新型的人才成为推动我国经济社会全面发展的重要保障。创新型人才的培养靠教育，教育的发展靠教师，这也就意味着创新型人才的培养需要高素质创新型的教师。高等教育作为科技第一生产力和人才第一资源的重要结合点，作为激发人才红利与创新红利、推动经济转型升级的动力源，担负着知识传播、知识创新和人才培养的重要使命。培养创新型人才是高等院校义不容辞的重要职责，这就要求培养一批高素质创新型的高校教师队伍，为推动社会进步提供强大动力。

第二，培养高素质创新型高校教师队伍是促进高等教育内涵式发展的基本要

---

① 王定华. 造就高素质教师队伍，推进"双一流"建设［N］. 人民日报，2018-05-30（12）.

求。实现高等教育内涵式发展是在中国特色社会主义进入新时代，我国社会主要矛盾发生新变化的大背景下，高等教育发展方式必须变革的时代要求，也是我国高等教育自身健康发展的内在要求。实现高等教育内涵式发展，就要坚持把培养高素质创新型教师队伍作为立教之本。随着我国教育体制和模式改革的不断推进，具有较为先进的办学理念和拥有高素养的创新型师资队伍已成为衡量一所高校教育教学质量的重要依据。① 一所学校能不能培养出高素质的人才，关键在教师。所以，面向现代化，必须培养出具有中国特色、世界水平的高素质创新型高校教师队伍。

第三，培养高素质创新型高校教师队伍是提高高校人才培养质量的关键举措。创新型教师是创新教育最重要的主导力量，是培养创新型人才的关键。只有富有创新精神的创新型教师，才能担当起创新教育和培养创新型人才的重任。提高人才培养质量，高素质创新型的教师队伍是保障。广大教师应当牢固树立中国特色社会主义理想信念、牢固树立终身学习理念、牢固树立改革创新意识，踊跃投身教育改革创新实践，自觉肩负起推动现代教育发展的责任和使命。为了提高人才培养质量，近年来教育部针对高校开展了综合评估与检查工作，在评估中不仅对学生的综合素质进行评价，还对师资队伍建设水平进行检查，这充分说明国家对创新型高校师资队伍建设的重视程度。高校教师是否具备高素质和创新能力，直接关系到高校建设和改革的成败，直接关系到高校培养人才的成败，直接关系到为社会输送高质量人才的成败。因此，培养高素质创新型高校教师队伍是提高高校人才培养质量的关键举措。高校是人才培养的重要阵地，我们要让高校教师从知识传授者转向学习引导者，不断提高教育质量，提高高校教学水平和创新能力，推进有特色高水平大学建设。

（二）高素质创新型高校教师队伍的特征

高素质创新型高校教师指的是拥有符合时代精神的教育理念、与时俱进的知识结构，且具有一定创新精神和创新能力的高校教师，他们应当信念执着、品德

---

① 王定华. 深入贯彻落实党的十九大精神 全面开启新时代教师队伍建设新征程［J］. 人民教育，2017（22）：20-22.

优良、知识丰富、本领过硬。

1. 高素质创新型教师的教育理念特征

高素质创新型教师应具有符合时代精神的教育理念。一是先进的知识理念。高校教师在自我建构知识的基础上，敢于突破传统的惯性思维，将知识不断地迁移和改进，在动态变化中不断地获取新知识、探索新知识。二是创新性的教师理念。高校教师以自身饱满的创新激情、高尚的学术人格、科学的批判精神影响学生，能言传身教地带动学生养成主体创新意识、形成创新人格。三是以学生为中心的目标理念。高校教师面对的学生群体比较特殊，要在尊重学生特点的基础上，根据学生的发展规律，做学生发展的引导者，不断激发学生的创新能力，培养创新型人才。四是推陈出新的教学方法理念。高校教师要自觉运用发现式学习和研究性学习的方法，使教学成为一种创造的过程。

2. 高素质创新型教师的知识结构特征

高素质创新型教师必须将科学、技术、宗教、艺术和哲学等领域的相关知识都纳入视野之内，形成相互配合、相互补充的综合性结构，为从事专业工作提供一种认知背景，而不应成为固守于一门学科的狭隘的专业主义者。同时，高素质创新型教师所掌握的学科知识也应具备高深的专业性，所掌握的专业知识不能是支离破碎的片段，应该是有秩序、有层次的整体。只有当知识体现出综合性与专业性特征时，教师才能够以前沿与应用的眼光，对复杂的事物进行科学的想象、判断、归纳和综合，进而产生独到的见解，形成原创性成果。高素质创新型教师的知识应是多维的和变动的，表现为开放与动态的完美结合。因而，它需要随时补充新知识，与客观外界双向交流，不断耗散与更替，博采众长，吐故纳新。新知识的输入可能打破原有平衡，出现落差，带来突变，改变思维定势与惯性，就能由被动性转向创新性，从而转识成智，达到知识活用、知识育人的目的，培植出学生的思维力、想象力和创造力。

3. 高素质创新型教师的教育能力特征

高素质创新型教师的能力是指其在从事知识生产、传播和应用的过程中所具有的带有职业特点的能力。高素质创新型教师的能力主要包括以下几种。

一是教学与学术研究能力。教学能力一般包括教学的组织、传导、调控、应变和信息处理能力。高素质创新型高校教师应注重开发学生智力，注重交流，引导学生独立思考并形成创造能力。学术研究能力是指在专业领域中开展学术研究，产出原创性研究成果的能力。高素质创新型教师注重培养学生潜心学术、献身学术的使命感和责任感。

二是社会服务能力。随着与经济社会的联系日趋密切，高校应提供更多的社会服务，要求教师不仅具备相应的通用能力，还须拥有前瞻能力、捕捉信息能力、成果转化能力以及实践融通能力等，即要具备行业专家的经验与能力。高校教师还应做到：选题更符合社会需求，直接参与企业新技术新产品的研发，提供技术咨询和人才培训。

三是知识获取能力。面对科学技术发展迅速，新学科新知识大量涌现，高素质创新型教师要采用协作式的知识更新模式，获取新知识、新技术，不断完善知识结构，追踪学科发展的前沿。只有不断地增加知识存量，才能实现知识的充分交流共享，形成理论思维，从而提升知识价值，达成个人愿景，取得更大的社会与经济效益。

（三）高素质创新型高校教师队伍建设的成绩

高素质创新型教师作为高校教学、科研与社会服务活动的直接承担者和中坚力量，是一种特殊的人力资源。目前，我国围绕高素质创新型高校教师队伍建设做了诸多探索并取得了一定的成绩。

1. 高校教师队伍的数量稳步增长

改革开放以来，我国加大力度对高校教师队伍的培养与建设，保证了40多年来高校教师队伍在数量上的稳步增长。改革开放初期，我国普通高等学校教职工总数只有51.8万人，普通高等学校专任教师数只有20.6万人，到了2000年，普通高等学校教职工总数达到111.28万人，普通高等学校专任教师数达到46.28万人，分别增长了1.15倍和1.25倍。2000—2017年，我国普通高等学校教职工总数的年均增长率保持在5.04%，普通高等学校专任教师数的年均增长率保持在 8.2%。2017 年，我国普通高等学校教职工总数为 244.3 万人，普通高等学校专任教师数为 163.33 万人。

从各级别的高校专任教师数量来看，2017 年我国普通高等学校正高级专任教师有 20.89 万人，副高级专任教师有 49.02 万人，中级专任教师有 64.42 万人，初级专任教师有 18.18 万人，无职称专任教师有 10.82 万人。其中中级专任教师的人数最多，占比达到 39.44%，其次是副高级专任教师的人数，占比为 30.01%。

2. 高校教师队伍的学历水平逐步提高

改革开放以来，我国在不断增加高校教师数量的同时，注重高校教师的学历提升工作，建设具有高素质的高校教师队伍。数据显示：高校教师中拥有博士学历的教师占比从 2007 年的 11.21% 提高到 2017 年的 24.37%；拥有硕士学历的教师占比在 35% 左右，基本保持稳定；拥有本科学历的教师占比显著减少，从 2007 年的 55.33% 减少到 2017 年的 38.03%。高校教师学历水平的不断提高，一方面保障了高校教师队伍的整体质量水平，另一方面也为培养高素质创新型高校教师队伍奠定了基础。

3. 高校教师队伍的创新能力不断提升

改革开放以来，我国重视高校教师的创新能力培养，制定和实施了一系列的政策，支持和鼓励高校教师开展创新活动。高校教师在不断的探索和实践中积极开展科学研究工作，实现创新能力的锻炼和提升。据统计，近十年来我国"双一流"高校教师在科研产出方面成果逐步增加。比如北京大学发表论文数量达到 10 万余篇，被引频次达到 72 万次，清华大学近十年来获得国内专利数量达到 1.35 万项。此外，我国高校教师在工作能力、信息加工能力、运用科研方法的能力以及成果表达和转化能力等方面进步也较快。

（四）高素质创新型高校教师队伍建设存在的问题

当前我国在培养高素质创新型高校教师队伍过程中仍存在诸多问题，集中表现在以下方面。

1. 高素质创新型高校教师队伍建设缺乏外部环境支撑

高素质创新型高校教师队伍建设，需要一个创新和发展的良好氛围。营造创新的风气和重视创新的表现是增强创新力的要件，适宜、合理的学校环境是教师创新能力发展的必要条件，其中重要的是学校管理、教学评价等等。高校内部管理机制的不健全、各种规章制度和奖惩措施的不完善以及整个学校的办学理念与发展定位滞后导致的学校整体创新氛围的不足等等，都对创新型教师的形成和发展造成了客观障碍。不少高校教师在发展中存在盲目无助的问题，很大程度上是因为高校缺乏对高素质创新型教师队伍建设的规划。不少高校未能及时根据本校师资现状，对高素质创新型教师培养问题进行系统思考，缺少长远规划，"自主"与"他主"耦合的机制没有形成，高素质创新型教师还处于一种自然生成的状态。[①] 不少高校没有设置教师发展中心来统筹指导教师的专业发展，缺少国家级和省级重点实验室、院级研究所等机构，缺少跨学科的研究组织，成员之间缺乏共同兴奋点和跨学科思维，影响了高校教师创新能力的提升。

2. 高素质创新型高校教师的教学与科研难以达到协调

教学与科研作为教师的两个重要职能，是维持高等教育质量的两个重要指标，但教学与科研的关系在高校内部往往难以平衡。一方面，部分高校教师全身心投入教学，局限于书本，忽视科研，没有把层出不穷的科研成果、教改成果渗透到教育观念和教学中，也没有促使教学为科研提出问题以及提供思维方式和技术路线，很难传授给学生科技创新的经验；另一方面，部分高校教师因为种种原因将精力主要放在各种科研、教改项目的获取上，但不注重或者没有足够的精力将成果运用于教学，不能促进学生创新能力的养成。[②] 调查显示，无论是在国家层面还是在高校内部，教育评价过程中重科研、轻教学的倾向依然存在。64.48%的高校把"提高教师学历学位层次"作为教师培训的首要目标，27.95%的高校将培养学科带头人和骨干教师作为首要目标，而以提高教师教学能力作为

---

① 孙泽文. 高校创新型教师成长的阻碍因素及其分析 [J]. 教师教育论坛, 2014, 27 (3): 10-16.

② 罗华, 何建洪. 高校创新型教师的特征及创新型教师的培养 [J]. 教育探索, 2007 (2): 78-79.

首要目标的高校仅占 2.58%。

3. 高素质创新型高校教师发展的内生动力不足

在高校制度设计尚未完善的条件下，教师创新的意愿和动机明显不足，从而成为阻碍创新型教师成长的重要内在因素。有的高校教师满足于现状，认为自身现有的教学与科研不存在问题，盲目自大，不思进取，因而找不到创新点。有的高校教师刻板僵化，以固定的眼光看待问题，循规蹈矩，因循守旧，不能考虑多种可能的思维方式与态度，对教育教学和学生的变化不予理睬。有的高校教师迷信权威，"唯书""唯上"，对教育论著、教育权威的判断深信不疑，不根据具体情况进行批判与证实，缺乏怀疑精神与创新活力。有的高校教师害怕失败，自卑，创新意识薄弱，对创新的认识不正确，认为创新是少数天才人物的专长，是特殊能力的表现，缺乏创新推动力和创新的意识与胆量。

三、加强高素质创新型高校教师队伍建设的对策

（一）积极补充和调整高素质创新型高校人才队伍[①]

高素质创新型高校教师队伍建设其实是一个人力资本的优化配置问题，要想培养一支高素质创新型的高校教师队伍，必须积极补充和调整教师人才队伍。高校应该结合自身的实际情况，积极构建吸纳高素质创新型教师的机制。吸纳高素质创新型教师的主要目的，是为高素质创新型教师队伍建设提供人才储备。有了新的优秀教师加入，才能改善教师队伍的整体结构。高校相关部门应加大对各个专业的教师岗位分析，搞好高校教师团队建设，协调解决教学与科研之间的矛盾，促进教学与科研一体化，真正实现教师资源优化配置。高校只有不断地对教师资源进行优化配置，才能有效提升教师的使用效益。同时，高校还应制定竞争淘汰机制，让更多有利于高校发展的优秀教师留下来，逐步淘汰不适合高校发展的教师，从而有效提升教师队伍的创新水平。

---

① 王定华. 努力造就新时代高素质高校教师队伍［J］. 中国大学教学，2018（6）：7-9.

（二）合理建构高素质创新型高校教师发展规划

高素质创新型高校教师队伍建设需要高校管理层面制定科学合理的政策规划，逐步建立各种实效性机制，确保高素质创新型教师培养工作的长期化、规范化和系统化。高校在政策制度导向上应充分体现对学生的关爱、对学者的尊重、对学术的推崇，营造和谐、宽容、开放的学术氛围。高校应把本科教学放在优先位置，在资源配置、学风建设、成果转化上，制定倾斜政策，突出学术导向，激励教师学术立教。进一步通过制定实施创新型的大学章程，优化内部治理结构，健全现代大学制度，充分发挥学术委员会在学风建设等事项上的重要作用，保障教师在学术上自由探索、潜心钻研。加强学风建设，落实学风建设"五个主体责任"，构建学风建设院长负责、教师主导、学生主体、辅导员或班主任教育管理和相关职能部门统筹协调的"五位一体"的责任体系，营造风清气正的育人环境和求真务实的学术氛围。

（三）着力加强高校教师创新创业教育教学能力建设

高素质创新型高校教师队伍的培养与建设需要高校教师具备较高的素质和较强的能力，推动高校科学研究成果的转化与应用。一是推动高校明确全体教师创新创业教育责任。二是推动高校配齐配强创新创业教育与创业就业指导专职教师队伍。三是推动高校聘请各行各业优秀人才，担任专业课、创新创业课授课或指导教师，在此基础上，由教育部建立全国万名优秀创新创业导师人才库。四是加强高校教师创新创业教育意识和能力培训，建立相关专业教师、创新创业教育专职教师到实务部门、科研院所、行业企业挂职锻炼制度。五是完善高校科技成果处置和收益分配机制，鼓励教师带领学生创新创业。学校鼓励教师将科研成果及时转化为教学资源，鼓励本科生主动参与指导教师的科研项目，形成教学科研协同育人的"学术生产力"。高校要积极出台科技成果转化、科研服务人才培养、教学单位与科研机构协同创新等配套制度，打破不同学科、教学单位、科研机构之间，以及教学单位与科研机构、教学科研管理之间各种有形、无形的壁垒，解决成果转化"最后一公里"的问题。

（四）加大对高素质创新型高校教师的考核力度

建立科学的评价和考核制度是培养高素质创新型高校教师的重要保障。高校要结合教师资源的特点以及学校自身发展需求，制定以创新为导向的绩效考核指标体系，通过客观、合理的考核体系约束和提高高校教师队伍的创新水平。改变过去单一、绝对、静态的评价方式，制定复合的、多元的、动态的教学评价制度，注重评价体系中教师创造性工作的权重，改变单纯以学生考试成绩优劣判断教师教学质量的做法，充分体现创新教学的价值。

高校应加大师德考核力度，将师德考核摆在教师考核的首位，严把选聘考核思想政治素质关。突出教育教学业绩，严格教育教学工作量考核，将教授为本专科生上课作为基本制度，加强教学质量评价工作，健全教学激励约束机制，强化课堂教学纪律考核。完善科研评价导向，坚持服务国家需求和注重实际贡献的评价导向，探索建立"代表性成果"评价机制，实行科学合理的分类评价，建立合理的科研评价周期。重视社会服务考核，综合考评教师社会服务，完善科研成果转化业绩的考核。将教师专业发展纳入考核评价体系，建立考核评价结果分级反馈机制，积极推进发展性评价改革。

学校在人才引进、津贴分配、职称晋升、年度考核等资源配置上，向优秀人才和重点岗位倾斜，向教师和教学一线倾斜，让教师的教学态度和教学成果等得到应有的体现和认可。对于教学业绩优秀的卓越讲师，学校规定可以享受副教授甚至教授绩效工资待遇。在教师业绩考核上，更加注重教学中的发现与创新。在教师奖励政策上，通过设立本科教学特别质量奖、教学奉献奖、教学名师、教学优良榜，让教学优秀的教师拥有更多的获得感和成就感。

作为中国高等学校的一个缩影，面对21世纪第三个十年，北京外国语大学正处在改革发展的关键时期，面临着难得机遇，也遭遇各类挑战。学校党委和各部门各学院注重教师队伍建设，抢抓机遇，趁势而上，加强领导，以人为本，务实工作，努力促进北外平稳较快发展。

一是落实党管人才的新要求。从讲政治的高度贯彻落实"党管人才"工作要求，切实将广大教师的思想和行动统一到党中央决策部署上来。坚持"引育并举"，既面向校外引进一批具有国际一流水平潜力、具有复合教育背景的人才，又面向校内培养一批卓越学术带头人和卓越青年教师，让各类人才共同发展、相互促进。鼓励广大教师在教学科研工作中发光发热，激励管理人员为人才培养工作献计献策，共同担负起新时代高校教师的神圣使命。

二是形成师德师风的新境界。师德师风是评价教师队伍素质的第一标准。学校把提高教师思想政治素质和职业道德水平摆在首位，落实师德师风系列文件精神，开展师德教育创新项目，突出全员全方位全过程师德养成，引导广大教师秉承红色基因，传承北外精神，明大德、守公德、严私德，做到又红又专。学校健全师德建设长效机制，结合主题教育活动，讲好师德典型故事，弘扬楷模精神，鼓励见贤思齐，加强师德考评，体现奖优罚劣，形成强大正能量，让师德师风建设成果内化于心、外化于行。

三是推出北外学术的新成果。构建北外话语体系，推动校内跨学科协同研究和智库研究，支持具有国际影响力的高端北外论坛和国际学术会议。突出时代特点，启动"'一带一路'国家文化教育大系"编撰工作，动员各语种教师积极参与，发挥北外多语种独特优势，主动服务国家战略。培育北外学派，编辑出版"新时代北外文库"，鼓励教师自选作品、加工整理，学校编辑出版、集中展现，营造新时代北外学术发展的新风尚。加大科研培养激励力度，提倡跨学科、跨专业合作；提倡每位教师每年发表一篇高质量论文，逐步消除教师年度科研空白点。推进教育现代化，建设智能化信息平台和智能化教室，打造以学习者为中心的智能教育环境，开展中青年教师智能素养提升培训，引导中青年教师积极运用人工智能改进教育教学，创新人才培养模式。

四是出台关心教师的新举措。学校稳步推进职称评审和职员晋级工作。增加高级职称名额，让职称评聘平稳有序，让符合条件的同志无须多年等待；优化职员职级工作流程，让七级评审水到渠成，让六级竞争有所降温，让五级提升可望可即，让四级职员成为可能。推进薪酬改革，修订业绩津贴管理办法，结合学校二次分配制度，完善现有绩效核拨方式，强化业绩津贴的牵引作用。扩建亚洲学院、非洲学院，设立非洲学院"特设教席"，面向全校招聘，实行倾斜政策，可以低职高聘，让急需岗位的教师成长有空间、发展有平台。畅通教职工多种发展渠道，允许机关意愿强烈、拥有博士学位、具有学术能力、取得一定成果的同志，经过必要程序，转入教学科研岗；允许管理素质高、愿意从事管理工作的教师，通过选拔程序，加入到管理队伍。通过改革，形成教师成长的活水池，搭建人才成长的立交桥，力争让北外的各类人员心情舒畅，尽展其长。改善教学办公条件，优化存量、做大增量，增加公用空间，强调资源共享，不搞私人壁垒，建立教师公共服务支持体系，让北外的学术大家们在窗明几净、舒适宽敞的环境中培育学生、著书立说。

五是深化教师管理新举措。首先，推动职称制度改革。职称牵涉广大教师切身利益，应当认真做好，依规操作，科学操作，阳光操作。应当不断改进，以校为主，客观公平，用足名额。让评上的同志受到激励，增强干劲；让没评上的同志心服口服，来年再报。推行高等学校教师职务聘任制改革，加强聘期考核，准聘与长聘相结合，做到能上能下、能进能出。职称评审过程中，应适当加大教学工作量和效果的权重。高校职称评审工作主动接受主管行政部门的业务指导和实施监管。其次，推进薪酬制度改革。建立体现以增加知识价值为导向的收入分配机制，扩大高等学校收入分配自主权，高等学校在核定的绩效工资总量内自主确定收入分配办法。教师依法取得的科技成果转化奖励收入，不纳入本单位工资总额基数。完善适应高等学校教学岗位特点的内部激励机制，对专职从事教学的人员，适当提高基础性绩效工资在绩效工资中的比重，加大对教学型名师的岗位激励力度。

六是搭建教师专业发展平台。采取切实行动，推动教师更新观念、重塑角色、提升素养、增强能力，主动应对新技术变革。搭建校级教师发展平台，组织研修活动，开展教学研究与指导，推进教学改革与创新。加强院系教研室等学习共同体建设，建立完善传帮带机制。全面开展教师教学能力提升培训，重点面向新入职教师和青年教师，为高等学校培养人才培育生力军。重视各级各类学校辅导员专业发展。为长江学者等各类人才发展成长、建功立业创造更好的条件。结合"一带一路"建设和人文交流机制，有序推动国内外教师双向交流，支持孔子学院教师、援外教师、青年教师成长发展。

身处建设社会主义现代化国家、实现中华民族伟大复兴中国梦的时代，身处中国日益走近世界舞台中央、不断为人类做出更大贡献的时代，身处加快推进高等教育改革发展、扎实开展"双一流"建设的时代，北外的学校领导和各部门负责同志遵循"一线规则"，回应教师诉求，政治上充分信任，思想上主动引导，工作上创造条件，生活上关心照顾，助力教师提升素质，增强能力，教书育人，润育桃李，绽放芳华，甘守三尺讲台，培养一代新人，做党和人民满意的人民教师。

一要政治素质过硬，坚定大方向。牢固树立"四个意识"，坚定"四个自信"，做到"两个维护"，胸怀教育报国的初心，牢记立德树人的使命，恪守《新时代高校教师职业行为十项准则》，传承北外红色基因，坚持"四个相统一"，争做"四有"好老师，成为学生成长的"四个引路人"。

二要业务能力精湛，练就大本领。树立终身学习理念，保持始终学习状态。外语开道，通识跟进；大语做强，中语做优，小语做好；兼容并蓄，博学笃行；服务国家，贡献社会；成就人生，追求卓越，实现一流。聚焦新时代新要求新技能，获取前沿理论知识，更新学科知识储备，厚植学术研究功底，增强自身业务素质，练就推进高等教育现代化的大本领。

三要育人水平高超，成为"大先生"。以德立身，砥砺品行，以人格魅力开启学生心灵之窗；要以学术为业，甘当人梯，以学术造诣打开学生智慧之门；掌握教育规律，驾驭教学方法，要以育人为己任，培养德智体美劳全面发展的社会主义建设者和接班人，成为塑造学生品格、品行、品味的"大先生"。

四、结语

改革开放以来，我国在培养高素质创新型高校教师队伍方面取得了一定的成绩，但是仍然还面临严峻的挑战。提高中华民族教育的竞争力，培养出大批面向世界和未来的国际化、创新型、可持续发展的人才，已经成为我国建设人力资源强国的重大历史使命。培养高素质创新型高校教师作为其中一个关键性课题，在推动我国经济社会发展、建设创新型国家、推动教育内涵式发展以及提高人才培养质量等方面发挥着重要作用。为了培养更多的创新型人才，学校就必须拥有一支高素质，具有强烈改革意识、创新精神和实践能力的创新型教师队伍。未来应该重视高校教师培养和人才队伍建设。高校要以自身独有的环境氛围和师资力量，在教学和科研过程中注重培养教师的创新能力，从根本上解决高校教师创新能力薄弱的问题，以适应新时代发展的要求，不断地为社会经济发展提供高素质创新型人才。未来社会综合国力的竞争，归根结底是知识创新的竞争，是创新人才的竞争，是教育能否有效地培养创新人才的竞争。创新是人类社会发展与进步的永恒主题，高素质创新型教师的塑造也是教师教育的永恒主题。

首先，健全长效机制，不断提高师德师风水平。评价教师队伍素质的第一标准是师德师风。师德师风建设是一项需要常抓不懈的工作，要坚持宣传教育、实践养成、规范约束相统一，健全完善教育、宣传、考核、监督与奖惩相结合的高校师德建设工作机制。一要加强正面宣传引领。全面深入开展高校黄大年式教师团队建设，加大优秀教师典型选树宣传力度，发掘师德典型，讲好师德故事，加强引领感召。完善高校教师荣誉表彰体系，定期评选表彰优秀教师、时代楷模、教学名师等，营造尊师重教的良好氛围。二要弘扬教师仁爱之心。教育是一门"仁而爱人"的事业，好老师应该是仁师，没有爱心的人不可能成为好老师。高校教师对青年学生成长成才影响深远，要通过实践反思、师生互动等，促进师德涵养，弘扬仁爱之心，在严爱相济的前提下晓之以理、动之以情，让学生"亲其师""信其道"，要更多关心学生、欣赏学生、信任学生、尊重学生、理解学生、宽容学生，做学生健康成长的指导者和引路人。落实研究生导师立德树人职责，模范遵守教师职业道德规范，正确行使导师权力，尽职尽责，仁而爱人，以德育人，以文化人。三要落实师德考核奖惩。高校要切实承担起师德考核主体责任，建立健全师德师风考核工作机制，完善师德考核评价办法，在招聘引进、职称评聘、评先评优、年度考核等工作中，有效使用师德考核结果。强化师德师风监督，落实《新时代高校教师职业行为十项准则》和《关于高校教师师德失范行为处理的指导意见》，严肃查处师德失范问题。

其次，支撑教师发展，着力提升教师教书育人能力。教师的本职是教书育人，培养学生成人成才。教师发展对于提高教学质量、学术水平、创新能力，提升教书育人能力具有决定性意义。一要突出教书育人导向。不管教师名气多大、荣誉多高，老师是第一身份，教书育人是第一任务。将教授为本科生上课作为基本制度，明确教授承担本科生课程的教学课时要求。教师发展更加突出教育教学，强调教学工作量和教学质量，强调教学学术研究，推动教师教育教学工作的进步，帮助教师更好地融入大学职业共同体，促进教师发展。二要完善教师研修制度。推进高校教师全员分类研修，优化研修内容，增强研修的规划性、系统性、针对性，提升研修质量。组织职业院校教师分层分类进行5年一周期的教师培训，遴选、建设职业院校教师企业实践基地和兼职教师资源库，推进教师和企业人员双向交流合作常态化，加快建成一支双师型教师队伍。探索建立学术休假制度，为教师提供自我调节和自我提升的机会，为教师可持续发展创造更好的条件。大力支持高校教师海内外访学研修，促进教师教学水平、科研能力的整体提升。三要利用人工智能助推教师队伍建设。实施人工智能助推教师队伍建设行动，试点开展高校智能教室建设、高校教师发展智能实验室建设等，推动教师主动应对人工智能、5G等新技术挑战，推进信息技术与教育教学的深度融合，改进备课教研、优化教学设计、开发情境化教学资源、提高教师工作效能，助推教师专业发展和人才培养工作"变轨超车"。四要搭建教师发展平台。要进一步改善高校教师发展服务，加强高校教师发展中心建设，开展教师发展研究，为教师提供研修服务、职业发展指导、教学咨询指导等，更好地促进教师专业化发展。加强院系层面教师发展平台建设，通过教学与科研团队建设，建立教师合作发展机制。支持建立跨院系、跨学科教师学习共同体，推动教师自主学习，增强教师发展动能。

最后，完善管理体制机制，充分激发教师队伍活力。体制机制问题是根本性、全局性问题，对教师队伍建设具有深远影响。我们要以深化高校教师人事管理改革为重要抓手，破除一切不合时宜的思想观念和体制机制弊端，激发高校办学活力和教师创造活力。一要完善高校教师选聘机制。充分落实高校用人自主权，高校根据事业发展、学科建设和队伍建设需要，自主制定教师选聘条件，自主公开选聘教师。严把高校教师选聘入口关，实行思想政治素质和业务能力双重考察，探索建立教师思想政治素质和师德师风外调制度，深入考察一贯的思想政治表现和师德师风，确保教师素质过硬。拓宽选人用人渠道，加大从国内外行业企业、专业组织等吸引优秀人才的力度。二要探索实行人员总量管理。积极开展高校人员总量管理试点，根据高校办学层次类别确定合理的人员配备标准，实施人员总量备案。对纳入总量管理的人员，高校与其签订聘用合同，实行统一的事业单位人事管理，享有相应待遇和保障。人员总量根据事业发展实行动态调整。在人员总量外，高校可自主灵活用工，依法签订劳动合同，保障合法权益。三要深化高校教师职称和岗位管理改革。要落实"放管服"改革要求，由高校自主开展职称评审，同时相关部门加强监管。①完善教师职称分类评价标准，完善同行专家评价机制，充分发挥内外部学术同行、学术评审委员会的作用。加强岗位聘用管理，强化岗位职责，淡化身份，加强聘期考核，实现职称评聘能上能下、能进能出，良性流动。

---

① 王定华. 加强高校教师职称评审监管 推动"放管服"改革向纵深发展［J］. 中国高等教育，2017（23）：24-27.

第九章

新时代教师专业发展的观察与研究

　　现代化的根本是人的现代化。要把人力资源大国变成人力资源强国，关键看教育，根本在教师。为实现《中国教育现代化2035》的目标，建设有中国特色的现代化教育强国，必须加强教师队伍建设。新时代加强教师队伍建设，关键是促进教师专业发展，核心是提高教师素养。本章的"教师专业发展"主要指在职教师的培训或能力建设。

中小学教师的在职培训是教师培训或能力建设的主体和重点,可以提升中小学教师的专业水平。2010年6月,教育部联合财政部共同下发《关于实施"中小学教师国家级培养计划"的通知》,指出"实施'国培计划',是提高中小学教师特别是农村教师队伍整体素质的重要举措"。从2011年"国培计划"正式实施至2020年,"国培计划"实施体系逐步完善,部署安排针对性、计划性逐渐增强,始终将培训课程内容的设置、培训模式的创新、培训机构的遴选以及培训监督的管理等工作放在历年体系建设的重要位置,并不断推陈出新,不断完善规范;同时,坚持以服务乡村教师教育发展为主线,提升培训层次和管理服务水平,推动了置换脱产研修、短期集中培训、远程培训和转岗教师培训相结合的方式,不断创新培训模式,提升培训水平,增强培训效果。

政府着力构建一体化、科学化与终身化的教师教育体制,将高校与地方政府(企业)、中小学的不同职能相互协调、整合,建设各职能机构资源共享、协调共管、整体推进的新机制。首先,以服务基础教育为指向,打破师范大学与中小学之间优质教师教育资源共享的壁垒。其次,在整合各机构职能的同时,明确统筹主体及其权责划分。在教师教育一体化的建设过程中,地方政府部门履行主导与监督的职能,创建完善流畅的政策沟通环境,科学规划教师教育一体化体制发展方向,大力投入人力、物力、财力资源进行支持,保障教师教育职前在职一体化建设大环境的稳定;高等学校的主要职责在于,厘定教师教育一体化的发展目标,完善教师教育一体化的课程体系设置,推动教师教育一体化实践取向的发展。

此外,基于信息技术的发展,政府积极转变教师培训方式,推动信息技术与教师培训的有机融合,实行线上线下相结合的混合式研修。改进培训内容,紧密结合教育教学一线实际,组织高质量培训,使教师静心钻研教学,切实提升教学水平。建立健全地方教师发展机构和专业培训者队伍,依托现有资源,结合各地实际,逐步推进县级教师发展机构建设与改革,实现培训、教研、电教、科研部门有机整合。

21世纪第二个十年里,在教育部的领导和多方的通力合作下,国家构建起了较为完备的大中小学和幼儿园教师国培体系。2012—2019年,中央财政累计投入"国培计划"专项经费超过170亿元，培训各级各类教师超过1 700万人次，有力地带动了各地开展五年一周期360学时的教师全员培训。根据国家教育信息化总体布局，2013年教育部启动实施中小学教师信息技术应用能力提升工程，采取"标准建设、培训创新、能力测评、推进应用"相结合的新机制，基本完成了全国1 000多万名中小学、幼儿园教师的信息技术应用能力专项培训。自2017年起，国家实施职业院校教师素质提高计划，中央财政每年投入近7亿元，参训的职业院校教师超过万人，推动了职教双师型教师队伍建设。十年来，国培积累了成功经验：管理效率高了，培训模式新了，培训质量好了，经费盘子大了。

这十年里，"国培计划"通过教师培训课程标准，给教师发展"建模子"；通过能力诊断测评体系，带教师个体"照镜子"；通过创新课程和数字教育，为教师提升"开方子"；通过改革培训模式，为教师培训"找路子"。探索了教师常态化研修培训模式，树立了良好的业界口碑，产生了积极的社会影响。训前，全面组织调研，多轮专家论证，明确培训主题，科学设计课程。训中，核心专家引领，多方名家会聚；创新团队建设，全员破冰体验；把握课改动态，基于教学实践，纪律要求严格，管理制度规范；设置任务驱动，阶段成果输出；突出人文关怀，优化服务细节。训后，动态持续跟踪，线上线下互动；关注个体成长，打造区域名师。

一、新时代教师队伍素质结构新要求及内涵

促进新动能发展和产业转型升级，迎接世界新工业革命大趋势的挑战，提升教育支撑和促进国家现代化建设的作用，面向《中国教育现代化2035》的目标，建设一支高素质、专业化和创新型的教师队伍既是建设现代化教育强国的新任务，也是建设现代化教育强国的重要保障。

高素质、专业化、创新型三者有着怎样的关系呢？首先，以高素质稳基础。高素质指的是较高的综合素质，是对教师队伍的普适性要求。其次，以专业化强核心。专业化是对教师队伍的岗位适配性要求，是教师的核心竞争力。最后，以创新型谋发展。创新型是对教师队伍的时代性要求，是促使教师追求卓越的

要求。

（一）高素质

古今中外，人们一般认为，教师最重要的素质就是实现传道、授业、解惑的素质。柏拉图在《普罗泰格拉篇》中描述了理想的教师形象，就是教师引导学生从纷乱繁杂的现象世界逐级而上以达理念世界，形成和谐发展的完美人格。作为教师，应关心学生的心灵世界，给予学生心灵成长的营养而非知识的注入。[①]培根认为，教师要坚持科学的方法，坚持传授真理，才能做到"好老师"的两条标准：一是热情，把教育当作一种科学的事业严谨对待，并从中收获快乐；二是以身作则，要求学生做到的，教师要"会做""能做""做到"。[②]

如今，我们把提升教师思想政治素质和职业道德水平摆在首要位置。我们要通过加强师德建设和专业化提升，让广大教师以教书育人为己任，用理想信念传递能量、用道德情操塑造灵魂、用扎实学识启迪智慧、用仁爱之心引领成长，成为党和人民满意的"四有"好老师。

广大教师要以更加厚实的综合素质为基础，以更加精湛的专业素质为核心竞争力。广大教师要以更加突出的创新素质为追求，通过培育创新意识和创新能力，持续开展创新实践，更好地承担起提升教育质量、培育创新人才的国家使命和历史责任。

各地要实行分类指导，准确把握新时期中小学、职业学校、高校教师队伍的不同特点和建设重点。中小学、职业学校、高校教师应具备的素质见表 9-1。

表 9-1 教师素质框架

素质	中小学教师	职业学校教师	高校教师
道德素质	遵守宪法和法律法规； 践行社会主义核心价值观； 贯彻党的教育方针； 以立德树人为己任。	遵守宪法和法律法规； 践行社会主义核心价值观； 贯彻党的教育方针； 以立德树人为己任。	遵守宪法和法律法规； 践行社会主义核心价值观； 贯彻党的教育方针； 以立德树人为己任。

---

① 吉拉尔德·古特克. 教育学的历史与哲学基础：传记式介绍[M]. 缪莹，译. 长沙：湖南教育出版社，2008：51.

② 陈永明，等. 教师教育学[M]. 北京：北京大学出版社，2012：11.

续表

素质	中小学教师	职业学校教师	高校教师
科学文化素质	具有宽厚的知识基础； 具有宽广的国际视野； 具备深厚的传统文化基础； 兼具科学素养和人文素养。	具有广博扎实的科学文化知识； 具备传统文化修养； 具备一定的学术阅读、写作和报告能力； 熟悉相关工业与职业文化。	具有广博扎实的科学文化知识； 具备传统文化修养； 具备一定的学术阅读、写作和报告能力。
审美素质	具有得体的仪态仪表； 具有健康的生活情趣； 具有教育艺术与智慧； 具有艺术鉴赏能力。	具有得体的仪态仪表； 具有健康的生活情趣； 具有教育艺术与智慧； 具有艺术鉴赏与表现能力。	具有得体的仪态仪表； 具有健康的生活情趣； 具有教育艺术与智慧； 具有艺术鉴赏与表现能力。
身心素质	具有强健的体魄； 具有健康的心理； 具有阳光的心态； 具有亲和力。	具有强健的体魄； 具有健康的心理； 具有阳光的心态； 具有亲和力。	具有强健的体魄； 具有健康的心理； 具有阳光的心态； 具有亲和力。

1. 造就高素质中小学教师

中小学教师队伍要以"四个引路人"为追求，大力培育教育情怀、专业素养和创新精神，做学生锤炼品格、学习知识、创新思维、奉献祖国的引路人，努力把我国基础教育越办越好。

中小学教师队伍建设应围绕《中国教育现代化2035》的目标，落实立德树人根本任务，通过德育、智育、体育、美育、劳动教育推动学生全面发展，促进核心素养养成，培养社会主义事业的合格建设者和可靠接班人。中小学教师队伍建设应以培育教师教育情怀、专业素养和创新精神为重点，着力从以下方面提升中小学教师素质能力。

（1）深入推进中小学教师培养综合改革。加强教师教育体系建设，办好一批师范院校和师范专业，改进教师培养机制、模式、课程、师资，探索建立教师培养质量监测评估制度，做好师范类专业认证试点工作。建立教师教育改革创新实验区，创新完善地方政府、高校、中小学"三位一体"的协同育人机制。全面实施卓越教师培养计划，加强师范生教育实践和教师教育师资队伍建设。完善师范院校提前批次录取办法，加大师范专业学费优惠力度，吸引优秀高中毕业生读师范当教师。鼓励重点高校为非师范专业学生提供师范课程服务，畅通非师范专业毕业生从教通道，探索建立非师范专业毕业生到乡村学校服务的学费代偿机制，吸引优秀毕业生到中小学和中等职业学校特别是农村学校任教。

（2）健全中小学教师专业发展支持服务体系。首先，完善教师全员培训制度。继续实施"国培计划"，不断提升教师素质能力。建立健全省、市、县三级教师培训机构和专业培训者队伍，着力推进市县级教师发展机构标准化建设，实现培训、教研、电教、科研部门有机整合。创新培训模式，确保培训实效。推动教师学习资源公共服务平台和教师网络研修社区建设，支持教师线上线下相结合的终身学习。推进教师培训自主选学，建立培训学分银行，加强教师培训与学历教育课程衔接、学分互认。建立教师培训机构资质准入和质量评估制度，提升培训专业化水平。大力加强教师专业认同教育，使得广大教师愿教、乐教、善教。其次，探索建构教师发展支持服务体系。推进教师教育一体化，探索国家、地方、学校"三位一体"的教师专业发展支持服务体系。国家重点建设一批国家级师范教育基地、示范性市县级教师发展机构，实施培训者队伍建设工程。国家培养层面以开展专业认证为手段，地方培训层面以教师专业发展需求为动力，学校组织层面以教育教学工作为立足点，推动教师专业发展与教师教育深度融合，为教师的终身学习和持续发展提供专业支持。

（3）改革中小学教师服务管理制度。健全教师资格准入制度，提高教师准入教育年限，小学教师以专科为基准，吸引本科及以上学历人员进入，同时加大在岗教师的学历提升教育力度；中学教师以本科层次为基准，同时增加研究生学历人员进入比例，积极开展在职教师学历提升工作。建立试行教师退出制度，让不符合要求的教师接受转岗安排，或主动自愿退出教师岗位。改进教师聘用制度，构建权责明晰、重心下移的中小学教师管理体制，加大学校用人自主权，实现教育事权和人权的统一。全面推开中小学教师职称制度改革，实行教师职称评审与岗位聘用相结合的办法，改进中小学教师职称评定办法，突出教育教学业绩。改进考核评价制度，加快构建教师队伍建设标准体系。建立符合中小学教师岗位特点的评价机制。

（4）建立中小学教师工作部门协调联动机制。加快健全教师法律法规体系，完善《教师资格条例》，在条款中进一步明确中小学教师权利义务、培养培训、入职标准、资格认证、工资待遇等相关内容，严格执行法律法规，依法保障教师合法权益。适时研制出台教师教育条例，推进师范教育和教师培训的制度化和规范化。

中小学教师队伍建设是一项涉及教育、组织、人力资源社会保障、编制、财政等政府多部门多领域的复杂工作。开展好教师队伍建设工作需要中央和地方上下齐心，也需要同一级政府的各相关部门协力配合。鉴于教师队伍建设工作的重要性和迫切性，各省、市、县教育工作领导小组要把中小学教师队伍建设纳入重要议事日程，切实加强教师队伍建设的组织领导。

2. 造就高素质职业学校教师

职业学校要弘扬劳动光荣、技能宝贵、创造伟大的思想认识，坚持产教融合、校企合作，坚持工学结合、知行合一，以提高教师双师素质为重点，努力实现综合素养和专业技能双提升，着力培养具有鲜明职业教育特色的德技双高、素质优良、专兼结合的教练型教师，切实肩负起培养多样化人才、传承技术技能、促进就业创业的重要职责。①

为加快培养大批高素质劳动者和技术技能精英人才，深度融入大众创业、万众创新和"中国制造2025"实践，促进新动能发展和产业升级，推动经济保持中高速增长、迈向中高端水平，我国迫切需要加快建成一支数量充足、业务精湛、结构合理、充满活力的高素质、专业化、创新型教师队伍，培养一大批师德高尚、特色鲜明、技能高超、专兼结合的"双师型＋教练型"教师群体，让他们切实担负起传承与积累、创新国家技术技能的重大使命，主动适应产教融合、校企合作、工学结合、知行合一的要求，大力弘扬劳动光荣、技能宝贵、创造伟大的时代风尚，积极传播精益求精、追求卓越的工匠精神，努力培养数以亿计的高素质劳动者和技术技能人才。职业学校教师队伍建设要以增强职业吸引力、综合素质与专业技能双提升为重点，着力从以下方面提升教师素质能力。

---

① 李克强总理2014年在会见全国职业教育工作会议代表讲话中要求"打造具有鲜明职教特点、教练型的师资队伍"。

（1）提升职教教师职业吸引力。着力提升职教教师的社会地位和待遇水平，建立双师型教师补贴制度和国家奖励制度，不断改善教师的经济待遇、生活条件、工作环境。深化职业教育教师的准入制度改革，实施十万工程技术人员进校园工程，积极吸引各行各业的能工巧匠、企事业单位的专家和技术能手等担任兼职教师。保障教师合法权益，确保职业教育教师成为有吸引力、有尊严、令人羡慕的社会职业。

（2）健全职教教师发展支持服务体系。依托高水平大学、职业院校和行业企业，建设双师型职业教育教师培养培训基地和教师企业实践基地，推进产教融合、校企合作、工学交替的教师培养培训体系的改革创新和转型升级。推进教师企业实践工作（流动）站制度，支持企业常设一批教师企业实践岗位。深化师资基本问题研究，探索实施教师专业技能分级培训和考核制度，建立多元化的职业教育教师专业素质和经验积累机制。

（3）激发职教教师队伍活力。深化职业教育教师准入制度改革，建立灵活开放的兼职教师管理制度，提供有效的政策支持和经费保障。深化职业教育教师的人事制度改革，采用"职级分等＋岗位分类"的方式，全面建立职教教师资格框架。继续深化和实施职业教育教师的职称评聘制度改革，支持扩大编制外教师的选拔和聘用，实现编内编外同工同酬，并享受同等福利待遇。促进职业学校教师和企业技术人才双向顺畅交流。对专任教师和兼职教师的教学绩效进行科学的评价。

（4）保障职教教师合法权益。修订《中华人民共和国职业教育法》和《教师法》，依法促进职业教育教师专业化发展，形成职业教育教师遴选、准入和退出的法律保障机制，保障职业教育教师在教育教学领域的劳动权、知识产权和其他必要的合法权益，凸显职业教育教师在教育教学工作中的重要价值。明确界定职业教育教师的权利、义务和法律责任，任用条件和准入资格，企业实践和进修要求，绩效考核和薪酬待遇，奖励和惩戒条件等。

各地应加强教师工作的组织领导，建立部门协调联动机制。高度重视师资队伍建设，把加强职教师资队伍建设作为一项重要的战略任务，建立部门联席会议制度，统筹协调，优先谋划。同时，加大教师队伍建设专项经费的投入力度，以政府采购教师培训服务、专项经费补贴、税收减免等形式，促进企事业单位参与职业教育教师培养和培训。

3. 造就高素质高校教师

高校教师队伍建设要努力实现高校教师教书和育人、言传和身教、潜心问道和关注社会、学术自由和学术规范的统一，大力提升高校教师的思想政治素质、教书育人能力和探索创新精神。

（1）加强高校教师工作组织领导。加强对教师的理想信念教育，不断提高教师队伍的思想素质、政治素质和职业道德素质，引导教师课堂讲授守纪律、公开言论守规矩。引导高校着眼青年教师群体特点，有针对性地加强思想政治教育。加强对教师进行中华优秀传统文化、革命文化和社会主义先进文化的教育。着力夯实基层组织，注重激发党组织的工作活力，发挥党员教师的先锋模范作用，贯彻党的教育方针和政策，引导教师用正确的理念和方法处理教育教学问题，用积极进取的价值取向和创新精神履行教书育人职责。

（2）构建高校教师专业发展支持服务体系。强化教师终身学习理念，实行教师全员培训制度，促进教师终身学习、自主发展。推动教师发展理念人本化、发展目标层次化、发展体系校本化。加强新入职教师培训，推进教师国内外研修访学。建立教师教育教学研究制度，解决教师发展中注重专业、轻视教学以及教师个体发展和组织发展不平衡的问题。建立健全覆盖全体教师的全方位、多层次、分阶段和个性化的教师专业发展支持服务体系，促进教师教育教学能力和水平全面提升。将教师专业发展情况纳入教师考核评价体系。

（3）畅通高校教师"选育管出"机制。一是完善全方位的教师培养延揽机制。拓宽高素质教师来源，建立从国内高水平大学和研究机构中选留人才充实到大学任教的机制，积极聘用海外优秀人才，探索从社会选聘应用型人才。二是严格教师资格准入，建立人才培养与使用的联动机制。实行新入职教师规范化培训与取得教师资格证书相衔接。通过事业留人、待遇留人和感情留人，积极营造有利于教师成长成才的制度氛围和文化环境。三是完善贯穿教师职业生涯的综合评价体系。依据教师职业生涯不同阶段的发展目标和要求，统筹设计教师综合评价指标，建立教师入职性评价、履职性评价、发展性评价、成长性评价和流转退出性档案，科学合理应用评价结果，引导教师投入教学和学术。四是完善教师流转退出机制,实施负面清单管理。严格把控知行合一的师德师风长效机制,激励教师成为学问品行的示范者;及时清退师德师风严重失范的不合格教师。

(4)加强高校教师创新能力建设。引导支持高校改革人事、科研等政策,营造"鼓励创新、宽容失败"的政策环境和文化氛围,形成创新导向,助推创新成果。对准创新型国家建设及世界一流大学、一流学科建设,实施好千人计划、万人计划、长江学者奖励计划等重大人才项目,着力打造创新团队,大力培养青年学术英才。面向我国产业发展和参与全球产业竞争的需求,大力引进行业企业一流人才,支持高校专设岗位,吸引具有创新实践经验的企业家和高科技、高技能人才等兼职任教。支持教师开展教学研究和改革,开展原创性的科学研究。通过加强教师培训,加强实践锻炼,加强产学研结合和校际合作与交流,不断提升教师队伍创新能力。

(二)专业化

2012年2月,教育部颁布了《幼儿园教师专业标准(试行)》《小学教师专业标准(试行)》《中学教师专业标准(试行)》。这三个标准是国家对合格教师专业素质的基本要求,是教师实施教育教学行为的基本规范,是引领我国教师专业发展的基本准则。

这三个标准都明确规定了教师职业"师德优先、学生(幼儿)为本、能力为重、终身学习"的基本理念,不仅体现了我国未来一段时期教师群体长期坚持的基本追求,也包含了学习型社会背景下对教师素质的新要求。①

1. "师德优先"主要体现在对待职业、学生、自己三个方面

首先,教师作为一个职业,要具有规范的职业道德和职业理想。中国自古就有重视师德的传统,这体现了对中国传统的继承。教师要成为专业,就要有一套严格的职业道德守则。任何教育阶段的教师都应该履行教师职业道德规范,热爱本职工作,传达社会主义核心价值体系。

其次,教师作为教育者,教书育人、为人师表已经成为我国历代教师的核心

---

① 郅庭瑾、尚伟伟. 我国中小学教师专业标准解读[J]. 现代教学,2016(7):20-22.

品质。专业化的核心素养之一就是专业精神，即把学生和社会利益放在第一位。处于中小幼各个阶段的学生的心智都尚不成熟，具有很强的可塑性，需要教师富有爱心、耐心、细心和责任心，因材施教，以德服人，做好榜样。

最后，教师成为反思者，是教师专业化发展的必然要求。这就需要教师在教育教学过程中不断进行反思，严于律己，宽以待人，不断规范自己的道德行为。

2. "学生为本"主要体现在尊重、遵循和促进三个方面

"学生为本"体现了国家要求教师对课堂教学、学生管理和学生评价全面转向以学生为本。

"尊重学生权益，以学生为主体，充分调动和发挥学生的主动性"旨在尊重每一个学生平等接受教育的权利，致力于让所有的学生都能够获得知识，相信所有学生都有学习能力，平等地对待每一个学生。

"遵循学生身心发展特点和教育教学规律，提供适合的教育"是要求教师从学生的学习需求和兴趣出发，认识到不同阶段不同学生的心理特点和个体差异，并在教育教学过程中考虑到这些差异，寻找符合不同学生个体的教育规律，了解学生已有的发展和学习，采用适合的教育教学方法，充分激发学生的学习兴趣，使他们获得较高的学业成就。

"促进学生生动活泼学习、健康快乐成长"是教育的最终目标，使学生在学校里能够开心学习、快乐成长，也是对教师绩效考核的重要指标。

3. "能力为重"强调教学实践能力、教学组织与管理能力、专业发展能力

能力是任何一个职业的本质力量，蕴含着职业主体的能动性和创造性。它是知识、行为、技能、价值观、态度和自我感知等组成的一个复杂整合体。

教师作为一种职业，教师的能力特指教师在实践场域中动态流动、无形存在的一种教育行动能力，是演示教学知识和技能的能力。教师的教学实践能力、教学组织与管理能力、专业发展能力是教师专业化成长的标志，是教师专业发展水平在教育实践中的表现。

以能力为重不仅可以实现教师之间的公平竞争，而且还能更好地提高教育绩效。没有优异的教学表现和教学组织管理能力，任何专业知识和技能都毫无意义。只有以能力为重,才能把握好教师专业发展的主线。

4. "终身学习"是实现专业化成长的重要途径

教师职业是复杂的专业化职业,需要不断学习和探索。同时,在当前信息化社会背景下,知识更新速度的加快使得终身学习成为人们所必需的基本素质。那么,担负培养具有终身学习意识和能力的现代人责任的教师就必须具有终身学习的能力。

因此,教师只有不断地优化自身的知识结构,不断地更新知识和技能,了解国内外先进的教育理念和教育改革经验,具有持续性学习和发展的意识和能力,才能实现教师专业发展的终身化。

(三)创新型

创新型的教师有助于培养出创新型的学生。

创新人才培养是一项长期而复杂的系统工程,而基础教育是起点和奠基阶段。所以,我们必须抓好源头培养,深化课程改革,实施素质教育,特别要发挥好教师培养学生创新素养的关键作用,夯实创新人才培养的师资基础。广大教师要自觉肩负起培养创新人才的历史使命,坚定理想信念,涵养道德情操,勤修扎实学识,满怀仁爱之心,坚守教育信仰,笃信教育价值,潜心教书育人,大胆开拓进取。

一要树立强烈创新意识。爱因斯坦说过,唤起对创造性表达和知识的喜悦是教师的最高艺术。教师想"点燃"学生,首先自身要有"火种"。教师在整个教学过程中、在每个教学环节上都需要不拘一格,营造创新氛围,设计创新情境,提供创新条件,激发学生兴趣,促进学生思考,启迪学生创新灵感和创新思维。教师需要精心呵护学生的冒险精神、求异思维,尊重学生的个性特点,鼓励他们大胆提问,乐见别出心裁,欣赏标新立异,善于因势利导,使学生充满求知欲望、激荡探究热情、放飞想象翅膀、释放创新潜能。

二要推进教学模式创新。教学有法,但无定法,贵在得法。教师需要着眼于教育启蒙和奠基,致力于创造环境和土壤,聚焦于培养兴趣和潜质,坚持学思结合、知行统一、因材施教,另辟创新人才培养蹊径。"互联网+"环境下,教师要充分发挥翻转课堂、慕课、微课作用，促进课堂内外、学校内外结合，增加学生动手实践机会；要改变应试教育的死记硬背、机械训练，让学生掌握必要的基础知识、学习方法和创新方法，鼓励学生大胆探索和实践，主动去验证已知、获得新知、探索未知；要让学生意识到创新是敢于质疑、批判求证的过程，是团结协作、独立思考、升华认识的过程，是接受新事物、维护新观点、迎接新挑战的过程。

三要练就过硬教学本领。"水之积也不厚，则其负大舟也无力。"信息时代，学习途径多样，知识来源丰富，教师面临挑战，故步自封终将被淘汰。教师需要同学生一样，面对世界瞬息变化，保持好奇心和求知欲，始终处于学习状态，站在教学发展前沿，刻苦钻研，严谨笃学，不断充实、拓展、提高自己。教师不仅要有胜任教学的专业知识，还要有广博的通用知识、宽阔的胸怀和视野。教师需要主动更新教育观念，科学革新教学方法，熟练运用教学手段，形成独特教学风格，积极开展教育实践，不断增强教学本领。

四要积淀深厚人文素养。海纳百川，有容乃大。没有人文精神的教育，将阻碍创新人才的诞生。教师需要常读经典，与思想家、文学家、科学家、教育家对话，涵养人文底蕴，培育科学精神，把人文素养渗透到教学实践中。教师要不限于知识传授，不止于课堂教学，组织学生开展丰富多彩的志愿服务、社会调查、自然探秘、劳动实践等，带领学生走进历史长河、走进艺术长廊、走进先贤殿堂，使学生多角度、多方位地接触并了解社会，使他们的观察更加敏锐、视角更加独特、思维更加活跃，使他们意识到肩负的国家使命和社会责任，进而激发其创新动机，促进其创新能力的形成和提升。

二、教师专业发展工程项目

广义的教师专业发展工程项目，包括培养和培训两大方面；而狭义的教师专业发展工程项目，就是指教师培训项目。

教师培训是有目的、有计划、有指导地组织教师参加与教育教学工作相关的学习活动，旨在改进和发展他们的专业知识、专业技能、专业态度、专业能力和工作行为,从而开发教师人力资源潜能,以适应教育改革和发展的需要。①

教师培训是一项专业性、实践性、探索性、创新性极强的工作,是一项复杂的系统工程。开展教师培训,必须精心组织操作,深入研究分析,认真提炼总结。在众多关于教师培训的著述中,北京教育学院汤丰林教授的著作《教师培训:理性与实践的核心关注》让笔者印象深刻,他曾约笔者为该书写序。通读全书,会让人加深对教师培训的认识,理清做好教师培训的基本遵循和工作重点。②

一是坚持需求为本。教师所处的区域不同、专业背景不同、专业发展阶段不同、所在的学校生态不同,需求具有多样化和个性化的特征。我们要基于新教师、熟练教师、专家教师的成长规律,设计和提供符合其专业发展阶段特性的培训内容和培训方式,更要在培训规划上从"自上而下"转向"自下而上",在培训项目设计上从"提供方主导"转向"需求方主导",在培训实施过程中从"一成不变"转向"动态调整",在培训效果跟踪方面从"一锤子买卖"到"细水长流不断线"。我们要继续坚持以问题为导向、以案例为载体,增强教师参训动力,满足教师个性化学习需求。

二是坚持深度融合。帮助新教师形成基本的教育教学规范,促进优秀教师凝练教育教学经验,推动教师作为反思性实践者在教师专业发展方面实现"实践—理论—实践"的螺旋式上升是教师培训工作的重要使命。我们要在培训观念上坚持"重心下移",在培训内容上坚持"深入浅出",在培训方式上坚持"混合式培训",真正推动教师培训与日常教研、教育教学的融合,推动教师培训的常态化。要继续推动信息技术与教师培训深度融合,帮助教师应用信息技术促进教育目标、内容、方法和手段各方面的改革,促使教师形成以学习者为中心的新型教学形式。

三是坚持能力支撑。努力构建更加科学有效、开放有序的教师培训体系。在此过程中,应特别重视各级各类教研队伍提升,重视发挥教学名师和优秀教师的

---

① 余新. 教师培训师专业修炼 [M]. 北京:教育科学出版社,2012:37.
② 汤丰林. 教师培训:理性与实践的核心关注 [M]. 北京:北京师范大学出版社,2018:1-23.

示范引领作用。实现师范教育和教师培训功能融合，推进教师教育职前职后一体化建设，建立健全省、市、县三级中小学教师培训机构和专业培训者队伍。出台县级教师发展中心建设标准，推进市县级机构标准化建设，实现培训、教研、电教、科研部门有机整合。推动教师学习资源共享服务平台和教师网络研修社区建设，支持教师线上线下相结合的终身学习。对于职业学校，可依托相关高等学校和大中型企业，共建双师型教师培养培训体系。推进高校成立教师发展中心，发挥基层教研室作用，为开展教师备课、教学咨询等提供平台。

四是健全培训制度。按照面向全员、突出骨干、倾斜乡村、学用结合、协同治理的原则全面推进中小学教师全员培训，中央财政继续支持中西部省份组织实施"国培计划"。省、市、县各级要根据分类、分层、分岗的要求统筹区域资源，合理划分各自的职能定位，实现教师培训服务"无缝隙"，支持关爱"零距离"。县级机构应重点组织中小学教师开展以学校为主体的研修活动，实施新老教师结对子、传帮带，共同成长、共同提高。按照示范引领、服务需求、产教融合、整体提升的总体思路，组织职业院校教师分层、分类参加国家级培训，带动地方有计划、分步骤实施全员培训，同时建立教师到企业实践常态化机制。

五是推进培训改革。借力"互联网＋"创新教师教育模式，建设一批支持教师创新能力培养的智慧教室，围绕中小学课程标准和教师日常工作需要，研发和推广教师培训在线课程，推进优质资源共享。建设网络研修社区，创新教师网络研修方式，让教师"处处能学、时时可学"的在线研修活动、教学实践支持成为可能。推动各地落实中小学教师培训学分管理指导意见，规范培训学分登记，探索建立培训学分银行，激发教师参训动力。国家应出台中小学主干学科培训标准、中小学教师心理健康标准、幼儿园教师心理健康标准、高校新入职教师培训指南，在标准框架下，鼓励各地、各高校、各培训机构诊断教师需求，改进培训内容方式，有针对性地开展教师培训，提升教师培训效果。

自2010年起，教育部会同财政部先后启动了一系列旨在促进教师专业发展的国家级培训项目。

（一）中小学、幼儿园教师国培

一是开展数万名国家级骨干教师培训。面向中小学、幼儿园优秀骨干教师，采取集中面授与网络研修相结合的方式进行专项培训,帮助教师解决教育教学实际问题、提高教育教学能力,探索培训新模式,示范引领各地加强教师队伍建设。

二是实施万名骨干培训者培训工程。面向国家和省级教师培训专家团队成员,包括高等学校和教师培训机构的专职培训者、担任兼职培训者的一线优秀教师和教研员,采取集中面授与网络研修相结合的方式进行培训能力提升专项培训,为各地建立教师培训专家团队奠定坚实基础。

三是完成中西部乡村教师轮训。集中支持中西部乡村教师培训。采取顶岗置换、送教下乡、网络研修、短期集中、专家指导、校本研修等方式,对中西部地区乡村中小学、幼儿园教师进行5年一周期360学时的专业化培训,持续提升乡村教师能力素质。

(二)高校新入职教师国培

为建立健全高校新入职教师培训制度,以中西部地方本科院校为切入点,每年组织2 000名中西部高校新入职教师开展为期20天的国家级示范培训,在抓好5年共计培训万名教师任务落实的同时,持续开展高校新入职教师培训工作。围绕专业理念与规范、教学理论与技能、信息技术与应用等三个核心课程模块进行主题培训,采取"专题讲座+实践教学+返岗教研"的混合式培训方式,帮助新入职教师为今后的教师生涯奠定良好的基础。

(三)高校青年骨干教师国内访问学者计划

每年从中西部地方高校选派1 000名40周岁以下、有培养潜力的优秀青年教师,到国内高水平大学师从著名学者,做为期1年的访问学者,帮助青年教师提高教学能力、科研水平、学术素养和创新能力,为地方高校培养一大批学术带头人。培养经费采取三结合原则安排,中央财政每人每年支持8 000元,学员所在院校补助一部分,培养院校承担一部分。

(四)高校海归教师体察国情计划

以高水平大学为重点,每年组织1 000名高校海归教师参加专题示范培训。主要针对海外连续学习3年以上学成归国、走上高校教学岗位不足2年的教师,采取社会实践、现场教学、集中学习研讨等方式，加强中国特色社会主义理论学习教育，让高校海归教师了解党情、国情、社情、民情，学习中华优秀传统文化、革命文化和社会主义先进文化，引导他们热爱祖国、奉献祖国，积极弘扬爱国主义精神。

（五）职业院校骨干教师国培

重点面向战略性新兴产业、现代农业、先进制造业、现代服务业、民族传统工艺等紧缺领域专业，每年组织10 000名职业院校青年教师、骨干教师和专业带头人参加国家级培训。实行教师分层分类培训，研究制定教师专业技能分级培训标准，通过校企合作、工学交替、线上线下等组织形式，采取集中学习、企业实训、网络研修、跟岗培训、返岗实践等多种方式，加强职业院校教师的师德养成、专业知识更新、实践技能积累和教学能力提升。

（六）卓越职业院校校长培养计划

每年组织1 000名职业院校校长参加培训，重点提高他们的改革创新意识、决策领导能力和办学治校能力。围绕集团化办学、校企合作、现代学徒制、学校治理、中高职衔接、专业设置与建设、教师队伍建设等内容，采取集中学习、影子培训、案例分享、协同研究等相结合的方式，针对新任校长、骨干校长、知名校长分层次和中职校长、高职校长分类型开展专题研修，为各地培养一批具有较高知名度、精通现代学校治理的教育家型的名校长。

（七）中高职教师素质协同提升计划

按照中等和高等职业教育人才接续培养的要求，每年组织10万名中职、高职、应用型本科高校的中高职衔接专业教师开展团队研修和协同创新。遴选建设双师型名师工作室和教师技艺技能传承创新平台，采取集中面授和网络研修相结合的方式，由教学名师传帮带开展理实一体的课程开发、行动导向的教学实践与演练、新技术技能的开发与应用、教科研交流等，造就一大批教师专业技能创新示范团队。

（八）校企人员双向交流计划

建立教师企业实践工作（流动）站制度和政府购买企业人员担任兼职教师岗位制度。示范引领地方组织10万名专业教师进企业、10万名企业人才进校园，促进产教深度融合。采取考察观摩、技能培训、跟岗实习、顶岗实践、在企业兼职或任职、参与产品技术研发等形式，每年组织职业院校专业课教师进行为期不少于1个月的企业实践；重点面向战略性新兴产业、高新技术产业等国家急需特需专业及技术技能积累、民族文化传承与创新等方面的专业，支持职业院校设立一批兼职教师特聘岗位，聘请企业高技能人才、专业技术人员、能工巧匠等到学校兼职任教。

（九）加强县级教师发展中心建设

《教育部关于进一步加强县级教师培训机构建设的指导意见》（教师〔2002〕3号）指出："县级教师进修学校在完成小学教师学历补偿教育和普及九年义务教育的任务中作出了重要贡献。当前，义务教育阶段教师学历达标任务基本完成，中小学教师培训工作已逐渐转入以提高教师整体素质为目标的继续教育的新阶段。进入新世纪，面临基础教育改革与发展的新挑战，以县级教师进修学校为主体的县级教师培训机构（含市、区、旗级教师培训机构）在实施中小学教师继续教育中占有重要地位，任务十分艰巨。但目前，全国县级教师培训机构总体看比较薄弱，功能单一，不能适应新时期开展中小学教师继续教育工作的需要，不能适应基础教育发展和改革的需要，亟待进一步加强和发展。"

全国各地县级教师培训机构以教育部的文件为依据，加强机构建设，特别是教育部在2005年、2011年两次开展了"示范性县级教师培训机构"评估认定，极大地促进了各地县级教师培训机构的发展。县级教师培训机构在向小实体、多功能、大服务的办学实体转型方面做了许多有益探索，湖南、江苏等地已经开始县级教师发展中心建设。但是，县级教师发展中心建设存在许多需要解决的问题。①

一是全国县级教师进修学校普遍存在职能不清、功能不强、基础薄弱，不能有效开展教师全员培训，不能有效服务乡村教师专业发展的问题。

二是乡村教师整体素质不高，难以适应基础教育课程改革和教育信息化新要求，而县级教师培训机构与教研、科研和仪器电教部门存在服务对象统一却各自为政，变相加重中小学校及教师负担的问题，整体效应偏低。

三是我国幅员辽阔，东中西部教育发展水平不一，县域教育发展不平衡，各地教师培训、教研、科研机构设置差异较大，职能履行情况不一。

加强县级教师发展中心建设有充分的政策依据。《国务院办公厅关于印发乡村教师支持计划（2015—2020年）的通知》（国办发〔2015〕43号）要求：整合高等学校、县级教师发展中心和中小学校优质资源，建立乡村教师、校长专业发展支持服务体系。《国务院关于加强教师队伍建设的意见》（国发〔2012〕41号）规定：推动各地结合实际，规范建设县（区）域教师发展平台。《教育部、国家发展改革委、财政部关于深化教师教育改革的意见》（教师〔2012〕13号）要求：各地要推进市县教师培训机构与教研、科研、电教等部门的整合与联合，规范建设县（区）域教师发展平台，统筹县域内教师全员培训工作。《教育部关于深化中小学教师培训模式改革全面提升培训质量的指导意见》（教师〔2013〕6号）规定：各地要依托现有资源，加快推进县级教师培训机构与教研、科研和电教等部门的整合，建设县级教师发展中心，发挥其在全员培训的规划设计、组织实施和服务指导等方面的功能。

加强县级教师发展中心建设，要做到：整合培训、教研、科研、电教等机构；促进县级教师进修学校转型发展，建设集"研训一体""理实一体"的县级教师发展中心；明确发展方向，承担起组织本区域内中小学教师开展教育教学研究、实施专业发展培训、提升信息技术应用能力等多项工作职能；服务乡村教师，建设乡村教师专业发展的服务体系，着眼提升乡村教师的整体素质，落实全员培训工作，促进义务教育均衡发展。

---

① 王建华，等. 全国县级教师发展中心建设现状研究报告［R］. 长沙：湖南省教育厅，2015.

县级教师发展中心，与一线中小学教师比较贴近，应当加强建设，发挥作用。县级教师发展中心建设应有基本标准。一方面，要与时俱进，力求创新。县级教师发展中心建设基本标准，必须适应新时代教师队伍建设的新要求，在机构整合、职能拓展方面有创新，特别是在功能发挥、信息资源建设方面提出新的明确规定。例如：在队伍建设方面，将机构整合后，教师分为学科指导教师、骨干培训者和专业管理者；在功能发挥方面，提出教育研究、专业指导、培训实施、示范引领、管理服务等基本职能。另一方面，要抓住关键，简洁适用。县级教师发展中心建设基本标准不能包罗万象，力求抓住核心要素，提出具体要求，以利于操作。比如，明确规定县级教师发展中心要实行机构和资源整合，要求将其纳入当地教育发展规划和督导检查。为调动各地建设县级教师发展中心的积极性，对于一些指标采取定性规定，不能强求一致，要留有发展空间。

三、结语

教师是教育的第一资源，承担着传播知识、传播思想、传播真理的神圣使命，担负着塑造生命、塑造灵魂、塑造新人的时代重任。教师应当做到政治素质过硬、业务能力精湛、育人水平高超。在职前，要精心培养；入职后，要不断进修提高。为促进教师专业发展，教育部设计了多个工程项目，实施了多种培训计划，各地各校也做了许多探索。

新时代教师的专业发展，应当把教育现代化作为价值取向。面向2035年，我国教师队伍建设的现代化应具有以下特点。[①]

一是标准化。标准化是现代化的前提，是衡量现代化实现与否的基本标志。如果连最基本的标准要求都达不到，就不可能称之为现代化。要实现教师队伍的现代化，就必须实现教师队伍的标准化。教师队伍的标准化主要指按照教师配备标准补充教师，新入职教师要具备合格学历和教师资格证，教师培养培训质量要达到规定要求，等等。

二是专业化。专业化是现代化的品质，是提高现代化质量的重要保障。没有

---

① 王定华，曾天山. 我国教师队伍建设现代化研究［R］. 北京：教育部，2016：3-4.

专业化，只能是粗放低效，实现现代化就会成为镜花水月。要实现教师队伍的现代化，就必须实现教师队伍的专业化。教师队伍的专业化主要指教师要具备教书育人、立德树人的专业理念、专业知识和专业能力，包括教育教学思想理念、方式方法和师德素养等。

三是均衡化。均衡化是现代化的内核，是衡量现代化水平的重要标尺。没有西部地区、贫困地区、乡村地区的现代化，任何一个地区、一所学校、一名儿童掉队的现代化，都不是真正的现代化。要实现教师队伍的现代化，就必须实现教师队伍的均衡化。教师队伍的均衡化主要指区域、城乡、校际的均衡配置，达到教师数量、结构和质量在城乡、区域、校际的均衡。

四是国际化。国际化是现代化的表征，是实现现代化的重要体现。只有实现了国际化，才能丰富现代化推进资源、拓展现代化推进空间。要实现教师队伍的现代化，就要实现教师队伍的国际化。教师队伍的国际化主要指教师特别是高校教师具备一定的国际视野，能有效运用国外先进教育教学思想理念、方式方法开展教育教学和科学研究。

五是信息化。信息化是现代化的加速器，是加快推进现代化的重要动力源。没有信息化，现代化只能低位运行。要实现教师队伍的现代化，就要实现教师队伍的信息化。教师队伍的信息化主要指教师具备应用信息技术革新教育教学思想理念、创新教育教学方式方法、提高教育教学质量水平，促进信息化与教育深度融合的能力素质。

第十章

新时代中小学教师国培的进展与方略

  国运兴衰,关键在教育,根本在教师。要建成富强民主文明和谐美丽的社会主义现代化强国,实现中华民族伟大复兴,就必须加快教育现代化,办好人民满意的教育,建设教育强国,而这些都离不开广大教师的积极贡献。当今时代,新一轮科技革命和产业变革正在孕育兴起,一些重大颠覆性技术创新正在创造新产业、新业态,大数据、云计算、移动互联网等新一代信息技术同机器人和智能制造技术相互融合的步伐加快。与此同时,在经济社会迅速变革、教育不断发展的背景下,各种社会思潮交融交织交锋,各种教育理论互学互鉴,教师的诉求更加明确、更加强烈,学生的构成也更加多样、更有个性。这不仅深刻改变着人类的思维方式,也对教育内容方式、形态模式和学习方式方法产生了革命性影响,对教师的知识储备和能力素质带来了新的挑战。因此,适应新形势、应对新挑战,有必要树立精品国培理念,总结基层经验,瞄准突出问题,充分发挥"国培计划"① 的示范引领作用,促进教师培训全面提质增效。

---

① 本章的"国培计划"聚焦中西部中小学和幼儿园专任教师的国家级培训。

一、中小学教师国培的进展和成效

教师培训是促进教师从有资格走向合格、从合格走向卓越的有效途径，是教师提升素质能力的重要环节和不断实现专业成长的根本需要。在各类培训中，对于"国培计划"，全国中小学教师知晓率已达100%。对于"国培计划"的效果，有的认为很大，有的认为一般，有的则认为不大。究竟进展怎样、成效如何？2016—2019年，教育部教师工作司组织专家工作组对"国培计划"实施情况进行调研和指导。其中，2017年就23个中西部省份乡村教师的国培获得感，直接听取了基层教师的真实心声。专家工作组到达各省份后，随机抽取2个县（市），前往乡村学校举行座谈会，并对那里的教师随机访谈。这些访谈是每次培训后让学员匿名评估培训效果的补充。财政部教科文司亦对"国培计划"实施效果进行追踪了解。通过多方调研，总的来看，"国培计划"在各地实施成效显著，中小学教师培训大规模开展。国培加强了县级教师培训机构能力建设，建设了省、市、县三级专家团队，国培的"输血"功能正在向"造血"功能演进。各地在"国培计划"实施过程中，改革管理模式，创新工作机制，积累了一定的成功经验。①

（一）管理效度高了

国培是一项复杂的系统工程，必须精心组织操作，深入研究分析，认真提炼总结。吉林省以实施"国培计划"为契机，以项目区县为核心，构建乡村教师专业发展支持服务体系。自2015年起，有效落实"国培计划"重心下移，共遴选A、B两类项目区县41个，每年培训乡村教师9万余人次。至2019年，乡村教师覆盖面接近100%。该省一直秉承示范引领、雪中送炭和促进改革的宗旨，以支持乡村教师专业发展为重点，充分发挥省级引领的"专业、专注、专管、专责"作用，走出了一条有鲜明特色的培训工作之路。河南省围绕"国培计划"全

---

① 王定华. 新时代我国中小学教师国培的进展与方略［J］. 全球教育展望，2020，49(1)：54-61.

面深化综合改革精神，结合本省教师队伍建设实际，通过"五个结合"的顶层设计、"五个抓"的全过程质量管理，建立了五级联动、协同创新的工作模式，形成了"规划五级统筹、项目齐抓共管、工作共同推进、成果共建共享"的教师发展新格局。广东省加强省级中小学教师发展中心建设，在教师培训支持服务体系建设上闯出一条新路。重庆市坚持"两统一融"一体化创新设计五类项目，以乡村教师能力素质为核心，以乡村教师全员培训为重点，强化五类项目一体化设计，统筹定位五类项目重点，统筹设计五类项目模式，确保了项目实施质量。新疆维吾尔自治区"双向带动，多方联动"构建乡村教师支持服务体系，通过高校示范带动县域教师专业发展培训基地学校，通过县域教师专业发展培训基地学校示范带动乡镇片区教研中心，项目县市师训部门、教研部门、电教部门和中小学、幼儿园等多方协同，联合推进国培项目落地，逐步构建县域教师专业发展长效支持体系。

（二）培训模式新了

国培没有固定模式，符合国家政策、遵循教育规律、可以取得实效就好。湖北省沙洋县创新"543"送教下乡培训模式，即"五步四级三对接"送培模式，促进乡村教师在引领中实践、在实践中提升、在提升中发展、在发展中聚集成果，从而有效提升课堂执行能力，提高教育教学质量。安徽省实施协同管理制度，实行"分工合作、分职管理，按职问效、按效问责"管理制度。重庆市铜梁区创新"三研三磨"递进式研课、磨课模式，聚焦乡村教师教学热点、难点问题，以研导磨、以磨促研、研磨结合，实现从理论密室到实践田野的有效过渡，磨出了知识的梯度、教师的热度、课堂的深度，形成了教与学的共振与合力。陕西省渭南市临渭区抓实影子研修，着力能力提升，创新乡村教师培训团队跟岗实践模式，精心遴选50位骨干青年教师参加团队研修，具体组织实施了培训团队跟岗实践，通过创新设计、强化管理、制度跟进、实招推动，形成了"336"跟岗实践模式，培育了一支用得上、干得好的本土化培训团队。长沙师范学院探索基于教师知识的实践统整培训模式，创新实施湖南省幼儿园青年精英教师培养高端研修项目。

（三）培训质量好了

为保障国培成效，各主体单位实行顶层设计、实施过程、质量评估全过程监管。在项目设计阶段，国家层面组织专家对示范项目机构和方案进行评审。在近几年的国培管理者高级研修班上，组织专家对中西部和幼师国培项目进行实施方案现场诊断，提出修改意见并书面反馈。在项目实施阶段，国家层面依托信息化管理系统，加强项目过程监控。在项目结束后，采取参训学员网络匿名等方式，分项目对培训绩效进行评估并将结果反馈至有关省份机构。安徽省引入第三方评估机制，由省教育评估中心对国培绩效进行评估，公开评估结果，反馈改进意见。甘肃省、内蒙古自治区建立以退休专家为主的培训教学督导组，进驻培训点，全面监督培训方案落实。上海市、福建省实行见习教师规范化培训，实行新入职教师到优质中小学跟岗学习一年并与教育硕士学位相衔接的培养机制。山东省适应"互联网＋"新形势，进一步完善远程培训模式，加强优质培训资源共建共享。北京师范大学在中华优秀传统文化涵养师德、华东师范大学在信息技术应用能力培训等方面凸显了特色。贵阳幼儿师范高等专科学校一体化设计搭平台，多级联动促实效，建构幼儿教师专业化发展支持体系。

（四）经费盘子大了

"十三五"期间，中央财政对"国培计划"的投入稳定在每年22亿元，经费投入比启动时增长4倍。截至2019年，中央财政累计投入"国培计划"专项经费170多亿元，培训中小学、幼儿园教师超过1 500万人次，实现了中西部农村640万名教师轮训一遍。在国家示范引领下，2018年，全国省级财政中小学教师培训经费19.37亿元，是2010年经费的近2.6倍。东部9个省份普遍加大投入，中西部23个省份中湖北、湖南、重庆、贵州的省级财政中小学教师培训经费增加超过5 000万元，江西、河南、广西、新疆、青海的省级财政中小学教师培训经费增加超过2 000万元。浙江、湖南加强经费保障，浙江明确提出教职工工资总额的3%和中小学公用经费的10%用于教师培训，湖南明确提出农村学校按不低于年度公用经费的8%安排教师培训经费。

二、中小学教师国培的困难和问题

（一）项目顶层设计有待优化

2010—2018年，不少省份在国培、省培、市培、县培、校本研修等五级培训之间的关系和相互衔接等方面还需要深入研究、进一步理顺。国培中西部五类项目中，送教下乡项目比较受学员欢迎，但置换脱产研修项目和网络研修项目亟待优化，网络研修项目的模块设计仍然需要进一步提高。基层教师呼唤国家出台县级教师培训机构建设标准和能力建设的政策措施。2018年，教育部出台《教师教育振兴行动计划（2018—2022年）》，提出：加强县级教师发展中心建设，制定县级教师发展中心建设标准，实现培训、教研、电教、科研部门有机整合，继而更好地为区域教师专业发展服务。对此，尚未形成广泛共识，政策还没有全面落地。

（二）培训管理机制有待完善

新一轮国培的重心下移到了项目区县，2015年国务院出台的《乡村教师支持计划（2015—2020年）》要求，各省份到2020年完成乡村教师360学时的全员培训。事实上，各省份进展不一，一些深度贫困地区所在省份全覆盖攻坚的任务较重。县级教育行政部门和师训教研部门由过去主要是选送学员转变为国培项目的实施主体，不少县一时适应不了，这既表现在思想认识上，也表现在统筹力度上，还表现在县级的培训能力和管理经验上。

（三）培训适需性有待提高

调研发现，部分培训院校（机构）在需求分析、方案研制、团队配置、资源提供、基地建设、训后指导以及与项目区县对接等方面不足，培训课程大多为理论性课程，实践性课程也多为适合城区学校的课程，解决教师职业倦怠、心理健康教育、留守儿童关爱教育等培训内容缺乏。一些培训院校过于追求大规模的网络培训，对解决乡村教师面临的突出问题帮助有限，不少参训教师反映存在"不实用""用不上"的问题。

（四）教师自主性有待激发

教师的工学矛盾比较突出。部分省份项目区县基于项目时限内完成全覆盖任务的需要，将各项目密集安排，造成各项目实施的时间比较集中、密度较大，给教师教学工作带来不便甚至加重负担。项目实施缺乏具体的激励措施，没有让走在前面的"引领者""示范者"得到有效的激励，参训教师中有相当一部分还处于"被动推进"状态。

总的来看，随着近年来教师培训投入的增加、培训机会的增多，中小学教师对优质教师培训资源的期望值越来越高，对个性化培训需求满足的渴望越来越强。

三、中小学教师国培的未来方略

面向"十四五"及 2035 年，我们要以新时代教师素质要求和新修订的国家基础教育新课程标准为导向，改革和加强教师教育，提高教师培养培训质量；实施全员轮训，突出新课程、新教材、新方法、新技术培训，强化师德教育和教学基本功训练，不断提高教师育德、课堂教学、作业与考试命题设计、实验操作和家庭教育指导等方面的能力；进一步实施好"国培计划"，增加农村教师的培训机会，加强紧缺学科教师培训。进一步深化改革，努力实现由"要我学"变为"我要学"，通过选树标杆、推广典型、以点带面、全面提质，推动教师培训新发展。①

（一）以标准引领方向

近年来，教育部已经相继颁布《教师教育课程标准（试行）》《小学教师专业标准（试行）》《中学教师专业标准（试行）》《义务教育学校校长专业标准》，

---

① 王定华. 新时代我国中小学教师国培的进展与方略 [J]. 全球教育展望，2020，49 (1)：54-61.

作为教师和校长培养、准入、培训、考核等工作的重要依据。各地各部门应当进一步发挥标准的引领和规范作用，保基本、促公平、导方向、提质量。2017年，教育部出台了《中小学幼儿园教师培训课程指导标准（义务教育语文学科教学）》《中小学幼儿园教师培训课程指导标准（义务教育数学学科教学）》《中小学幼儿园教师培训课程指导标准（义务教育化学学科教学）》，2020年将推动其他19个学科领域的幼儿园和义务教育教师培训课程指导标准出台，规范和指导各地按不同能力层次开设具有针对性和系统性的培训课程。同时，教育部在研制加强教师发展机构建设的政策举措，切实推动教师发展机构与教研、科研、电教等部门的整合与联合。

（二）以短板作为重点

中小学教师培训要服务科教兴国战略、乡村振兴战略、军民融合发展战略、区域协调发展战略等国家战略，突出保基本、补短板、促公平。各地要统筹做好本地区教师和校长培训总体规划，按计划、分步骤完成乡村教师和校长培训全覆盖的攻坚任务。科学统筹项目区县覆盖范围，倾斜支持集中连片特困地区县和国家级贫困县教师培训，尤其是向"三区三州"等深度贫困地区倾斜，确保新增项目区县以贫困县为主，制订省域内贫困地区教师培训扶贫专项工作方案。发挥省级项目办和培训专家团队作用，开展本地区乡村教师和校长培训需求分析，对参训机会较少的乡村教师提供高水平培训。针对当前幼儿园办园中存在的突出问题，组织举办民办幼儿园园长专题培训，切实提升幼儿园园长规范办园的能力和水平，加强园长依法办园和安全管理的意识和能力。幼师国培项目旨在补短板，以师德修养、幼儿保育与教育为重点，通过国家级、省级、地（市）级、县（区）级等各级培训，加大对幼儿园教师培训力度。

（三）以需求制订规划

教师职业是一项专业性、实践性、探索性、创新性极强的工作。教师所处的区域不同、专业背景不同、专业发展阶段不同、所在的学校生态不同，需求具有多样化和个性化的特征。我们要基于新教师、熟练教师、专家教师的成长规律，分层分类设计，提供符合其专业发展阶段特性的培训内容、培训方式。开展教师需求调研，在培训规划上从"自上而下"转向"自下而上"，在培训项目设计上从"提供方主导"转向"需求方主导"，在培训实施过程中从"一成不变"转向"动态调整"，在培训跟踪指导方面从"短线集中"到"长线支持"。要继续坚持以问题为导向、以案例为载体、以任务为驱动，增强教师参训动力，满足教师个性化学习需求。

（四）以模块设置课程

将党的十九大精神、全国教育大会精神作为教师和校长国培的首要内容，以此来设置培训课程专题，并贯穿教师和校长培训全过程。将师德师风、心理健康、信息技术、留守儿童关爱教育等作为培训的必修内容，专设中华优秀传统文化教育、信息技术应用等培训项目，增强教师的师德修养、法治观念、价值认同和信息化素养。明确教师分级培训目标，开展教师能力诊断，优化教师培训内容，实施有针对性的培训，增强教师参加培训的获得感。围绕重点解决乡村教师和校长在教育教学中的实际问题，分层、分类、分科设置有针对性的培训模块内容。优化培训课程结构，实行任务驱动教学，突出教师参与，强化教师实践，确保培训类课程学时占总学时的比例原则上不少于50%，跟岗实践课时原则上不少于1/3。启动实施中小学教师信息技术应用能力提升工程2.0，引领带动中小学教师和校长将现代信息技术有效运用于教育教学和学校管理。

（五）以"种子"培育团队

培训体系不健全、院校（机构）培训能力不足成为当前制约提升教师培训质量、推进教师培训专业化的瓶颈。要以省级教师培训团队为主要培训对象，重点为各地规划实施中小学教师培训培养专兼职培训者和骨干教师，开发提供一批优质培训课程教学资源，创新完善线上线下混合式培训模式，为实施中西部和幼师国培项目提供强有力的支持，为各地科学有效开展教师和校长培训工作做出示范。一方面要抓"种子"教师。强化"国培计划"的示范引领作用，留下一批"种子"，加大骨干培训者国内访学和国外进修力度，通过组建中小学名师工作室、特级教师流动站等形式，充分发挥教研员、学科带头人、特级教师在教师常态化研修中的重要作用。另一方面要抓"种子"管理者。培训管理者是地方实施教师培训的关键少数。开展教师培训管理者专项培训、经验交流和培训研究，建立教师培训机构资质准入和质量评估制度，确保教师培训实效。

（六）以名师开展领航

实施中小学名师名校长领航工程，通过深度学习、导师指导、示范提升等环节进行系统培养，培养一批名师名校长，在当地乃至区域发挥辐射带动作用。通过实施"双名工程"，帮助参训学员进一步凝练教育思想，提升教师教育教学创新能力，提升校长实践创新能力，着力培养造就一批具有鲜明教育思想和教学模式、能够引领基础教育改革发展的教育家型教师，以及具有较大社会影响力和知名度、能够引领基础教育改革发展的教育家型校长。同时，引导支持参训教师和校长以深度贫困地区为重点开展教育扶贫，建立名师名校长工作室，加强对口支援、协作帮扶等社会服务，辐射带动基础教育事业发展、质量提升。

（七）以创新优化项目

要更加突出雪中送炭，优先安排贫困县作为项目县。合理安排培训任务，减负增效，使国培更"接地气"。针对师范生置换优秀骨干教师开展培训操作难度大、部分地区甚至无法实施的问题，调整现有项目设置，适当允许地方自主创新项目。同时，各地要合理安排培训团队研修时间，缓解工学矛盾。针对网络研修规模过大、缺乏实效的问题，各地要合理安排研修任务，落实线下研修，遴选建设贴近乡村教师教育教学实际的网络资源，切实增强网络研修的实效性。针对乡村校园长培训缺乏有效指导的问题，按照乡村校园长"三段式"培训、"送培进校"诊断式培训、乡村校园长工作坊研修三种模式，指导各地结合实际，有效开展乡村校园长培训。要在培训观念上坚持"重心下移"，在培训内容上坚持"深入浅出"，在培训方式上坚持线上线下"混合式培训"，推动教师培训与日常教研、教育教学的融合，应用人工智能、"互联网＋"、大数据等现代信息技术推动教师培训和管理的常态化，继续推动信息技术与教师培训深度融合，帮助教师应用信息技术促进教育目标、内容、方法和手段各方面的改革，促使教师形成以学习者为中心的新型教学形式。

（八）以精品打造标杆

遴选具有较强学科优势、丰富培训经验、较高培训研究水平的优质培训机构承担"国培计划"示范性项目，重点选树、分科打造一批示范培训基地和品牌培训专业，使其成为精品培训项目的"大本营"。建设一批示范性县级教师发展机构，引导建立完善高等学校、市县教师发展中心、教师专业发展学校、校本研修一体化的教师职后发展体系。开展培训精品项目创建工作，充分发挥示范性项目的引领带动作用，推动国培示范性项目从数量扩张向质量提升转型，减少承办机构数量。启动"国培示范区（校）""国培示范专业（课）"建设，提出培训改革奋进之笔，完成培训成果得意之作，遴选并推广"国培计划"优秀工作案例，促进优质培训资源共建共享。

（九）以管理改革增效

开展训前诊断、训中测评和训后跟踪。加强骨干培训者参训选派管理，为参训学员搭建训后学以致用的平台，注重参训学员培训能力提高和协作帮扶意识增强。聚焦培训主题，加强对参训教师的精准诊断、对症示范和对比研磨，落细落实培训环节，切实改进课堂教学，推动与校本研修的有效衔接。合理安排研修任务，切实落实线下研修要求，大力推行混合式培训，建立教师学习共同体，促进教师常态化学习。落实"国培计划"培训机构资质标准，开展示范性项目承担机构资质动态调整，遴选一批工作基础良好、专业优势突出、教师和校长认可的培训机构承担任务。在各省份上报教育部、财政部规划方案评审环节，对绩效评估排名靠前的省份予以免评，实行审核备案制。各省份在遴选培训机构环节，改革完善项目招投标机制，对绩效考评优良的单位实行2至3年周期招标。根据国家政府采购有关规定，结合培训服务特点，确定适用采购方式，优化采购流程，不断提升项目实施效率。要落实项目协同申报与实施机制，鼓励具备资质的教师培训机构会同地（市）级、县（区）级教师发展中心和优质中小学、幼儿园，联合申报、分工负责、协同推进项目，完善乡村教师和校长专业发展支持服务体系。

（十）以专家视导督查

2019年，教育部成立了国家教师教育专家咨询委员会[①]，同时还成立了针对不同学段教师专业发展的教学指导组织。下一步，要发挥这些专家组织以及此前成立的全国中小学、幼儿园教师培训专家工作组的作用，加强对项目规划方案研制、项目实施过程的指导。继续征集"国培计划"优秀典型案例，加大专家解读和宣传推广力度。采取实地调研、现场指导、网络监测评估、学员匿名评估、第三方评估等多种方式，对各地各机构项目实施过程及成效进行绩效评估。调整优化中西部项目评审机制，加快实施进度，对国培项目评审的两个关键环节进行调整优化，确保国培及时部署启动、按时保质完成。

四、结语

立足新时代，教师队伍建设改革已经进入攻坚期、深水区，必须整体谋划、综合推进、攻坚克难、久久为功。各地各有关方面都应当贯彻全国教育大会精神，把提高教师思想政治素质和职业道德水平摆在首要位置，把管理体制改革与机制创新作为突破口，把提高教师地位待遇作为真招实招，不忘初心、牢记使命，锐意进取、埋头苦干，同心同向、砥砺前行，谱写"国培计划"和教师队伍建设的新篇章。教师专业成长至关重要，不断地进修提高如同获得源头活水，使教学达到出神入化的境界。教师的国培是专业性、科学性很高的工作，必须精心设计、认真组织，让受训的教师在思想上受洗礼，在理论上有建树，在实践上扩见识，在能力建设上得提高，努力营造教育家脱颖而出的环境。

在新时代，我国教育将在推进公平、提高质量、改进治理、提升品质的道路上，理出新思路，采取新措施，迈出新步伐，取得新进展。在这个阶段，我们不仅要依赖1 000多万名教育工作者的学为人师、行为示范、扎根基层、默默奉献，而且要推动一批教育家脱颖而出，以丰富思想、提升境界、典型引领、造福

[①] 国家教师教育专家咨询委员会的主任委员为顾明远，副主任委员为管培俊、徐辉、庞丽娟、王定华。

后人。教育家可能来自一线教师,更可能来自一线校长。不必拿孔子来衡量,他让人高山仰止;不必拿朱熹作标杆,他让人望尘莫及。现代人有现代人的特点与优势。时代在变,万物皆流,与时俱进,还看今朝。伟大的时代呼唤教育家不断成长,教育的繁荣助推教育家应运而生。会写小说者可当作家,能绘画者可成画家,善唱歌者被称歌唱家,在教育信仰、素养、意识、能力、实践等方面出类拔萃者,当然可视为教育家。[①]

一要有纯粹的教育信仰。教育信仰是一种无形的强大力量,引领教育家不断追求远大教育理想。它能够让教育家在面对来自权力、地位、金钱的压力或者诱惑时,坚定政治方向,遵循教育规律,笃信教育价值。他们不唯上,不唯书,实事求是,追求真理。他们不受名利驱使,长期坚守在一线学校岗位上,淡泊名利,宁静致远,执着于最本质、最本真的立德树人。

二要有深厚的人文素养。教育家应表现出对人类尊严、价值、命运的维护、追求和关切,对五千年绵延不断、生生不息的中华优秀传统文化高度珍视。教育家应该是具有较高文化修养的人,饱读经典,古为今用。缺少文化者,难成大家。教育家应当对全面发展的教育理想予以肯定和塑造。学生不仅是学习知识的认知体,更是有血有肉的生命体。教育家要关心人、尊重人、理解人,促进学生德智体美劳全面发展和健康成长。"捧着一颗心来,不带半根草去",这是教育家蜡烛精神和人梯精神的源泉所在。教育家应具有强烈的家国情怀、道德品质,把教育视为一项值得奉献终身的崇高事业,而不止于养家糊口的职业。

三要有强烈的创新意识。教育家必不会对已有成绩沾沾自喜,也不会面对困难裹足不前。他们像陶行知所指出的那样具有创造意识,"敢探未发明的新理";具有开辟精神,"敢入未开化的边疆"。创造时目光深,开辟时目光远。所以,要调动优秀校长、卓越教师的积极性、主动性、内驱力,发挥他们的探索精神。他们勇于打破阻碍进步的桎梏、冲决束缚思想的藩篱,直面教育改革发展中重大理论和现实问题,大胆探索,积极实践,创新教育思想、教育模式和教育方法。

四要有过硬的专业能力。教育家不仅热爱读书,博览群书,具有渊博的学识,而且深谙教育教学规律和儿童身心成长规律,具有很强的专业能力。他们对

---

① 王定华."十三五"呼唤教育家[J]. 未来教育家,2016(1):封二,1.

古今中外主要的教育体系、教育流派，或继承弘扬、推陈出新，或学习借鉴、取其真谛，或独树一帜、应者云集。一味随波逐流，就会浅尝辄止；完全孤芳自赏，又难免曲高和寡。

五要有成功的教育实践。教育家最可能来自基层，来自中小学校长或名师。甚至，教育家不仅可以产生于城镇，也可以成长于乡村。他们长期贯彻党的教育方针，推动实施素质教育；他们长期扎根学校，做出骄人成绩，获得大量体验。他们教过一茬又一茬学生，桃李芬芳，声名远扬。要鼓励他们梳理丰富的办学实践，总结提炼并上升成理论。

在新时代，整个国家都在创新发展、协调发展、绿色发展、开放发展、共享发展，教育事业的基础性、先导性、全局性更应凸显。新时代如能产生100位左右全国公认的教育家，再有1 000位左右省级公认的教育家，则可谓教育事业之幸事，值得让人期待。教育家的认可程序，不一定通过官方考评，关键是其教育理论和实践极为出色，在教育同仁中广受认可，深植到人们心中。教育家并不神秘，也不遥远。教育家正在向我们走来。

第十一章

新时代中小学校长国培的进展与方略

中小学校长国家级培训（简称校长国培）旨在造就一支高素质专业化中小学校长（含幼儿园园长、特殊教育学校校长，下同）队伍。校长国培于2013年筹备，2014年正式实施。至2020年，校长国培明确了"四大功能"，实施了"四大工程"，取得了积极进展。立足新时代，各地各有关方面应当进一步凝练方略，提升校长国培的科学性、针对性和有效性。

第十一章 | 新时代中小学校长国培的进展与方略

一、应运而生,"四大功能"植根基础教育

任何事物的产生都有其深刻的背景,校长国培的缘起和定位正是根植于新时代我国基础教育改革发展的新情况,根植于广大中小学校长呼唤高层次培训的新诉求。改革开放以来,在致力于基础教育普及与提高过程中,国家对中小学校长的培训始终比较重视。进入21世纪第二个十年后,我国基础教育面临新形势新任务,适龄儿童少年全面实现"有学上"之后,"上好学"愿望日益强烈。于是,在普遍开展教师国培的同时,开展校长国培以提升校长的全面素质和办学治校能力,成为中小学校长的时代要求。校长是中小学改革发展的领头雁、带头羊,是中小学贯彻党的教育方针、实施素质教育的关键少数。校长国培是加强校长队伍建设的重要举措,是促进基础教育现代化的战略任务。校长国培的根本目标就是发挥国家级培训独特优势,分别面向全国中小学骨干校长、农村基层学校校长、特殊学校校长、相关培训者实施培训项目,推动其更新观念、开阔视野、提升办学治校水平。

教育部审时度势,主动担当,明确责任主体,设立专项资金,着手制度设计,凝聚各方共识,采取系列动作。2013年8月出台的《教育部关于进一步加强中小学校长培训工作的意见》明确提出,"以促进校长专业发展为主线,以提升培训质量为核心,以创新培训机制为动力",进一步提高中小学校长培训工作专业化水平,努力造就一支"品德高尚、业务精湛、治校有方、人民满意"的中小学校长队伍,为推动基础教育改革发展、实现中国教育梦提供坚强保障。该文件同时明确提出,要按照倡导"教育家办学"的要求,组织实施"中小学名校长和幼儿园名园长培养计划",为优秀校长、园长成长发展创造条件,组织实施"卓越校长领航工程、农村校长助力工程和培训者能力提升工程",重点加强农村地区、集中连片特殊困难地区、民族地区校长培训,加大薄弱学校校长培训力度。这为后来的国家最高层次的中小学校长培训的启动实施提供了教育政策依据和前提条件准备。2014年6月印发的《教育部办公厅关于启动实施中小学校长国家级培训计划的通知》,具体做出了启动实施校长国培的安排。随后,不同培训班次在北京、上海举行,教育部领导同志亲往开班,授课教师认真备课、分享

智慧，参训学员踊跃参与、求知若渴。校长国培不同于教育部举办的校长培训，因为它更加立足新的现实，开展新的项目谋划，设计新的课程内容；校长国培也不同于各地常规性校长培训，因为它注重体现国家担当，凝聚全国智慧，动员名家授课。

校长国培实行"托底"与"拔高"两条腿走路，从一开始就具备如下功能定位。

第一，雪中送炭功能，即为农村地区、边远贫困地区培养一批实施素质教育、推进基础教育改革发展的带头人。

第二，高端引领功能，即培养一批能够创新办学治校实践、具有先进教育思想、社会影响较大的优秀校长，造就教育家型校长。

第三，促进改革功能，即着力推进中小学校长培训内容、方式、机制等方面的改革，不断增强校长培训生机活力，促进校长培训和中小学改革的双向联系。

第四，示范带动功能，即促进各地不断完善中小学校长培训体系，提高校长培训治理现代化水平，增强校长培训的吸引力、感召力，推动中小学校长队伍整体素质全面提升。

二、进展良好，"四大工程"助力不同群体

经过 2013 年至 2020 年的努力，校长国培的进展良好。一是形成了培训制度，二是凝练了培训理念，三是达到了培训预期，四是健全了培训体系。据 2020 年 6 月教育部教师工作司汇总，校长国培共培训校（园）长 27.61 万人次，含中小学校长 14.84 万人次，幼儿园园长 12.77 万人次。其中，卓越校长领航工程共培训 7 879 人次，边远贫困地区农村校长助力工程共培训 26.82 万人次。

上述成绩的取得实属不易，让人回味。为做好校长国培工作，教育部在 2013 年 6 月就成立了中小学校长和幼儿园园长国家级培训项目管理办公室（简称校长国培项目办）。校长国培项目办在教育部教师工作司的领导下，负责校长国培的日常管理工作，通过招投标方式遴选合格培训机构承担校长国培具体培训项目。

校长示范性培训项目的"四大工程"相互交织、互相配合，协同发力，努力

为基础教育改革发展所需要的高素质专业化中小学校长队伍提供充足的人才保证。

（一）边远贫困地区农村校长助力工程

边远贫困地区农村校长助力工程面向中西部地区国家级贫困县、集中连片特殊困难地区乡镇以下农村中小学校长开展培训。培训对象主要包括农村幼儿园园长、农村小学校长、农村中学校长，分类开班培训。培训目标是进一步提高农村中小学校长解决办学重点难点问题的能力，为各地培养一批实施素质教育、推进农村教育改革发展的带头人。

边远贫困地区农村校长助力工程的培训目标、培训对象、培训内容、培训方式以及组织运作机制等自成一体，具有系统性强、针对性强、可操作性强、可推广性强以及灵活创新性强等特征。该工程承担院校（机构）积极探索适切的农村校长助力工程培训模式，取得了一系列成果。笔者曾前往吉林省教育学院调研。该院创新生成的"吉林模式"农村校长培训课程探索与教学实践，聚焦农村校长培训专业化课程建设与教学改革，做出了积极的实践应答，提升了农村校长助力工程的品牌力和影响力。而成都师范学院通过基于"五位一体"实践引领的培训模式创新，探索了农村校长培训模式改革的方向。此外，陕西师范大学、华中师范大学、西南大学、首都师范大学、天津师范大学、保定学院、渤海大学、辽宁教育行政学院、黑龙江省教育学院、上海师范大学、扬州大学、浙江师范大学、浙江外国语学院、河北师范大学、安徽师范大学、江西师范大学、南昌师范学院、湖北省普通教育干部培训中心、湖南第一师范学院、广西师范大学、重庆第二师范学院、重庆市教育管理干部培训中心、四川师范大学、陕西学前师范学院、贵州师范大学、云南师范大学、西北师范大学、新疆师范大学、新疆教育管理干部培训中心、石河子大学等院校（机构）也积极参与对农村校长、园长的国培。

（二）卓越校长领航工程

卓越校长领航工程面向全国中小学校长开展高端培训，分级开设培训班和设置培训目标，主要包括中小学骨干校长高级研修班、中小学优秀校长高级研究班、中小学名校长领航班。中小学骨干校长高级研修班旨在提升校长的办学治校能力,培养一批优秀中小学校长;中小学优秀校长高级研究班旨在帮助校长凝练办学思想、形成办学风格、提升教育研究能力,培养一批教育家型校长后备人才;中小学名校长领航班旨在促进校长创新教育实践,引领区域乃至全国教育发展,提升教育思想引领能力,造就一批在国内外具有较大影响力的教育家型校长。

中小学骨干校长高级研修班、中小学优秀校长高级研究班、中小学名校长领航班等积极发挥"研修—研究—领航"的作用,各承办院校(机构)通过深入调研分析,了解校长的真实能力与需求,研制科学合理的培训方案。

2015年,教育部启动中小学名校长领航班,遴选一批培养基地和专家,并经各省份推荐择优选定一批中小学名校长学员,之后采取双向选择方式,建立指导关系。这些名校长平时各在其校,定期集中研修。中小学名校长领航班是对一批优秀的中小学名校长再进行精心培养,抓住这些关键少数,辐射带动广大校长提升办学治校能力。这些学员都是名校长,中小学名校长领航班的开设旨在让他们名在以下方面。①

第一,"名"在信念坚定。名校长要自觉做中国特色社会主义的坚定信仰者,自觉把党的教育方针贯彻到教育教学和管理工作的全过程,严肃认真对待自己的职责。国无德不兴,人无德不立,高尚的师德至关重要。可以肯定地说,全国广大中小学校长中绝大多数是好的,但个别校长违反师德行为时有发生。在对领航校长的培养过程中,必须重视把提高他们的思想政治素质和职业道德水平摆在首要位置,引导他们把社会主义核心价值观贯穿到治学治校全过程,加深对中国特色社会主义的思想认同、理论认同、情感认同。引导领航校长树立正确的历史观、民族观、国家观、文化观,坚定"四个自信",率先成为先进思想文化的传播者、党执政的坚定支持者、学生健康成长的指导者。加强社会主义核心价值观教育,加强中华优秀传统文化和革命文化、社会主义先进文化教育,引导领航校长热爱祖国、奉献人民、投身教育。

第二,"名"在思想引领。教育是心灵的沟通、灵魂的交融、思想的碰撞、

---

① 王定华. 中小学名校长领航工程的理念进展方略 [J]. 中国教育学刊,2018(8):1-4.

人格的对话，名校长应该成为具有教育思想的学者。名校长和普通校长的根本区别，就在于是否具备教育思想。一位名校长，不仅要忠诚于党和人民的教育事业，贯彻党的教育方针，做好教育教学和管理工作，还要逐步形成自己的教育思想。① 名校长要多认真研习古今中外教育家的思想观点、理论理念，注重继承和发展。树立终身学习的思想，广泛涉猎科学、文学、艺术、哲学、管理知识，开阔视野，丰富想象，掌握规律。没有思想的名校长，只是在当地有名气而已。而有丰富教育思想的名校长，就可以归入教育家的范畴了。教育家并不神秘，教育家也不遥远，教育家正朝我们走来，教育家就在校长中间。

第三，"名"在实践创新。领航校长应多从当下的教育实践提炼，主动了解经济社会变革的趋势，准确把握新时期学生成长的特征，扎根基层，循循善诱，立德树人，默默奉献，做学生锤炼品格、学习知识、创新思维、奉献祖国的引路人。通过实践去检验，通过检验去反思，通过反思去提升。陶行知身体力行，创办了晓庄师范学校，为中国乡村教育发展写下了浓墨重彩的一笔。晏阳初则积极投身于教育实践当中，在河北、重庆等多地开展平民教育的实践创新。新时代的名校长更要着眼于国家大局，着眼于教育改革发展的大势，着眼于素质教育进程中的热点难点问题，将教育理论与实践有机结合，勇于创新，砥砺前行。"敢探未发明的新理"和"敢入未开化的边疆"，扎根中国、融通中外，立足时代、面向未来，努力办出具有中国特色、世界水平的现代教育。积极探索培养创新人才的途径，树立正确的人才观和科学的质量观，考虑学生的个性特点，不按一个标准、一个模式培养学生，力图为每个学生提供适合的教育，促进学生全面而有个性地发展。

第四，"名"在社会担当。名校长不仅要办好自己的学校，还要具有使命担当。名校长的思想水平、价值追求、办学境界将在一定程度上影响中国教育的发展与未来，其使命已经超出了办好自己的学校。所以，名校长应站得高、看得远、想得深，胸怀天下、心系未来，把自己的教育管理工作与实现中华民族伟大复兴的中国梦结合起来，与"两个一百年"的奋斗目标紧密结合起来，树立家国情怀，增强责任意识，通过思想研讨、送教下乡、支教讲学、工作室结对帮扶等

---

① 刘利民. 名校长的使命与担当［J］. 中小学管理，2016（9）：1.

多种方式，帮助和引领有需要的地区、有需要的学校也得到发展。

首期中小学名校长领航班自 2015 年 4 月启动以来，各地教育行政部门、培养基地遵循拔尖创新人才成长规律，提供了"温暖的气候""肥沃的土壤"，为名校长的"长"、教育家的"冒"创设百花齐放、争相竞艳、奋勇争先、人才辈出的外部环境和条件。①

校长国培项目办先后举办首期中小学名校长领航班在线主题研讨活动、培训管理者高级研修班、培养基地负责人工作会议等，制定了《中小学名校长领航班培养管理办法》《关于进一步完善中小学名校长领航班工作室建设的指导意见》等，为中小学名校长领航班的学员培养工作提供了有效管理和有力服务。

按照"整体规划、个性指导、训用结合、连续培养、协同创新"的思路，首期中小学名校长领航班 8 家培养基地各展所长，形成了各具特色的培养模式。

2018 年 3 月，教育部等五部门印发《教师教育振兴行动计划（2018—2022 年）》，提出："实施中小学名师名校长领航工程，培养造就一批具有较大社会影响力、能够在基础教育领域发挥示范引领作用的领军人才。"对此，教育部印发了《关于组织实施"国培计划"——中小学名师名校长领航工程的通知》，正式启动名师名校长领航工程，即"双名工程"，以完善国家与地方基础教育高端人才培养体系。

教育部中学校长培训中心（华东师范大学）、教育部小学校长培训中心（北京师范大学）、教育部幼儿园园长培训中心（东北师范大学）、北京大学、清华大学、北京教育学院、中国人民大学附属中学联合学校总校、江苏教育行政干部培训中心、杭州师范大学、齐鲁师范学院、河南师范大学、浙江省教育行政干部培训中心、广东省中小学校长培训中心等中小学名校长领航班培养基地，在名校长培养工作中都发挥了重要作用。2018 年，作为首期中小学名校长领航班结业成果，《培养造就领军人才　领航校长专业发展："校长国培计划"首期中小学名校长领航班的理论创新与实践探索》出版。当年，第二期中小学名校长领航班高位启动。

---

① 于维涛. 首期名校长领航班群体的结构性分析和发展对策 [J]. 教师教育研究, 2016, 28 (5)：57-61.

对于各培养基地来说，充分发挥自身的专业优势，准确把握拔尖创新人才培养的新常态，认真研究引导名师名校长培养的规律，引导有潜能、有思想的名师名校长走上大师之路，培养造就一批基础教育领域的拔尖创新人才，是一项开创性的高难度工作。名师名校长培养，需要把握好以下几个方面。

一要开展个性培养。要深入了解每位名师名校长的个性特点，认真诊断每位名师名校长成长发展的优势方向，潜心观察每位名师名校长的自身变化和实现自我超越的能力，帮助每位名师名校长实现各得其所的成长。各基地要改革教学方式方法，通过导师与名师名校长双向交流并制订学习规划、开展项目合作、发表论文成果等形式，进行个性化培养。要鼓励名师名校长独立思考、自由表达，增强他们的自信心，激发和挖掘他们的想象力、创造力。

二要开展情境培养。名师名校长并不是由培养基地直接培养出来的。培养基地仅仅是为名师名校长成为教育家打下良好的基础。名师名校长是否能成为教育家，关键在于岗位实践。各培养基地应紧密结合中小学教育教学实际，在培养过程中充分融入国内外优秀中小学教学与管理案例课程。要从名师名校长最为关心、最迫切需要解决、最感兴趣的专题入手，确立培训目标、设计培训课程，并根据学习情况及时调整培养方案，为名师名校长提供个性化、多样化的选择和学习机会。

三要开展跨界培养。中外历史上许多杰出人才，尽管从事的职业不同，但他们往往有一个共同的特点，就是集科学、文学、艺术、哲学知识于一身。只具备单一学科的知识和技能，无法解决教学与管理涉及的综合性问题，也很难成长为创新型人才。因此，各个培养基地不能给名师名校长设"天花板"和"围墙"，应为名师名校长提供尽可能开放的培养环境，让他们跨学科、跨学校选课，甚至跨区域选课。以跨学科培养模式，拓展名师名校长文化视野，提高其运用综合知识解决复杂问题的能力，促使其实现全方位发展。

四要开展课题研究。开展课题研究是一种很好的提升名师名校长专业水平的方法。课题研究能营造名师名校长及其工作室成员之间的科研氛围，调动名师名校长及其工作室成员参加教学研究的积极性。要引导名师名校长围绕教育教学与管理工作中需要解决的实际问题进行有意识、有目的的研究，通过不断发现问题、持续研究问题，反思和改进教育教学和管理工作，并在学习、工作、研究的过程中，提高自身的专业化水平，成长为研究型、专家型、创新型的人才。

五要开展精准帮扶。目前，我国乡村中小学教师和校长队伍总体上学历偏低，年龄偏大，存在理念滞后、动力不足、缺少专业引领等方面的问题。各培养基地要通过工作室建设，开展精准帮扶，促进"教学相长"与"学学相长"，引导名师名校长关注乡村的"造血功能"，体现国家精准扶贫方略。例如：通过影子培训、跟岗学习、挂职锻炼等方式带动农村中青年教师和校长成长；通过交流任职、管理咨询等方式支持薄弱学校改进管理；通过影子培训、课例示范、集体教研等方式培养农村骨干教师；通过组织结对帮扶，定期开展互访交流等活动。

六要开展协同支持。名师名校长的成长必须具备个人努力、组织培养、岗位锻炼、机制激励等几个核心要素。中小学名师名校长的人权与事权在地方党委政府及其教育行政部门。区域理念文化、规章制度、环境氛围都对名师名校长的成长有深远的影响。因此，教育部教师工作司与各个培养基地将会继续主动督促、协调各地把名师名校长培养工作纳入区域教师和校长队伍建设整体规划，充分发挥各级教育行政部门在名师名校长培养工作中的作用，将"选、育、用、管"有机融合，探索构建"公开遴选、集中培训、实践锻炼、跟踪管理、择优使用、动态调整"六位一体递进培养链条，统筹兼顾，形成合力，奏响和谐动听的交响曲。①

（三）特殊教育学校校长能力提升工程

特殊教育学校校长能力提升工程直接面向全国特殊教育学校校长开展培训，旨在进一步提升特殊教育学校校长的专业水平，培养一批能够引领特殊教育改革发展的骨干校长。特殊教育虽然不是主流教育，但也是教育体系的重要组成部分。

特殊教育的发展情况，是一个国家社会进步和文明程度的一个标志。在基础教育实现全面普及后，全纳教育的理念深入人心，面对残疾儿童的特殊教育便须给予特别的关心。特殊教育学校是实施特殊教育的主要场所。在特殊教育学校，校长的作用至关重要。为了加快推进特殊教育发展，不断提升特殊教育水平，切

---

① 王定华.中小学名校长领航工程的理念进展方略［J］.中国教育学刊，2018（8）：1-4.

实保障残疾人受教育权利，2014年初国务院办公厅转发了教育部等部门《特殊教育提升计划（2014—2016年）》，提出逐步开展特殊教育学校校长培训，培养能够引领特殊教育学校改革与发展的校长。为指导和组织做好特殊教育学校校长培训，2014年教育部印发了《关于实施"校长国培计划"—2014年特殊教育学校校长能力提升工程的通知》，随后启动特殊教育学校校长能力提升工程。

特殊教育学校校长能力提升工程的实施紧密结合国家《特殊教育提升计划（2014—2016年）》《第二期特殊教育提升计划（2017—2020年）》的实施战略，围绕"提升特殊教育学校校长制定学校发展规划和改进学校管理的能力"的培训主题，应用影子培训为主导的体验式培训方式，加强地域性优秀培训资源的优化整合。该工程注重提升特殊教育学校校长做好学校发展规划和改进学校管理的能力，帮助其成为解决特殊教育学校办学重点难点问题并在特殊教育改革发展中引领全体教师不断走向新的发展阶段的带头人。

（四）培训者专业能力提升工程

培训者也要接受培训，不断吐故纳新，开展能力建设。培训者专业能力提升工程面向从事中小学校长培训工作的专职培训机构、高等学校、中小学等单位管理者，培训目标是进一步提高培训者的专业素质，培养一批具有现代培训理念、较强培训能力的高素质专业化培训者。培训者专业能力提升工程着重强化培训者的专业能力。培训者应具备政策文件学习能力、培训需求调研诊断能力、培训方案设计能力、课程开发能力、教学实施能力、绩效评估能力、工作坊主持能力、信息技术应用能力等专业能力，还要掌握"以人为本、终身学习、远程网络"等基本培训理念，在培训理念上有所创新。

可见，校长国培的"四大工程"针对不同对象、不同层次、不同类别，采取分级分层分类的精准施训策略，这一策略在"四大工程"上得到了全面有效应用。这些探索已经在实践操作和理论研究上取得了较大进展。从实践层面来看，各承担院校（机构）积极立足本院校（机构）实际，探索适合参训校长的培训模式，实现培训效果最优化；从理论研究来看，关于边远贫困地区农村校长助力工程、卓越校长领航工程、特殊教育学校校长能力提升工程和培训者专业能力提升工程的学术研究全面铺开，研究成果在报刊、网络等媒介得到了传播共享。

校长国培健全了组织机构，加强了制度建设；培训规模不断扩大，基本达到中小学校长全覆盖；培训理念进一步转变，培训内容更符合实际，培训模式不断创新；培训体系日益完善，"瀑布"阶梯体系逐渐形成，努力培养教育家型校长，加强对农村校长培训力度，积极探索区域合作交流机制；培训基地不断加强，培训机构从业要求基本规范；管理机制更加完善，实施分类施训，加强质量监控，严格结果运用，推行信息化管理。概括起来，校长国培积累了如下经验。

第一，思想重视是大前提。中小学校长是基础教育工作的组织者和实施者，处于教育工作最基础的核心地位，决定着学校办学水平和基础教育质量的提升，决定着青少年的健康成长。中小学校长培训是加强校长队伍建设的重要举措，各地把校长培训工作作为校长队伍建设的重中之重，切实加强组织领导，做好顶层设计，明确各级政府在中小学校长培训中的责任。

第二，质量保障是生命线。数量是质量的前提，但没有数量的质量是没有意义的。唯有坚持以提升质量为核心，按需施训、分类施训，优化培训内容，创新培训模式，强化质量监管，校长培训工作才能保持强大的吸引力和旺盛的生命力。质量意识在过去几年不断得到重视，增强了校长培训效果。

第三，开放培训是增长点。坚持开放办教育、开门办校长培训，以我为主、兼容并蓄，请进来、走出去并重，加强国内的区域合作，扩大与境外的合作，实现优质资源共享，切实提高校长培训工作的层次和水平。

第四，创新培训是原动力。各级教育、人事、编制、财政等部门只有坚持协调配合，不断创新，才能建立完善的校长培训工作系统运行机制，激发校长参加培训的内驱力，校长培训工作才能永葆生机和活力。各地在校长培训工作中根据实际情况，不断探索新形势下校长培训的管理体制机制、方式、内容等。

第五，经费投入是活水源。没有经费作保障，校长培训工作就成了无源之水、无本之木，难以持续开展。校长培训经费必须坚持以政府投入为主，确保逐年增加，并不断拓宽经费筹措渠道。多年来，各级政府不断加大培训经费投入，社会公益组织、企事业单位等也持续关注并支持校长培训工作。

三、凝练方略，促进校长实现专业成长

校长国培自启动实施至2020年，取得了长足进步，积累了宝贵经验，这些经验成就了全国校长培训工作的持续发展，也是今后校长培训工作的动力源泉。同时，也必须看到，我国中小学校长基数大，培训的整体专业化水平和保障能力与教育改革发展的要求还存在一些不适应：培训内容不适应发展要求，培训方式不适应多元要求，培训力度不适应均衡要求，培训管理机制不适应创新要求。在新的历史起点上，我们既要扎根中华大地办社会主义培训事业，更要在积极打造精品培训和拓展培训帮扶渠道等方面着力，凝聚各方力量构建校长国培的中国话语，推进校长国培行稳致远。

（一）加强校长国培的政策引导

校长国培是国家工程，要加强顶层设计，贯彻党的教育方针，执行教育政策，落实立德树人根本任务。校长国培是一项专业性非常强的培训工作，需要设计者和执行者具有专业化的教育培训政策素养和丰富的实践经验。就培训专业化来讲，首要前提是熟悉校长国培的各项政策。从培训政策研究视角来看，校长国培的一系列项目可以进一步概括为"学、修、研、领"四层递进连续的培训政策思想，对于各个培训机构在培训体系的专业化建设上，有着深刻的示范影响力。[1]只有在这种思想指导和这类政策保障下，才能进一步深化对中小学校长职业发展和专业成长规律的认知，引领校长培训体系化的专业理念。

（二）注重校长国培的需求分析

校长国培实施是以培训对象的需求为前提的，也就是熟悉掌握培训对象的培训经历、培训需要、培训心理等，在此基础上开展培训，才能够最大程度保证培训效果最优化和培训价值最大化。重点要对参训校长的领导风格、成长环境和他

---

[1] 郭垒，徐丽丽. 中小学校长培训专业化：政策研究的视角[J]. 教师教育研究，2018，30（2）：107-111.

们在实际工作中的困难等进行深度调研和分析。在此基础上，有针对性地开设教育理论课程，组织教育实践观摩，使他们提高政治理论修养，形成素质教育自觉，增进依法治校意识。

（三）发挥校长国培的辐射功能

校长国培承担了服务基础教育改革发展和促进校长专业发展的使命，在分门别类的培训过程中，实现了培训对象需求的最大满足、培训辐射带动力的最大发挥、培训成果共享性的最大展开。2019年，校长国培项目办在教育部教师工作司的领导下，组织中小学名校长赴四川凉山彝族自治州支教。校长国培在教育培训帮扶薄弱学校和贫困地区的实践中发挥卓越校长领航工程参训校长的奉献精神，受到了社会各界的高度赞赏。

下一步，卓越校长领航工程应更加突出领航，培养教育家型校长。通过每周期三年的时间，将原本基础扎实、素质良好的中小学名校长，造就成为理论功底深厚、人文素养宽广、家国情怀浓厚、办学治校突出、实践创新显著、社会担当积极、示范引领给力的教育家型校长，让他们通过名校长工作室等平台或渠道，在本地乃至全国发挥领航作用。[①]

（四）形成校长国培的话语体系

校长国培是社会主义教育事业的组成部分，应当深深扎根中华大地。校长国培作为一项培训事业，得到顶层设计者、具体执行者和培训受益者等的一致认同，构建了包括培训政策、培训理念、培训体系、培训模式、培训评价、培训研究等在内的系统化的话语体系，为中国话语构建提供了新素材。面对新时代中小学校长培训事业变革新形势，在总结既有经验的基础上，我们需要进一步改进校长国培的设计和运作机制，秉持打造高品质培训、促进校长国培高质量发展的新理念，开辟校长国培发展新路径。要深入巩固特色优势培训项目和工程，重点办好中小学名校长领航班，使它成为新中国成立以来我国中小学校长培训中最高层

---

① 王定华. 中小学名校长领航工程的理念进展方略［J］. 中国教育学刊，2018（8）：1-4.

次的培训班。① 这是中国向世界展示中国培训的一张鲜明的名片，需要继续深耕，提高质量。

（五）采用校长国培的混合研修

在培训模式上，实现线上线下一体化，既要坚持继续在农村校长培训中积极推广应用影子培训和"送培进校"诊断式培训，又要充分发挥网络研修的培训优势，按照教育部《关于贯彻落实〈2018—2022年全国干部教育培训规划〉的实施意见》，"加强中国教育干部网络学院及其分院的标准化建设，统筹整合网络培训资源，建设兼容、开放、共享、规范的全国教育干部网络培训体系"。要发挥中国教育干部网络学院的远程网络培训优势。要主动迎接、积极驾驭人工智能，让未来的校长国培更加科学、更为有效。

（六）开展校长国培的能力建设

要加快校长国培承担院校（机构）的中小学校长国家级培训基地建设和校长培训协作机制建设。通过政策支持、标准引领、评估反馈等手段，优先把培训质量高、绩效评估好、培训模式先进、在同类培训中形成优势特色的承办院校（机构）纳入校长国培优质培训基地行列，发挥它们的示范引领作用。按照教育部印发的《关于共建教育系统干部培训协作机制的通知》，建立校长国培的培训协作机制，推动校长国培信息管理系统建设和全国中小学校长培训协作机制资源共商共建共享。同时，强化培训者专业能力提升工程创新建设，把培训者打造成开展全国中小学校长培训的"精兵强将"。要超前布局培训者专业能力提升的培训标准，以点带面，通过校长国培的培训者专业能力提升工程，带动各省份培训者专业能力提升工程标准化建设。

四、结语

校长是学校各项工作的统领者，是学校品质提升工作的主要负责人。学校事

---

① 刘利民. 名校长的使命与担当［J］. 中小学管理，2016（9）：1.

务千头万绪，校长要保持清醒的头脑，避免陷入事务堆里。校长要朝着教育家方向努力，着力构建强有力的领导系统，发挥团队的作用，改善管理行为。校长要将学生的进步、成长、成就作为学校工作的终极目标，清晰、具体地列出学校的任务和目标，领导大家解决学校发展中面临的教育教学问题。校长要改善学校领导团队的管理行为。学校管理人员要在校长的带领下，明确职责，抓好落实，注重细节。校长要注重管理团队领导力建设。校长的领导力表现在对学校办学方向、办学方式以及办学策略的正确引导上；中层干部的领导力体现在对校长领导力量的放大和具体工作的执行上，具体表现为计划、协调、筹措、掌控、合作和创新等。当然，在新时代，学校的治理体系也在发生变化。为全面加强党的领导、加强党的全面领导，中小学必须充分发挥党组织的战斗堡垒作用。校长要带头执行党的决议，贯彻党的主张，体现党的意志。各地各有关方面应当按照《中共中央国务院关于全面深化新时代教师队伍建设改革的意见》要求，加强中小学校长队伍建设，努力造就一支政治过硬、品德高尚、业务精湛、治校有方的校长队伍；应当立足新时代，面对更多中小学校长，加大培训力度，注重能力建设，提高校长办学治校能力，打造高品质学校。

第十二章
新时代师范类专业认证的进展与方略

普通高等学校师范类专业认证诞生于新时代的大背景,立足于我国师范教育的现状,借鉴了国际教师教育质量保障体系建设的有益经验,是一项具有深远意义的前瞻性、开拓性工作。① 教育部对普通高等学校师范类专业认证工作十分重视,2017年10月印发了《普通高等学校师范类专业认证实施办法(暂行)》,2018年1月召开了普通高等学校师范类专业认证工作部署会。2018年3—9月,教育部教师工作司和教育部高等教育教学评估中心建立了师范类专业质量监测平台,遴选了认证专家,开展了多轮认证培训。同年10—11月,教育部派遣专家组先后进驻3所师范大学,开展了师范类专业认证"打样"。2019年,教育部指导开展了对4所师范大学16个师范类专业的第二级认证工作。② 2020年,教育部授权广西、吉林等省份开展省域内师范类专业的认证工作。

---

① 王定华. 培养好老师 从师范类专业认证开始[N]. 光明日报,2018-01-06(6).
② 王定华. 我国高校师范类专业认证的缘起与方略[J]. 中国高等教育,2019(18):20-22.

一、师范类专业认证的背景

师范专业毕业生是各类教师队伍的主要来源，师范类专业办学质量水平直接决定我国教师队伍整体水平，深刻影响基础教育的公平与质量。开展师范类专业认证，构建中国特色、世界水平的教师教育质量监测认证体系，是全面保障和提升师范生培养质量、构建高水平师范人才培养体系、造就党和人民满意的高素质专业化创新型教师队伍的重要抓手和战略举措。

（一）国内现状

从新中国成立到1979年，我国高等师范院校毕业生66万余名，中等师范学校毕业生240余万名。当时的中等师范学校是培养师资的主力军。从改革开放之初到20世纪90年代，我国本科高等师范院校主要培养中等学校师资，师范专科学校主要培养初级中等学校师资，中等师范学校主要培养小学师资，幼儿师范学校主要培养幼儿园师资。国家制定师范专业教学大纲、教学计划，陆续制定出台高等师范学校学生的教师职业技能训练大纲以及相关课程标准，要求师范生在掌握本专业所必需的基本知识、基本理论和基本技能的基础上，掌握教育理论，培养从事教育教学工作的初步能力。进入21世纪以来，我国的教师教育体系发生了较大变化，从封闭走向开放，从职前培养和在职培训的各自为政到走向一体化，从中师、大专、本科的所谓"旧三级"向专科、本科和研究生"新三级"转变，教师整体学历层次明显提升。

近年来，我国教师教育改革取得了积极进展，为基础教育和职业教育发展提供了强有力的师资保障。同时也看到，教师教育改革面临开放化背景下的教师教育质量保障制度亟待建立、综合化背景下的教师教育特色亟待强化、教师教育内涵式发展亟待引导等新情况、新问题。教师教育体系不能很好地支撑广大人民对好教师的需要，教师培养质量滞后于建设高素质教师队伍的需求，已成为制约建设教育强国、加快教育现代化、办好人民满意教育的瓶颈。根据2018年1月《中共中央国务院关于全面深化新时代教师队伍建设改革的意见》，2018年3月教育部等部委联合出台了《教师教育振兴行动计划（2018—2022年）》，把构建教师教育质量保障体系作为重大行动，明确提出要启动师范类专业认证。可以说，建立师范类专业认证制度、健全教师教育质量保障体系，是推动教师教育综合改革牵一发而动全身的突破口和着力点，是从源头上建设高素质专业化创新型教师队伍的一项重要举措。

（二）国际环境

教师教育是教师队伍的源头活水，发展高质量的教师教育已成为国际社会的普遍共识。2012年，美国教师教育领域著名学者琳达·达林-哈蒙德（Linda Darling-Hammond）和安·利伯曼（Ann Lieberman）在《教师教育和世界：变化中的政策和实践》一书中指出，教师队伍质量是21世纪教育质量的核心要素，提供高质量专业化的教师教育正在成为世界各国提高教育质量的重要政策工具。教师教育质量保障体系是指为确保职前教师培养达到一定的质量标准，在生源、认证、评估、投入等方面采取的系统性的教师教育政策措施。进入21世纪以来，为适应经济社会发展特别是教育改革发展对高素质专业化教师队伍的迫切需要，英国、美国、德国、俄罗斯、日本等国纷纷建立健全教师教育质量保障体系，颁布标准、严格选拔、开展认证、加大投入，从源头上保障教师队伍整体素质和专业化水平。例如，《英国合格教师专业标准与教师职前培训要求》明确了教师教育机构提供课程的相关要求和获得教师资格证书所必须达到的学科知识、技能、教学实践能力等方面的标准。2013年，美国成立美国师资培育认证委员会（CAEP），并于2014年发布《新一代师资培育认证标准草案》，以发挥对教师教育整体质量的规范和引领作用。2006年，日本根据修订的《教育职员免许法》，针对首次申请教师教育课程认证和通过首次认证后申请审查评估的教师教育机构，分别出台了《教职课程认定基准》和《教员免许课程认定审查基准》。

二、师范类专业认证的特点

实施师范类专业认证，旨在以认促建重规范，以认促改上水平，以认促强创一流，将切实推动师范专业内涵建设，不断增强师范专业服务基础教育和职业教育的能力。目前，我国启动实施的师范类专业认证实现了在认证理念、体系、标准、办法、方法等多方面的创新，为世界教师教育改革发展贡献了中国方案和中国智慧。

（一）理念明确

师范类专业认证以"学生中心、产出导向、持续改进"三大理念为行动指南，引领新时代教师教育人才培养体系的重塑。一是学生中心。强调从以"教"为中心的传统模式向以"学"为中心的新模式转变，要求遵循师范生成长成才规律，以师范生学习效果和个人发展为中心配置教育资源和安排教学活动。教育的未来应该是从"教"到"学"的转变。二是产出导向。聚焦师范生"学到了什么"和"能做什么"，强调明确学习产出标准，对接社会需求，以师范生学习效果为导向，对照毕业生核心能力素质要求，反向设计课程体系与教学环节，合理配置师资队伍和资源条件，全面评价师范生培养质量。三是持续改进。强调聚焦师范生核心能力素质要求，对师范类专业教学进行全方位、全过程跟踪与评价，并将评价结果用于教学改进，形成"评价—反馈—改进"闭环，建立持续改进的质量保障机制和追求卓越的质量文化，推动师范生培养能力和质量不断提升。

（二）分级分类

师范类专业认证构建了纵向三级递进、横向三类覆盖的分级分类认证标准体系，这是我国政府颁布的第一个分级分类专业认证标准。三级监测认证之间相互衔接，逐级递升，覆盖中学教育、小学教育、学前教育三类专业，规范和引导师范专业合理定位、特色发展、追求卓越。师范类专业认证首次运用"互联网＋"、大数据等信息网络技术，基于教师教育质量监测平台，采取常态监测与周期性认证相结合、在线监测与进校考查相结合、定量分析与定性判断相结合、学校举证与专家查证相结合等多种认证方法，多维度、多视角监测评价师范类专业教学质量状况。

（三）省部协同

教育部和省级教育行政部门加强统筹协调，形成整体设计、有效衔接、分工明确的协同机制。教育部负责顶层设计，指导监督专业认证工作。教育部高等教育教学评估中心具体组织实施第一级监测、第三级认证和中央部门所属高校的第二级认证。省级教育行政部门负责本地区专业认证工作，制订实施方案。中央部门所属高校向评估中心提交认证申请。

（四）分步实施

2014年，教育部首先在江苏、广西开展师范类专业认证试点。2016年底，为期两年的试点工作如期完成。在取得了试点经验的基础上，2017年10月，教育部出台《普通高等学校师范类专业认证实施办法（暂行）》，正式启动全国范围师范类专业认证工作。2018年已完成"打样"工作和部属师范大学部分专业认证工作，2019年、2020年开展了第一级监测，生成了国家层面、地方层面、学校层面、专业层面的第一级监测报告。后续工作在各省份委托的评估机构的直接操作下，分步有序开展。

（五）专家支持

高质量的专业认证离不开专家力量的支持。教育部设立了普通高等学校师范类专业认证专家委员会①，这是专门为认证工作成立的决策咨询专家组织，负责认证工作的规划与咨询，对拟承担师范类专业认证的各地教育评估机构进行资质认定，负责认证结论的审定，受理认证结论异议的申诉，负责对认证工作的指导和检查等。教育部高等教育教学评估中心制定了认证工作专家遴选标准、管理办法，建立了国家师范类专业认证专家库，依靠专家开展专业认证的具体工作。认证有一套针对工作流程、工作清单、工作技术、工作方法和工作纪律的要求，有必须完成的"规定动作"，同时也给专家留有"自选动作"空间。这对专家的要求是很高的，体现了认证的专业性。专家必须全面考查、有所侧重、独立判断，必须点面结合、充分交流、相互印证、去粗取精、去伪存真、由表及里，把脉诊断，提出良策良方。

---

① 普通高等学校师范类专业认证专家委员会主任委员为刘利民，副主任委员为顾明远、任有群、范唯、王定华，委员包括瞿振元、钟秉林、张志勇、王北生等知名专家。

（六）学校自主

高校要明确在专业质量建设方面的主体责任，在"放管服"大背景下，开展师范类专业自我评估。在自评自建的基础上，由学校自愿提出认证申请，推动学校建立专业质量持续改进机制，提升专业质量保障能力。在接受认证的各个环节，学校都要做到态度积极、材料翔实、汇报准确、展示全面，将认证当作改进发展的重大机遇。

（七）不收费用

教育部、省级教育行政部门分别为组织开展相应的师范类专业认证工作提供经费保障，不向学校收取费用。教育部已设立"师范类专业认证"专项经费，为教育部高等教育教学评估中心开展相关认证工作提供经费保障。2019年，全国有29个省份启动认证工作，地方财政投入4 000万元。虽然不必交纳认证费用，为了使待认证的师范类专业呈现良好面貌，相关学校还是应该抓住机遇，加大对这些专业的投入力度。

（八）妥用结果

认证结果来之不易，应当将之作为师范类专业准入、质量评价和教师资格认定的重要依据，作为政策制定、资源配置、经费投入的重要依据。各地各校应该强化结果应用，重引导、强激励、树标杆。通过第二级认证专业的师范毕业生，可由高校自行组织中小学教师资格考试面试工作。通过第三级认证专业的师范毕业生，可由高校自行组织中小学教师资格考试笔试和面试工作。通过妥当运用结果，进一步形成重视本科、重视师范、重视人才培养的良好氛围，努力培养信念坚定、师德优秀、综合素质良好的师范生。

三、师范类专业认证的进展

2018年是师范类专业认证工作的开局之年。2018年以来，教育部教师工作司根据《普通高等学校师范类专业认证实施办法（暂行）》，结合各地规划和各校申请情况，稳步推进了以下工作。

（一）召开认证启动会议

2018年1月，教育部召开了普通高等学校师范类专业认证工作部署会，北京主会场集中各省份教育行政部门负责人及6所部属师范大学领导，视频分会场覆盖了全国教育行政部门、教育评估机构及举办师范类专业的部属高校与地方高校教师代表。陈宝生部长出席会议并发表讲话，并为普通高等学校师范类专业认证专家委员会成员颁发聘书。师范类专业认证工作正式启动，成为高等教育领域最具影响力的大事之一。参会代表纷纷表示，师范类专业认证抓住了重建教师教育体系的重要机遇，是管办评分离的一项重要举措，也是加强师范教育内涵建设、提升师范教育质量的有力抓手。

（二）搭建认证组织体系

教育部高等教育教学评估中心负责具体实施工作。经各地区教育行政部门推荐、普通高等学校师范类专业认证专家委员会审议，至2020年，已确定教育部高等教育教学评估中心、北京教育评估院、辽宁教育研究院、上海市教育评估院、江苏省教育评估院、浙江省教育评估院、安徽省教育评估中心、福建省教育评估研究中心、河南省教育评估中心、湖北省教育评估院、重庆市教育评估院等13家教育评估机构具备开展第二级师范类专业认证工作资质。出台了《普通高等学校师范类专业认证机构管理办法》。

（三）审核认证实施方案

按照师范类专业认证工作部署安排，各省份梳理摸清了本地区中学教育、小学教育和学前教育师范类专业设置情况，明确了专业类型、专业名称、培养层次等信息。制订了本地区师范类专业认证实施方案，明确了总体目标、实施进度、实施范围、拟委托的教育评估机构、认证工作组织机构、认证标准、认证结果使用和认证人财物保障等。按照"2018年少数学校、少数专业先行先试，2019年、2020年逐步推开，时间服从质量"的思路，结合各地师范类专业布局实际，普通高等学校师范类专业认证专家委员会审核了各省份师范类专业认证实施方案，并反馈了审核意见。

(四) 研发认证管理系统

师范类专业认证管理信息系统的开发工作顺利完成,实现教育部教师工作司、教育部高等教育教学评估中心、省级教育行政部门和评估机构、学校、专家、普通高等学校师范类专业认证专家委员会等多级用户信息交互。该系统实现了认证全过程的信息化管理,涵盖专业认证申请受理、自评自建、进校考查、得出结论、整改提高的全部过程,保证各阶段信息按统一标准分类保存整理,为专业持续改进、提高人才培养质量提供了信息支撑。

(五) 开发质量监测平台

教育部教师工作司会同教育部高等教育教学评估中心组织召开各类会议10余次,以通信方式征求120余位专家意见,向高校专家发放问卷280份,向基础教育学校校长、教师发放问卷2 323份,向在校师范生发放问卷3 094份,广泛征集教师教育质量监测需求,形成质量监测平台建设方案。依据建设方案,完成了教师教育质量监测平台指标体系研制工作,为教师教育质量常态监测与周期性认证提供了依据。教师教育质量监测指标体系选取与教师教育质量相关的关键要素,包含学生、教师、课程、条件四个维度,共计50个具体监测项,其中通用项26个,师范类专业特色项24个。

(六) 开展首批认证"打样"

首批中学教育、小学教育、学前教育三类师范类专业认证工作关系着师范类专业认证整体工作的前进方向、推进节奏和整体成效。第二、三级认证的样板专业,将是对分级分类专业认证模式的重大实践,必将发挥示范引领作用。教育部依据各省份师范类专业认证实施方案,经学校自主申请、省级教育行政部门推荐、教育部高等教育教学评估中心审核,以及配强大组长、精选小组长和成员,分别对浙江师范大学学前教育专业、首都师范大学小学教育专业进行第二级认证"打样"。2018年11月,笔者作为大组长,带队对首都师范大学小学教育、音乐学(小学教育)、美术学(小学教育)三个专业开展了为期3天的认证工作。①接着,教育部又组织开展了对华东师范大学汉语言文学专业的第三级认证"打样"。在此过程中,组织其他教育评估机构观摩学习。随后,相继完成了东北师范大学、西南大学、华中师范大学、陕西师范大学等4所部属师范大学16个师范类专业的第二级认证工作。

(七)研制两类认证标准

2018年,教育部教师工作司会同相关专业机构,广泛听取了设置中职和特教专业的高校的意见,在此基础上,集中职教和特教专家,研制了《职业技术师范教育专业认证标准》和《特殊教育专业认证标准》。经过认真打磨加工、反复征求意见,2019年10月这两个认证标准完成制定并发布实施。2020年起,三级五类师范类专业认证标准的制定全面完成,投入使用。

四、师范类专业认证的前瞻

(一)认真总结完善

师范类专业认证工作在我国尚属首次,认证标准和实施工作有待在实践中检验、不断完善。进入21世纪第三个十年之际,接受认证的高校对认证理念、标准的理解不断加深,师范教育"产出评价"改革逐渐深入人心。有关高校和专业在对照认证标准开展评建的过程中,开始逐步对照标准要求,修订培养目标、重组课程体系、开展课堂改革、明晰教师责任、健全评价机制、完善条件保障、建立质量文化,高校师范人才培养模式改革正式启动。通过入校认证,专家认证技术水平逐步提升,发掘了一批可引领全国认证工作的核心专家。认证组织流程逐渐理顺,方便各教育评估机构以统一的质量标准开展认证工作。同时,浙江省教

---

① 在进驻见面会上,笔者希望相关方面提高政治站位、针对现实需求、开展顶层设计、自愿试点先行、发挥专家作用、双方合作互动、严格认证标准、体现持续改进。这次认证按照8个一级指标39个二级指标开展工作。入校前,专家先行阅读了专业自评报告、专业教学状态数据分析报告,驻校后采取有合有分、有听有看、有观察有反馈的方式进行了认证。

育评估院、江苏省教育评估院等8家教育评估机构进行了系统的观摩、学习，为保证全国统一的认证组织流程、工作标准奠定了基础。当然，也有一些环节需要完善。

一是认证核心的评价工作尚未得到科学、有效的贯彻和落实。目前，认证专业的毕业要求制定、分解尚不合理、细化，课程目标支撑、落实不够明确，教师对自身在学生毕业要求培养过程中所承担的责任尚不明确。特别是认证核心的课程目标、毕业要求评价尚未机制化，评价方法不够科学。同时，专家在查证过程中还不能以产出导向为主线，不能以产出评价为重点。学校、专家如不能有意识地逐步按认证理念、逻辑转变，将会使认证走偏，影响后续认证工作。

二是认证启动后各方面准备、支持、匹配不够。认证工作短期内开展较快，对保证认证工作质量提出了很大挑战。例如：评估机构专业化水平与组织能力不能满足工作需求；为学校按认证理念转变人才培养模式所预留的时间不足，在一定程度上影响了认证应有的效果；专家的数量、精力、能力也难以满足认证需求，过于密集的认证工作使得专家评价不能及时开展，影响专家队伍质量的持续提升。

三是认证组织流程尚需优化。首批认证中部属师范大学第二级认证采取了3～6个专业认证专家组联合进校的工作模式。联合进校虽在一定程度上提高了认证速度，但其组织流程尚需优化，以保证联合认证工作的效率与质量。

四是各评估机构工作水平有待提高。在教育部高等教育教学评估中心组织的首批认证工作结束后，全国另外8家评估机构将陆续开展认证工作，其对认证理念、标准的理解，对认证关键环节的掌握有待提升。

五是各校认证专业普遍存在培养目标尚需明晰的问题。人才培养目标、毕业要求、课程目标及课程教学之间的产出导向取向需要加强，评价机制和质量保障机制不够健全。

（二）体现稳中求进

师范类专业认证不是目的，而是实现深化教师培养模式改革、建设高水平师范专业、培养高素质教师的一条重要且有效的路径。为保证认证工作质量，下一步，要继续加强评建过程指导，严格进校标准，确保"成熟一个，认证一个"。

针对已开展的认证工作，加强总结分析，分析评估机构、学校、专家存在的问题和不足，积极寻找解决措施。同时，向各省级教育行政部门、各学校深入讲解认证工作促进师范教育质量提升、推动师范教育改革的初心，尽可能消除认证进度横向比较心理。引导和促进师范类专业按照"学生中心、产出导向、持续改进"理念开展专业建设，推动师范教育改革。通过将理念引入认证专业，促进专业按照中小学（含幼儿园、中等职业学校、特殊教育学校）教师需求设定培养目标，按照认证标准要求制定人才培养规格，按照产出导向教育理念构建课程体系、实施教学活动，按照持续改进理念建立教学质量的持续评价与改进机制，按照既定的能力培养要求明确教师责任、优化资源配置。

（三）理性对待结果

认证结论分为"通过，有效期6年""有条件通过，有效期6年""不通过"三种。其中，认证结论为"通过，有效期6年"或"有条件通过，有效期6年"的专业，须依据认证工作专家现场反馈意见和专家组现场考查报告进行整改，并提交整改报告。学校要理性对待认证结果，客观分析专家组反馈意见，仔细梳理分析，认真整改落实，持续改进提升；各省份要按照要求，依据实际建立相应的专家组织和结论审议机制。普通高等学校师范类专业认证专家委员会审定认证结论，保证认证结果的科学性和权威性。

（四）做好自评自建

自评自建是专业认证工作的重要环节。高校要承担起师范类专业质量建设的主体责任，对照认证标准，对人才培养质量进行自我检查、自我评价、自我改进、自我建设，健全校内工作机制，促进专业质量持续改进。师范类专业认证这项工作，可以切实加强高校师范专业基础能力建设和师范类人才培养质量，推动师范院校办出特色、追求卓越。

（五）实现全面覆盖

2020年后，教育部着手开展职教专业和特教专业的认证，同步推进三级五类师范类专业认证工作，实现全覆盖。职教专业认证标准立足"三性（师范性、专业性、职业性）融合"，聚焦制约培养质量的短板，规范和引导职业技术师范教育专业加强内涵建设，建立持续改进质量保障机制和追求卓越的质量文化，增强职业技术师范教育专业服务职业教育的能力。特教专业认证标准将特别注重教育情怀，规范和引导特殊教育专业加强内涵建设，建立持续改进质量保障机制和追求卓越的质量文化，增强特殊教育专业服务不同类型特殊教育的能力。

五、结语

在开展师范类专业认证过程中，应当精益求精，对标卓越，提升质量。要全面落实立德树人根本任务，准确把握教师教育基本规律和师范生成长成才规律，以"回归常识、回归本分、回归初心、回归梦想"为基本遵循，激励学生刻苦学习，引导教师潜心教书育人，增强师范类专业培养能力，努力培养造就一支师德高尚、业务精湛、结构合理、充满活力的符合新时代发展要求的高素质专业化创新型教师队伍，为培养德智体美劳全面发展的社会主义建设者和接班人奠定坚强的师资保障。

开展师范类专业认证，要认真总结完善，体现稳中求进，理性对待结果，做好自评自建，实现全面覆盖。我们要确实用科学有效的办法和实事求是的操作，把这件事情办好，发挥其应有的正能量。

在2020年7月7日召开的普通高等学校师范类专业认证专家委员会线下线上混合式会议上，刘利民主任委员认为，师范类专业认证"学生中心、产出导向、持续改进"的先进理念，有力推动新时代教师教育人才培养质量提升。一是认证保证了师范生培养质量达标。通过认证，师范类专业面向社会经济发展对教师的需求，合理设置人才培养目标，明确人才培养标准，改革课程体系，加强实践教学，落实教师主体责任，强化资源条件支持，有效保证了师范生培养质量。二是认证引导师范类专业建立持续改进的质量保障体系。通过认证，师范类专业建立人才培养质量评价的常态机制，并将评价结果用于教学改进，形成"评价—反馈—改进"闭环，建立持续改进的质量保障机制，保证师范生培养质量不断提升。

第十三章

人工智能促进教师队伍建设的观察与研究

　　百年大计，教育为本；教育大计，教师为本；教师大计，发展为本。要培养新时代的学生，必须有新时代的教师。要成为新时代的教师，必须掌握影响教育发展的新兴技术。2018年1月《中共中央国务院关于全面深化新时代教师队伍建设改革的意见》（本章以下简称《意见》）指出："教师要主动适应信息化、人工智能等新技术变革，积极有效开展教育教学。"这对教师掌握新兴技术、开展教育教学提出了明确要求。

一、人工智能促进教师队伍建设的背景

（一）人工智能时代迅速到来

人类社会进入 21 世纪第三个十年之际，信息技术得到了前所未有的快速发展，大数据、云计算、物联网、移动互联网、3D 打印、人工智能等技术不断取得新突破。人工智能已经成为国际竞争的焦点，对经济社会发展产生了重大影响。我国发展人工智能具有良好的基础与条件。从构成人工智能的三要素——算法、算力、数据来看，近几年全世界关于机器学习算法的论文中 1/3 以上是我国学者发表的，我国"天河系列""太湖之光"等超级计算机的计算速度世界领先，我国医疗、金融、城市治理等领域的数据不但数量大，而且数据获取能力强。我们要注重人工智能核心算法的突破、大数据和应用场景公共平台的建设，推动我国信息化发展跃上新的台阶。

全球正在跨入第四次工业革命时代，人工智能将深刻改变人类社会工作生活，成为最大的加速器。世界各国竞相把发展人工智能作为提升国家竞争力新的重大战略。"布莱尔资本"创始人吉姆·布莱尔认为，中美是人工智能发展最领先的两个国家，未来十年，90％的技术突破及股东价值都将来自中国和美国硅谷。2017 年 8 月，国务院印发的《新一代人工智能发展规划》提出：到 2025 年，我国人工智能部分技术和应用达到世界领先水平；到 2030 年，我国人工智能理论、技术和应用总体达到世界领先水平。

我国人工智能发展不断取得重要进展，部分领域核心关键技术实现了重大突破。例如，语音识别、视觉识别技术世界领先，自主学习、直觉感知、综合推理、混合智能和群体智能等初步具备跨域发展的能力，中文信息处理、智能监控、生物特征识别、工业机器人、服务机器人、无人驾驶逐步进入实际应用。

（二）人工智能加速教育变革

由人工智能引领的新一轮科技革命和产业变革方兴未艾。在移动物联网、大数据、超级计算、传感网、脑科学等新理论新技术驱动下，人工智能呈现深度学习、跨界融合、人机协同、群智开放、自主操控等新特征。信息技术发展正引领社会生产新变革、创造人类生活新空间、拓展国家治理新领域，极大地提高了人类认识世界、改造世界的能力。随着互联网技术的普及应用，教师教学和学生学习的方式方法正在发生着巨变。我们现在经常看到这样的场景：学生在教室里人人拿着平板电脑，与教师互动，也与同学互动；学生在计算机上进行英语考试；有的学生通过移动互联技术，在家中、宿舍等场所接收教师布置的作业；学生可以在线上预约直播课。广东外语外贸大学开设有"跨洋互动"课程，利用互联网，与美国、新西兰的两所大学同时为学生布置相同的作业，这三个国家的学生可以在线上互评作业。"智课教育"利用互联网创新教育服务，与中国科技大学、深圳大学携手，分别在两所高校建设了700平方米、600平方米的英语"翻转课堂"。此外，"智课教育"的新课堂已经在100多所大中小学落地生根，包括美国和加拿大等国的学校。

2018年1月，《意见》提倡教师驾驭人工智能，提高教育教学质量。2018年4月，教育部印发《高等学校人工智能创新行动计划》，提出要加快人工智能在教育领域的创新应用，构建智能化、网络化、个性化、终身化的教育体系。

2019年初，中共中央、国务院印发《中国教育现代化2035》，中共中央办公厅、国务院办公厅印发《加快推进教育现代化实施方案（2018—2022年）》，重点部署包括智能教育在内的教育现代化的战略任务。2019年5月，教育部和联合国教科文组织联合主办"国际人工智能与教育大会"，提出要通过人工智能与教育的系统融合，全面创新教育、教学和学习方式，并利用人工智能加快建设开放灵活的教育体系，确保全民享有公平、适合每个人且优质的终身学习机会，从而推动可持续发展目标和人类命运共同体的实现。

进入21世纪第三个十年，我们应当认真思考：未来的学生应该如何培养，教学和学习方式还将发生怎样的变化？作为新时代的教师，我们应该未雨绸缪，紧跟时代步伐，熟练掌握新兴技术特别是人工智能应用能力，优化教育教学，提高教育教学质量。

人工智能技术深度应用将不断提速，智能化环境将无时不在、无处不在，越来越多的简单性、重复性任务将由人工智能完成，个体创造力将得到极大发挥，社会生产方式将发生革命性变化。在这样的社会背景下，"人工智能+教育"不可避免。未来，我们将利用人工智能加快推动人才培养模式、教学方法改革，构建包含智能学习、交互式学习的教育体系。开展智能校园建设，推动人工智能在教学、管理、资源建设等全流程应用，开发立体综合教学场、基于大数据的智能在线学习教育平台。开发智能教育助理，建立智能、快速、全面的教育分析系统。建立以学习者为中心的教育环境，提供精准推送的教育服务，实现日常教育和终身教育的定制化。

人工智能在教师领域的应用主要体现以下几个方面。一是改进教学方式。通过智能阅卷和批改作业，教师可以更多关注每个学生的特点，能够分析每个学生在哪些方面有问题，从而与学生进行必要的沟通，再实施个性化的授课，真正实现因材施教。二是实现优质教育资源共享。通过实时在线课堂和优质课件共享，乡村学校和薄弱学校也能享受到优质教育资源，进而提高教育质量，促进教育公平。三是提高培训实效。通过智能选课和线上线下混合式学习，教师既实现了时时可学、处处可学，也实现了按需参训。这样既增强了学习的针对性，也提高了培训的实效性。

人工智能对教师的工作方式将产生根本性影响。"如果你的工作包含以下三类要求，那么你被机器人取代的可能性非常小：社交能力、协商能力以及人情练达的艺术；同情心以及对他人真心实意的扶助和关切；创意和审美。"北京师范大学教育学部教授余胜泉说，"如果你的工作符合以下特征，那么被机器人取代的可能性就非常大：无须天赋，经由训练即可掌握的技能；大量的重复性劳动，每天上班无须过脑，但手熟尔；工作空间狭小，坐在格子间里，不闻天下事。"①

英国广播公司（BBC）基于剑桥大学研究者的数据体系，分析了365种职业未来的"被淘汰概率"。其中，电话推销员、打字员、银行职员等职业，分别以99.0%、98.5%、96.8%的概率被列为可被人工智能取代的职业；而艺术家、心理医生、教师等职业，分别以3.8%、0.7%、0.4%的概率被列为最不可能被人工智能取代的职业。华东师范大学教授杨九诠说："BBC分析认为，教师被机器人替代的概率只有0.4%，但英国教育专家安东尼·塞尔登（Anthony Seldon）

---

① 苏令. 人工智能时代需要怎样的教师［N］. 中国教育报，2018-05-17（1）.

则预测现在离人类教师消失只剩下3 000天。孰是孰非呢？不可能有也不应该有肯定的答案。但值得注意的是，此教师已非彼教师。在未来新的社会样态、教育样态、知识样态和学习样态中，教师的思想观念、心智结构、生活方式和角色意识等，以及教师与社会、组织、学生、同行的关系，都可能发生颠覆性的全新变化。"①

人工智能不可能取代教师，而是要成为师生的强大助手，可大幅提升教与学的效率和效果，所以学校应积极拥抱人工智能。人工智能在教育未来的许多方面，如自动出题与批阅、学习障碍诊断与及时反馈、问题解决能力测评、学生心理素质测评与改进、青少年体质健康实时监测、学生成长发展指导、智能学习伴侣、个性化智能教学、综合素质评价报告等方面，都可以承担起教师的角色。

"人要驾驭机器，而不能被机器奴役。"北京市第十八中学校长管杰表示，有了人工智能的辅助，教师可以腾出更多的时间和精力，创新教育内容、改革教学方法，让教育变得更好。教师就不再仅仅是知识的传授者，还是满足学生个性化需求的教学服务提供者、设计实施定制化学习方案的成长咨询顾问，成为学生学习的陪伴者、动力的激发者、情感的呵护者，真正成为学生"灵魂的工程师"。②

教育部教师工作司司长任友群认为，在人工智能助推教师队伍建设行动中，人工智能发挥着两方面的作用。一方面作为"手段和工具"，在智能助手、情境化学习、教师培养、帮扶贫困等多个方面发挥作用。另一方面作为"知识和内容"，教师需要掌握人工智能相关知识：对于全体教师来说，需要提升信息素养；对于专业课程教师来说，需要跟踪技术发展、创新教学方法，确保教学的有效性与及时性；对于学校首席信息官或相关管理者来说，需要研究如何用技术对教师数据进行挖掘，如何用技术推进管理方式重构、流程再造，实现管理过程精细化、治理工作精准化。为了有效地使用人工智能技术，教师还需要习得以下新的能力：（1）了解人工智能驱动的系统是如何改善学习的，从而使他们能够对新的人工智能教育产品做出正确的价值判断；（2）掌握数据分析技能，使他们能够解释由人工智能技术支持系统提供的数据，并能对数据进行收集、挖掘、分析、处理等；（3）能够批判性地看待人工智能和数字技术影响人类生活的方式，以及计

---

①② 苏令. 人工智能时代需要怎样的教师[N]. 中国教育报，2018-05-17（1）.

算思维和数字技能的新框架，以提高学生理解人工智能力量、危险和可能性的能力；（4）能够利用人工智能来完成重复性的任务，使其能够去做更多他们以前没有时间做的工作，如情感交流、人际交往等；（5）教授学习者获得那些可能不会被机器取代的技能和能力。[①]

人工智能不能取代教师，但是使用人工智能的教师能取代不使用人工智能的教师。教师要不断增长本领，善用人工智能，提高教学效果，扩展知识疆域，激发学生兴趣，不能对其漠然置之、不屑一顾。同时，教师也要体现主体地位，永做学校主人，关注学生成长。人不仅是学习知识的认知体，更是有血有肉的生命体。教师职业必将长期存在，人工智能则发挥必要辅助作用。面对信息技术和人工智能的日新月异，有关大学和中小学应加快教师发展信息化步伐，主动拥抱人工智能，进一步推动信息技术在教育教学、教育管理、教育服务过程中的应用，利用智能技术支撑人才培养模式的创新，支撑教学方法的改革，持续不断地造就一批又一批掌握信息技术、具有创新思维的教师。

二、人工智能促进教师队伍建设的方略

为了进一步加快推进人工智能在教师领域的应用，教育部启动实施人工智能助推教师队伍建设行动试点工作，分别在宁夏回族自治区、北京外国语大学开展基础教育领域、高等教育领域试点，探索运用人工智能技术培养新型教师、提高教师培训效能、创新教育教学等经验做法，先行引路，示范全国。也就是说，"教师＋人工智能"箭已离弦，正风驰电掣、加快推进。广大教师应认真按照人工智能助推教师队伍建设行动要求，结合中央和地方开展的信息技术应用能力提升培训，进一步提升新兴技术特别是人工智能技术素养和应用能力，重塑教师角色，利用新兴技术优化教育教学理念、创新教育教学模式、提高教育教学质量，真正成为"教育＋人工智能"的先行者。

为适应新时代形势、贯彻党中央决策，教育部出台了新时代人工智能助推教

---

① 任有群，万昆，冯仰存. 促进人工智能教育的可持续发展：联合国《教育中的人工智能：可持续发展的挑战和机遇》解读与启示 [J]. 现代远程教育研究，2019，31（5）：3-10.

师队伍建设行动方案,旨在围绕教师专业发展,推进实施"人工智能＋教师治理""人工智能＋教师教育""人工智能＋教育教学""人工智能＋精准扶贫",依托人工智能优化教师治理体系、提升教师培养质量、促进教师专业发展、提高教师教育教学能力、探索教育扶贫新路径,发挥教师在教育发展中的第一资源作用,为智能教育发展奠定基础。通过一段时间的努力,要从点到线、由线及面,实现人工智能与教师队伍建设核心工作的全面融合,实现人工智能助推教师队伍建设行动由局部试点到全国整体覆盖,推动教师更新观念、重塑角色、提升素养、增强能力,主动应对新技术变革,善用新技术手段,积极有效开展教育教学,形成人人想用、人人会用、人人用好人工智能技术的局面。与此同时,教育部将实施新一轮中小学教师信息技术应用能力提升工程,充分利用云计算、大数据、虚拟现实、人工智能等,实现教师教育创新。在这个过程中,教育部将认真研制师范生信息技术应用能力标准,推动以自主、合作、探究为主要特征的教学方式变革,提高师范生的信息素养和信息化教学能力;出台教师培训课程指导标准,推动对教师教育教学能力进行科学诊断,设置针对性培训课程,启动实施教师教育在线开放课程建设计划,遴选认定一批教师教育国家精品在线开放课程,体现分层、分类、按需施训。

各地各校应该审时度势、精心谋划、超前布局、力争主动,深入了解大数据发展现状和趋势及其对教育的影响,在实施国家大数据战略的背景下推进教师专业成长。应善于获取数据、分析数据、运用数据,加快教师发展的信息化步伐,主动拥抱人工智能,进一步推动信息技术在教与学、教育管理、教育服务过程中的应用,利用智能技术支撑人才培养模式的创新,支撑教学方法的改革,打造更加重视个性、创造性的教育,持续不断地培养培训一批掌握信息技术、具有创新思维的教师。

(一)教师大数据建设与应用行动

依托全国教师管理信息系统,实现全体教师信息的"伴随式采集",丰富教师特征数据,升级教师电子档案,形成教师"画像",建立标准统一、互联互通、安全可靠的全国教师基础信息平台;高效采集、有效整合来自相关教育机构的教师教育教学行为数据,利用人工智能技术进行数据挖掘,形成教师队伍大数据。

将教师队伍大数据作为教师工作决策的基础支撑和重要依据，进行多角度、多层面、多方位的大数据智能分析，评价教师队伍发展状况、找准教师队伍发展问题、研判教师队伍发展趋势、确定教师队伍发展重点，提升教师工作决策的科学性、针对性、及时性、有效性，提升教师队伍治理水平。积极推进教师大数据与教师工作的深度融合，为教师资格定期注册、职称评聘、评优评先、考核评价、培训学分管理和项目申报等工作提供信息和管理服务，切实提升教师管理评价工作的信息化程度，逐步推进教师管理方式重构、教师管理流程再造，实现教师管理过程精细化、治理工作精准化。

（二）教师智能助手研发与应用行动

有条件的高等学校、科研机构、中小学、人工智能企业，应当积极研发辅助教师教育教学的智能助手，支持精准学情诊断，改进备课教研，优化教学流程，提供精准教学评价，实现智能推送资源等，减轻教师工作负担，提高教师工作效能，转变学生学习方式，支持学生个性化学习。教育行政部门通过政策引导、资源供给、环境塑造等，支持并激励学校和教师应用智能助手。学校认真谋划、大胆尝试、逐步推进，推动教师在日常教育教学中积极应用智能助手。教师积极探索、灵活应用、逐步深入，优化课堂教学、班级管理、家校互动、学生综合素质评价、学生心理辅导、学业减负等，提高教书育人能力，落实立德树人根本任务。研发机构跟踪地方、学校和教师应用过程，采集反馈数据，不断改进技术设计，实现智能助手迭代升级。

（三）教师情境化学习资源建设与应用行动

通过编制开发指南、推荐精品资源、提供经费支持等方式，引领有条件的高等学校、研训机构、中小学和企事业单位等，大力开发情境化学习资源。利用虚拟现实、增强现实和混合现实等技术，重点建设用于教师发展和学科教学的资源，着力在体验性、技能性、交互性和操作性等方面取得突破，确保资源的吸引力与实用性。利用智能感知、虚拟仿真等技术，开发虚拟实验室、沉浸式学习系统等。利用混合现实和增强现实技术，构建虚拟学习资源与实体学习资源融合的学习环境。利用自然语言处理、计算机视觉、生物特征识别等跨媒体智能技术，开发交互性情境化学习资源。依托国家数字教育资源公共服务体系,汇聚情境化学习资源,推进共建共享。教育行政部门、师范院校和教师培训机构将其作为教师教育必备资源,拓展师范生和广大教师学习路径,丰富他们的学习体验,提升他们的学习实效。

(四)未来教师培养创新行动

顺应当前及未来教育发展变革对教师知识、能力、素质提出的新要求,有条件的师范院校和高水平综合大学应开展未来教师培养创新行动。推动教师教育课程改革,开设人工智能基础课程,实施"人工智能+X"学科课程融合计划,拓展师范生学科视野,培养其利用人工智能优化学科教学的能力。创新教师培养环境,引入人工智能技术,建设线上线下有机融合的综合性教学平台,构建智能化、个性化、多样化的学习环境,再造培养流程,创新培养模式,提升师范生培养质量。改革评价方式,将人工智能技术用于教师教育质量监测,汇聚全过程数据,将过程性评价与结果性评价相结合,建立科学有效的评价体系,有力支持师范类专业认证。

(五)教师智能研修行动

有条件的教师培训机构应建立智能化研修平台,开展定制化、精准化的教师智能研修行动,适应教师终身学习与多样化发展需要。依据国家教师培训课程标准能力诊断指标,建立教师发展智能化测评系统,实现精准高效诊断,为设计培训项目、开发培训课程、评估培训质量等提供有力支持。建立学习内容智能遴选与精准推送系统,推行教师有效自主选学,有效实施分层培训,确保培训针对性和实效性。建立并完善教师智能研修模式,以人工智能技术支持,创设情境化、协作化、自主化学习环境,高质量实施混合式研修,实现随时可学、随地可学的常态化研修。建立智能评价系统,全面有效采集教师学习过程与结果数据,对教师研修成效进行客观、真实、有效评价。

(六)教师智能教育领航行动

在新一轮教师信息技术应用能力提升工程框架内,有条件的高等学校或教师培训机构、人工智能企业、中小学可协同开展教师智能教育领航行动。教师智能教育领航行动重点面向学校信息化工作基础良好的优秀中小学校长和具有较高信息技术应用能力的学科骨干教师，分别开展智能教育领导力、智能教育教学能力研修，使他们形成智能教育意识、掌握智能教育工具，成为智能教育的引领者。人工智能领域相关专家、教育教学专家、一线名师组成高水平团队，制订研修方案，开发研修课程，实施研修活动。创新研修模式，将任务驱动、深度体验、行动研究等相结合，提升研修实效。通过迭代开发、优化升级，不断汇聚智能教育管理与教学示范案例，完善研修课程，为在更大范围内开展智能教育研修提供资源支持。

（七）智能帮扶相对落后地区乡村教师行动

在现有对口帮扶基础上，实施教师"智能手拉手"行动，通过智能研修平台，共享情境化学习资源，发达地区应支持双方教师协同研修，发达地区骨干教师引领相对落后地区乡村教师实现专业发展。鼓励人工智能企业实施对相对落后地区教师"智能跨越"行动，提供智能教育硬件设施、服务平台和配套资源等，帮助贫困地区教师跨越"数字鸿沟"，分享智能教育成果。引导高水平师范院校实施"中国好老师"行动，为相对落后地区的校长和教师精准推送教学资源与育人案例，提升乡村校长管理治校能力，促进乡村教师专业成长。

（八）师范院校与人工智能企业协同创新行动

有条件的师范院校与人工智能骨干企业联合建立人工智能教育机构，开展协同创新行动，建设高水平教师教育基地。以大数据智能、跨媒体感知计算智能、认知计算智能等新技术助力教师教育，加强教师教育学科建设，构建"双导师制"人才培养模式，开发智能教育模块化课程，建立高水平师资团队，联合开展重大应用课题攻关，培养高素质创新型教师。联合建设师范生教学技能实训平台，推进人工智能技术与教育实践深度融合，提升教育实践成效。促进跨校教师教育创新成果共享与转化，激励开发精品成果，实现有效推广应用。

三、人工智能助推教师队伍建设的试点

为贯彻落实《意见》等文件精神，教育部于2018年启动了人工智能助推教师队伍建设行动，在宁夏回族自治区和北京外国语大学进行试点。试点工作旨在先行先试、积累经验、构建模式、探索机制，探索实施智能教育的有效路径。遴选一批人工智能骨干企业，建立人工智能助推教师队伍建设行动创新示范基地，推动企业聚集人才、加大投入，突破关键技术，开发创新平台，研发标志成果等。开展智能教育示范案例征集活动，发掘一批人工智能技术应用意识强、应用效果好的"种子"教师，引领带动广大教师在教育教学中积极应用人工智能技术。通过试点，落实教师要主动适应信息化、人工智能等新技术变革，积极有效开展教育教学，从未来教师培养创新、教师智能教育素养提升、教师智能助手应用、教师智能研修、智能帮扶贫困地区教师、教师大数据建设与应用等方面发力，通过人工智能助推教师教育改革、教育教学创新、教师管理优化、教育精准扶贫。

北京外国语大学把试点工作作为学校信息化建设的主要抓手，由校内信息技术中心牵头，教务部门、人事部门、部分院系配合，集中外语教学与研究出版社、北外网络学院等优质资源，重点在智能教室建设、智能教育素养提升、教师发展智能实验室建设、教师大数据建设等方面，以人工智能技术为杠杆，撬动高教教学模式创新，推动实施混合式教学。

（一）智能教室建设

如何继续提升学校核心竞争力、提高教学综合水平与培养学生综合素质是北京外国语大学的首要任务。通过改善教学环境、营造更佳的学习氛围，北京外国语大学为培养国家急需，富有社会责任感、创新精神和实践能力，具有中国情怀、国际视野、思辨能力和跨文化能力的复合型、复语型、高层次国际化人才提供环境保障。

2018年，北京外国语大学在课堂教学改革中进行了尝试，将混合式教学模式的理念应用于传统课堂。配合教育部的人工智能助推教师队伍建设发展课题，

于同年底开始了智能教室样板间的建设。建设初期,信息技术中心对学校的教室情况进行了摸排,组织有关专家对学校如何建设智能教室进行了探讨。同时,信息技术中心、教务处、资产管理处以及院系相关技术人员多次外出参观学习,借鉴成功经验,结合本校的自身条件,提出了智能教室的建设方案。目前九间样板间建设完成,并已交付使用。智能教学环境主要通过物联网、大数据和人工智能来感知环境和学习者特征,以触控大屏加手写板替代传统黑板,营造学习情境,智能提供学习资源,自动记录和评价学习结果。

北京外国语大学对多种样板间的建设实践经验进行总结,并根据目前国内外高校的智能教室建设情况,给全校教师发放调查问卷,采集教师需求。在此基础上,综合学校教学实际情况,最终形成在全校推广的智能教室建设方案。

1. 智能教室建设包括教室的智能化以及教室环境的改善

推动教室的智能化,包括智能大屏、教学互动、智能录播、智能班牌等系统支持,同时需要配合数据采样、数据分析等,并对相应的系统进行调优,最终服务于教学实践。

推动智能教学环境建设,通过改善教学环境、装修和更换教学用具等,为师生提供良好的教学、学习环境,为培养具有良好的价值取向、较强的行动能力、较好的思维品质、较深的创造潜能的人才,提供环境保障。通过物联网、大数据和人工智能来感知环境和学习者特征,营造学习情境,智能提供学习资源,自动记录和评价学习结果。

2. 智能教室建设主要是为师生服务,要坚持以人为中心的设计理念

充分考虑到人体工程学原理,实现"人—机—环境"的和谐。比如,考虑到不同阶段学习者的身高、体重,学习时间的长短,以及不同的学习形式等,配备可调节高度、可旋转拼接、让使用者具有最舒适感觉的课桌椅。目前主要用自动升降多功能讲台来满足教师教学需求。

3. 室内的物理因素智能化

使用物联网技术调控光线、温度、颜色、气味等,从而创造出最有利于学习者学习的环境，构建舒适安全与智能的学习空间。

4. 教学环境的空间布局和学习空间的无限延伸性

学习空间不应局限于教室内，应延伸至走廊和其他非正式场所，并且可与自然生态空间进行联结。教室内可以尝试圆形、多边形等空间布局，满足不同教学过程需要，给学习者带来不同的感官体验。信息楼天井正在改造为公共学习空间。

5. 具有高科技的智能技术与教学装备的应用

网络、云服务、智能教学行为分析系统、各种交互式设备成为标配。教学资源便捷获取，师生将不同资源进行整合，实现混合式教与学。根据学科特点，北京外国语大学充分运用先进技术，建设不同类型的教学环境，满足不同需求。

总之，智能教室的建设从技术的角度来实现教学环境的"智能性"，强调人工智能、物联网、大数据、互动技术等各种新兴技术的应用，强调智能感知学习情境、识别学习者个性特征、资源推送、自动记录与评估学习过程和结果等功能；从资源整合、空间重构的角度进一步实现教学环境的智能化，强调的不只是设备与技术的先进性，更是如何重构教学场所，灵活运用技术、资源来支持新型学习、深度学习。

2019 年，北京外国语大学自建了 6 间智能教室样板间，与外研在线、科大讯飞、英特尔等公司合作建立了 3 间智能教室样板间，功能丰富，类型多样，从多角度满足教师的教学需求。2020 年，又在全校范围内布点建设 10 间智能教室、智能讲堂，并对其他教室进行了信息化升级。

智能教室样板间按照不同功能分为广电级精品录播教室、远程互动教室、虚拟演播教室、分组讨论型教室、研讨型教室等。

广电级精品录播教室采用全程 4K 广电级 IP 化智能录播平台，引领全国高校 4K 广电级录播新标准。支持教学资源平台、国际同步课堂、教学数据采集分析等功能。基础硬件配置智能班牌、智能中控、门禁、电子时钟、环境监控、新风、空调等，配合教学内容进行课程设计，发挥智能教室的作用。

远程互动教室将智能教室与远程会议系统进行深度融合，采用导播式推流互动,实现跨区域、跨国界的远程教学,服务于国家"一带一路"倡议。目前用于与新疆大学、西藏民族大学等对口支援高校的远程教学、教师培训、同课异构等。

虚拟演播教室采用3D(三维)虚拟抠像技术,实景、虚景叠加,为师生提供慕课制作、直播、讲座等服务,打造北京外国语大学精品课程。绿幕和智能教室共用一个空间,实时形成高品质电视台级别直播和转播视频。

分组讨论型教室采用可移动式桌椅布局,灵活变换班级模式,多块智能大屏独立运行,为师生提供分组讨论、对抗及内部协作等教学方式。教室可以灵活切换多屏视频源,在小组研讨的同时组间可以交流讨论结果。

研讨型教室引入圆桌教学法,师生围坐在圆桌旁边,智能大屏置于圆桌内,以进行自由开放的学习交流、研讨等,实现以学生为主体、以教师为辅助的教学新模式。目前主要用于高级翻译学院研究生教学,无线投屏应用较多。

(二)智能教育素养提升

2019年5月16日,国际人工智能与教育大会在北京开幕。北京外国语大学作为人工智能助推教师队伍建设行动试点高校,有两项试点成果入选会议成果展示区,分别是学校与外研在线合作开发的"教师发展智慧平台",以及学校与北京外国语大学网络教育学院合作开发的"教师智能素养提升平台"。这两个平台是北京外国语大学试点工作的重点项目,已经建成并初具规模,正在新入职教师中积极推广,在教师队伍建设、信息素养提升等方面发挥重要作用,未来将在学校所有教师中推广。

教师智能素养提升平台含PC(个人计算机)端和移动端,基于网络虚拟环境,利用线上线下的混合形式开展教师智能教育素养培训,帮助不同地域教师开展跨时空教研活动,形成专业学习共同体,促进教师专业发展。平台课程主题包括信息技术辅助语言学习的现状与未来、在线教学设计、情感研究、移动外语学习、研究方法与成果发表等。平台帮助教师进入新技术教学领域,提高教师学习交流效率,构建跨时空、跨地域、跨学科的教师泛在专业学习共同体。平台提供最新信息化教学理论、方法和实践精品慕课,并利用人工智能技术自主推送学习内容和测评练习,实现自适应学习。平台还提供从学习过程、教学交互到结果评价等系列学情数据，供组织者和研修教师全方位掌握研修动态和效果。

教师发展智慧平台作为试点工作中智能教育素养提升项目建设内容之一，整合北京外国语大学在教育信息化、人工智能、教育教学领域的先进内容资源、专家团队、技术数据优势，面向全校教师提供丰富的研修课程资源和研修服务，可供全校教职工开展智能学习，立体构建教师智能教育素养，助推教师教育教学改革。平台利用在线直播、学习社区等信息技术，搭建虚拟教研空间，并通过学习档案、学情监控等智能功能，记录教师研修数据和轨迹，实现精准分析、智能反馈，为学校开展相关研究提供大数据支持，促进教师管理优化，助推教师教育质量提升、模式改革和精准扶贫。平台所取得的积极成效主要有以下三点。

一是全面助力教师研修。北京外国语大学根据处于职业发展不同阶段的教师特点及需求，精准设计科学性、立体化、进阶式的智慧研修课程体系，邀请国内外知名专家授课，构建涵盖师德教育、智能素养、教学方法、科研方法等主题的立体化、进阶式课程体系，同时结合新教师入职培训、青年教师提升培训、骨干教师研修和专家教师领航等项目的开展，促进线上线下教师研修共同体的形成，旨在全面提升教师智能教育素养，创新推进信息技术与教育教学融合，支持教师终身发展。

二是构建泛在学习社群。平台通过远程直播、学习社区研讨等智能教研形式，搭建虚拟教研空间，能够满足教师开展实时异地教研、话题探讨及资料共享等活动的需求。空间内的学习小组创建功能可帮助教师搭建学习社区，如新教师入职培训社区、学术会议一览社区等，并迅速开展小组教研，提高教师学习交流效率，推动"云研修"向情境智能化、资源智能化、内容个性化、方式个性化方向转变，为教师营造跨时空、跨地域、跨学科的泛在学习共同体。同时，配合北外智慧教室，支持虚拟教研、课堂观摩、教学诊断等活动，亦可支援中西部教师教育，在线共享北外优质教师教育资源，助力教育公平，推动中西部高等教育振兴。

三是学情监控精准分析。平台通过过程化和个性化考核、学习数据收集、学习档案记录（包括但不限于学习时长、课程人数、完课率、课程互动数据、用户活跃度、反思日志、作业和测试成绩）等智能督学功能，实现智能学情监控分析和智能学习反馈；同时，记录教师个人学习档案，包括质性数据和量化数据，促进教师自身反思性学习与反思性教学实践，为学校开展相关研究提供数据支持，促进教师管理优化，助推教师教育质量提升和教师培训模式变革。

2019年10月31日，教师发展智慧平台已建成5大类58门课程，共计358学时。首批试点共有58位教师登录平台并展开学习，其中师德师风类课程、智能素养类课程参与学习的人数最多，体现了北外教师对立德树人教育目标和智能教学素养提升的重视与关注。平台提供的动态学情监控报告和智能学情分析，为教师的个人专业发展提供了成长档案，为北外教师研修主管部门的研修设计完善与教师教育模式创新提供了大数据支持，成为学校全面开展人工智能助推教师教育、创新人才培养模式的精准有效手段。

教师智能素养提升平台和教师发展智慧平台，为学校教师发展中心提供了有力支持，针对教师教学短板提供有针对性的课程。所有课程均为北外原创，各类名师讲座、教学工作坊、公开研讨会等课程来源，为教师发展提供了优秀实用的学习素材，推动教师教学共同体的发展。

（三）教师发展智能实验室建设

北京外国语大学在东校区建设了多功能教师发展智能实验室，提供教学示范、教学观摩、教学研究、虚拟教研的物理环境。该实验室通过远程直播/录播、远程互动教学、校本微课中心、精品慕课平台等方式，实现同课异构、教学扶贫、援疆援藏等，构建跨时空、跨地域、跨学科的教师泛在教学共同体，助力中西部高校教师职业发展，改善教育资源分布不均的现状。

教师发展智能实验室的应用模式主要为构建教学共同体，功能如下。

第一，教学示范。教师发展智能实验室的远程直播/录播功能，可以优化和提高教师间传帮带的效率和效果，促进教师教学能力的提升。

第二，教学诊断。教师发展智能实验室可对教学过程数据进行采集与分析，形成课堂教学测评报告，同时利用观摩室听课教师的反馈，形成综合性教学诊断。

第三，模拟教学。教师发展智能实验室为教师教学提供模拟场景，减少教师发展和教师教学创新过程中的负面影响。

第四，网络教研。参与者可以在线交流，教师发展智能实验室支持直播评价、点播评价模式，评价过程支持全录制。

（四）教师大数据建设

数据中心通过汇聚学校教学各个环节模块、整合校园大数据、输出数据反馈报告、提供多维度教学预警等方式，形成学校大数据的完整解决方案，助力学生成长、教师发展、教学管理现代化。

1. 数据中心大屏

数据中心大屏是为校园管理者打造的专属的数据呈现方式，大屏提炼出数据中心较为重要的数据信息，帮助管理者快速掌握本校教学情况并做出有效判断。数据中心大屏基础内容包括学校发展概况、师生基础数据、专任教师分布、高层次人才分布、学科建设情况、院系专业分布、师资力量分析、科研项目情况、教师授课信息、学生学习行为数据、学生成绩分布、学生"能力画像"、资源热图、在线时段分布、教师教学行为指数、课堂组织数据等。

2. 数据中心应用

数据中心应用主要有校情概览、分类概览、"双一流"专题、数据查询、数据治理等，实现在教学和管理各个环节的全面覆盖与评估。

（1）校情概览。校情概览包含学校的基础数据，如师生数据、教学数据、科研数据、资产数据等。

（2）分类概览。分类概览是对校情概览中的各项指标进行数据维度细化，如专任教师数据分析、学生数据分析、科研项目和经费分析、教学相关资产分析、党建数据分析等，并提供多种查询和筛选数据方式，为高校管理者提供统一的数据管理入口。

（3）"双一流"专题。数据中心针对教师大数据进行专题分析，包括北外高级人才分析、专任教师分析、各学院人力资源、人才培养、科研成果、教学任务的分析等，为学校的教师队伍建设提供数据支撑。

（4）数据查询。数据查询覆盖师生基础数据、学生奖惩助贷信息、学生选课信息、党员信息等，为学校管理者提供便捷的管理入口。

（5）数据治理。数据治理包括建设学校数据标准、数据共享平台、数据接口平台、数据可视化平台等，自动采集、清洗、计算数据，以实时跟踪、即时智能、良性反馈的手段达到助力数据分析挖掘的目的。

（五）人工智能与人类语言重点实验室成立

为了在人工智能时代抓住机遇、迎接挑战，经过认真研究、反复酝酿，2019年12月26日，北京外国语大学正式成立人工智能与人类语言重点实验室。作为北外党委书记、重点实验室理事长，笔者在成立大会上发表了以下四点意见。

第一，服务国家战略。我国高度重视人工智能与教育的深度融合，发布了一系列文件，研制了发展规划，做出了相关部署。国家的号召非常明确，教育部的要求也十分具体，北外应有所行动、积极响应，把服务国家的战略作为我们的神圣之责。

第二，发挥北外优势。北京外国语大学作为教育部直属高校、首批"211工程"高校、"985"优势学科创新平台高校、首批"双一流"高校，在近八十年的办学历程中，始终服务国家发展需要，凝练了"外、特、精、通"的办学理念和"兼容并蓄、博学笃行"的校训精神。至2019年，北外已获批开设101种外国语言，涵盖了所有与中国建交国家的官方语言和主要语言。立足新时代，北外注重多学科、多领域的学科建设、人才培养、科学研究，努力做到外语开道、通识跟进，大语做强、中语做优、小语做好，兼容并蓄、博学笃行，服务国家、贡献社会，成就人生、追求卓越、实现一流。在开展人工智能与人类语言研究的过程中，我们要发挥我们的优势。外语的优势，多学科的优势，深厚的语言教学与研究的积淀，优秀的信息化外语教学的传统，领先的现代远程外语教育的实践，一流的语料库研究积淀，不断拓展的语言、脑科学研究，开局良好的高校外语慕课联盟，教育部人工智能助推教师队伍建设的试点经验，我们把这些都要运用好、发扬好，使我们的这个实验室能够真正发挥作用。实验室的名字是"人工智能与人类语言"，但我们的研究不限于此，还要包括人类语言习得的规律探索、外语学习的生理机制探索、学习外语过程中人的大脑皮质变化，要把它们揭示出来，从而有效地帮助人们特别是年轻一代的外语学习，使外语的学习事半功倍。

第三，聚焦前沿课题。立足新时代，北外有责任和信心抓住人工智能的机遇，积极应对人工智能的挑战。实验室将聚焦人工智能与语言教育领域的前沿课题,着力推进多语言脑科学实验研究、大数据驱动的语言智能教学建模和应用研究、跨语言多模态自然语言处理研究、以"健脑强智观"为支撑的人生智力发展研究等。另外学校将把老师们现有的研究成果进行有机整合,给予更多支持。相关的企业单位也将参与实验室的建设,将来资金是有的,关键是把研究深入下去,有所发现、有所作为。

第四,探索崭新机制。本着"开放、协同、智能、一流"的建设原则,依托交叉学科智库,围绕国家科教兴国战略,北外汇聚海内外贤才,力争成为国内乃至世界领先的人工智能助推语言教育的研究高地。与兄弟院校、科大讯飞、华为集团等共建共享、合作互助。北外创办这个实验室主要不是以营利为目的,以后如有科技成果转化收入,我们会继续用于探索未知、沟通寰宇。学校已经研究决定,实验室放到北外西院的国际大厦8层,有充足的空间来支撑实验室的研究。学校各单位、部处、学院也要尽其所能给予支持,纳入规划,高看一眼,厚爱三分,让这样一个新生事物成长壮大。同时也希望这个实验室能够真正办好,逐渐办大,最终办强,成为北外全体师生的科研平台。

通过人工智能助推教师队伍建设的试点,北京外国语大学的同志感到,人工智能的影响不能小觑,它对教育正带来革命性变革。通过试点,北外的整体信息化水平得到提升,不仅北外自身受用,而且可以为社会做出贡献。

2020年,在新型冠状病毒肺炎疫情期间,社会各界都做了大量应对的工作,给中国人民留下刻骨铭心的感受。当时,笔者明确提出要体现北外担当,集中全校外语教育优质资源,建立北京外国语大学外语在线学习平台,免费向社会开放北外线上学习资源。自2020年2月1日起,北京外国语大学外语在线学习平台(https://open.bfsu.edu.cn)面向全国大、中、小学师生和社会公众免费开放,提供了300门优质线上外语课程以及在线外语教学综合解决方案,帮助相关院校制订线上教学管理应急方案,帮助全国学生足不出户提高外语水平。这个学习平台提供多语种、多层次的外语课程和慕课,涉及20个语种,涵盖大、中、小学段,既包括与优质外语教材配套的网络课程及资源,也涵盖外语学习策略、通用英语、实用英语、国内考试、国际考试、文化通识、青少英语等实用内容;平台提供多语言在线教学与管理功能,教师可实现在线编班、在线授课、在线互动、在线考试、在线评估等，学生可进行自主选课、在线学习、记录笔记、在线讨论、完成作业等。

通过人工智能助推教师队伍建设的试点，北外的同志也认识到，人工智能的影响不应夸大，它始终应在人的驾驭下发挥作用。以外语教育为例，有了人工智能，教学得到便利，但同时遭到挑战。一般的外语从业者，将可能被人工智能取代；高端外语人才，则会长期与人工智能并存。当然，人比人工智能更能体现教育之价值。因为：人是有差异的；人是有温度的；人是有情感的；人是有性别的；人是需建立信任的；人是要具有全面教养的；人是可代表国家处理外交外贸事务的；人可以形成文化积淀，传承民族传统。同时，人是善于感悟的，可以通过察言观色，洞悉周围环境，做出整体判断。

人工智能的发展，应兴利除弊。广大教师应该不断增长本领，善用人工智能，提高教学效果，扩展知识疆域，调动学生兴趣。教师对信息化和人工智能不能漠然置之、不屑一顾，应顺应时代，借力提升教育教学效果。教师要善于发挥主体作用，关注学生成长。信息化和人工智能教育，既可作为教学内容，又可作为教学手段，更可将人工智能与学科教学、学生发展结合进行。教师对信息化和人工智能也不必恐慌过度、手足无措，应主动驾驭，消除被取代的担心，在专业发展道路上行稳致远，在教书育人岗位上绽放芳华。

四、结语

当今世界正处在大发展大变革大调整之中，新一轮科技和工业革命正在孕育，新的增长动能不断积聚。当今中国，工业化、信息化、新型城镇化、农业现代化迅速发展，科技革命日新月异，国际竞争日趋激烈。在这样的重大历史时期，教育部门和各级各类学校必须坚持全面深化改革，坚持新的发展理念，走出老办法不好用、新办法不会用、硬办法不敢用、软办法不顶用的怪圈。人工智能是新一轮科技革命和产业变革的重要驱动力，很多国家制定并实施了人工智能战略，以应对人工智能带来的严峻挑战、重大机遇。作为新时代教育现代化发展的核心引领力，人工智能必将极大激发教育在促进人类进步和社会发展中的巨大能量。

　　技术赋能教育，科技创造未来。我们必须把教育事业放在优先位置，深化教育改革，加快教育现代化，办好人民满意的教育。加快教育现代化责任重大，使命崇高，是新时代高校义不容辞的担当，更是新时期教育工作者的奋斗目标。

　　综观科技发展态势，人工智能与教育的结合势不可挡。人工智能的应用集中在教育领域，尤其是语言识别和翻译领域。在此背景下，2019年底北外人工智能与人类语言重点实验室应运而生，它的诞生恰逢其时，既有重要的现实意义，又有长远的历史意义，体现了北外人的使命担当。北外人应把握方向，提高站位，深入研究，有所作为。

　　人工智能与信息技术虽不是等同概念，却也高度关联。人工智能教育，既可作为教学内容，又可作为教学手段，更可将人工智能与学科教学、学生发展结合起来。人工智能在学校的应用，总的来说还是新生事物，应认真探索，不断总结，逐步扩大，不要操之过急。教师要不断增长本领，善用人工智能，提高教学效果，扩展知识疆域，激发学生兴趣，不能对其漠然置之、不屑一顾。教师也要体现主体地位，永做学校主人，关注学生成长。人不仅是学习知识的认知体，更是有血有肉的生命体。教师职业必将长期存在，人工智能则会与教师相伴。风雨多经志弥坚，关山初度路犹长。智能时代，教师既是见证者，也是参与者；既是探索者，也是受益者。

第十四章
中小学教师管理制度改革的观察与研究

《中共中央国务院关于全面深化新时代教师队伍建设改革的意见》(本章以下简称《意见》)指出,要"完善中小学教师待遇保障机制,健全中小学教师工资长效联动机制,核定绩效工资总量时统筹考虑当地公务员实际收入水平,确保中小学教师平均工资收入水平不低于或高于当地公务员平均工资收入水平",同时"完善教师收入分配激励机制,有效体现教师工作量和工作绩效,绩效工资分配向班主任和特殊教育教师倾斜"。实行中小学校长职级制的地区,根据实际实施相应的校长收入分配办法。除此之外,要"大力提升乡村教师待遇。深入实施乡村教师支持计划,关心乡村教师生活。认真落实艰苦边远地区津贴等政策,全面落实集中连片特困地区乡村教师生活补助政策,依据学校艰苦边远程度实行差别化补助,鼓励有条件的地方提高补助标准,努力惠及更多乡村教师"。

一、中小学绩效工资制度实施情况

《国务院办公厅转发人力资源社会保障部、财政部、教育部关于义务教育学校实施绩效工资指导意见的通知》（国办发〔2008〕133号，以下简称《通知》）实施以来，各地中小学校陆续实施绩效工资，在提高教师工资、激发教师工作积极性上起到了一定作用。我们认为，绩效工资政策在各地的推行时间与各地社会经济发展水平密切相关。同时也应认识到，绩效工资具有高度复杂性，在实施过程中同样显露出执行问题。为完善绩效工资政策，切实提高教师地位和待遇，加强新时代教师队伍建设，教育部于2019年3月对各省份中小学教师绩效工资的实施情况开展书面形式的调研。现结合29个省份的材料（缺贵州和西藏的材料），将各地绩效工资实施十年的现状、问题及改进建议分析归纳如下。

（一）绩效工资实施总体情况[①]

1. 绩效工资在各地推行，并逐步在非义务教育学校实施

按照《通知》要求，全国各省份研制本地区的绩效工资政策实施方案。大部分省份在2009年发布了本地区的政策方案，并自2009年1月1日起在义务教育学校实施了绩效工资政策，部分地方（如青海）将绩效工资政策与原有的预发绩效工资相结合。目前，除黑龙江、辽宁的部分县（区、市）仍处在有序推进绩效工资阶段外，其他地方均已在义务教育学校实施了绩效工资政策。在事业单位改革背景下，大部分省份自2010年起在非义务教育学校实施绩效工资，如北京、浙江、湖南、湖北、河北、宁夏、云南等地；部分省份在部分地方的非义务教育学校实施绩效工资，如广西、青海、黑龙江等地。此外，为更好地实施绩效工资，部分省份在实施阶段对原有政策进行调整完善，如辽宁。

2. 参照公务员工资水平，确定绩效工资总量核定办法

按照国家要求，各地在进行绩效工资总量核定时，主要有以下几种形式。一

[①] 宁本涛，等. 关于29个省份中小学绩效工资实施情况提交材料的分析报告[R]. 上海：华东师范大学，2017.

是要求按学校工作人员核定上年度 12 月份基本工资额度和规范后的津贴补贴水平，并将规范后的津贴补贴和原国家规定的年终一次性奖金纳入绩效工资总量，如福建、广西、新疆、黑龙江、四川等地。二是考虑地方、学校特殊因素。例如：云南根据经济发展水平、物价水平将基础性绩效工资按三个类区划分，奖励性绩效工资包括政策内部分、一个月基本工资额度（上年度 12 月基本工资）和其他项目（各地不同）；甘肃、青海要求考虑学校的社会公益目标任务完成情况、绩效考核情况，综合考虑人员构成、事业发展、岗位设置等因素；河南要求根据学校规模、学校编制、学生数、学校所属区域，在略高于现绩效工资总量的基础上确定新绩效工资总量。三是突出参照公务员。例如：北京要求各区按照本区公务员的平均工资水平核定本区义务教育学校工资水平；浙江要求各地教师绩效工资水平比照当地公务员规范后的津贴补贴水平并发放到位；天津要求绩效工资制度要与公务员津贴补贴制度相结合，两项制度要相互衔接并互相匹配。从整体上而言，各地的政策均要求教师工资与公务员工资联动。从实施情况看，部分地方教师工资已高于公务员工资，但仍有大部分地区教师工资不同程度地低于公务员工资。

3. 各地基础性和奖励性绩效工资普遍划分标准为 7：3，部分地方做出调整

按照《通知》要求，各地在划分义务教育阶段基础性和奖励性绩效工资时，普遍以 7：3 的比例作为划分标准。根据绩效工资实施学段不同，以及地方经济发展水平的差异，这个比例也存在调整。陕西非义务教育学校的比例为 6：4；海南的中职学校为 6：4；内蒙古大部分义务教育学校为 7：3，部分义务教育学校为 6：4，大部分非义务教育学校为 6：4，部分非义务教育学校为 5：5；广东部分地方采取 5：5 分配比例；江苏省则统一为 6：4。

4. 部分地方将学校领导绩效工资核算单列，多数地方未做明显区分

为实施分类考核，尤其是减少学校管理者与一线教师的矛盾，部分地方明确了校长绩效工资核算方式。广西发布《关于印发广西壮族自治区义务教育学校校长奖励性绩效工资的指导意见（试行）的通知》（桂教人〔2014〕50 号），规定增设校长奖励性绩效工资，不占用原教师奖励性绩效工资份额，由教育行政主管部门统一管理并制定考核分配办法予以分配。宁夏规定，主要领导奖励性绩效工资控制在本单位工作人员平均奖励性绩效工资水平的2倍以内。上海要求统筹总量为本区学校绩效工资总量的10%，用于学校考核奖励、激励项目和综改项目的实施、乡村学校和特殊学校的倾斜、校长书记绩效工资分配等。从总体上看，大部分地方仍将校长绩效工资在总量内核算。

5. 教师工资收入有所提升，奖励性绩效工资区域差距较大

绩效工资实施至今，在国家和地方的努力下，教师工资水平有所提升。从各地的报告来看，各省份可分为四档。第一档省份的绩效工资总量为2万~6万元（年/人，下同），奖励性绩效工资差异较大，其中广西最高2.6万元，最低0.2万元，四川在0.85万元左右。第二档省份的绩效工资总量相对差异小，为2万~3万元，奖励性绩效工资约0.9万元。第三档省份绩效工资总量在4万元左右。第四档省份的教师平均工资收入高于5万元。

（二）典型做法

在绩效工资政策实施过程中，各地结合实际，积累了一定的经验，体现在以下三个方面。

1. 认真组织实施

第一，高位推动，科学制定并稳步实施本地绩效工资政策。在各省份的实施过程中，从省级政府到地市、县区级政府均重视调查研究，以使政策实施符合预期。在省级政府层面，上海市于2014—2015年出台《关于进一步完善义务教育学校实施绩效工资工作的指导意见》（沪教委人〔2014〕4号）、《关于完善义务教育学校绩效工资分配办法的指导意见》（沪教委人〔2015〕76号），明确职责，并由上海市教委牵头，开展基础教育教师薪酬制度课题研究，为建立按行业分类调控事业单位绩效工资办法，特别是体现基础教育系统行业特点，统筹平衡义务教育与非义务教育学校的关系提供依据。在县区级政府层面，江苏如东县在研制过程中，广泛听取一线校长、教师的意见，注重学习周边县区的做法，注重可行性论证。广西桂林市七星区成立由区教育局局长为组长、副职领导为副组长、各相关负责人为成员的绩效考核小组,绩效考核小组下设办公室。新疆库车县[①]为了让广大教职工了解实施绩效考核的意义,多层面多场次召开宣传大会,将绩效考核政策、办法、程序及重要意义等印成宣传资料,发放到各学校,学校通过政治学习平台、展板、校园网等媒介大力宣传,积极引导广大教职工深刻认识实施绩效考核对促进师资队伍管理和教育事业发展都具有十分重要的意义。

第二,加强统筹,充分考虑地域、学段、城乡教师的差异。处于第二、三、四档的省份,尤其重视在省级政府层面充分考虑本区域内不同地方、学段以及城乡教师绩效工资差异,主要有两种做法。一是统一标准。例如,上海统一全市所有区义务教育学校的绩效工资水平标准,并按照义务教育学校教师平均工资水平不低于市级机关公务员平均工资水平的原则,消除区域间教师收入的差异,并使所有义务教育教职工的收入都有不同程度的增加。二是根据财力分档。湖北加强地区之间绩效工资统筹,按经济发展水平和财政保障能力将全省市、县划分为五类地区,将各地绩效工资标准确定为从2.2万元到2.7万元之间的五个档次。

考虑不同学段间教职工的差异,各地主要有以下一些做法。其一,平衡义务教育与非义务教育教师绩效工资。上海考虑义务教育特点,对总体收入水平进行调整,同时与高中、幼儿园保持适当平衡。北京各区非义务教育学校工资总量均由各区人力资源和社会保障局以教职工年人均数为基数核定,人均工资水平略低于义务教育学校年人均工资水平,总量随公务员津补贴相应调整。目前,大部分区义务教育学校与非义务教育学校工资水平大体持平。其二,非义务教育学校绩效工资水平略高于义务教育学校绩效工资水平。湖北以义务教育学校绩效工资水平为基准,在1至2.5倍范围内,按照多劳多得、优绩优酬的原则,根据资金保障、办学实际情况等因素,合理确定非义务教育学校绩效工资水平。其三,规定不同学段的财政保障主体。海南义务教育学校绩效工资所需的资金以市、县为主,上级财政适当支持;非义务教育学校绩效工资所需资金按照"省里补助、市县补齐"的原则共同负担。

为推进城乡义务教育均衡发展,各省份在绩效工资实施时均向乡村教师倾

---

① 2019年12月,库车县改为库车市。

斜。部分省份在总量中进行倾斜。例如，上海规定乡村学校的绩效工资由各区在本区核定的绩效工资总量内进行统筹倾斜。部分省份建立乡村教师生活补贴、岗位津贴，如广东、浙江、湖北、陕西等，其中广东由省财政对粤东西北地区71个县（市、区）给予资金补助，并于2016年将补助范围从原来的乡村公办学校扩大到乡村公办普通高中和公办幼儿园。陕西、宁夏对实施交流轮岗的教师和校长发放交通补贴，宁夏规定农村学校教师补贴不占绩效工资总量。

第三，改革配套政策，加强教师队伍建设。绩效工资的实施需要同时做好相关配套政策的改革，尤其是加强岗位管理和平衡工作量，各地形成的主要经验有以下几点。一是改革教师职务聘任制。浙江舟山市教育局2016年启动教师专业技术职务聘任改革，对各学段不同学科教师做出基本教学工作量量化规定，并将教学工作量达到基准要求作为教师申报职称评审、参与"县管校聘"和绩效考核奖励的必备条件。二是平衡不同规模学校的工作量。天津和平区通过教师交流，解决部分学校师资紧缺的问题，同时推进后勤管理社会化。三是学校层面的岗位管理。一些省份的学校实行岗位聘任制，每学期确定教师岗位及工作量。

第四，加强政府指导，完善绩效工资实施办法。绩效工资的实施需要充分发挥上级政府的指导作用。从实际情况看，许多地方的政府根据新情况、新问题，一方面从顶层健全绩效工资实施办法，另一方面加强对区县和学校的指导。例如，上海认真梳理实施绩效工资过程中存在的问题，先后出台《关于进一步完善义务教育学校实施绩效工资工作的指导意见》（沪教委人〔2014〕4号）、《关于完善义务教育学校绩效工资分配办法的指导意见》（沪教委人〔2015〕76号）、《关于进一步加强中小学绩效工资管理的指导意见》（沪教委人〔2017〕57号），要求各区和学校进一步建立完善绩效工资制度体系，以优化绩效工资分配。此外，省级政府加强督导检查，如上海将教师待遇作为区政府绩效考核和综合督政的重要内容。

2. 核定工作总量

绩效工资总量核定关系到教师工资收入与公务员工资收入的差距，校长、班主任等岗位的工资分配在各地同样表现出差异。各地积累的经验体现在以下几方面。

第一，建立绩效工资增长机制，与公务员工资待遇形成联动机制。近年来，各地逐步强化对公务员的考核，并设立专项配套奖励政策，教师与公务员之间逐渐出现收入差距。为弥合差距，一些省份出台文件，逐渐缩小教师与公务员工资差距。一些省份要求公务员收入分配调整时要统筹考虑中小学教师，如浙江、江苏等。一些省份要求将公务员收入水平作为义务教育教师收入水平的底线，如上海。一些省份则在核定平均工资之外，参照公务员可发放教师节日补贴、学年奖，如北京。部分地方在与公务员实行联动外，根据教师队伍情况进行及时调整。例如，宁夏吴忠市每年根据教师、校长轮岗交流等人员调整情况，统筹对调整人员和编制划转人员的绩效工资及时调整，确保发放相对合理、公平。部分地方保持原有工资总量不动，额外增加绩效部分。

第二，提高奖励性绩效工资占比，优化绩效分配比例。国家规定基础性绩效工资与奖励性绩效工资之比为7∶3，各地结合实际情况，在奖励性绩效工资占比上有所探索和突破。处于第四档的省份，提高奖励性绩效工资占比是普遍的趋势。例如，2014年上海将50%以上的增资部分用于绩效考核奖励，广东部分地区将绩效工资总量的50%作为奖励性部分，以突出多劳多得，加大学校自主权。随着对教师重视度的提高，江苏常州市清潭中学逐年提高实际的奖励比例，实质性奖励金额所占比例由最初的28.8%上升为41.6%。

第三，聚焦改革重点，绩效工资增资量向做出贡献的教师倾斜。一线教师、骨干教师以及做出突出贡献的教师，是绩效工资激励导向的重点群体。为切实保障多劳多得，结合实际，各地在班主任津贴、优秀教师奖励以及改革重点任务等方面加强绩效增资。一是班主任津贴的管理。目前采取的办法是或将其在绩效工资外单独设置（如福建福州市等），或在绩效工资内进行统筹（如山东等）。福州市的班主任奖励金由财政专项拨款，每学年末对全校班主任做综合测评，并分为四个等级；山东在绩效工资中设班主任津贴，由各市根据经济发展情况自主确定标准，根据学校教师工作量进行考核奖励。二是设立优秀学校、教师奖励金。有对学校考核优秀而增发的绩效总额，如山东青岛市对年度绩效考核优秀的单位，在核定下一年度绩效工资总量时，可增加不超过绩效工资总量的15%；有专门设立的名师补贴，如福建福州市、江西南昌市等地设立名师工作室、学科带头人、学科骨干教师的奖金补贴。三是聚焦改革重点任务。如上海结合全面二孩政策、高考综合改革等政策背景下教师工作量的刚性变化，加大区、校对绩效工资总量的统筹使用，从总量中拿出一定比例，通过奖励的方式保障重点改革任务的推进。

第四，探索校长绩效工资管理办法，协调校长、教师绩效工资总量。在绩效工资实施中，校长绩效工资的发放成为学校教师关注的焦点，为此部分地方实施将校长等管理人员的绩效工资专项列支的方式，如广东、浙江、广西、湖南等。广东明确市直学校校长不参加所在学校内部教师奖励性绩效工资的考核和分配，由学校主管部门负责统筹校长绩效考核和绩效工资发放。广西提出增设校长奖励性绩效工资，不占用原教师奖励性绩效工资份额，通过多种措施，缓解绩效工资实施中的矛盾，以提高改革的执行力和公信度。

3. 做好分配考核

绩效考核的实施情况，直接影响到教师对绩效工资分配的认知。各地在实施过程中，探索出学校绩效考核的丰富经验。

第一，开展学校年度考核，破解校际大锅饭。在学校间绩效考核分配时，部分地方为激发学校活力，要求对区域内学校实施绩效工资的情况进行系统设计、分类分层考核，构建全方位的考核评价体系，并对学校内部考核起到导向作用。例如，浙江舟山市教育局每年从三个层面细化各级各类学校单位及教职工、领导干部年度考核办法，并跟进学校规范化办学及重点工作落实、教师工作量管理、教师职称制度改革和岗位聘任等方面的要求，考核结果分类设置又紧密联系，向教学任务重或建设成效明显的学校倾斜，设立了学校年度工作考核奖。

第二，考核方案制订重视民主，稳步推进学校绩效考核实施。在上级部门指导的基础上，为确保绩效工资在学校的平稳开展，学校在制订程序上开展积极探索，主要的程序包括以下几个环节：一是学习优秀案例；二是成立奖励性绩效工资实施领导小组，包括学校管理人员和普通教师，明确职责；三是召开座谈会，征求教师意见，释疑纳谏，座谈会群体按学科岗位、年龄大小、职务高低进行分类；四是召开教师大会，向全体教师逐一解读方案（草案），汇报整个考核方案研制过程；五是召开教职工代表大会，请教代会代表审议，表决通过才算正式生效；六是印发《教师工作手册》，涵盖了教师的工作量、专业化发展、教育教学成果、会议记录、学习记录、教学反思、学期工作汇总等内容，为绩效考核提供依据。

第三，科学设计考核指标，发挥绩效工资的激励导向作用。为切实发挥绩效工资的激励作用，各地采取多种措施，建立全面的教师绩效考核方案。一是确保绩效考核的全面性。例如：上海静安区教育局在统筹经费中列出基本类激励项目、综改类激励项目、机动激励项目的激励和补贴；上海江宁学校的绩效工资由岗位津贴、工作量津贴、绩效奖励三个部分组成，除岗位津贴外，学校对工作量津贴和绩效奖励两个部分的内容做了补充；江苏常州市清潭中学在制订绩效方案的过程中，充分考虑教师各个方面工作的价值，考核内容尽量细致、具体、全面，对考核标准量化指标进行科学的分析。二是重视绩效考核的可操作性。为保证公平公正，考核方案力求指标细致、定性与量化相结合，通常需要明确奖励性绩效工资中各项目的占比，明确绩效工资计算方式。三是采取分类考核。有一线教师与后勤人员的分类，如山西左权县根据学校的规模采取不同的处理办法，或将二者挂钩，或分开考核；有教职工与领导、借调人员的分类，如广西桂林市七星区按照正职校级领导、义务教育学校教职工、借调（挂职）在区教育局、区政府各部门的人员三种类型分别制定分配办法。四是考核指标重视人文性。基于教育行业的特殊性，在绩效考核中设置相应待遇，如为关怀教师生活而设置老年补贴、护理假等，为营造奉献氛围而设立"师德模范奖"等。五是重视个人奖励与团体奖励相结合。例如，设立优秀团体奖、星级教研组等。六是以绩效管理为契机，采取多种方式促进教师专业发展，给予教师自主权，调动教师工作积极性。

（三）各地实施中的问题

从各地的实施情况看，当前绩效工资政策的实施在宏观、中观、微观层面存在以下问题。

1. 宏观层面

第一，绩效工资总量低，激励作用不强。由于地方政府财力有限，所以新增绩效工资较少，这主要体现在第一、二档省份。尽管国家确定了"以县为主，经费省级统筹，中央适当支持"的原则，但并未对省级财政投入标准比例与数额予以规定，因此绩效工资与之前的工资性收入相比，支付重心落到了县（区）级财政，核定后绩效工资总量有限，新增部分少。同时用于奖励和鼓励教师做出创造性劳动和做出突出贡献的经费数量有限，激励作用不突出。一些因事因病等请假时间较长的教师，并不在乎绩效的多少，正常上班的教师和请假多的教师绩效差别不大，影响了正常上班教师工作的积极性。此外，当前全面二孩政策实施后，各学校教师普遍超工作量，学校没有多余资金发放超工作量的教师的绩效工资。另外，绩效工资总量少、增幅小，需要倾斜的人员众多，可分配的奖励性绩效工资总量少。不少第三、四档省份反映，现行奖励性绩效工资总额不高，学校自主分配的比例较低，同时又需要兼顾工作量、班主任、科研奖励等因素，真正能起到的激励作用并不大。而且班主任津贴标准仍是1988年的标准，对班主任的激励作用小。

第二，教师与公务员绩效工资差距依然存在。主要表现在两个方面。一是薄弱地区财力弱，无法参照实行与公务员工资调整的"一步走"，第一档省份只能分成几类区域分步参照实行绩效工资政策。二是公务员新设各类绩效考核奖，但未将其纳入公务员规范的津补贴项目范围，因此各地政府未将此项收入纳入教师平均工资水平不低于当地公务员平均工资水平的比照范围，造成了教师的实际收入低于当地公务员。全国各省份都存在这种情况，未纳入比照范围的项目包括年终目标考核奖、应休未休年休假工资报酬、公务用车改革补贴以及招商引资等各类专项奖金。尤其是年终目标考核奖的问题。年终目标考核奖是各县级政府对县域内行政机关、事业单位等部门工作完成情况进行考核的一种奖励方式，各县实施范围和执行标准均由县级政府视其财政能力、工作完成效果等因素发放。由于各地财力不均，部分县年终目标考核的对象只是行政机关单位，未包含事业单位，教师群体未列入目标考核奖发放范围。

2. 中观层面

第一，经济发展不均衡，绩效工资区域间差距大。财政支付途径不同、县市经济水平差异，导致省域内、县域间、学校间教师绩效工资水平存在差距。一方面，一些省份反映市区学校和县乡学校教师的绩效工资水平差距明显，出现同工不同酬现象；另一方面，部分地市绩效工资水平分为几个档次，形成同城不同酬现象。以上现象对农村和经济欠发达地区的教师队伍稳定产生冲击。

第二，义务教育学校与非义务教育学校绩效工资存在不平衡。经济发达的城市普遍反映，由于各省份重视提高义务教育学校绩效工资水平，进而倒逼相关部门提高高中、幼儿园等学校的绩效工资水平，因此难以整体性统筹兼顾基础教育各级各类学校。非义务教育学校同样承担着繁重的教育教学任务，在总量上重视义务教育阶段，将会打击非义务教育教师的工作热情。

第三，绩效工资的乡村教师倾斜政策产生新的城乡矛盾。绩效工资政策强调对乡村教师的倾斜，政策的实施改善了山区留不住教师的局面，在一定程度上提高了山区教师的工作积极性，但城镇教师工作量大，加上压力大、收入少，由此对城镇教师的工作造成了巨大的冲击。此外，还存在乡镇改制产生的问题。例如，一些省份涉农的原乡镇已经改为街道，不享受补贴，从而产生镇乡和街道办相邻近、工作条件差别不大而不能享受补贴的问题。

第四，区域内绩效工资核算忽略学校差异。根据第一、二档省份的反映，绩效工资忽略学校差异体现在两点。一是寄宿制学校与非寄宿制学校的差异，寄宿制学校教师工作时间长、任务重，绩效工资核定时普遍忽略或没有落实超课时津贴。二是大规模学校与中小规模学校管理成本差异。湖北、海南等地反映绩效工资总量核定时未考虑学生人数。

第五，区域内绩效工资方案复杂，不便于管理。北京反映因尚未实现市级统筹，各区、各校自行编制绩效工资方案，加之历史原因等因素，学校绩效工资项目设置各不相同、复杂繁多，缺乏科学性，不利于管理。特别是绩效工资的基础性和奖励性部分比例不合理，不能体现多劳多得、优绩优酬，也无法起到奖励优秀、激励教师的作用。

3. 微观层面

第一，教师对绩效工资的认识存在偏差。从各省份提交的报告看，第一、二、三档省份均反映教师对绩效工资的认同度不高。一是绩效工资没有增量。部分县区财政自给率低，在2009年实行绩效工资政策时未增加绩效工资总量。在没有增量的前提下，大部分教师认为把现有工资的30%作为奖励性绩效工资，本质上是"用自己应得的钱考核自己"，导致教师对分配方案难以认同。二是部分县区教师 70% 的基础性绩效工资一般低于当地公务员平均水平，只有加上 30% 的奖励性绩效工资才能保证工资不低于当地公务员的平均工资水平。部分教师认为绩效工资文件中表述的"30%"奖励性工资，是拿了自己"30%"的工资进行重新分配，在奖励性绩效工资分配中常常着眼于是否拿到了"30%"应占的数额。三是 2009 年实施的绩效工资政策与当地原有政策的关系未处理好。部分省份在国家政策出台前即有相关政策，在国家政策出台后，把奖励性部分由学校经过考核再进行分配，教职工普遍不认可、不接受，认为是拿自己的钱奖励自己。四是部分地方在执行中存在不合规定的行为。例如，云南部分地区工资发放方式是先将绩效工资全额发放给个人后又扣除奖励性绩效工资进行二次分配，加重了教师对绩效工资分配的疑虑和不满。五是传统思想观念的影响。有的学校认为绩效工资分配差距过大会造成教师不满，因此主要以化解矛盾为主，均衡考虑，导致绩效工资等次差距过小，绩效工资的激励效果在实际工作中未能有效发挥。

第二，绩效工资考核与分配方案不完备而产生新矛盾。由于地方部门指导不力、教育工作本身的复杂性等原因，第一、二、三类省份反映的绩效考核问题集中体现在以下几方面。一是方案制订的粗细难以满足所有教师的需求。过粗则无法量化，可操作性不强，出现新的"大锅饭"现象；过细则容易引起"斤斤计较"，部分教师出工不出力，或教职工之间关系紧张，甚至矛盾不断扩大。二是绩效考核方案制订的基础不牢靠。大部分地区在开展岗位设置工作时由于进度安排比较紧张，单位对岗位说明和岗位职责界定存在不清晰或不易考评的问题，后期未进行完善，导致考核分配难以得到教师的认可，教师对绩效分配感到不公平的问题比较突出。三是教师工作类型多，难以量化。不同学科之间、行政人员与教师之间、后勤管理人员与教学人员之间、学科教师与班主任之间的工作量难以有统一的量化标准，教学一线教师、管理人员、教辅人员、后勤服务人员等各岗位奖励性绩效工资考核发放缺乏依据。加之各地编制资源分配不均，无法统一明确教师工作量。例如，音体美教师工作量核算系数低于文化课教师，引起音体美教师的不满情绪。四是学校未按照绩效工资制度认真实施。部分学校以简单的津贴补贴平均化方式应对，不能很好地发挥奖励性绩效工资的激励作用。五是绩效考核指标不科学。绩效考核指标笼统模糊，缺乏明确具体的标准，没有结合自身学校的特点，导致绩效考核流于形式。六是部分地方评价方式单一，仅将绩效工资与职称挂钩，不同职称间工资差距过大，高职称教师逃离一线。七是缺乏基于团队的绩效考核。忽视部门考核，削弱团队凝聚力。

第三，绩效工资总量未随工作量增加而增加。随着教育综合改革的推进，一线教师工作量增加快，而绩效工资总量中无法体现这部分超额工作量。教师工作量增加，有以下几种情况。一是中小学课程改革、中高考改革以及幼儿园学生数的大幅度增加，导致教师工作量加大。二是教育综合改革集团化办学过程中，跨校、跨年级、跨学科教学和跨校管理任务日益加重。三是骨干教师对其他校区教师指导帮扶工作量增加，城区教师长期处于超工作量状态。四是"下午三点半"课后班管理，让教师工作量增加。

第四，奖励性绩效工资预先提取部分的问题。奖励性绩效工资的设置，主要是体现奖励性，突出学校对教师考核、奖惩的管理作用，实施金额是以教师个人基础性绩效工资标准为基数，按照占绩效工资总额30%的比例进行核算。核算出的奖励性绩效工资以学校为单位，预先提取一定份额的资金，作为班主任、农村教师和校长等特殊岗位的津补贴，剩余部分才根据考核情况进行分配，因此部分教师认为预先提取份额的分配方式不公平，是"用我的钱去奖励他"。

（四）完善建议

1. 进一步做细总量核算

第一，完善基础教育薪酬设计，建立教师收入与公务员实际收入的联动机制，切实增加教师工资。一方面，对基础教育教师薪酬制度进行顶层设计，充分尊重教育行业的特点，将高中、幼儿园等非义务教育学校从其他事业单位绩效工资政策中分离出来，建立科学合理系统的、适应基础教育行业特点的中小学绩效工资制度体系。另一方面，要求各地普遍建立教师工资动态调整机制，综合考虑GDP（国内生产总值）增长、物价上涨等因素，参考公务员的实发金额，同步调整教师绩效工资总量，切实保障教师收入不低于公务员，维护教师权益。

第二，调整绩效工资比例，增加奖励性绩效工资额度，发挥激励作用。根据第三、四档省份的建议，建议因地制宜，提高奖励性绩效工资比例，扩大奖励性绩效工资额度，提高学校在奖励性绩效工资分配上的自主权，充分体现多劳多得、优绩优酬。在绩效工资的具体核算上，为避免教师的认知误区，在奖励性绩效工资中尽量避免与教职工的岗位、职称相对应，核算奖励性绩效工资总量时应以学校在编在岗的人数、在岗时间作为参考标准，以学校为单位进行预算和拨付，使学校在制订具体分配方案、实行自主分配时更具能动性。

第三，加大贫困地区倾斜力度，落实各项补贴，使乡村教师安心从教。国家应加大边远贫困地区、边疆民族地区和革命老区的激励政策的倾斜力度，加大对乡村教师生活补助计划支持力度，确保乡村教师和边远地区教师立足三尺讲台，提高育人本领。加大乡镇补贴落实力度。采取有力措施，督导各地切实保障教师工资政策落实到位，加强和人力资源社会保障部门的沟通协调，对处于偏远艰苦地区的学校，经人力资源社会保障、教育部门审核后，可享受乡镇工作补贴，并纳入绩效工资总量管理。建立中央、省、市、县四级政府共同分担义务教育经费机制。加大对经济欠发达地区教育经费投入，提高绩效工资水平，不断缩小与经济发达地区绩效工资水平差距，增强教师获得感，增强教师职业吸引力。

第四，调整津贴标准，设置绩效工资的单列项，减少分配矛盾。建议提高班主任津贴、教龄津贴标准。在班主任津贴上，可建立统一班主任津贴最低标准，并按照学段及班额分档；在教龄津贴上，可根据区域水平，动态调整津贴标准。同时，针对当前班主任津贴、校长绩效工资等项目的划分难题，建议专门核算班主任津贴、农村教师津贴、校长绩效工资津贴、中层干部岗位津贴，由各地教育行政部门按不同学校情况确定标准，缓解绩效工资实施矛盾。

第五，重视编外人员，加大编外聘用教师工资收入的财政保障力度，提高他们的工作积极性。21世纪第二个十年里，各地为应对中小学适龄人口数量快速反弹导致的教师数量不足，聘用了大量编外教师。由于缺乏财政经费的制度性安排，各地编外聘用教师工资待遇明显偏低，大部分仅为社会最低工资标准，难以保证教育教学质量。建议国家层面出台关于加强编外聘用教师管理的相关政策规定，明确将中等及以下学校聘用编外教师作为政府购买服务的内容纳入财政预算，并参照公办教师收入水平拨付编外聘用教师人员经费，切实保障编外聘用教师工资待遇，并逐步实现与编内教师同工同酬。

2. 进一步改进绩效考核

第一，合理分配各级部门权责，加强教育部门对学校的考核，提高对学校的指导力度。建议从有利于义务教育均衡发展的角度出发，在科学合理地制定目标任务考核体系基础上，加强教育部门对学校的考核，人力资源社会保障部门可根据考核结果动态调整学校绩效工资总量，或赋予教育部门根据单位考核结果动态调整学校绩效工资总量的权力。

第二，完善绩效考核办法，分类设置考核标准，增加团队奖励项目。针对教师的职业特点和工作特性，建议将结果考核与过程考核相结合，兼顾定性与定量；考核兼顾终端绩效与过程行为。统筹兼顾各学科之间的差异，结合各学科教师教学实际，根据不同岗位特点，实行分类考核。完善音体美等学科教学效果评价、兼职管理工作的考核评价办法，增强绩效分配的可操作性。考虑寄宿制学校和非寄宿制学校、不同规模学校教师的工作量，确立分配系数。增加寄宿制学校教师的绩效工资或者额外拨付专款予以奖励，更好地调动教师积极性，鼓励优秀教师校际、城乡交流，促进义务教育均衡发展。增加教师团队绩效奖励项目，在工资以外以团队管理奖的形式匡算到学校，加大教师团队绩效激励作用。

3. 进一步加强组织管理

第一，夯实各级部门的主体职责，努力营造绩效工资分配的良好氛围，共同落实好绩效工资政策，促进教育改革事业发展。

第二，加强中小学绩效工资政策的宣传与解读。为避免教师对绩效工资认识有误区，建议从国家层面加大中小学绩效工资的宣传力度，进一步统一思想，更新分配理念，营造"多劳多得、优绩优酬"的良好氛围。

第三，加强对教职工队伍的病事假管理。工资制度改革后，没有新的规定，依然沿用旧文件，文件中的一些项目已与工资制度改革后的项目不相对应，致使在制定教职工绩效考核实施意见时缺少政策依据，尤其是教职工因病假、事假、产假、外出学习进修、工伤等不能正常坚持工作的奖励性绩效工资分配问题。建议教育部联合人力资源社会保障部制定统一、明确的关于重大疾病无法上岗人员、借调人员和请假等相关事项绩效工资处理的文件，为保障相关人员工资待遇提供政策依据。

第四，建议引入第三方机构，克服教育系统内部局限性，对教师评价及考核体系进行系统梳理，增强评价公信力，让考核结果更易操作、更易量化，加大对学校内部考核的规范和指导。

二、中小学教师编制配备情况

编制即人员编制，是指为完成组织的职能，经过被编制管理部门批准的单位内部职位分配、人员结构比例及人员的定额。① 教师编制指的是公立义务制学校各学科任课教师的配备标准、数额、结构比例的核定与管理。教师编制是计划时代的产物。在人口缺乏流动的前提下，各地教育和劳动主管部门可以有计划、按一定的比例配备教师编制。

随着改革开放的深入，人口流动性大大增加，生源的结构随之而变，由此造成流出和流入地都面临教师编制结构性欠缺。很多户口在外地的适龄学童需要在城市里解决就学问题，但是相应的教师编制仍留在户口所在地。人口流入地为了扩大就学规模，满足随迁子女就学需求，除了增加学校、学位，还要增加教师岗位，而这些教师岗位却没有编制。②

2014年11月，中央编办、教育部、财政部印发《关于统一城乡中小学教职工编制标准的通知》，将原来的县镇、农村中小学教职工编制标准统一到城市标准，即高中教职工与学生比为1∶12.5，初中为1∶13.5，小学为1∶19，重点对学生规模较小的村小、教学点，按照教职工与学生比和教职工与班级比相结合的方式核定编制。2018年1月印发的《意见》进一步明确要求各地创新和规范中小学教师编制配备，落实城乡统一的中小学教职工编制标准，满足教育快速发展需求。

---

① 厉艺桦. 资源优化配置视角下义务制学校编制配置及使用研究［D］. 杭州：浙江工商大学，2018.
② 徐晓兵. 打破壁垒 促进教师职业化专业化［N］. 兰州日报，2018-07-23（2）.

（一）基本情况

1. 中小学教职工编制配备总体不足

2016年，全国公办中小学在校生约为1.53亿人，其中，小学生8 981.6万人，初中生3 932.1万人，高中生2 398.2万人。全国公办中小学在编教职工1 070.3万人，其中，小学在编教职工516.7万人，初中在编教职工348.6万人，高中在编教职工205万人。全国核定的中小学教职工编制为1 118.6万名，空编48.3万名，空编率为4.3%。① 各地在2012年以后严控编制总量，虽然一些地方通过明确附加标准、设立机动编制、建立编制周转池等多种方式，增加中小学所需的教职工编制，但是仍有很多地方没有按照中央编办发〔2014〕72号文件标准核编到位。根据国家规定的编制标准，考虑小规模学校、课程改革、全面二孩政策、教师进修等多种因素，经测算得知全国需补充中小学教职工编制约83.8万名。

2. 中小学生员比及国际比较情况

根据各地报送的中小学学生和在编教职工数据，仅从生员比（学生与教职工之比）考虑，全国平均的生员比是小学17.4∶1，初中11.3∶1，高中11.7∶1。但各省份情况不一，不少省份生员比尚未达到国家规定的标准，且这些省份学生规模较大。其中，至2018年，小学学段不达标的有安徽、江西、河南、湖南4个省份，初中学段不达标的有江西、河南、广西、贵州、云南5个省份，高中学段不达标的有河南、广西、重庆、四川、贵州、云南、陕西7个省份。

根据《教育概览2018：OECD指标》有关数据，在OECD（经济合作与发展组织）的36个国家中，小学、初中、高中生员比平均值分别为15∶1、13∶1、13∶1。仅从生员比看，我国高中和初中生员比已达到OECD国家平均水平，但小学生员比相对较高，与OECD国家相比，排在第29位，比较靠后。

---

① 《中国教育统计年鉴》不包含教职工编制数据，我们根据2016年各地报送的编制数据进行分析。由于各地严控编制，2012年至今教职工编制数变化不大。

（二）主要问题

按照生员比、编制标准和增编因素进行测算，目前有 16 个省份存在编制缺口。全国公办中小学教职工编制整体不足，教职工编制配备的结构性矛盾突出，主要存在以下问题。

1. 地方实行严控编制"一刀切"，无法增编

许多地方在实际编制管理过程中，根据严控编制总量、财政供养人员只减不增政策，对教育发展所需增加的教职工编制实行"一刀切"。即使在《关于统一城乡中小学教职工编制标准的通知》出台以后，也不能因事、因时、因地制宜，不能按照国家规定核增中小学所需教职工编制。因此，编制政策无法真正落实到位，难以满足地方基础教育发展的需要。

2. 中小学教职工编制难以统筹调配

从中小学编制管理体制机制来看，省级统筹、市域调剂、以县为主、动态调配的统筹机制还不健全，全国相当数量的县市中小学编制日常管理仍由编制部门主管，教育部门很难对教职工编制进行有效管理。很多地方编制部门直接将编制核定到校，教师配置需要经过编制、人力资源社会保障部门审批，县级教育行政部门对本地区教职工编制缺乏统筹管理权，难以根据生源变化、学校教学实际需要等动态调配、统筹使用各校教职工编制，合理配置教师。

3. 区域间教师编制配备差异大

一是省际差异大。北京、天津、山西、内蒙古、吉林、黑龙江、上海等地教师编制配备相对宽裕，河北、河南、湖南、广东、广西、四川、贵州、云南等地则编内教师不足，存在有编未补现象。其中河南、广西、贵州即使把空编用完，仍然有较大编制缺口，分别是 19.8 万名、9.5 万名、8.9 万名。

二是生源输入地与输出地之间差异大。近年来全国义务教育阶段随迁子女仍在持续增加，2015—2017 年分别为 1 367.1 万人、1 394.7 万人、1 406.6 万人。随迁子女输入较多的广东、福建、江苏等地，中小学教职工编制缺口较大。而学

龄人口输出较多的中西部农村地区，生源减少后，也仍然要保障必要教师配备，按国家规定开足开齐课程，教师并不能减少。

三是城乡之间差异大。随着新型城镇化的快速推进，大量学龄人口涌入城镇，导致城镇地区需要大量兴建学校、扩大班级规模，教师编制配备跟不上需求。而农村在校生不足100人的小规模学校，全国仍有11.7万所，每所学校虽学生不多，但课程数量、课时要求是一样的，教师也仍然紧缺，特别是音体美等学科教师更加紧缺。

4. 产假式缺编问题日益突出

根据《中国教育统计年鉴（2017）》的数据，中小学女教师数占教师总数的61.3%，小学女教师数占小学教师总数的67.2%；15～49岁育龄女教师数占教师总数的55.8%，小学育龄女教师数占小学教师总数的60.8%。随着全面二孩政策的实施，因生育休产假的女教师数量逐步增多，中小学产假式缺编问题会更加突出。

5. 编外聘用教师现象较普遍

经分析各地报送的数据，各省份编外聘用教师共有68.1万人。编外聘用教师主要有以下几种原因。

一是一些地方在编制配备达标的情况下，因女教师休产假、教师培训、推进小班化教学改革等聘用了部分编外教师，如北京、天津、山西、上海、江苏、浙江、山东、湖北等地。

二是一些地方为节省财政开支，有意空编不补，聘用编外教师。例如：湖南空编7.6万名，编外聘用教师1.9万人；河北空编3.8万名，编外聘用教师5.5万人；河南空编2.8万名，编外聘用教师5.8万人。

三是一些地方因总量控制已无编可补，通过控制人员总数的方式编外聘用教师以满足教学需要，如广西、江西等地。

四是一些地方虽已超编，但因国家通用语言文字授课等要求，需调整补充大量教师，如新疆整体超编，但仍需补充大量掌握国家通用语言文字的中小学教师。目前，很多地方编外聘用教师工资待遇低，管理不规范，成为影响学校和社会稳定的隐患。

（三）新时代教师编制配备的新需求

党的十九大对建设教育强国、加快教育现代化、办好人民满意的教育做出了全面部署。2018年，全国教育大会开启了教育现代化建设的新征程。《意见》对新时代教师队伍建设进行了系统谋划。新时代教师编制配备面临一些新的需求与挑战。

1. 教育现代化和教育教学改革提出新要求

教育现代化是国家发展的需要，是国家现代化的基础和支撑。加快教育现代化，关键是加强教师队伍建设，配备更多高素质的教师，以适应教育教学改革和人才培养的需要。在新课程改革中，小学、初中、高中均增加了一些新课程，如道德与法治、科学、历史与社会，以及综合课程和综合实践活动课程，需要配备更多教师。在高考改革中，普通高中推行"选课制""走班制"，将课程改革和高考综合改革有机结合起来，对高中教师配备的数量和质量都提出了更高要求。

2. 寄宿制学校需要配备更多教职工

近年来，寄宿制学校建设快速发展，学生住宿生活管理、心理健康指导、医疗保健、安全保卫、突发事件处置等方面的工作量增加，而工作人员严重不足，大都由学校专任教师兼任。教师每天工作时间超过10个小时，甚至长达12个小时，教师、父母、保姆、保安、心理辅导员等多项职责一肩挑。寄宿制学校教师的工作量大大高于非寄宿制学校教师，造成教师过大的生理和心理压力，需要增配相应的教职工。

3. 全面二孩政策带来新变化

在全面二孩政策的推动下，全国学龄人口数量预计有新的较大的变化。教师的需求量将随之变化。

4. 学前教育深化改革发展提出了新要求

2018年11月,《中共中央国务院关于学前教育深化改革规范发展的若干意见》印发,对幼儿园规划布局、经费投入、教师队伍建设等做出了总体部署和要求。根据教育统计数据,2017年全国幼儿园幼师比为17.2∶1,按照幼儿园教职工配备标准,以幼儿数与专任教师数大体15∶1的比例测算,全国幼儿园(不含小学附设幼儿班)专任教师缺口为43.12万人,其中公办幼儿园和民办幼儿园专任教师缺口相当,分别为20.56万人和22.56万人。随着全面二孩政策实施,以及落实公办幼儿园在园幼儿占比到2020年全国原则上达到50%的目标,公办幼儿园教师紧缺的问题会进一步加剧。目前,国家尚未出台公办幼儿园编制标准,部分出台了编制标准的省份大多也没有按标准核编,很多地方公办幼儿园挤占中小学编制,有的地方则聘用大量编外教师。

从各地情况看,北京在生员比标准较低的情况下,明确了7%~10%的附加编制,内蒙古在按生员比计算基础编制后按25%核定附加编制。在对各省份目前编制需求进行测算时,考虑到小规模学校、课程改革、全面二孩政策、教师进修等多种增编因素,结合各地实践经验,在分省份测算编制时取中间值按增加15%测算,目前全国中小学教职工编制缺口约83.8万名。

在对未来全国中小学编制需求进行整体测算时,结合全国学龄人口测算数据,在考虑上述小规模学校、课程改革、全面二孩政策、教师进修等增编因素,按增加15%测算的基础上,再考虑区域结构性缺编因素增加5%,即按增加20%测算,未来5年中小学所需编制将逐年增加,与目前在编教职工1 070.3万人相比,到2024年达到峰值时需增加编制约110万名。

笔者认为,分省份测算相对来说更能反映各地中小学的实际编制需求。总体来说,不管是当前还是未来几年,中小学都急需补充较多编制,以满足基础教育发展需要。

(四)对相关问题的考虑

针对中小学编制工作存在的问题,教育部门应会同编制、财政等部门,以贯彻落实《意见》和2018年全国教育大会精神为重要抓手,深化中小学教职工编制管理改革,推动地方创新和规范编制配备,保障教育发展需要。

1. 推动实行中小学教职工编制单列管理

2018年初，教育部曾就中小学教职工编制单列管理向中央编办提出建议，10月在与中央编办联合调研北京市中小学教职工编制工作时，北京市编办、教委提出了同样的建议。应着眼各地中小学教职工编制配备面临的现实问题，深化改革，探索中小学教职工编制单列管理：与其他行政事业编制相区别，不受编制总量限制；根据教育事业发展需要，按照国家制定的编制标准，根据生源规模合理核定教职工编制，保障教职工编制配备到位。

2. 推动出台编制创新管理文件

要推动各地适应加快教育现代化、培养德智体美劳全面发展的社会主义建设者和接班人的需要，在现有事业编制总量内，加大教育系统内外挖潜创新力度，加强编制统筹管理使用，盘活编制存量，实行跨部门、跨行业、跨地区编制调剂，探索建立事业编制周转池制度，合理核定中小学教职工编制，优先保障教育发展需要，深化"县管校聘"改革，推动教师合理流动。

3. 探索人工智能助推改善教师配备

实施人工智能助推教师队伍建设行动，探索信息技术、人工智能等支持和帮助教师开展教育教学活动，改进教学方式，助力解决教师编制不足、结构性缺员等问题。支持宁夏等地区部分学校率先引入人工智能教学实验，推动教师主动适应新技术变革，改善教师队伍知识、能力结构和人员配备。

4. 进一步规范中小学教职工编制管理

严禁挤占、挪用、截留中小学编制和有编不补，对各地机关事业单位、民办学校占用公办中小学教职工编制的情况进行清理整顿。对于有意空编不补，违规使用编外聘用人员的情况，严格追究相关人员的责任。严格控制和规范编外用人，督促各地对符合条件的编外教师要加快入编并实行同工同酬，保障其合法权益，避免造成新的稳定隐患。

（五）有关政策举措

为深入贯彻落实《意见》要求和2018年全国教育大会精神，支持保障中小学教育事业发展，2019年，中央编办会同教育部、财政部、人力资源社会保障部就进一步挖潜创新加强中小学教职工管理出台了有关政策意见，要求各地编制、教育、财政、人力资源社会保障部门，坚持以人民为中心的工作导向，统筹各类资源，提高使用效益，创新供给方式，更好地满足中小学教育事业发展。现就有关情况介绍如下。

教育是民生之本。中小学教育关系我国基础教育健康发展、国民整体素质提高和人民群众切身利益。2019年以来，中央编办会同教育部、财政部、人力资源社会保障部组成专题调研组，深入调查研究当前中小学教职工管理中存在的突出问题。综合我国中小学在校学生、教职工编制和实有人员变化情况以及国外中小学师生比资料分析判断，在认真研究测算和深入分析的基础上，中央编办认为，当前我国中小学教职工队伍总量已经不小，基本能够保障中小学教育发展总体需求。同时，城市和农村之间、不同地区之间、不同学校之间甚至同一学校的不同学段之间，因为人员编制配备不平衡、编制调整不及时、人员流动不畅等问题，结构性缺编、缺员问题也比较普遍。此外，个别地区还存在中小学教职工编制总量未达国家标准、一些新建学校编制配备不及时等问题。针对上述问题，四部门经过深入研究，广泛听取地方意见，提出了有关政策意见。总的要求是：要坚持总量控制，增减平衡，在现有事业编制总量内按照标准及时核定中小学教职工编制，满足发展需要。要坚持优化结构，统筹调剂，综合需求变化动态调整不同地区、城乡、学校及学段间中小学人员编制配置，提高使用效益。要坚持存量挖潜，保障需求，盘活用好现有事业编制资源，优先满足中小学教育需要。要坚持创新管理丰富供给，通过购买服务、支持社会力量参与等，推动中小学教育服务提供方式多样化。重点从教育系统自身挖潜、事业编制总量统筹、管理服务方式创新三个方面入手。

1. 优化资源配置，提高教育系统人员编制效益

各地要根据教育系统各单位职能任务变化、布局结构调整实际，从内部挖掘潜力、盘活存量，实现现有资源的最大使用效率。

一是结合地方机构改革，稳步推进教育系统职能弱化、任务不饱和、规模较小的事业单位整合撤并，精减、收回的编制资源统筹用于补充中小学教育需要。

二是结合城镇化进程、新农村建设、脱贫攻坚、优质教育资源均等情况，优化各级各类公办中小学、教学点设置，合理配置人员编制。

三是根据学校布局结构调整、城乡区域人口流动、各学段学生规模变化等情况，加强教师交流轮岗，推动人员和编制在城乡之间、区域之间、学校及学段之间动态调整。

2. 统筹事业编制，优先保障中小学教育需要

加大机构编制资源统筹力度，通过挖潜创新精简机构编制，统筹调剂保障基础教育，落实编制标准，加强管理严格编制使用，补齐缺口满足发展急需。

一是各地要结合实际，将通过各类专项改革挖潜调剂出来的事业编制资源，优先用于补充中小学教职工编制。

二是明确要求加大教职工编制统筹配置和跨市、县调整力度，结合实际切实将城乡统一的中小学教职工编制标准落实到位。中小学教职工编制原则上以省为单位每2~3年调整一次，市、县根据生源变化情况可随时调整。

三是强调人事和编制管理纪律。教育管理机构及其他非教学单位不得与中小学校混编混岗、占用教职工编制，不得长期借调、借用中小学教职工帮助工作。从严查处中小学教职工"吃空饷"占用编制等问题，严禁公办学校在编教师长期到民办学校任教，严禁长期空编和有编不补、编外用人等。

3. 创新管理方式，增加服务供给

21世纪第二个十年间，不少地方在中小学教职工的管理和使用上进行了积极创新和探索，也取得了一定成效。中央编办等部门在总结地方经验的基础上，提出从创新人员管理和培养考核方式、合理保障经费并加大政府购买服务力度、支持社会力量参与举办教育事业等方面加大政策支持力度。

一是鼓励有条件的地方探索以县域或上一级行政区域为单位，统一核定教职工编制并配备人员，跨学校统筹使用教师，提高人员编制效益。推动人员合理流动，支持教师跨校兼课、跨学段任教，逐步解决不同区域、学校学段、学科之间教师结构性缺员等问题。

二是要求各地创新培养方式，积极适应新技术变革和新课改要求，打造一专多能的教师队伍；改革完善绩效考核和绩效工资总量核定办法，推动教师能上能下、能进能出；加大财政教育投入，将教师队伍建设作为教育投入重点予以优先保障；通过采取具体政策措施，引导鼓励教师向艰苦、贫困地区流动。

三是支持有条件的地方探索利用高校、培训机构等社会资源，通过政府购买服务等方式补充中小学社会实践等课程和教学辅助力量等。继续深化后勤服务改革，逐步压缩使用编制的非教学人员比例。规范中小学教育服务提供方式，吸引社会力量参与。明确地方政府依法委托民办学校承担义务教育任务的，应按照委托协议拨付相应的教育经费。鼓励体育社会组织和专业艺术人才为中小学提供体育、艺术教育服务，多方面满足中小学教育发展需要。[①]

当然，关于中小学教师编制紧张这一长期的老大难问题，不好解决也确有不好解决的现实障碍，笔者认为，也可以"没有出路换思路"。在教育信息化浪潮汹涌而来的今天，在人工智能助力教师成长的背景下，应当积极探索运用网络教学、人工智能等现代化信息手段，推动实现部分中小学教师短缺地区在教育教学上另辟蹊径。

三、中小学岗位设置管理

为提升广大中小学教师地位，提高教师待遇，调动教师教育教学的积极性，我国于1986年建立起以职务聘任制为主要内容的中学和小学两套并行的教师职称制度。按照规定，中学教师的职称系列分为中学高级、中学中级（一级）、中学初级（二级、三级），小学教师的职称系列分为小学特级（小高高）、小学高级、小学一级、小学二级和小学三级。与此同时，职称工资开始实施，教育主管部门按照教师不同的职称等级发放不同额度的工资。在此制度下，教师除了基本工资之外，增加了职称工资，虽然不同职称的教师工资不同，有多有少，但从总体上来看，职称制度的实施相当于给教师普遍涨了一次工资，切实提高了教师的总体待遇，有效地激发了教师的工作积极性。

[①] 关于进一步挖潜创新加强中小学教职工管理有关政策情况的介绍 [EB]. http://www.moe.gov.cn/fbh/live/2019/51624/sfcl/201912/t20191216_412115.html.

第十四章 | 中小学教师管理制度改革的观察与研究

在教师职称制度建立之初,职称系统不够完善,小学和中学存在两套并行的职称制度,在称谓上不统一,不利于管理,小学高级只相当于中学一级,因此小学教师无缘高级职称。人们呼吁改变中学和小学教师在职称上的不平等境遇。2009年,我国启动中小学教师职称制度改革试点,并从2011年起扩大试点范围。这是教师职称制度建立以来第一次进行的全面改革。改革的重点是将原来独立并行的中学教师职称系列和小学教师职称系列统一合并,成为新的中小学教师职称系列。同时在职称等级上也做出调整,即设置五个等级,从高到低依次为正高级教师、高级教师、一级教师、二级教师和三级教师,与高校职称的正高、副高、中级、助理、员级相对应,并完善相应的评价标准和办法。这一改革增设了小学正高级,让小学教师也有机会评上高级职称,切实提高了中小学教师地位,尊重和肯定了他们的工作。①

2015年8月,国务院常务会议决定深化中小学教师职称制度改革,并将改革在全国范围内全面推开。会议最终确立了四项内容:一是将原先分设的小学和中学教师职称系列统一为高级、中级、初级;二是修订评价标准,改变过去重视论文、学历、证书等硬件条件的局面,注重师德、实绩和实践经历,并对农村和边远地区教师给予政策倾斜;三是建立以同行专家评审为基础的评审机制,并公示评审结果,接受监督;四是将职称评定与岗位聘用相结合,实现人尽其才,才尽其用。这次会议成为我国正式全面实施中小学教师职称制度改革的标志。

《意见》指出,要"深化中小学教师职称和考核评价制度改革。……进一步完善职称评价标准,建立符合中小学教师岗位特点的考核评价指标体系,坚持德才兼备、全面考核,突出教育教学实绩,引导教师潜心教书育人",同时还要"适当提高中小学中级、高级教师岗位比例,畅通教师职业发展通道。完善符合中小学特点的岗位管理制度,实现职称与教师聘用衔接。将中小学教师到乡村学校、薄弱学校任教1年以上的经历作为申报高级教师职称和特级教师的必要条件"。对于中小学校长,要"推行中小学校长职级制改革,拓展职业发展空间,促进校长队伍专业化建设"。

---

① 闫健敏. 关于中小学教师职称制度改革的思考 [J]. 教师教育论坛, 2017, 30 (2): 18-22.

（一）我国中小学岗位设置管理制度[①]

根据《事业单位岗位设置管理试行办法》（国人部发〔2006〕70号）和《〈事业单位岗位设置管理试行办法〉实施意见》（国人部发〔2006〕87号）文件精神，结合教育事业单位的实际情况，2007年5月人事部和教育部出台了《关于印发高等学校、义务教育学校、中等职业学校等教育事业单位岗位设置管理的三个指导意见的通知》（国人部发〔2007〕59号），其中包括《关于高等学校岗位设置管理的指导意见》《关于义务教育学校岗位设置管理的指导意见》《关于中等职业学校、普通高中、幼儿园岗位设置管理的指导意见》。

1. 适用范围

根据国人部发〔2007〕59号文件，承担义务教育的小学、中学适用《关于义务教育学校岗位设置管理的指导意见》，普通高中、幼儿园适用《关于中等职业学校、普通高中、幼儿园岗位设置管理的指导意见》。

2. 岗位类别设置

根据《关于义务教育学校岗位设置管理的指导意见》和《关于中等职业学校、普通高中、幼儿园岗位设置管理的指导意见》，普通高中、义务教育学校、幼儿园的岗位类别设置相同，均分为管理岗位、专业技术岗位和工勤技能岗位三种类别。

管理岗位指担负领导职责或管理任务的工作岗位。管理岗位的设置要适应增强学校运转效能、提高工作效率、提升管理水平的需要。义务教育学校管理岗位包括具有行政、党群等管理工作职责的岗位。

专业技术岗位指从事专业技术工作，具有相应专业技术水平和能力要求的工作岗位。专业技术岗位分为教师岗位和其他专业技术岗位（包括学科实验、图书资料、财务会计、电化教育、卫生保健等），其中教师岗位是专业技术主体岗位。

工勤技能岗位指承担技能操作和维护、后勤保障、服务等职责的工作岗位。可实现社会服务的一般性劳务工作，不再设置相应的工勤技能岗位。

---

① 金玲，等. 中小学岗位设置管理研究报告［R］. 重庆：重庆市教委，2017.

3. 岗位总量

《关于义务教育学校岗位设置管理的指导意见》对普通初中、普通小学的岗位总量确定原则和具体要求做出规定，《关于中等职业学校、普通高中、幼儿园岗位设置管理的指导意见》对普通高中、幼儿园进行了规定。具体情况见表14-1。

表 14-1　义务教育学校、普通高中、幼儿园岗位总量规定

机构类别		岗位总量的确定依据及原则	三类岗位比例要求
义务教育学校	普通初中	1. 岗位总量应按照中小学编制标准，原则上以核定的教职工编制总量确定 2. 岗位设置要优先满足教育教学工作的实际需要，严格控制非教学岗位 3. 对寄宿制学校可适当增加管理岗位和工勤技能岗位	教师岗位占学校岗位总量的比例一般不低于85%，其他岗位一般不超过15%
	普通小学		教师岗位占学校岗位总量的比例一般不低于90%，其他岗位一般不超过10%
普通高中		1. 根据核定的教职工编制总量、正式工作人员数量等因素综合确定，并根据学校事业发展，实行动态管理 2. 岗位设置要优先满足教育教学、实习实训等工作的实际需要，严格控制非教学人员岗位	教师岗位占学校岗位总量的比例一般不低于85%，其他岗位原则上不超过15%
幼儿园			教师岗位占幼儿园岗位总量的比例一般不低于88%，其他岗位原则上不超过12%

说明：根据《关于义务教育学校岗位设置管理的指导意见》《关于中等职业学校、普通高中、幼儿园岗位设置管理的指导意见》整理。

两份指导意见的共同点：一是明确了以教职工编制总量作为岗位总量核定的依据，二是明确规定了要优先满足教育教学工作需要，三是明确要求严格控制教师之外的其他岗位数量。

它们的差异之处在于：一是在《关于中等职业学校、普通高中、幼儿园岗位设置管理的指导意见》中，提出岗位总量确定的依据除了教职工编制总量外，还有正式工作人员数量等因素；二是《关于中等职业学校、普通高中、幼儿园岗位设置管理的指导意见》明确提出了岗位总量实行动态管理，而在《关于义务教育学校岗位设置管理的指导意见》中没有出现这一提法；三是对于教师岗位占不同教育机构岗位总量比例要求是有差异的，普通高中、普通初中相同，均要求教师岗位占学校岗位总量的比例一般不低于85%，幼儿园则要求教师岗位比例一般不低于88%，普通小学则要求教师岗位比例一般不低于90%。

《关于义务教育学校岗位设置管理的指导意见》规定，对寄宿制义务教育学校（普通初中、普通小学）可适当增加管理岗位和工勤技能岗位。

4. 岗位等级设置

《关于义务教育学校岗位设置管理的指导意见》对普通初中、普通小学的岗位等级设置做出了规定，《关于中等职业学校、普通高中、幼儿园岗位设置管理的指导意见》对普通高中、幼儿园的岗位等级设置做出了规定。

（1）相同规定。两份指导意见对不同类型教育机构在岗位等级设置上的相同规定主要包括以下五个方面。

第一，均明确提出对义务教育学校、普通高中、幼儿园的岗位设置实行岗位总量、结构比例和最高等级控制。

第二，管理岗位一般设6个职员等级，最高等级设置相同。这为不同类型的学校管理岗位最高等级的确定留出了空间，各地制定政策时要做出具体的规定。一些办学历史较长的中小学的校长中还有少量副厅级干部，按照过渡办法，这些人员也可以按照现聘职务或岗位进入相应等级的岗位（详见表14-2）。

表14-2 义务教育学校、普通高中、幼儿园管理岗位等级设置

机构类别		原则要求	管理岗位等级设置	
			职员等级	对应的现行职务等级
义务教育学校	普通初中	管理岗位的最高等级、结构比例和各等级管理岗位的职员数量，根据学校的规格、规模和隶属关系，按照干部人事管理有关规定和权限确定	五级	处级正职
	普通小学		六级	处级副职
普通高中			七级	科级正职
			八级	科级副职
幼儿园			九级	科员
			十级	办事员

说明：根据《关于义务教育学校岗位设置管理的指导意见》《关于中等职业学校、普通高中、幼儿园岗位设置管理的指导意见》整理。

第十四章 | 中小学教师管理制度改革的观察与研究

第三，工勤技能岗位设置原则要求（均设5个级别）、最高等级设置（最高为一级）相同，对一级、二级、三级工勤技能岗位的总量控制要求（均为25%左右）和对一级、二级岗位总量控制要求（5%）也相同。

第四，对各地区的专业技术高级、中级、初级岗位结构比例控制的标准和办法均只提了原则性要求，即要求各省份人事行政部门和教育行政部门、学校主管部门，在总结专业技术职务结构比例管理经验的基础上，按照优化结构、合理配置的要求，制定学校专业技术高级、中级、初级岗位结构比例控制的标准和办法。可见，情况是比较复杂的。

第五，对特设岗位设置的规定是相同的。两份指导意见均规定，可以根据各自特点和教育发展规律，为适应聘用急需的高层次人才等特殊需要，经批准后特别设置岗位，即特设岗位。特设岗位是学校中的非常设岗位。特设岗位不受学校岗位总量、最高等级和结构比例限制，在完成工作任务后，按照管理权限予以核销。

（2）不同要求。两份指导意见对不同类型教育机构在岗位等级设置的要求上有所不同，主要包括以下五个方面。

第一，不同类型的教育机构专业技术岗位等级设置不同。岗位等级的划分与职称制度改革紧密相关。根据人事部"涉及职称制度的问题在岗位设置工作中一律不突破现行政策"的原则，普通高中、义务教育学校中学教师岗位共划分为9个等级，义务教育学校小学教师岗位暂按6个等级划分，幼儿园教师岗位参照普通小学教师岗位等级设置的规定执行，即与现行的职称体系相衔接（见表14-3）。

表14-3　义务教育学校、普通高中、幼儿园专业技术岗位等级设置情况

全国专业技术岗位等级设置	普通高中普通初中	普通小学	幼儿园
一级	未设置	未设置	未设置
二级			
三级			
四级			
五级	五级		
六级	六级		
七级	七级		

续表

全国专业技术岗位等级设置	普通高中普通初中	普通小学	幼儿园
八级	八级	八级	八级
九级	九级	九级	九级
十级	十级	十级	十级
十一级	十一级	十一级	十一级
十二级	十二级	十二级	十二级
十三级	十三级	十三级	十三级

第二，不同类型的教育机构专业技术岗位最高等级设置不同。普通高中、义务教育学校中学教师岗位最高为专业技术五级，义务教育学校小学教师、幼儿园教师岗位最高为专业技术八级。

第三，不同类型的教育机构专业技术岗位高级、中级、初级各级内部之间的结构比例不同。普通高中、普通初中的高级岗位五至七级之间的结构比例相同，均为2∶4∶4；普通高中、义务教育学校、幼儿园的中级岗位八至十级之间的结构比例相同，均为3∶4∶3；普通高中、义务教育学校、幼儿园的初级岗位十一至十二级之间的结构比例也相同，为5∶5（见表14-4）。

表14-4 义务教育学校、普通高中、幼儿园专业技术岗位等级设置

机构类别		专业技术职务等级设置	专业技术职务最高等级	专业技术等级内部结构比例		
				专业技术高级（五至七级）	专业技术中级（八至十级）	专业技术初级（十一到十二级）
普通高中		9个	专业技术五级	2∶4∶4	3∶4∶3	5∶5
义务教育学校	普通初中	9个				
	普通小学	6个	专业技术八级	未设置		
幼儿园		6个		未设置		
说明：幼儿园参照普通小学岗位等级设置的规定执行						

说明：根据《关于义务教育学校岗位设置管理的指导意见》《关于中等职业学校、普通高中、幼儿园岗位设置管理的指导意见》整理。

第四，行业指导意见也为下一步改革留出空间。《关于义务教育学校岗位设

置管理的指导意见》对小学中评聘"小中高"教师职务的人员也做了妥善处理，提出"小学中评聘了中学高级教师职务的，按现行规定对应专业技术岗位等级的五级、六级、七级"。

第五，对特殊的学校进行了说明。《关于义务教育学校岗位设置管理的指导意见》规定，"农村地区学校教师高级、中级岗位结构比例，应与本地城镇同类学校大体平衡"，"对于乡镇以下规模小、人员少的义务教育学校（或教学点），专业技术岗位设置的结构比例可以学区为基础实行集中调控、集中管理。具体办法由省级政府人事行政部门和教育行政部门研究制定"。

5. 各地中小学岗位设置管理实践

根据《关于义务教育学校岗位设置管理的指导意见》《关于中等职业学校、普通高中、幼儿园岗位设置管理的指导意见》精神，各省份结合自身实际，对国家有关规定在允许的范围内进行了细化，相继制定了教育事业单位岗位设置的具体实施意见，并指导本地区中小学完成了岗位设置和聘用工作。由于各地差异较大，为便于更好地从宏观上把握、比较情况，下面按东部、中部、西部地区分别进行了相关数据的统计。

在实践中，由于各自情况的差异，各省份对本地区中小学的专业技术、管理、工勤技能三类岗位之间的结构比例进行了适当的调整。东部、中部、西部地区的统计结果见表14-5。

表14-5 东部、中部、西部地区中小学三类岗位结构比例实施情况

机构类别	专业技术岗位			管理岗位			工勤技能岗位		
	东部	中部	西部	东部	中部	西部	东部	中部	西部
高中	94.19%	92.09%	95.18%	4.20%	4.53%	2.05%	1.61%	3.38%	2.77%
初中	94.01%	90.19%	95.93%	4.61%	5.47%	1.63%	1.38%	4.34%	2.44%
小学	94.86%	91.82%	97.30%	4.58%	5.26%	1.25%	0.56%	2.92%	1.45%
幼儿园	91.93%	68.97%	94.44%	6.16%	16.69%	2.07%	1.91%	14.34%	3.49%

从表14-5可见：一是全国高中、初中、小学的专业技术岗位比例均控制在90%以上，西部地区中小学的专业技术岗位比例最高，均在95%左右。中部地区幼儿园专业技术岗位比例为68.97%，低于国家规定的最低结构比例（88%）。

二是管理岗位比例大多控制在5%以内。最低的是西部地区，高中为2.05%，初中为1.63%，小学为1.25%，幼儿园为2.07%。三是工勤技能岗位比例也大多控制在5%以内。最低的是东部地区，高中为1.61%，初中为1.38%，小学为0.56%，幼儿园为1.91%。多数地区管理岗位、工勤技能岗位合计占比在10%以内，体现出中小学专业技术岗位占主体。

（1）关于专业技术岗位内部各等级结构比例实施情况。部分省份岗位等级设置政策文件中的数据表明，这些省份专业技术岗位比例均严格按照控制比例执行（见表14-6）。江苏、广东等省份对正高级岗位比例做了规定，湖北、山东等省份未明确正高级岗位等级比例，在实际中是按评审通过的使用数量设置。同时，湖北、吉林等省份对初级岗位比例的设置体现出很大的灵活性，由学校按需设岗，按岗聘任。

表14-6 部分省份中小学专业技术岗位等级比例设置情况

省份	正高级专业技术岗位			副高级专业技术岗位			中级专业技术岗位			初级专业技术岗位	
	二级	三级	四级	五级	六级	七级	八级	九级	十级	十一级	十二级
江苏		3	7	2	4	4	3	4	3	5	5
广东	1	3	6	2	4	4	3	4	3	5	5
山东				2	4	4	3	4	3	5	5
云南										5	5
湖北				2	4	4	3	4	3	按需设置	

（2）关于专业技术岗位高级、中级、初级结构比例调整情况。由于首次岗位设置的专业技术岗位高级、中级、初级比例与各级各类学校人才结构严重不符，矛盾十分突出，部分省份对专业技术岗位高级、中级、初级的结构比例进行了一定调整，普遍增加了高级、中级岗位的比例，减少了初级岗位的比例。高中、初中的高级比例大多在30%左右，较高的有天津（50%）、吉林（35%），中级比例大多在50%左右，初级一般为25%左右。小学、幼儿园的高级比例大多在2%左右，中级为40%~45%，初级为55%左右。

6. 各省份取得的有益经验

各省份结合自身实际开展中小学岗位设置管理，在探索中积累了一些有益的经验。

（1）专业技术高级、中级岗位按需调剂使用。2016年天津出台文件（津人社局发〔2016〕24号），明确在高级岗位比例不突破上限的前提下，专业技术职务高级、中级岗位之间可以按需调剂使用。其高中、初中的专业技术职务高级、中级岗位结构比例控制在90%以内，小学、幼儿园的专业技术职务高级、中级岗位结构比例控制在85%以内，比较充分地满足了学校岗位聘用的需要，为聚集高层次人才提供了平台，为引进优秀人才预留了空间（见表14-7）。

表14-7　天津中小学岗位结构比例

%

机构类别		高级、中级		初级
		高级	高级＋中级	
高中	国家级、省级示范性高中	≤50	≤90	≥10
	普通高中	≤45	≤90	≥10
初中		≤40	≤90	≤10
小学		≤15	≤85	≤15
幼儿园		≤15	≤85	≤15
在高级岗位比例不突破上限的前提下，高级、中级岗位之间可以按需调剂使用				

（2）专业技术初级岗位实行按需设岗。湖北、吉林等省份对专业技术职务初级岗位不做硬性规定，实行"按需设岗、按岗聘用"，体现出很大的灵活性，既符合学校教师年龄、学历、能力的实际情况，满足他们发展的需要，又在很大程度上体现了岗位设置管理的意义和价值，充分发挥了岗位管理的效能。

（3）"县管校聘"促进教师交流轮岗。作为全国首批19个义务教育教师队伍"县管校聘"示范区的湖北武穴市，通过完善教师编制管理、岗位管理、人事管理、交流管理、考核管理办法，推行"县管岗位结构、学校按需设岗"机制。全市教师交流367人，占应交流人数的14.9%；骨干教师交流105人，占交流人数的28.6%；校长交流42人，交流比例为20.2%。全市校长、教师交流轮岗平稳有序，反响较好。同时，城区学校一大批有思想、有经验的管理干部和书法、器乐、计算机等特长教师交流到农村学校后，带动了农村学校的特色发展，形成了一大批特色学校，促进了全市义务教育优质均衡发展。

四川成都市除高新区、天府新区直管区以外,所有区(市)县都成立了教师管理服务中心。教师管理服务中心负责所在区(市)县教师轮岗、流动等工作,负责所在区(市)县教师资源的统筹与配置等工作。2014 年,成都市教育局出台《关于加强教师队伍建设的实施意见》,规定在同一所义务教育学校任教满 6 年,且当年 9 月 1 日前男不满 50 周岁、女不满 45 周岁的教师,应纳入交流范围。成都市已有 25 766 名教师纳入"县管校聘"范围。县域内教师交流 5 006 名,其中骨干教师 2 468 名,交流比例分别为 21.56%、25.29%。成都市涌现出"邛崃模式"和"武侯模式"等新经验,青羊区研制了全国第一套区县级教师专业发展标准。

山东于 2016 年提出加快推进"县管校聘"改革,落实以县为主的农村义务教育学校管理体制。县级人力资源社会保障部门根据岗位设置比例标准,核定县域内中小学岗位总量,实行总量控制。县级教育行政部门在核定的总量内,按照编制、人员结构、教育教学改革等情况分配到各学校。

目前,北京、上海、江苏、浙江、广东、福建、河北等省份纷纷加快推进中小学教师"县管校聘"管理改革,让教师由"学校人"变成了"系统人",不仅促进了县域内教师交流轮岗制度的落实,也有助于化解县域内教师资源配置的矛盾。

(二)我国中小学岗位设置管理存在的问题

1. 我国中小学现状

根据《2016 年全国教育事业发展统计公报》,全国普通高中、初中、小学、幼儿园共计 48.29 万所,教职工人数共计 1 462.55 万人,见表 14-8。

表 14-8 我国中小学(含幼儿园)教职工规模

机构类别	机构数/万所	在校生数/万人	教职工数/万人	专任教师数/万人	生师比
普通高中	1.34	2 366.65	259.19	173.35	13.65∶1
普通初中	5.21	4 329.37	399.75	348.78	12.41∶1
普通小学	17.76	9 913.0	553.73	517.64	17.12∶1
幼儿园	23.98	4 413.86	249.88(园长和教师)		17.66∶1
合计	48.29	21 022.88	1 462.55		

根据 2014 年中央编办、教育部、财政部印发的《关于统一城乡中小学教职工编制标准的通知》，全国中小学教师配备的生师比标准为高中 12.5∶1、初中 13.5∶1、小学 19∶1。从表 14-8 可见，从总体上看，我国普通高中生师比超过了国家要求。

根据 2016 年国家教育统计数据，31 个省份中，只有 7 个省份高中、初中、小学的生师比均达到国家标准要求，其余 24 个省份均存在生师比超过国家标准的情况。高中的生师比最高的是广西（17.22∶1），最低的是北京（7.75∶1）；初中的生师比最高的是广西（16.10∶1），最低的是北京（8.02∶1）；小学的生师比最高的是湖南（19.78∶1），最低的是吉林（11.53∶1）。这说明中小学教师队伍建设存在区域性矛盾。

2. 我国中小学岗位设置管理存在的主要问题

现行中小学岗位设置管理政策实施十年来，存在编制滞后影响岗位总量核定、岗位等级设置结构性矛盾突出、专业技术岗位设置与职称评审制度脱节、岗位核定到校模式制约人员流动、"双肩挑"导致领导与教师队伍的冲突、岗位审核效率低下拉低管理服务水平、岗位聘后管理弱化影响教职工积极性发挥等问题。归纳起来，主要表现为三类。

第一类，现行岗位设置管理制度与教师交流轮岗制度、深化中小学职称制度改革等政策统筹协同不够。一是岗位直接核定到校、以校为单位进行管理的方式，动态调整困难，影响和制约教师城乡、校际流动。二是岗位等级序列与改革后的中小学职称系列不对应。三是已评未聘现象仍然存在。

第二类，现行岗位结构比例不适应新时代中小学教师队伍均衡优质发展需要。一是专业技术高级、中级、初级岗位结构不合理。初级岗位比例过大，高级、中级岗位比例偏小，不同层次、类型学校的结构比例不协调，同类型学校实行结构比例"一刀切"不科学，教研机构、教师进修学院高级、中级岗位结构矛盾突出。二是管理、工勤岗位需求与设岗规模不一致。中小学对管理、工勤岗位的需求量相对较少，幼儿园的工勤岗位严重不足，管理岗位晋升空间不够，"双肩挑"现象加剧岗位紧张。

第三类，现行岗位聘用审核管理体制机制影响岗位制度有效实施。一是岗位聘用管理审核制度不完善，中小学开展岗位聘任自主性不够。二是岗位动态竞聘机制不健全，岗位聘用后的管理制度、激励和退出机制亟须完善。

综上所述，国家层面的岗位设置管理政策的促进作用已经全面体现。同时，其内部固有矛盾开始全面爆发，在一定程度上制约教育事业发展，岗位设置管理政策面临不管不行、不改不行的境地。

（三）我国中小学岗位设置管理政策的优化设计

党的十九大报告提出，要优先发展教育事业，要"推动城乡义务教育一体化发展，高度重视农村义务教育，办好学前教育、特殊教育和网络教育，普及高中阶段教育，努力让每个孩子都能享有公平而有质量的教育"。面对新时代新征程的要求，我国中小学岗位设置管理政策亟待调整、完善。

1. 完善中小学岗位设置管理政策的必要性

（1）落实深化职称制度改革的要求。职称是专业技术人才学术技术水平和专业能力的主要标志。职称制度是专业技术人才评价和管理的基本制度，对于党和政府团结凝聚专业技术人才、激励专业技术人才职业发展、加强专业技术人才队伍建设具有重要意义。

（2）落实乡村教师支持计划的要求。2015年，国务院办公厅印发了《乡村教师支持计划（2015—2020年）》。该计划提出，要统一城乡教职工编制标准。乡村中小学教职工编制按照城市标准统一核定，其中村小学、教学点编制按照生师比和班师比相结合的方式核定。县级教育部门在核定的编制总额内，按照班额、生源等情况统筹分配各校教职工编制，并报同级机构编制部门和财政部门备案。该计划的实施要求中小学岗位设置管理政策及时做出相应的调整和完善。

（3）落实全面深化新时代教师队伍建设改革的要求。党中央对新时代全面深化教师队伍建设改革，对完善中小学岗位设置管理提出了更高的要求。2018年1月，《意见》提出，要创新和规范中小学教师编制配备。要适应加快推进教育现代化的紧迫需求和城乡教育一体化发展改革的新形势，充分考虑新型城镇化、全面二孩政策及高考改革等带来的新情况，根据教育发展需要，在现有编制总量内，统筹考虑、合理核定教职工编制，盘活事业编制存量，优化编制结构，向教师队伍倾斜，采取多种形式增加教师总量，优先保障教育发展需要。落实城乡统一的中小学教职工编制标准，有条件的地方出台公办幼儿园人员配备规范、特殊教育学校教职工编制标准。创新编制管理，加大教职工编制统筹配置和跨区域调整力度，省级统筹、市域调剂、以县为主，动态调配。编制向乡村小规模学校倾斜，按照班师比与生师比相结合的方式核定。

2. 对完善岗位设置管理制度的政策建议

（1）建立动态化县域统筹的岗位总量核定机制。在岗位总量核定的基础上，进一步明确"岗位实行以县域为单位统筹、动态管理"。可以考虑两种调整思路：一是由人力资源社会保障部门和教育部门共同核定岗位，实行总量管理，区县教育部门统筹分配，学校聘用；二是由人力资源社会保障部门和教育部门共同核定岗位总量，建立县域内学校未聘空岗周转池，由区县教育部门统筹使用。

针对岗位设置、聘用管理等工作，人力资源社会保障部门一揽子到校，在减轻教育部门管理责任的同时，对教育部门协调资源解决基层各种问题多有制约。基层的一些问题不能及时解决，势必影响区域教育系统的效率。学校存在的岗位、人员矛盾，单位内部无法解决时，迫切需要区县教育部门统筹协调，在校际实现互补、双赢。

改变岗位管理机制，适当增加各地教育部门在岗位设置审核、聘用管理方面的职责与权限，增大教育部门协调资源的空间，是更好发挥区县教育部门统筹协调作用的切实需要。增大区县教育部门对中小学、幼儿园岗位设置管理权限的"县管校聘"模式，在河北、山东两省都有积极的试点。工作开展有难度，但也取得一定效果。

（2）优化专业技术高级、中级、初级岗位结构比例。将专业技术高级、中级岗位由原控制在岗位总量的40%以内调整为70%以内，其中，高级岗位由原来不超过岗位总量的10%调整为不超过岗位总量的30%。建议高级、中级、初级专技岗位结构调控比例设定为3：4：3。

人社部发〔2015〕79号规定，建立统一的中小学职务制度，并增设正高级。建议中小学专业技术岗位等级设置与国家通用专业技术岗位等级设置一致，设13级。根据多目标优化模型分析结果，高中、初中、小学、幼儿园教师高级、中级、初级最佳岗位结构比例均趋近3∶4∶3。

现行正高级教师指标控制比例为万分之二点五，按40年形成稳定状态，将会形成每100名教师中有1名正高级教师。根据有关理论和其他系列职称实践经验，建议每年按十万分之一增长正高级比例，2035年逐步达到万分之五，远期2050年达到万分之十的比例投放正高级指标。预计到2035年，每100名教师中有2名正高级教师，到2050年，每100名教师中有4名正高级教师。从制度设计上，保障每所学校至少有1名正高级教师。

各地执行的专业技术岗位结构比例实际都突破了1∶3∶6的控制比例，全国现有专业技术岗位结构比例总体在1.5∶4.9∶3.6，高级和中级比例达到64%，再维持现有结构控制比例已经没有意义。调整岗位结构比例，调高高级、中级岗位比例更符合当前实际，也更符合未来教师队伍建设发展的需要。

个别省份提出将现行控制比例1∶3∶6的正金字塔形结构颠倒过来，建立类似6∶3∶1的倒金字塔形结构。但是，倒金字塔形结构与我国当前的社会、经济总体结构不相符，也不符合人才成长和队伍建设的规律。高等级岗位设置比例过大，同样面临晋升空间有限、激励困难、岗位效能低下、影响系统效率的问题（如高级岗位比例达50%的天津的情况很能说明这一点）。按照现行的岗位结构比例，部分贫困地区财政尚不能承担，无法完成基本的岗位竞聘工作（如河北部分贫困县）。将高级、中级岗位比例设置过大似不可行。

在宏观层面改变现行岗位的金字塔形结构，缩小初级岗位比例，增大中级岗位比例，让整体结构呈纺锤形，似乎更符合现阶段社会发展水平、人才成长规律和当前教师队伍的整体结构。在具体的岗位结构比例上，设置较大弹性区间，供各地据实自主调整，适应各地不同的基础，满足各地不同的需要。增大比例的弹性区间，也便于各地采取缓冲措施，及时解决历史遗留问题，然后逐步回归常态的结构比例，恢复教师队伍结构生态。微观上还可以重视发挥各等级岗位内"小比例"的调节功能。

四、结语

我国教师队伍的管理虽然不断有所改进，但总体而言仍举步维艰。表面看起来，教育行政部门应当切实负起责任，使教师管理工作科学、合理、有效，而实际上发展改革部门、人力资源社会保障部门、编制部门从各自的角度考虑较多、干预较多，造成中小学教师的编制、职称、待遇成了难念的"老三篇"。立足新时代，我们应当树立现代治理理念，确权、让权、分权、管权。各相关部门均应站在为教育发展、为教师服务的角度思考问题、制定政策、提供帮助。在中小学绩效工资的核算上，应体现人人有所增长，不能导致有的涨了，便乐不可支，有的不涨反降，便牢骚满腹；应体现多劳多得、优绩优酬，倾斜照顾班主任。在岗位标准上，应当根据政策和可能，合理配置教师总量，统一城、镇、乡编制标准，购买工勤岗位服务；增加高级岗位设置比例，让中小学教师晋升职称不至于那么难。通过系统性努力，打"组合拳"，让我国基础教育教师队伍建设行稳致远。

2019年，中共中央办公厅、国务院办公厅印发《关于减轻中小学教师负担进一步营造教育教学良好环境的若干意见》。该文件指出，教师的主业是教书育人。给教师减负，实际上就是让教师把更多的精力放到教书育人的主业上去，放到立德树人的使命上去。这既是遵循教育规律的内在要求，更是教育事业发展的客观需要。

教师不合理负担是多年积累造成的，有一定的复杂性。文件从教师反映比较强烈的不合理负担入手，提出了减负的路径。首先，分类治理，从源头上查找教师负担，大幅精简文件和会议。其次，因地制宜，充分考虑区域、城乡、学段等不同特点，避免"一刀切"。再次，标本兼治。治"标"，就是要突出重点，严格清理规范与中小学教育教学无关事项；治"本"，就是要协调好学校管理与教育教学的关系，提高专业水平。最后，共同治理，各级各部门、社会各界要形成合力，切实减轻中小学教师负担。当然，减负不等于没有负担。《教师法》等法律法规明确规定，中小学教师在教育教学工作中必须承担的职业负担，是正常、合理和必要的负担。文件明确要减掉的是中小学教师不应该承担的、与教育教学无关的事项。具体来讲：

第一，要减督查检查评比考核事项。（1）设置上抓规范。除教育部门外，其他部门不得自行设置以中小学教师为对象的督查检查评比考核事项，确需开展的要商教育部门，按程序报批后实施。（2）评价上重实绩。坚决克服重留痕轻实绩的形式主义做法，不得以微信工作群、政务 APP（手机应用程序）上传工作场景截图或录制视频等方式来代替实绩工作评价，不能工作刚安排就开展督查检查评比考核。(3) 清理上定目标。经过清理，确保对中小学的督查检查评比考核事项在现有基础上减少 50% 以上，清理后保留事项实行清单管理。

第二，要减社会事务进校园。主要有六大类：对于扶贫任务，要充分运用校园和课堂，通过扶智方式为阻断贫困代际传递多做贡献；对重大专项任务，确需中小学教师参与的，由教育部门严格按要求依程序统筹安排；对城市创优评先任务，原则上不得安排教师上街执勤或做其他与教师职责无关的工作；对于街道社区事务，要在不影响正常教育教学的情况下，积极吸引中小学参与社区建设相关活动；对于教育宣传活动，可根据实际需要合理融入教学安排，不得重复安排；对于强制摊派无关事务，坚决杜绝，不得随意让学校停课出人出场地举办有关活动。

第三，要减报表填写工作。(1) 规范精简各类报表填写。要统筹安排各类报表填写工作，避免教师重复报数据、多头填表格。(2) 规范教育统计和调研工作。除国家统计局外，其他部门开展涉及中小学和教师的教育统计工作须向同级政府统计机构报批备案；针对中小学教师开展的调研活动，须经教育部门同意并部署。(3) 提升数据采集信息化水平。要健全各类教育信息数据库，努力做到一次采集多次使用，让信息多跑路、教师少跑腿。

第四，要减抽调借用中小学教师事宜。(1) 从严规范借用行为。对于借用中小学教师参与贯彻落实党和国家重大决策部署任务的，在不影响学校正常教育教学情况下，应经县级以上教育部门同意，并报同级党委审批备案，借用期限原则上不超过半年。(2) 从严规范培训活动。除人力资源社会保障部门依法依规开展的培训之外，避免安排中小学教师参加无关培训活动。

各级党委和政府要切实履行责任，严格落实审批和报备制度，采取有效措施予以推进。省级党委和政府要根据文件精神，列出具体减负清单。各级党委教育工作领导小组要加强统筹协调、宣传引导、督促落实。各级教育部门要在党委和政府的领导下，认真落实好组织实施工作。减轻中小学教师负担工作要纳入国务院教育督导委员会对省级政府履行教育职责督导，纳入省级教育督导部门对市县教育督导的重要内容。督导结果作为地方党政领导班子和有关领导干部综合考核评价、奖惩任免的重要参考。

第十五章

高校教师职称评聘和考核评价的观察与研究

在高校，教师职称、教师评价是广大教师最关心的问题，也是关系到广大教师切身利益的问题，应当予以正面回应、积极引导，发挥其正能量。在这里，高校教师的职称指的是高校教师的专业技术职务，高校教师的考核评价则是指职称评聘之外的例行年度考核和定期的绩效评价。

一、高校教师职称评聘

（一）新中国成立以来高校教师职称制度的发展历程

1949年新中国建立后，我国高校教师职称制度历经了一个曲折的发展过程，可以划分为以下几个阶段。

1. 初步建立与发展阶段（1949—1965年）

新中国成立初期，我国高校基本沿用了民国时期的教师职务管理方式，实行技术职务任命制度，基本保留了原有的教授、副教授、讲师、助教四个教师等级称号，没有开展相关教师晋升工作。此阶段高校教师职称制度的基本特征为：(1) 高校教师职务根据实际需要和机构编制确定，有严格的数量限制，与工资制度紧密挂钩，是确定政治待遇的依据；(2) 高校教师职务晋升的管理经验缺乏，受人为因素影响较大；(3) 教师管理属于干部人事管理，其职务晋级一般由国家行政部门考核，党委或行政任命。

2. 遭受严重破坏阶段（1966—1976年）

1960年至1965年，我国高校教师职称制度体系初步形成。由于"文化大革命"爆发，从1966年开始教师职称评审工作完全停止，全国高校教师的职务晋升、培训进修等工作也全部中断，高校教师职称制度建设和发展遭受严重挫折。高校教师权利和地位受到严重侵犯。

3. 恢复发展阶段（1977—1985年）

"文化大革命"之后，高校的教学科研活动逐步恢复，高校教师职称制度也得以恢复和重建。这个阶段的特点体现为：(1) 职称评审不与工资挂钩；(2) 职称评审工作具有评定技术称号和学衔的性质；(3) 由于历史原因，过快的膨胀式增长不可避免引发职称的乱评和滥评现象，致使高级教师职务人数急剧增长，在一定程度上削弱了高校教师职称制度对教师的激励约束功能。

4. 创新发展阶段（1986年至今）

1986年1月，中共中央、国务院转发《关于改革职称评定、实行专业技术职务聘任制度的报告》（中发〔1986〕3号），决定在全国实行专业技术职务聘任制和以职务工资为主要内容的结构工资制。这标志着我国职称改革迈入新的阶段。

高校教师专业技术职务聘任制走到今天经历了几十年的漫长过程，可分为以下几个阶段。

（1）教师专业技术职务聘任制试行阶段（1986—1989年）。1986年，经国家教委和有关部门的批准，教授、副教授任职资格评审权得到一定程度的下放。在此阶段，我国教师职称制度改革取得了一定的成绩：建立了聘任制；提高了教师的地位；改善了教师的待遇；稳定了教师队伍；调动了教师的积极性。同时也暴露了自身的局限性：一是全国的系列太多；二是评聘合一；三是和工资挂得太紧；四是单一的评审方法不够科学；五是未做到年年开展评审或定期开展评审。

（2）教师专业技术职务聘任普遍开展阶段（1990—1999年）。自1986年以来，高等学校教师职务虽然实行的是聘任制，但是无论在实际执行中，还是在观念上，人们依然把职务和职称合二为一，真正的聘任制并没有在全国范围建立。究其原因，其中包括：一是观念上的惯性；二是长期的计划经济为畸形的聘任制提供了土壤；三是缺乏与人事分配制度相配套的政策；四是体制上的原因，主要体现为政府干预过多。不过，这个阶段各地各校普遍开展了高校教师的正常职称评定，进而聘其履职。也有的高校评的职称，限于岗位比例或名额而不给晋升职称者兑现工资待遇，被戏称为"空调"。

（3）教师专业技术职务聘任制深化阶段（2000—2016年）。进入21世纪后，国家教育和人事主管部门积极推动高校教师职务聘任制的贯彻落实，一些具有自主评审权的高校纷纷对本校教师职称制度进行大力改革，使教师职务聘任制在很大程度上得以实现。该阶段的特点为：一是聘任制的实施经过长期的酝酿；二是教师的招聘面向国内外，尤其注重引进海外人才；三是聘任制的实施方法与发达国家高校接轨，注重学习国外高校经验；四是实施教师职务聘任制的高校绝大部分属于重点高校或者发达地区高校。

(4)"放管服"背景下教师职称评聘阶段（2017年至今）。2017年，在国家倡导"放管服"的大背景下，教育部、人力资源社会保障部对高校教师职称评聘管理进行了较大幅度的改革，把评审权直接下放到高校。也就是说，各高校有权评聘本校各岗位的副教授、教授。即便是暂不具备评审能力的专科院校或高职院校，也可以联合组成评审组来开展教师专业技术服务评审。这是高校职称制度方面一次革命性的变化。

（二）高校教师职称制度的内涵、结构和功能[①]

1. 高校教师职称制度的内涵

目前，对我国高校教师职称制度的称谓大多是"高校教师职务聘任制"，是根据高校教学、科研的需要以及在科学定编的基础上，合理设置高级、中级、初级教师岗位，并制定相应的岗位职责、任职条件、任职期限和工资福利待遇的一种制度。从学术职业角度看，高校教师职称制度将高校教师职务分为四个级别，即教授、副教授、讲师、助教。从内涵本质上看，职称有三种含义：一是公民专业技术称号；二是公民专业技术资格；三是公民专业技术职务。

在我国，公民专业技术资格需通过行政确认程序获得，获得该资格的同时取得相应的称号，而公民专业技术职务则是通过聘任获得的，只有取得职称资格的人方可被聘为相应的职务。这与美国的聘任制不同。美国公民直接申请职位，获取职位的同时取得相应的职务；大学对拟聘任的教师采用同行评议、外校评议以及专业杂志评议等方式进行考核，作为是否给予该职位的依据。

高校教师职务聘任制的内涵可以解读如下。

首先，高校教师职务聘任制是责权利的统一。教师履行岗位职责则获得相应的职务待遇，未履行岗位职责则面临解聘、低聘或缓聘。

其次，高校教师职务聘任制是对高校教师资源的优化配置。高校根据教育教学工作需要设置教师职务岗位，明确岗位职责和工作任务，并明确岗位工作者的任职条件，依据岗位对人才的规格需求聘任相应的职务，实现教师队伍结构

[①] 参见2015年同济大学课题组受人力资源社会保障部、教育部委托开展相关研究的成果（即研究报告）。

优化。

最后，高校教师职务聘任制是教师队伍管理制度，不同于教师的调配任用制。高校对教师职务的聘任是把岗位职责、工作任务、聘任人选通过聘约的形式加以明确，聘任期满后，高校考核工作目标的完成情况。从这个意义上说，高校教师职务聘任制主要作用于现有教师使用的"高"和"低"，而不是作用于教师的"进"和"出"。

2. 高校教师职称制度的结构

高校教师职称制度的内在结构包括职务分级制、职务晋升制、职务资格评审制和职务任用制。

（1）高校教师职务分级制。现行的高校教师职务分为三级四档，即正高、副高、中级、初级。在同一档的教师职务中再设置若干连续等级，即正高职务分为一级、二级、三级、四级，副高职务分为五级、六级、七级，中级职务分为八级、九级、十级，初级职务分为十一级、十二级、十三级。

（2）高校教师职务晋升制。每一位教师申报高一级任职资格必须先取得现职务分级的最高等级（破格晋升的除外），同一档教师职务的等级晋升可以采取制定相应等级的评审条件或通过教师的年度考核、聘期考核来确定，有突出贡献的教师可以根据破格条件晋升相应的职务等级。

（3）高校教师职务资格评审制。高校教师职务任职资格评审的依据是高等学校教师的任职条件。各级职务任职资格，由相应的教师职务评审委员会组织同行专家进行评审。长期的做法是：助教任职资格，由学校教师职务评审委员会或评审组审定；讲师任职资格，报省、自治区、直辖市或主管部委教师职务评审委员会审定；教授、副教授任职资格，由学校报省、自治区、直辖市或主管部委教师职务评审委员会审定，审定的教授报国家教育行政部门备案。部分高校有权审定副教授或教授任职资格，审定的教授报国家教育行政部门备案。

（4）高校教师职务任用制。高校教师职务任用制是关于教师以何种形式履行职务职责并享受怎样的待遇和报酬的制度。当前，我国高校教师人事制度改革正经历着由任命制向聘任制过渡的时期。高校教师聘任制是以法律形式确立的教师管理制度，高校和教师双方在平等自愿的基础上以签订聘任合同的方式确认教师职务职责以及双方的权利和义务。

3. 高校教师职称制度的功能

高校教师职称制度的功能主要体现在学术鉴定分级、资源配置、绩效管理、激励约束和价值导向等五个方面。

（1）学术鉴定分级。学术鉴定分级是高校教师职称制度的基本功能，高校教师职称制度通过学术鉴定分级的制度化、规范化来筛选和晋升教师。教师职称等级是高校教师身份、地位、待遇和名誉的重要标志。教师职务级别越高，则教师的学术水平越高，学术能力也越强。科学合理的职务结构，可以促进高校学术事业的整体协调发展。

（2）资源配置。教师职务级别是我国配置工资福利等社会资源的基础。一方面，在传统的工资制度体系中，高校教师职务级别之间的级差通常构成工资级差；另一方面，高校教师享受的各种福利待遇都与职务级别紧密相关。高校教师职称制度通过职务设置和任用实现高校资源的优化配置，发挥着教师与职务之间合理匹配的功能。

（3）绩效管理。高校教师职务评聘是对教师绩效进行考核、评判并以此改进教师工作绩效、提升绩效水平的过程。高校教师职称制度通过设定教师职务任期资格和标准以及实行任期考核评估，有效保持和提升教师的高绩效水平，促进高校整体绩效的提升。从这个意义上说，高校教师职称制度也是高等院校实现绩效管理的重要方式。

（4）激励约束。高校教师职称制度有关教师职务的晋升和任用所带来的各种福利待遇能够满足教师的生理和心理需求，激发教师积极工作的行为动机。当教师职称制度可以为教师带来切身利益之时，制度本身必然对教师的行为产生巨大激励作用。高校教师职称制度只有保证教师的基本需求，才能激发他们全身心投入教学科研。

（5）价值导向。高校教师职称制度对教师的影响主要通过奖励或惩罚他们的行为得以实现，当教师行为与职称制度所主张的价值体系相一致时，教师将能从制度中获取福利待遇，当教师行为与职称制度所主张的价值取向相违背时，他们将面临切身利益的损失。因此，高校教师职称制度通过构建有效的评价机制引导教师的价值取向。

（三）若干国家高校教师职称制度的建设情况

以美国为代表的发达国家云集了众多世界一流大学，它们有着丰富的教师职称评价和聘任经验，对我国高校教师职称制度改革具有很高的学习和借鉴价值。

1. 美国高校教师职称制度

（1）职务分类与聘期设置。在美国，各所高校都自主决定采用何种教师职称制度。然而，在相同社会环境中，美国高校教师职称制度仍有显著的共性，例如，非升即走和终身教职制度。

美国的高校将教师职务分为四个层次，即教授、副教授、助理教授及讲师，而岗位任用的形式有终身制（tenure）、终身制轨道（tenure-track）和非终身制三种。一般将教授和副教授定为终身制岗位，将助理教授（也有高校包括副教授和讲师）定为终身制轨道岗位，将讲师定为非终身制岗位。以哈佛大学为例，哈佛大学一般根据教学与科研工作的需要以及科研经费情况来确定聘任教师的合同期限。助理教授聘期为3~5年，最长可以到6年，包括重聘；助理教授工作若干年后可申请终身教职。副教授职务为非终身制，由助理教授晋升而来，受聘时间为3~5年，年限的确定主要依据工作资历和在本校首次聘任时获得的教师职务。副教授连续聘用不得超过8年，如果在聘期内不能晋升为教授，就必须离开。

（2）选拔标准和程序。美国高校在选拔教师时，一般坚持以下几个原则。

首先，学位要求高、选拔标准严。在美国高校中，副教授的任职资格是必须拥有博士学位和5年以上工作经验，并且要求教学和科研成果均十分显著；教授的任职条件是具有博士学位并有10年教学经验，或具有硕士学位并有15年教学经验。选拔标准大多包含教学、科研和服务三个方面。评聘标准的侧重在不同类型学校有所不同，如研究型院校，科研比重最大，而教学型高校则更加看重教师的教学能力。服务一般基于鼓励和提倡的角度提出，不作为教师晋升和聘任的决定性因素。

其次，广泛招募、公开招聘。美国高校教师岗位对外公开招聘，校内外人员均可应聘。选拔程序大致如下：一是基于工作需要和经费预算确定招聘岗位；二是组建招聘委员会，拟定招聘广告文本；三是从校外与校内两方面对候选人进行评审；四是由校长决定受聘人选。

最后，严禁近亲繁殖、强调国际化和多元化。有数据显示，绝大多数美国高校中拥有本校博士学位的教师比例低于10%。例如，哈佛大学不留本校毕业的博士。

此外，美国一流大学拥有国际学习背景的教师比例很高（例如，哈佛大学文理学院所有教师都有跨国学习的经历），这与学校在聘任环节国际化、多元化的政策导向有关。

（3）考核和激励机制。美国高校对教师一般有三类考核：升等考核（merit-increase review）、终身制考核（tenure review）和后终身制考核（post-tenure review）。每一类考核都有一套科学规范、制度化的评估指标体系。升等考核以年度考核为主，有的学校每2~3年进行一次，这类考核通常伴有小幅晋级加薪；终身制考核是对终身制轨道教师的考核评估，通过后会被晋升为副教授或教授等终身制岗位，并有大幅加薪；后终身制考核则是对已获得终身制岗位的教师进行的综合考核，通常是每5~7年进行一次。针对部分终身制教师变得不思进取等现象，大学董事会等开始对大学终身制教师进行定期的综合考核。

（4）退出机制。美国高校严格的退出制度主要通过以下几种机制实现：一是非升即走的动态淘汰机制。高校教师如果没有在规定期限获得晋升，必须离开所在的大学。二是市场机制，主要反映在教师供求机制和价格机制上。三是考核机制。如果教师不能达到合同约定的业绩要求，就会被解聘。四是学生评价机制。美国高校十分重视学生对教师的评价，如果教师在学生评价中不合格，就会转岗或解聘。五是退休制度。美国高校提供给终身教授的退休金十分丰厚，达到在校时收入的70%以上。

2. 德国高校教师职称制度

德国高校教师可以分为教授和教授辅助人员两大类。教授是由政府任命的具有终身教职的国家公务员，通常是讲座持有者和一个研究所的领导者，是大学教师职业生涯的最高阶段。教授由高到低又可分为C4级教授（相当于教授）、C3

级教授（相当于副教授）、C2级教授（相当于助理教授）三个等级，工资级别也依次分为三档。教授辅助人员包括助教、学术助手。德国高校对教师职务实行终身制和任期制并举的制度，教授属于终身制职衔，其他教师职务都有任期限制。

（1）选拔标准和程序。德国高校的传统是教授职位必须跨校选聘，不得在校内选留和晋升。德国任用大学教授的必要条件：一是具有博士学位；二是须以优秀成绩达到博士考试的合格标准，通过教授资格考试，包括专题著作或研究论文的正式审查以及学术研讨会的演讲等，获得教授备选资格；三是具有学术性业绩或艺术性业绩；四是至少有5年的职业实践，而且其中至少有3年以上时间是在校外进行的。

德国高校的教师选拔程序非常严格。以教授为例，首先由院系提出职位空缺招聘申请，学校根据申请在全国乃至全球范围公开招聘，同时，院系成立一个由教授组成的聘任委员会，审核应聘者材料，请校外专家进行鉴定，有时还安排应聘者进行试教。然后由院系将评聘结果上报学校，最后由学校呈报文化教育部审批。由于教授是唯一享有终身制资格的职位，因此竞争十分激烈。

（2）晋升和退出机制。在晋升和退出方面，为避免学术上的近亲繁殖，德国实行非常严格的"非走不升"的政策。德国《高校总纲法》规定：德国高校教师想要晋升，只有离开原来的高校，到其他大学去应聘。当教师晋升为教授后，不再进行业绩审查。若要再晋升，原则上就要到其他大学求职。这种机制保证了良好的学术交流和人才流动。

在德国，青年教授一般大学毕业后在31或32岁取得博士学位，担任助教，从事8~9年的研究工作后，40岁左右参加各大学教师资格考试，合格者可取得大学教授资格。具有教授资格并不意味着已经谋得教授职位，教师还要具有一定的教学和科研经验，而且在高校有空缺教授职位时，才有机会被推荐为教授候选人，并通过严格的评审后经州政府教育部门批准才能被正式任命为教授。

这种严苛的进阶制度途径单一、耗费时间，在一定程度上影响了优秀教师的补充和年轻教师的合理使用，造成优秀人才的流失。因此，为了重振本土高校对人才的吸引力，缩短教授资格的获取时间，降低教授的首次任职年龄，2002年德国教育部出台"初级教授"制度，通过增设高校教师职称等级对教授晋升制度做出改革，聘期考核优秀的初级教授可以直接晋升教授职位。初级教师制度类似于美国助理教授的设计,是德国体系在借鉴国际通用体系的重要改良。

3. 日本高校教师职称制度

(1) 职务分类。日本对教师任用的管理吸收了美国高校大量的观念和方法,同时又保留了大量东方文化传统和大和民族传统。日本高校将教师职称分为教授、副教授、讲师、助教。各级教师职务的晋升必须达到一定条件。日本国立大学和公立大学教师实行国家公务员制度,其编制受到中央政府的严格控制,一般不得随意更改。

(2) 招聘制度。日本高校实行公开招聘制度,招聘过程为:当教授、副教授职务缺人时,公开进行招募,校内外人员均可提出申请。教授会审议应聘者的各项资历材料,并投票表决,获得三分之二以上同意者报学校评议会审核,最后报文部科学省审议会员会审定,由文部科学大臣任命。助教和讲师一般由教授提名,教授会讨论审议,最后由校长批准任命。

(3) 聘任制度。日本高校的聘任制度经历了从终身雇员制逐渐向任期制转变的过程。20世纪70年代前,日本高校教师实行终身雇佣和年功序列相结合的人事制度体系,高校教师一旦进入高校就可获得终身雇佣,并根据教龄逐步获得晋升和涨薪。20世纪末,部分高校开始实行任期制度,教师任期在各校长短不一,但大多数高校将任期规定在5年左右,而且规定任期届满可以续聘,但续聘次数一般限制为一次。

(4) 退出机制。日本高校实行"强制交流"条款,规定大学教师在任期届满后,必须到其他的大学、研究机构或企业谋职。大学教师任期内的表现将作为是否被录用的重要依据,如果任期内没有显著的成绩,很难找到愿意接收的大学。

综合以上三国做法,可以看出以下几点。

第一,规定了严格的聘任期限。哈佛大学还明确规定了讲师、助理教授和副教授的任期。哈佛大学一般根据教学与科研工作的需要以及科研经费情况来确定聘任教师的合同期限。助理教授的聘期为3～5年,最长可以到6年,包括重聘;助理教授工作若干年后可申请终身教职。副教授职务是非终身制的,由助理教授晋升而来,受聘时间为3～5年,年限的确定主要依据工作资历和在本校首次聘任时获得的教师职务。可见,只要是因岗设置的教师聘任制度都有相应的聘期限制，也伴有相应的聘期考核。

第二，实施了严格的准入制度。在招聘标准上，各国均多方权衡，侧重科研成就，特别看重校外同行专家的评价；在招聘方式上，是公开招聘或招聘与晋升相结合，都避免近亲繁殖；在招聘过程上，都体现了相当强的民主性和严肃性。教师聘任有严格的条件和考核程序，教师的聘用与相应的待遇相结合，与培养发展相结合，有持续的激励和鞭策作用。

第三，建立了比较科学的聘期考核与激励机制。考核评估的内容一般包括教学、科研、服务三个方面。如密歇根大学的教师评价体系：教学，包括教学经验、专业知识、演讲技巧、合作能力，以及对教学的投入等；科研，包括发表创新著作的能力、专业学术兴趣的范围和类别、通过学术方法培训研究生及专业学生的成绩、参与领导专业协会以及编辑专业刊物等；服务，指教师在本职教学研究范围之外参与其他领域活动的情况及其贡献，包括参与委员会工作及其他行政工作、咨询服务、诊所服务、专业培训项目等。考核的结果通常伴有晋升或者加薪，同时，考核不合格者将有可能被解聘。

第四，实行严格的教师退出机制。在退出环节上，三个国家的高校从多个方面保证了畅通的教师退出机制，无论是美国式的"非升即走"，还是德国式的"非走即升"，抑或是日本式的"强制交流"制度，都以不同形式确保了教师队伍的流动性和多样化。可见，教师的退出机制是教师考核与激励制度实施的有效保障，有利于加快教师的流动。

（四）我国高校职称评聘权直接下放至高校

2017年，教育部等五部门印发《关于深化高等教育领域简政放权放管结合优化服务改革的若干意见》（教政法〔2017〕7号），规定高校教师职称评审权全部直接下放至高校，由高校自主组织职称评审、自主评价、按岗聘用。条件不具备、尚不能独立组织评审的高校，可采取联合评审的方式。同年，教育部、人力资源社会保障部研究出台了《高校教师职称评审监管暂行办法》（以下简称《暂行办法》），以督促高校职称评聘权真正落实到高校并得以有序操作。这是深入推动高等教育领域"放管服"改革的奋进之笔，也是切实推动高等教育内涵式发展的重要举措。①

1. 坚持权责统一，推动高校完善教师职称评审制度

权力和责任是对等的、统一的。不存在无责任的权力，也不存在无权力的责任。授予权力伴随着责任的承担，责任的承担要求权力的保障。在下放高校教师职称评审权时，须坚持权责相统一原则，由高校行使自主权力、承担主体责任，推动高校自主自强。

（1）放权担责同步到位。《暂行办法》明确强调，高校教师职称评审权直接下放至高校，不具备评审能力的可以采取联合评审、委托评审的方式，主体责任由高校承担。也就是说，如果不具备独立评审能力，高校可通过其他有效方式来履行其权力主体和责任主体之角色。高校可结合实际制定本校教师职称评审办法和操作方案等，同时相关文件要报主管部门、教育部门、人力资源社会保障部门备案。高校在岗位结构比例内自主组织职称评审、按岗聘用，同时评审工作、评审过程要公开公示，秉公用权，审慎用权，担负责任。权责同步下放，是对高校主体意识的强化，是政府与高校权责关系的调整，由强调政府外控走向强调高校内控，高校作为权责主体，自觉担当，激发内生动力，加强制度建设和能力建设，做好职称评审工作。

（2）评价使用紧密结合。按照权责相统一原则，高校作为用人主体，在人才选拔、评价、使用等方面具有主导地位，自主决定、自担风险、自行调节。《暂行办法》重申高等教育"放管服"改革精神，由高校自主组织职称评审、按岗聘用，就是要推动高校实现对教师的自主评价、自主使用，改变过去评价与使用相脱节、用人主体在人才评价方面话语权不足的问题。通过实施自主评聘，高校可以根据学校发展目标与定位，将教师职称评审与学校事业发展、岗位需要、教师队伍建设规划等紧密结合起来，研制切合实际的实施方案，对不同类别岗位的教师制定不同的评价标准，创新评价方式，充分发挥职称制度的激励导向作用，做到"以岗评聘、人岗相适"，确保评出来的是符合需要的，实现评价使用深度融

---

① 王定华. 加强高校教师职称评审监管 推动"放管服"改革向纵深发展［J］. 中国高等教育，2017（23）：24-27.

合，落实和扩大学校用人自主权，推动学校事业发展。

2. 完善监管体系，保障高校教师职称评审活而有序

权力是责任，也是信任，但信任不能代替监督。在"放管服"改革的整体部署中，放权只是转变职能的第一步。放权只是手段，不是目的，放权的目的是促进高校在法律法规框架和政府宏观指导下的自主办学，激发出生机与活力。在放权的同时，必须加强监管，才能走出"一放就乱、一乱就收、一收就死"的怪圈。放权不是放任，而是为了腾出手来加强监管，越是下放评审权，就越要完善监管体系，加强事中事后监管，确保高校教师职称评审活而有序。

（1）明确监管主体。《暂行办法》明确，高校主管部门对所属高校教师职称评审工作实施具体监管和业务指导。教育行政部门、人力资源社会保障部门对高校教师职称评审工作实施监管。强化高校自律和社会监督，高校加强自我监管，鼓励公众、媒体等社会力量加入监管，构建多元主体协同共治的监管模式。

（2）突出监管重点。《暂行办法》指明了改革方向、职称政策、工作程序、问题处理等多方面监管内容，这集中体现了相关部门加强监管的重点。

一是管方向。高校教师职称评审工作必须认真贯彻落实党和国家教育方针，体现为人民服务、为中国共产党治国理政服务、为巩固和发展中国特色社会主义制度服务、为改革开放和社会主义现代化建设服务的原则，切实把师德评价放在首位。

二是管政策。高校教师职称工作必须符合国家职称政策，符合职称制度改革的要求，贯彻落实《关于深化职称制度改革的意见》《关于加强和改进新形势下高校思想政治工作的意见》等中央文件要求。

三是管程序。在高校职称评审办法、操作方案等文件制定方面，因职称评审事关广大教师切身利益，影响重大，要按照学校章程规定，广泛征求教师意见，经"三重一大"决策程序讨论通过、公示后执行。在组织评审方面，评审组织组建、评审操作等要程序规范、健全。职称评审相关文件、材料等要按规定程序报送。

四是管效果。对高校教师职称自主评审效果、存在的问题及教师反映比较强烈的问题处理情况等进行评价，激励成就，矫正不足，引导学校不断改进教师职称评审工作。

（3）创新监管方式。在监管方式方面，《暂行办法》按照"放管服"改革的要求，大胆创新，采取非现场监管和现场监管多种方式。

一是书面审核。高校主管部门每年对高校报送的职称评审工作情况等材料进行核查。

二是"双随机抽查"和专项巡查。"双随机抽查"是监管体制的重大改革，是被国内外实践证明行之有效的科学监管方式。随机不是随意，而是有规则的：公开随机抽查事项，随机确定检查对象和检查人员，合理确定随机抽查的比例和频次。专项巡查则是根据抽查情况、群众反映或舆情反映较强烈的问题，有针对性地进行。

三是信息公开。信息公开，核心是"公开"，关键在"真实"，根本在"监督"。《暂行办法》要求高校教师职称评审严格执行公开、公示制度，主动接受监督。教育、人力资源社会保障部门及高校主管部门将抽查、巡查情况通报公开。信息公开，确保相关者及时、便捷、有效地获取信息，这也是社会监督不可或缺的基础。

四是自我监管和社会监督。《暂行办法》要求有关部门及高校须完善投诉举报制度，畅通意见反映渠道，强化高校自律和社会监督，及时处理群众反映的有关问题。高校作为责任主体，要完善自我内部监管机制，加强对职称评审组织实施的监管，同时要完善投诉举报制度，让教师等利益主体有表达意见的合理途径，并得到恰当的答复。社会公众是加强监督的重要力量，通过公开的信息、确实的案例，提出意见、举报、建议等，推动高校完善教师职称评审工作。

（4）健全惩处机制。有权必有责，用权受监督，失责必追究。《暂行办法》针对受评教师、评审专家、高校和院系党政领导及相关责任人员、高校等不同主体，提出了相应的违纪违法惩处措施，构建了较系统完整的惩处体系。

一是对受评教师。高校教师职称评审中申报教师一旦被发现弄虚作假、学术不端等，按国家和学校相关规定处理。因弄虚作假、学术不端等通过评审聘任的教师，撤销其评审聘任结果。

二是对评审专家。完善评审专家遴选机制，对违反评审纪律的评审专家，应及时取消评审专家资格，列入"黑名单"。

三是对高校和院系党政领导及其他责任人员。如果利用职务之便为本人或他人评定职称谋取利益,按照党政纪律和法律法规的相关规定予以处理。

四是对高校。高校因评审工作中把关不严、程序不规范,造成投诉较多、争议较大的,教育、人力资源社会保障部门及高校主管部门要当好"裁判员",及时亮"黄牌"警告,并责令立即整改。对整改无明显改善或逾期不予整改的高校,要亮"红牌"罚下场,暂停其自主评审资格直至收回评审权,并进行责任追究。

上述惩处机制在某种程度上也是信用机制,要让失信者一处违规,处处受限。通过加强外部监督,反向激励建立良好的自我约束,营造高校教师职称评审的良好环境。

3. 加强组织领导,确保改革举措落地生效

高校教师职称评审工作涉及广大教师切身利益,影响大,社会关注度高,直接关系高等教育的改革发展,各有关部门、各高校必须高度重视,切实加强党的领导,总揽全局,协调各方,同心协力,稳步推进。

(1) 明确权责,敢于担当。权力就是责任,责任就要担当。政府相关部门及高校要明确高等教育"放管服"改革背景下的高校教师职称评审权责,依法行使授予的权力、履行赋予的职责。这些权责都是不可推卸、不可放弃的法定权责,必须勇于担当、直面挑战。对于高校来说,就要明确自主评审的权责,从评审标准、评审方案、评审程序的制定到评审的组织实施,再到评审结果的确定与应用,以及评审的自我监管,都是高校自主的权力和责任。即使是尚不能独立组织评审的高校,也要自主谋划如何联合或委托评审,解决面临的问题,而不能畏首畏尾、裹足不前。对于监管部门来说,高校教师职称评审权下放之后,监管就成为更为重要的权责。为预防"一放就乱",各级相关部门要各司其职,责无旁贷,敢抓敢管,敢于较真,在把该放的权力放到位的同时,把该管的事情管好,做到不越位、不缺位、不失责。政府有关部门和高校要妥善处理好高校教师职称评审"放管服"改革、发展与稳定的关系,确保职称评审权有序转接,确保维护高校教师切身利益,促进优秀人才脱颖而出。

(2) 革故鼎新,提升能力。不破不立,"放管服"改革要实现对旧方法的扬弃，也要实现相关主体能力的再造。对于高校来说，教师职称评审权下放对高校内部治理能力建设是机遇，也是挑战。高校要依据大学章程，推行依法治校，规范学术权力与行政权力的运行；加强职称评审管理制度建设，确立内部职称评审相关主体的权责，建立科学合理的教师评价标准，完善评委遴选、程序优化、过程监管等职称评审工作，提高自主评审能力，实现评审公平公正。对于政府部门来说，放权不容易，要管住、管好更不容易，相比改革前政府部门直接主导高校职称评审，改革后的监管需要更强的能力、更好的办法。相关部门要切实转变理念、转变工作方式方法，从微观事务中解脱出来，集中精力抓监管，改变与审批相伴的"看家本领"，打造与监管相匹配的素质能力，开阔思路、创新办法。要"居敬行简"，用权适度，合理有效实施监管。要加强对高校的业务指导，组织开展培训交流，寓监管于服务，提升高校职称评审承接能力。

（3）上下联动，左右协同。高校教师职称评聘工作涉及多个层次、多个部门，推进"放管服"改革，必须坚持上下联动、左右协同。在纵向上，在中央有关部门明确放权、推进监管之后，省级有关政府部门也需要积极跟进，制定配套政策措施，确保自主评审权落实到校到位，确保权力受到监管，避免"上放下不放""你管我不管"。同时，高校也要积极贯彻执行上级部门有关要求，结合自身实际制定具体办法，做好职称评审工作。在横向上，教育行政部门应主动加强与有关部门的沟通协调，共同推动高校教师职称自主评审，加强协同监管，形成合力，确保权力下放充分、监管到位。

（4）加强督查，推进改革。下放高校教师职称评审权，加强监管，是高等教育领域"放管服"改革的重要内容之一。中央相关部门要对地方及高校推进教师职称评审改革情况开展全面督查，地方相关部门也要相应开展督查，及时总结和推广改革有益经验，发现和解决改革中存在的问题，坚决打通政策出台实施的"最先一公里"和政策落地的"最后一公里"，确保改革措施落实见效。

二、高校教师考核评价

教师考核评价制度改革是高等教育领域综合改革的重要内容，也是高校教师发展和人事制度改革的重点难点问题。科学合理的考核评价制度，能够激发高校教师教书育人、科学研究、创新创业的活力。《教育部关于深化高校教师考核评价制度改革的指导意见》出台后，在全国高校界产生了较大影响。

（一）高校教师考核评价制度改革的重点任务①

改革不是千篇一律，各地各高校在加强教师队伍建设，推进"双一流"建设进程中，应进一步转变理念，回归常识，回归本分，回归初心，回归梦想。在《教育部关于深化高校教师考核评价制度改革的指导意见》的基础上，积极研究制订符合地方和学校实际的教师考核评价实施细则，做好各项重点工作落实。

1. 严把教师选聘考核师德关

"学高为师，身正为范。"高校教师的思想政治素质和道德情操直接影响着青年学生世界观、人生观、价值观的养成，决定着人才培养的质量，关系着国家和民族的未来。党的十八届六中全会明确提出全面从严治党，切实做好思想政治工作、意识形态工作。全国高校思想政治工作会议也做出全面部署。高校应进一步增强政治敏锐性和大局意识，把思想政治素质作为教师选聘考核的基本要求，贯穿教师管理和职业发展全过程。在招聘过程中，坚持思想政治素质和业务能力双重考察；在聘用管理上，将思想政治要求纳入教师聘用合同。要深入落实《教育部关于建立健全高校师德建设长效机制的意见》，推行师德考核负面清单制度。

2. 切实扭转对教师从事教育教学工作重视不够的现象

把教授为本专科生上课作为基本制度，明确教授、副教授等各类教师承担本专科生课程、研究生公共基础课程的教学课时要求。教师担任班主任、辅导员，解答学生问题，指导学生就业、创新创业、社会实践、参加各类竞赛以及老中青教师"传帮带"等工作，应计入教育教学工作量。加强教学质量评价工作，学校应实行教师自评、学生评价、同行评价、督导评价等多种形式相结合的教学质量综合评价。提高教师教学业绩在校内绩效分配、职称评聘、岗位晋级考核中的比

---

① 王定华. 切实推进高校教师考核评价制度改革［J］. 中国高等教育，2017（12）：4-7.

重,充分调动教师从事教育教学工作的积极性。把坚持党的基本路线作为教学基本要求,旗帜鲜明地坚持正确舆论和价值导向,加大对教师课堂教学活动和教学实践环节的考核监督力度。对于在课堂教学中传播违法、有害观点和言论的,依纪依法严肃处理,确保社会主义高校的办学方向。

3. 调整完善科研评价导向

坚持服务国家需求和注重实际贡献的评价导向,扭转将科研项目与经费数量过分指标化、目标化的倾向。改变在教师职称评聘、收入分配中过度依赖和不合理使用论文、专利、项目和经费等方面的量化评价指标的做法。积极探索建立以"代表性成果"和实际贡献为主要内容的评价方式,将具有创新性和显示度的学术成果作为评价教师科研工作的重要依据,扭转重数量轻质量的科研评价倾向。针对不同学科领域和研究类型,建立分类评价标准。注重个体评价与团队评价的结合。建立合理的科研评价周期。适当延长考核评价周期,共享考核评价结果。

4. 综合考评教师社会服务工作

充分认可教师参与学科建设、人才培训、科技推广、专家咨询和承担公共学术事务等方面的工作,以及在政府政策咨询、智库建设方面和在新闻媒体及网络上发表引领性文章的贡献。落实国家关于高校教师离岗创业的政策,保障教师在科技成果转化中的合法收益。

5. 推动建立各类评估评价政策联动机制

鼓励各高校开展教师发展性评价改革,在教师考核指标体系中增设教师专业发展指标,细化对教师专业发展的要求。落实5年一周期的教师全员培训制度,支持高校普遍建立教师发展中心,加大经费投入。

6. 将教师专业发展纳入考核评价体系

教师评价体系不是孤立的,与科研评价体系、学科评估体系以及各类大学排名和人才评价体系都有紧密联系,中国应当探索建立自己的科研评价体系和学科评估体系。要探索建立院校评估、本科教学评估、学科评估和教师评价政策联动机制，优化、调整制约和影响教师考核评价政策落实的评价指标。扭转评价指标过度强调教师海外学历、经历或在国外学术期刊上发表论文的倾向，并作为院校评估、本科教学评估和学科评估改革的重要内容。

（二）高校教师考核评价制度改革的关键环节

着力抓好"由谁来评价""评价什么""怎么评价""评价结果怎么用"四个关键环节，提升高校教师考核评价管理的科学化水平。

1. 抓评价主体

积极推进简政放权，向高校和用人主体放权，为人才松绑。在评价主体上，充分发挥同行、学生、学校、学院多方面作用，完善同行评议制度，注重发挥"小同行"的重要作用，大力推进国际同行专家评价。积极探索实施第三方评价，引入专业化的人才评价机构，建设评价专家数据库，鼓励信息共享与成果互认。

2. 抓评价标准

突出品德、能力和业绩导向，注重凭能力、实绩和贡献评价人才。根据不同学科、不同岗位的特点，建立科学合理的分类评价标准。对从事基础研究的教师主要考察学术贡献、理论水平和学术影响力，对从事应用研究的教师主要考察经济社会效益和实际贡献，对科研团队实行以解决重大科研问题与合作机制为重点的整体性评价。

3. 抓评价方式

坚持质性评价与量性评价的结合，不断完善"量"与"质"相结合的评价体系。尊重科学研究灵感瞬间性、方式差异性、路径不确定性的特点，鼓励人才从事重大原创性研究。探索差异化的弹性考核，鼓励教师根据自己的兴趣和特长、实际工作需要等情况，一定程度上自由地选择从事教学、科研和公共服务等工作量的大小，避免急功近利、学术浮躁现象。

4. 抓评价效果

考核评价本身不是目的，而是促进教师发展的手段。考核评价既要关注教师以往业绩，更要着眼于教师的未来发展。高校要建立教师考核评价的校、院（系）分级管理体系，注重与教师的及时沟通和反馈，同时发挥学校教师发展中心的作用，制订教师培养培训计划，提供专业的帮助和指引，促进教师可持续发展。

三、结语

职称评聘是教师普遍关心的大事。2017 年，教育部等五部门印发《关于深化高等教育领域简政放权放管结合优化服务改革的若干意见》，规定高校教师职称评审权全部直接下放至高校，由高校自主组织职称评审、自主评价、按岗聘用。条件不具备、尚不能独立组织评审的高校，可采取联合评审的方式。同年，教育部、人力资源社会保障部研究出台了《高校教师职称评审监管暂行办法》，以督促高校职称评聘权真正落实到高校并有序操作。这是深入推动高等教育领域"放管服"改革的奋进之笔，也是切实推动高等教育内涵式发展的重要举措。把职称评聘的权力下放至高校，对高校来说当然是重大利好。同时，权力又是双刃剑，必须使用好，才能发挥正向作用。

高校教师考核评价制度改革是高等教育领域综合改革的重要内容，也是高校教师发展和人事制度改革的重点难点问题。科学合理的考核评价制度，能够激发高校教师教书育人、科学研究、创新创业的活力。深化高校教师考核评价制度改革，以此为抓手加强教师队伍建设、破除体制机制障碍、激发高校办学活力，是新时期推进高等教育提质发展，更好地服务经济社会发展需要的重要保证。对此中央有要求、各校有需求、各地有探索，亟待从国家层面给予进一步政策指导。2016 年《教育部关于深化高校教师考核评价制度改革的指导意见》的出台可谓应运而生，这个文件在全国高校战线产生了较大影响。进一步推进高校教师考核评价制度改革落实落细，努力培养造就师德高尚、业务精湛、结构合理、充满活力的高素质专业化创新型教师队伍，开创高等教育改革发展新局面，是当前和今后一段时期高等教育推进内涵式发展的重要任务。

第十六章
薄弱地区教师队伍建设改革的观察与研究

教育是中华文明长盛不衰、经久不息的重要源泉,是民族振兴、社会进步的重要基石。乡村教师是乡村教育的基础和根本。①

乡村是相对贫困地区,其中的"三区三州"是国家层面的深度贫困地区。乡村和"三区三州"是教师队伍建设领域的短板弱项地区。2019年,全国乡村专任教师有近300万人,"三区三州"专任教师有32万多人,他们分布在草场林海、偏僻山区、海岛渔村、戈壁大漠、雪域高原,坚守在祖国的每一个角落。全面建成小康社会,加快教育现代化,不能让一个地区落后,不能让一个民族掉队。要抓住乡村和"三区三州"教师队伍建设最关键领域和最紧迫任务,多措并举,加快攻坚,定向发力,精准施策,标本兼治,切实形成"下得去、留得住、教得好、有发展"的局面。

---

① 教育部教师工作司. 筑梦乡村讲台 奠基民族未来[M]. 上海:上海交通大学出版社,2016:231.

"三区三州"，笔者多次前往调研、考察。从这些困难地区干部教师和人民群众的身上，我学到了很多东西。他们艰苦朴素、战天斗地、克服困难、默默奉献的品质，一直感召着我，激励着我。

1997年底和1998年初，笔者作为教育部基础教育司义务教育处的副处长，同时又是博士学位获得者和能讲英语的同志，被欧盟（欧洲联盟）聘为教育专家。来自世界银行的两位外籍专家凯洛林·温特（Carolyn Winter）、河川美子，连同甘肃省教科所所长张铁道，我们4人组成专家组，到甘肃的南部七县一片进行深度调研，为欧盟对甘肃的基础教育援助做准备。其中临夏回族自治州就是我们调研的一个重点，那里沟壑纵横，极度干旱，交通不便，基础很差，教育发展严重滞后。当然这些年过去了，在中央政府的支持下、东部地区的援助下以及国际社会的援助下，经过当地党委和政府、教育工作者和人民群众的共同努力，教育面貌已经发生了翻天覆地的变化，但是与我国其他地方比，差距仍然是存在的。

2017年，笔者作为教育部教师工作司司长，深入到云南省怒江傈僳族自治州（简称怒江州），进行了实地调研。怒江州，山高坡陡，一条大江贯穿全境，交通十分不便，平地极其罕见，人民群众的生活比较困难。这些年我曾到过许多地方，我认为怒江州是我去过的最困难的地方。

2018年9月，笔者虽然已到北外任党委书记，但仍然是教育部教师工作司司长，在四川省凉山彝族自治州（简称凉山州）主持召开了全国乡村教师工作经验交流会。很多省份教育厅（教委）的负责人、教师工作处的同志和有关专家参会，大家交流研讨、切磋琢磨、分享信息、取长补短，为下一步全国乡村教师队伍建设出谋划策、部署任务。会后，我和同志们也参观了凉山州的基础教育工作，并考察了教师队伍建设状况。这里是我国彝族最主要的聚集地。尽管与过去相比，这里的面貌已有很大改观，然而彝族这个直接由原始社会跨越几种社会形态进入社会主义社会的民族，由于长期比较封闭，也由于环境制约和文化制约，教育发展还比较落后，急需上级部门和相关的社会单位给予支持。

第十六章 | 薄弱地区教师队伍建设改革的观察与研究

一、乡村教师队伍建设情况

国务院办公厅《乡村教师支持计划（2015—2020年）》（以下简称《支持计划》）实施以来，中央及地方政府针对乡村教师"下不去、留不住、教不好"的突出问题，加强领导，多措并举，定向施策，精准发力，先后召开了《支持计划》专题研修班、《支持计划》实施办法制定工作现场经验交流会以及全国乡村教师队伍建设工作推进会，出台了乡村教师职称、培训等方面的政策文件，从乡村教师的思想政治素质和道德水平、补充渠道、生活待遇、编制标准、职称评聘、交流轮岗、能力素质、荣誉制度等方面推进乡村教师队伍建设。

（一）乡村教师队伍建设取得的成绩[①]

根据邬志辉教授率领的东北师大课题组2017年至2018年的跟踪观察，95.83%的乡村教师认为自己的工作付出得到的认可度有所提升，98.69%的乡村教师认为自己的工作积极性有所提升，92.06%的乡村教师认为自己的职业尊严有所提升，92.12%的乡村教师认为社会尊师重教的氛围有所改善。

1. 乡村教师师德水平稳步提升

《支持计划》实施以来，各地按照政策要求初步建立了乡村教师师德建设长效机制，将师德表现作为教师聘用、业绩考核、职称评审、岗位聘用、评优奖励的首要参考，师德建设的重要地位日益凸显。各地在党的建设与师德建设工作过程中多措并举，乡村教师思想政治素质和师德水平稳步提升，逐渐进入常态化、良性化发展阶段。调查数据显示，98.78%的教师认为《支持计划》实施后改善了自身思想政治素质和师德水平，97.41%的校长认为《支持计划》的实施促进了教师思想政治素质和师德水平的提高。

[①] 邬志辉.《乡村教师支持计划（2015—2020年）》实施评估报告[R]. 长春：东北师范大学，2018.

2. 乡村教师长效补充机制稳步推进

《支持计划》实施以来,各地积极探索建立统筹规划、统一选拔的乡村教师补充机制,逐步形成了公开招聘、"特岗计划"、定向培养、退休支教、学费代偿等多元化乡村教师补充渠道,为乡村学校输送了一大批优秀的高校毕业生,有效缓解了农村中小学、幼儿园教师短缺问题。2017年,西藏通过公开招录、志愿者留藏、"三支一扶"等渠道补充乡村教师1 658人,甘肃通过国家"特岗计划""免费师范生计划""公建民营幼儿园"等补充中小学、幼儿园教师9 502人。基于实地调研情况来看,各地乡村教师补充渠道进一步拓宽,多元化乡村教师补充局面已经形成(见表16-1)。

表16-1 2018年调研地乡村教师补充渠道

调研地	公开招聘	"特岗计划"		定向培养	退休支教	学费代偿	其他
		中央	地方				
重庆奉节	✓	✓		✓			✓
陕西洋县	✓	✓					
福建古田	✓		✓	✓	✓	✓	
甘肃康县	✓	✓					
广西昭平	✓	✓		✓	✓		
河南郸城	✓	✓	✓		✓		
湖南辰溪	✓	✓	✓	✓			
江西定南	✓	✓				✓	✓

注:"✓"代表调研地采用该渠道补充乡村教师。

3. 乡村教师生活待遇有所改善

生活补助制度落实到位,呈现"提标扩面"态势。2017年,乡村教师生活补助政策首次实现了集中连片特困地区县的全覆盖,各地共投入补助资金49.20亿元,比2016年增加4.92亿元,增幅11.11%。各地人均月补助标准为322元,比2016年增加38元,增幅13.38%。人均月补助标准为400元以上的占27.27%,200~400元的占68.18%。新疆生产建设兵团和宁夏、云南、四川、陕西、青海的人均月补助标准较高,分别为568元和555元、523元、452元、

412元、406元；陕西、云南、内蒙古、贵州和宁夏增幅较大，分别比上一年增加了264元、164元、85元、53元和48元。在中央奖补政策的示范引领下，除22个有集中连片特困地区县的省份外，北京、上海、浙江和广东4个省份以及天津、辽宁、福建的部分地区也实施了乡村教师生活补助政策。2017年，上述7个省份有240个县（市、区）1.77万所学校的67.3万名乡村教师享受了乡村教师生活补助，总投入达61.88亿元，人均月补助标准为766元。乡村教师生活补助政策的实施范围逐步扩大，补助金额逐步提升以及中央与地方投入力度不断加大，共同促进了国家支持乡村教师发展相关政策的积极效果。近三年的乡村教师生活补助政策实施情况，更能体现出国家对乡村教师群体，尤其是贫困地区教师生存与发展的关注与关心。

多维政策发力，促进提升工资水平与生活质量。多种津补贴政策合力实施，促进乡村教师工资水平的"满意感"。多数省份除了全面落实乡村教师生活补助政策外，还结合当地实际与教师需求，推进落实其他教师津补贴制度，共同促进教师工资水平的提高。例如，重庆奉节县从工资保障和津贴补贴等方面积极落实教师待遇，目前乡村教师中享受艰苦边远地区教师津贴、乡镇工作补贴、乡村教师岗位生活补助"三项津补贴"最高可达1 900元。

全面落实教师住房公积金制度，推进周转房建设，改善教师安居条件，促进教师住房体验的"舒适感"。各个省份在全面落实乡村教师公积金政策基础上，响应国家政策，积极推进乡村教师周转房建设，在周转房建设的资金投入、周转房条件的改善以及相关住房政策上形成多元的地方实践探索。江西实行省级"以奖代补"政策，近五年来投入11.6亿元，建设了1.4万套农村教师周转房，基本解决了近2万名农村教师的住宿问题。

4. 编制保障体系初步建立

《支持计划》实施以来，各地都出台了统一城乡教职工编制标准政策，积极开展重新核定编制工作，并针对制约乡村教育发展的突出问题综合施策。各地通过不断完善编制标准、盘活现有编制存量和创新编制动态调整体制等多种方式保障乡村教师编制需求，以啃"硬骨头"的勇气突破制度藩篱，极大地缓解了乡村学校的缺编现状。

编制标准逐渐完善。按照国务院要求，各省份均出台了相关政策，规定中小学教职工实行城乡统一的编制标准，其中：初中教职工与学生比为1∶13.5，小学教职工与学生比为1∶19。同时进一步加大对乡村学校的倾斜力度，丰富编制类型，使得乡村教师编制标准日益完善。在此背景下，多个省份按新标准重新核定中小学编制，新核定后部分地区乡村教职工编制总量大幅增加，村小、教学点"一人一校""一人包班"的现象逐步减少。

编制管理逐步创新。为使编制配置能及时应对未来变化和实现区域间余缺调剂，满足乡村学校教学需求，提高编制使用效益，各地纷纷创新编制管理，极大地改善了乡村学校教师编制不足的状况。

5. 职称评聘切实向乡村学校倾斜

职称评聘关系到广大乡村教师的切身利益。深化职称制度改革，构筑符合乡村教师工作特点、符合乡村教师成长规律、体现乡村教师自身价值的职称评审体系，有助于拓宽广大乡村教师的职业发展通道，也是对长期坚守在乡村教学一线教师价值的尊重和肯定，更是我国新时代教师队伍建设的应有之义和关键环节。中央和地方各级政府高度重视乡村教师职称评聘工作，中央政府的顶层设计与地方各级政府的因地制宜形成合力，助力乡村教师职称评聘，不断提高乡村教师的专业地位。2015年6月1日，国务院办公厅印发《支持计划》，其中明确提出"职称评聘向乡村学校倾斜"。各地根据实际情况制定了实施办法，细化了职称向乡村学校倾斜的举措。与此同时，中小学教师职称制度改革也在不断深化。继人力资源社会保障部、教育部印发《关于深化中小学教师职称制度改革的指导意见》后，各地相继制定了配套实施方案，给乡村教师职称评聘提供了政策遵循。

（二）乡村教师队伍建设面临的挑战[①]

从目前来看，受城乡发展不平衡、交通地理条件不便、学校办学条件欠账多等因素影响，乡村教师队伍建设依旧面临挑战。

---

① 邬志辉.《乡村教师支持计划（2015—2020年）》实施评估报告[R]. 长春：东北师范大学，2018.

1. 乡村教师有效供给有待加强

乡村教师补充规模仍有待扩大。尽管各地通过多种渠道不断加大乡村教师补充力度,但由于乡村教师队伍建设整体基础较为薄弱,教师队伍更新速度较为缓慢,乡村教师补充仍难以满足乡村学校的实际需求。由于教师长期补充不足,部分招聘的新教师到岗后不得不从事学校紧缺学科的教学工作,乡村教师"教非所学""一师多科"的现象普遍存在。许多地方普遍反映教师队伍学科、性别结构还不合理,特别是乡村小规模学校,教师队伍学科短缺、性别失衡、所教非所学等问题仍然突出。尽管部分地方逐步探索小学全科教师培养,加大男教师招聘力度,但是从目前情况来看,乡村教师补充远不能满足结构优化需求。

乡村教师补充保障机制有待完善。尽管国家"特岗计划"实施规模不断扩大,但由于实施范围有限,部分编制数量有限且财政能力薄弱的地方尚未纳入"特岗计划"实施范围,乡村教师补充面临较大困难。例如,辽宁未纳入国家"特岗计划"实施范围,主要通过实施地方"特岗计划"补充教师,但由于经济发展压力较大,乡村教师补充规模难以扩大。部分地方在本土化乡村教师培养、"特岗计划"等利好政策实施中也同样面临一定困难。一是乡村教师定向培养经费投入压力较大。湖南本土化乡村教师培养经费主要由地方财政投入,由于部分农业县属于"吃饭财政",增加财政投入压力加大,同时省级财政也十分困难,扩大本土化乡村教师培养规模的空间有限。二是特岗教师薪资待遇保障力度有待加强。按照国家政策规定,特岗教师与当地在职在编教师享受同等待遇。"十三五"期间,特岗教师的工资性补助标准为中部地区年人均 3.16 万元,西部地区年人均 3.46 万元,但部分地区在职在编教师工资水平远高于特岗教师工资性补助标准,差额部分只能由地方财政补齐。

2. 乡村教师生活待遇保障政策尚需完善

补助标准与实施范围需科学有效地提高与扩大。从"十三五"期间我国实施的连片特困地区乡村教师生活补助制度的情况看,多数省份在资金投入、补助标准、实施覆盖比例方面呈现增长态势。但是,补助金额的增长并不显著。因为国家这一政策要求地方实施、中央奖补,这给地方,尤其是财政薄弱的县市带来压力,在落实乡村教师生活补助制度时出现"小马拉大车"现象,也导致乡村教师生活待遇水平整体提升效力不高。另外，国家实施的乡村教师生活补助计划是与集中连片特困地区相捆绑的，纳入集中连片特困地区的乡村教师就能拿到中央补助，没纳入的就拿不到。但是，非集中连片特困地区的乡村教师数量更加庞大，乡村教师生活补助制度的拓展亟待中央给予制度供给与财政支持。乡村教师生活补助标准的提高与政策实施范围的扩大亟待科学的制度设计与实践考量。

生活待遇区域均衡尚需各级政府有机协调。按照补偿性工资差别理论，那些工作环境较差的学校为吸引教师，需提供更多吸引点，例如更好的工资待遇等。从目前来看，国家虽然高度重视乡村，尤其是对边远地区乡村教师的生活待遇提高和乡村教师职业吸引力提升给予了必要的政策设计和引导，但是，政策落地过程或设计过程的主客观原因，使得乡村教师，尤其是贫困地区乡村教师难以享受到应有的待遇保障。在实地调研中出现的教师体检制度未落实、教师周转房建设与居住问题、教师生活补助分档问题等，反映出的正是相关政策与制度在制定与实施中的科学化、可持续化、民主化、公开化等价值诉求。乡村教师生活待遇水平存在省域间、省内县市间差异，差异的合理性需要政策研究，差异的不合理性需要制度监管，这一过程需要中央统筹、省域协调、县市实施与反馈。

3. 乡村教师编制瓶颈有待进一步破解

编制标准有待科学化。尽管编制配置已经向乡村学校倾斜，但新编制标准仍难以满足当前和未来农村教育发展的需求。按新标准核定的乡村学校教师"理论超编、实际缺员、结构失衡"的现象仍然十分普遍。由于超编，学校所缺师资无法得到及时补充。乡村教师队伍在性别、学科、年龄等方面仍存在结构性短缺，这在较为偏远的贫困乡村的村小和教学点尤其明显。具体来说，性别结构失衡表现在女教师数量居多。学科结构失衡表现在音乐、美术、信息技术等学科教师普遍短缺，多为兼职教师，教师"教非所学"的现象普遍存在。部分省份还有不少教学点，大部分教学点存在"多科一师""多班一师"甚至"一校一师"的问题，有的教学点教师几乎得包班上课。年龄结构失衡表现在教师老龄、断层问题严重。在无法新增编制但又缺人的情况下，部分地区出现大量临聘教师。部分地区教师兼任现象普遍，教师工作量大。此外，教师严重缺员，没有教师储备，也导致各学校教师互派周转难度大。随着农村寄宿制学校增多，教辅、工勤岗位管理人员普遍缺乏,同时,随着全面二孩政策的实施,未来几年学龄儿童数量和女教师休产假人数都将大幅增加,教师紧缺问题将逐步显现。

编制使用有待规范化。当前教师编制使用情况主要存在以下两个问题。一是部分学校存在有编不补的现象。某省虽然已按城乡中小学教职工编制标准重新核编,新增教师编制6.8万名,但受制于地方财力等原因,部分地方仍然存在有编不补的现象。二是部分学校存在借调占编、因病占编等各类占编现象。

体制机制障碍有待破除。一定数量的可调剂编制和充足的经费保障是实现编制动态调整的关键,但目前还有部分体制机制障碍没有理顺,使得学校缺少编制时往往不能得到及时的补充。一方面,很多地区没有设置可用于临时调剂的编制;另一方面,后勤管理社会化所需的经费保障机制也有待进一步健全。

4. 乡村教师职称评聘还需化解局部矛盾

职称评聘向乡村学校倾斜还需加强落实。《支持计划》中"职称评聘向乡村学校倾斜"总体落实情况良好,但各地落实政策的情况很不平衡,一些省份在一些方面还需加强。政府部门间的协同有待加强。教师岗位的设置、职称评聘、评聘后的管理与待遇兑现,涉及教育、人力资源社会保障、财政等多个部门,部门间的协同合作程度直接关系到"职称评聘向乡村学校倾斜"政策的落实。调研发现,部分地方还存在由于部门间工作协调不畅影响整体工作落实的现象。倾斜条件在少数地方未严格落实。《支持计划》提出"乡村教师评聘职称(职务)时不作外语成绩(外语教师除外)、发表论文等刚性要求……注重师德素养,注重教育教学工作业绩,注重教育教学方法,注重教育教学一线实践经历",但是,少数地方依然把发表论文、参赛荣誉等级等作为乡村教师职称评聘的重要指标和加分项,未严格落实《支持计划》中的相关要求。评聘程序还需进一步优化。职称评定需要教师填写上报的材料过多,给年龄偏大的乡村教师提出一定的挑战。部分省份还不能做到评聘衔接。《中共中央国务院关于全面深化新时代教师队伍建设改革的意见》(本章以下简称《意见》)提出"完善符合中小学特点的岗位管理制度,实现职称与教师聘用衔接"。与之相伴,《国务院办公厅关于全面加强乡村小规模学校和乡镇寄宿制学校建设的指导意见》也明确提出"切实落实教师职称评聘向乡村学校教师倾斜政策,并优先满足小规模学校需要,保障乡村教师职称即评即聘"。但受制于一些客观条件，部分省份仍存在不能即评即聘现象。

5. 城乡教师（校长）交流轮岗执行瓶颈有待突破

《支持计划》颁布实施以来，在各地的积极响应下，城乡教师（校长）交流轮岗制度得到了很大的改进，教师交流成效显著，为优化农村学校师资队伍结构、提升农村学校教育教学质量、缩小城乡教育发展差异起到了很大的作用。但是，就目前的交流情况来看，城乡教师（校长）交流轮岗在执行过程中仍然存在管理制度僵化、"工流矛盾"、教师（校长）交流动力不足等问题，城乡教师（校长）交流轮岗制度还有很大的优化空间。

6. 乡村教师培训适切性仍需提高

在乡村教师培训工作稳步推进并取得一定成效的同时，我们也需要认清教师培训的现状。尽管各省份每年通过"国培计划"、省级培训等项目组织教师进行继续教育学习，但各地支持力度不一，并且教师队伍整体素质不均衡，乡村教师与城市教师存在较大差距，乡村教师有待通过研修进一步提升基本素质能力。目前乡村教师培训还存在一定的挑战，市县两级培训管理团队和专家团队建设仍需加强，乡村教师的信息技术应用能力与配套设施还需关注，针对乡村教师队伍素质不均衡现状，培训的针对性和实效性还有待提升。

7. 荣誉制度科学性与激励性有待提高

荣誉激励常态化、规范化、全程化欠缺。乡村教师荣誉制度需要进一步实现常态化、规范化和全程化。首先，地方政府及其部门对乡村教师荣誉制度的价值认识还不到位，部分地区还未建立起从省级层面到县级层面的常态化荣誉激励体制，对乡村教师荣誉激励的时间间隔过长，"每3年评选一次"的规定使得乡村教师获得荣誉激励的机会大为降低，不利于培育乡村教师的荣誉感。其次，荣誉激励的规范性还有待提升。在目前的荣誉评审过程中，尤其是县一级层面，程序性、公开性和透明性还需要大幅提高，同时作为荣誉主体的乡村教师在荣誉评审中的参与度不够。最后，对荣誉教师的"荣誉后"管理需要加强。目前对乡村教师的荣誉奖励主要为一次性奖励，对荣誉获得之后的教师专业发展与素质提高关注不足，导致部分教师获得荣誉后出现职业懈怠现象，对荣誉激励的示范性作用产生了负面影响。

二、乡村教师队伍建设政策策略

研究发现，新时代推进乡村教师队伍建设，必须结合利益相关者的诉求，实事求是，厘清重点，稳抓落实，鼓励有志青年到乡村任教，稳定乡村教师队伍，提升乡村教师队伍素质，为基本实现教育现代化提供坚强有力的师资保障。

（一）深入推进乡村教师长效补充机制

第一，坚持多措并举，扩大乡村教师补充规模。为进一步扩大乡村教师补充规模，实现多渠道补充乡村教师，建议从以下三个方面着手。一是扩大"特岗计划"实施范围和规模。中央"特岗计划"覆盖县应充分考虑地方乡村教师补充的实际需求。部分尚未纳入中央"特岗计划"实施范围但教师总体缺编、结构性矛盾突出的地方也应纳入中央"特岗计划"实施范围。同时，依据地方乡村学校规模及分布、乡村学龄人口变动情况、乡村教师队伍总体情况等指标，科学核定"特岗计划"实施规模，保障特岗教师补充精准到位。二是鼓励实施地方"特岗计划"和定向师范生培养。积极推广地方"特岗计划"和定向师范生培养典型案例，加大政策宣传和支持力度。依据地方"特岗计划"和定向师范生培养情况、村小和教学点紧缺薄弱学科教师补充情况，建立中央财政奖补机制，助力地方加大乡村教师补充力度。三是推动乡村教师多渠道补充制度常态化。建立健全地方人才吸引财政保障机制，逐步使对外人才引进、高校毕业生享受学费补偿和国家助学贷款代偿、城镇退休优秀教师到乡村学校支教讲学等一系列乡村教师补充制度实现常态化。

第二，加强顶层设计，优化乡村教师补充结构。一是加强多部门沟通协调，确保乡村教师"补为所需"。多渠道乡村教师补充需要多部门通力合作，完成乡村教师招聘任用各项工作。乡村教师补充需要考虑到教师学历、教师资格、专业对口甚至生源区域等多个方面，但教育、编制、人力资源社会保障和财政等多个部门在教师招聘中多以学历作为主要限制条件，未能综合考虑乡村学校的实际需求。为此，地方教育部门应充分做好乡村学校所需学科教师的统计工作，加强与其他乡村教师招聘主管部门沟通协调，确保新招聘教师能够与乡村学校实际需求相匹配，逐步化解乡村教师队伍结构性失衡。二是探索实施乡村教师"定岗定员"招聘制度。为了避免新招聘教师因逐层筛选无法补充到乡村学校，应探索创新乡村教师招聘模式，将新补充教师直接分配至乡村学校。地方教育主管部门在招聘之初，确定每个招聘岗位人数、学历、专业、生源区域、性别等方面的相关要求，新补充教师严格按照报考岗位分配至乡村学校，杜绝县镇学校占用乡村学校岗位教师。三是加大向边远艰苦地区招聘政策的倾斜力度。地方教育部门在既有招聘指标范围内，进一步扩大边远艰苦地区特别是村小、教学点岗位招聘规模。对于部分长期无人报考的岗位，可通过承诺在岗最高服务年限、职称评定优先等方式吸引部分人才报考；对于部分长期竞争激烈的岗位，可通过限定报考人员乡村任教经历择优录取。在不突破行业准入最低要求的前提下，适度放宽招聘岗位学历、年龄、专业的限制，对高层次人才和紧缺人才（特殊专业人才）可采取面试或考察的方式进行公开招聘，争取为更多的艰苦边远地区乡镇以下学校、村小和教学点补充合格师资。

第三，强化本土培养，提升乡村教师补充质量。一是合理规划地方公费师范生培养规模。地方教育部门应科学预测未来学龄人口规划及分布变化情况，结合当前乡村学校教师配置情况，测算地方公费师范生培养规模，避免本土化培养规模过大造成未来供大于求的局面。地方师范院校根据教育部门规划的本土化教师需求，制定招生规模、招生要求、培养模式及就业安置等一系列培养细则。同时，通过多种渠道做好招生宣传工作，让广大考生及其家长充分了解地方公费师范生政策，吸引更多符合条件的优质生源报考。二是完善本土化教师培养模式。针对乡村学校的实际需求，加强全科教师、一专多能教师培养，设置符合乡村实际生活情境的课程体系，注重培养教师乡村教育情怀。地方教育部门加强与地方师范院校合作，主动参与地方师范生培养的全过程，积极为师范生参与实习实践创造良好条件。三是建立地方公费师范生培养考核机制。鼓励地方师范院校建立师范生奖惩机制，避免定向师范生因工作岗位已定而失去学习动力。对于在校成绩优异的师范生，地方师范院校应给予一定奖励，而对于尚未达到毕业要求的公费师范生应采取延期毕业的措施或者责成其返还学费，以确保地方公费师范生培养质量。

笔者曾两度到盐城师范学院考察学习，印象十分深刻。这是一所很好的大学，不仅校园美丽，而且品质较高。值得关注的是，盐城师范学院在高等教育转型发展大潮中，始终不忘师范初心，以培养卓越教师为己任，关注着乡村教育。1999年，独立招收师范本科生以来，该校把培养合格乡村教师作为学校人才培养的目标之一。2007年，该校经江苏省教育厅批准成立农村教育研究所，开启了引领师范专业教育教学改革的行动研究。2014年，该校开展了卓越教师培养试点工作，创建"大学—政府—乡村学校"教师教育联盟，加入淮海经济区乡村卓越教师教育联盟，在人才培养方案中提出培养具有"四有品性"（有理想信念、有道德情操、有扎实学识、有仁爱之心）、"三维动力"（融入乡土社会的内驱力、立足乡村学校的发展力、关爱乡村学生的行动力）的乡村卓越教师。该校探索出了教师教育CPR（课程、实践、研修）模式，为解决乡土情怀生成深植难、培养机制相对割裂分散、专业发展内生动力不足等乡村教师队伍建设中深层次、关键问题探索了新路径。其中，引导师范生新疆支教和深入农村中小学置换实习，以及教育实践"双导师制"等做法有效培养了师范生扎根乡村的信念与能力，值得推广。

（二）激发并监管生活待遇保障政策的实效力

乡村教师生活待遇的保障以及自身工作满意度的提高有赖于良好政策的制定、实施和评估。一方面，在落实乡村教师生活补助政策的过程中，各级政府应当明确各自在政策决策、制度实施、效益评估等方面的职责，不断加强纵横向联系，各司其职，有机互动。明确各级政府的权责实为必要。中央决策部门不仅要在政策上做好顶层设计工作，同时，应该有意识地将政策实施原则和推荐实施方案作为辅助性制度推送到省级部门，为那些缺乏自主创新实施能力的地方提供相对合理的方案参照。要不断完善乡村教师补助制度的"奖补"政策，在原有基础上不断反思，设计出发展性的"奖补"政策。综合考量地方财政压力，综合考量集中连片贫困地区、非连片贫困地区以及非贫困但教育发展薄弱地区的条件性因素进行政策改善与推进。省级政府应加强统筹，完善乡村教师津贴、乡镇工作补贴、乡村教师生活补助等综合政策的协调与互动机制，各省份应竭力实现多元教师津补贴的合力效益。县（区）政府应建立必要的专项资金供给，以保障乡村教师生活补助制度的全面推进。基层政府对县域内城乡教师在工资水平、实际收入上的差距（显性差距与隐性差距）和乡村学校教师生活实际需求等做出科学的统计与信息分析。要形成三级政府之间的流畅互动，共同监管乡村教师生活补助制度的成效，把"钱花在刀刃上"，有的放矢。有的放矢还需要一个重要的条件，即各级政府应在乡村教师生活补助制度、乡村教师支持计划等密切影响乡村教师生活质量的政策方面开展及时有效的宣传，促进政策知晓率的提高。另一方面，科学把握乡村教师群体的实际需求，多元化实现乡村教师生活质量的提高。教师生活的幸福感、满意感，教师工作的认同度虽然都是主观体验，但是主观体验建立在对客观实际的判断与感受基础上。

乡村教师的生存与发展需求是多元的，因此政策层面对应设计也是必要的。这就要求教师基本生活保障制度的继承和完善，例如乡村教师生活补助的"提标扩面"，乡村教师住房与办公条件的改善，乡村教师交通补贴、健康体检、大病救助等制度的推进实施等。除此之外，落实体检制度中对于乡村教师家属的体检费用的减免政策、乡村教师子女求学的优惠制度等，有助于提高乡村教师工作成效、生活满意度。这些因素应当被政府部门纳入乡村教师生活保障的福利制度设计中。

（三）健全乡村教师编制配置保障体系

为使乡村教师编制配置能够满足乡村学校的实际需求，需要符合乡村教育当前实际和未来变化的弹性制度设计，也需要保障制度运行的关键配套措施。这就要求在政策制定和调整的过程中充分体现编制标准对乡村教育的适切性、编制使用的规范性和编制动态调整的灵活性，在此基础上探索建立适应乡村教育发展的、可持续的乡村教师编制配置保障体系。

第一，完善编制标准，使其适应乡村教育实际情况。为适应新形势下乡村教育事业发展需要，应充分考虑当前乡村留守儿童、寄宿制学校和小班教学对教师编制数量和类型的特殊需求，以及未来乡村生源变动和教师阶段性缺编可能对编制调整带来的挑战。在确定某一地区教师编制数时，应按照"自下而上"的生成逻辑，即地区编制总量应由各学校所需编制量加总后确定。在学校层面按"基本编+机动编+专业编"的方式配置乡村教师编制，加快推进新一轮教师编制核定工作，努力为乡村学校增编。

第二，规范编制使用行为，盘活现有教师编制存量。教育部门与纪检监察、组织、人力资源社会保障等部门配合，对教师在编不在岗的情况开展专项督查，通过逐年核销工勤和教辅人员编制、清退在编不在岗人员、老教师转岗空出编制等方式，腾出编制优先用于乡村小规模学校教师的统筹调配使用，缓解地方编制总量不足的压力。加快政策购买服务改革力度，按市场化方式依法依规补充合同制教师和工勤人员，中央应根据地方经济发展状况给予相应的经费支持，保证农村地区有充足的经费聘用各类教师。

第三，制定配套措施，保障编制动态调整。实现编制动态调整，关键是建立与教育未来发展相协调和能使编制在区域内、校际互补余缺的弹性编制制度。具体来说：一是建立全国和区域内部教师管理信息系统，及时监测了解各校教师变动情况；二是为未来教育发展预留空间，适当设置浮动或备用编制，以应对教师请假、出差或外出培训等带来的缺岗之急；三是推进县域内中小学教师"无校籍管理"改革，将教师由"学校人"变为"系统人"，为区域间、校际编制调剂创造良好的条件。

（四）提升乡村教师职称评聘的科学性与适切性

破解乡村教师职称评聘困境，需要统筹城乡义务教育发展的全局，进一步加大向乡村学校倾斜的力度。提高乡村学校中高级岗位设置、厚植乡村教师职称评聘的优势、化解乡村教师职称评聘的局部矛盾是重要的突破口。

第一，回应时代要求，提高乡村学校中高级岗位设置。教师岗位设置作为教师职称评聘的"入口端"，直接关系到教师职业发展的通道是否畅通。《意见》指出："深化中小学教师职称和考核评价制度改革。适当提高中小学中级、高级教师岗位比例，畅通教师职业发展通道。"《国务院办公厅关于全面加强乡村小规模学校和乡镇寄宿制学校建设的指导意见》也明确提出："推进县域内同学段学校岗位结构协调并向乡村适当倾斜，努力使乡村学校中高级教师岗位比例不低于城镇同学段学校。"两项新政策的出台直面现实困境，也给乡村教师职称评聘工作提出了新要求。各地要回应新时代乡村教师队伍建设的新要求，切实提高乡村教师专业地位。乡村教师专业地位的提升离不开职业发展通道的畅通。各地应统一城乡学校教师岗位结构比例，提高乡村学校中高级教师岗位比例，重点向村小和教学点倾斜。借鉴一些地方的实践经验，尝试乡村学校教师中高级岗位指标单列；长期任教乡村学校的教师达到一定年限的，经考核合格可以直接晋级，不受岗位比例限制；实行农村学校教师岗位"定向"和农村学校教师岗位特设等。

第二，落实《支持计划》，厚植乡村教师任教优势。加快落实《支持计划》，巩固两年多来"职称评聘向乡村学校倾斜"的成果，在此基础上厚植乡村教师在乡村学校任教的优势。一是继续落实《支持计划》中提出的"乡村教师评聘职称（职务）时不作外语成绩（外语教师除外）、发表论文等刚性要求……注重师德素养，注重教育教学工作业绩，注重教育教学方法，注重教育教学一线实践经历"的要求；对部分地区存在乡村教师职称评聘中依然把发表论文、参赛荣誉等级等作为职称评聘的重要指标和加分项的现象，加强督导；探索符合乡村教育实际和乡村教师成长规律的职称晋升评价标准。二是优化乡村教师职称评审程序，充分考虑乡村教师的工作实际，简化不必要的程序和评审材料，降低乡村教师职称评定过程中的负担。三是做到评聘衔接，切实落实教师职称评聘向乡村学校教师倾斜政策，并优先满足小规模学校需要，保障乡村教师职称即评即聘。四是不断培植乡村教师长期任教乡村的经历资本，重视乡村教师的教育贡献，将乡村任教经历转化为职称晋升的优势。

第三，化解局部矛盾，统筹乡村教师发展全局。乡村教师职称评聘，要统筹乡村教师队伍发展的全局，着力化解职称评定中的局部矛盾。一是要积极关注校际存在的不均衡现象。各地要认真落实《国务院办公厅关于全面加强乡村小规模学校和乡镇寄宿制学校建设的指导意见》提出的"切实落实教师职称评聘向乡村学校教师倾斜政策，并优先满足小规模学校需要"，进一步深化乡村教师职称制度改革，考虑到乡村学校内部的不同形态，优先满足村小和教学点教师的职业发展期待，改变村小和教学点教师在职称评聘中的不利地位。二是平衡不同学科间教师职称评聘的难易程度。各地应根据乡村学校教师队伍的实际结构状况，动态调整不同学科、不同级别的教师岗位设置情况，增加二者间的匹配度；同时，要特别关注乡村学校小学科教师职称评聘，降低小学科教师职称晋升的难度系数，实现不同学科教师职称评聘难易程度的总体平衡。三是统筹考虑不同年龄层乡村教师的职业发展。一方面，乡村教师职称评聘要逐步形成"越是长期坚守，越是艰苦边远，倾斜力度越大"的激励机制，充分肯定长期在乡村任教者的贡献；另一方面，要探索乡村青年教师职称晋升新机制，尝试推行乡村教师任教达到一定年限可自动晋升高一级职称或岗位、乡村优秀青年教师可破格晋升的制度，吸引和稳定乡村青年教师扎根乡村、建功立业。

（五）创新教师（校长）交流轮岗执行体制

城乡教师（校长）交流轮岗是均衡城乡师资配置、缩小城乡教育差异的有效手段。为了进一步提高教师交流轮岗效率，优化城乡教师交流政策实效，教师交流轮岗应进行体制机制创新。

第一，加强部门联合，突破交流管理瓶颈。教师交流轮岗是一个多部门合作的过程，其在实施过程中涉及的管理主体包括进行规划与设计的政府、进行组织与控制的教育行政部门以及实施与执行的学校。这三类管理主体之间应当进行协作与整合，建立起城乡教师（校长）交流轮岗的管理共同体，构建相互促进的协同发展关系。在政策规划与设计时，应遵循"自上而下"与"自下而上"相结合的原则，即有政府主导的顶层设计，又能参考来自学校基层的交流诉求，制定出信息对称、操作可行的交流政策；在政策的执行过程中，应该通过人事管理制度改革，打破教育、人事、编制、人力资源社会保障等多个部门之间的利益壁垒，厘定各部门权责分位，避免管理主体间职能缺位、重位，确保教师交流轮岗的顺利执行；在具体实施过程中，应由多部门联合，综合评估县域的资源基础、客观条件和教育发展水平，因地制宜，稳步推进。

第二，及时公开信息，强化交流政策认同。教师对交流政策的认同很大程度上决定了教师的交流意愿和交流效果，为此，应当更新交流教师的观念，正确解读教师交流轮岗的内在价值与意义。建立教师交流轮岗的信息公开制度，及时对教师交流制度内容、执行进展以及教师交流考核进行全面公开与解读，保证交流程序的公平、公正和公开，提高教师的交流责任感和政策接纳度。

第三，健全激励机制，增强交流主体意识。交流轮岗制度的顺利实施不仅对政策本身的价值合理性有要求，也需要良性的支持保障环境。健全的激励机制能够增强教师交流主体的责任意识和主动意愿，为推动教师交流的执行进展、确保交流政策执行效果提供保障。为此，应当完善现有激励机制，科学评估教师交流损益，现实考察教师交流诉求，建立科学合理的补偿激励机制。要根据地方特点，给予交流教师足够的经济补贴，为其交通、生活、住宿及交流后的安置提供便利，解除教师交流轮岗的后顾之忧，实现从行政推动为主的"被动交流"向教师自主进行的"主动交流"的转变。

（六）推进县级教师专业发展平台建设

要加强县级教师专业发展平台的体系化建设，强化培训管理团队与专家团队的建设。为推进乡村教师培训的专业化与本土化，首先要为基层培育教师培训的地方专家团队，进一步提升承担机构和管理人员的专业化施训水平，逐步建成一批发挥示范引领作用的教师培训基地，实现乡村教师不离乡、不离土、就地就近学习培训的常态化。其次要整合县级教师培训资源，构建集信息、培训、教研为一体的教师学习和资源中心，充分发挥县级教师发展中心研训一体、服务教师专业发展的职能优势。各地应加快示范性县级教师发展中心创建步伐。最后还要发挥县级教师发展中心在提高乡村教师队伍素质中的主心骨作用，落实县级教师发展中心的培训主体责任，形成以县为主的教师培训平台和机制，实现高等学校、培训机构、县级教师发展中心和中小学共建、共享优质资源，形成共生一体化的乡村教师专业发展支持服务体系，加大对县域内教师专业发展的服务与指导。

（七）多维发力提振乡村教师荣誉感

为最大程度实现乡村教师荣誉制度被赋予的功能期待，需要将荣誉感生成作为乡村教师荣誉制度的基本价值方向和实践追求，并以荣誉感生成的要素条件为依据对制度实践障碍与困境进行针对性突破。

第一，厘清明晰荣誉制度定位。有必要明晰荣誉承认的内涵与功能，防止荣誉激励在制度与实践层面的供给异化，规避超越或者贬低荣誉制度价值的功能期待，降低试错成本。（1）荣誉彰显的是认可、尊重与价值，而非同情抑或补偿、补助。乡村教师荣誉承载的是对其耕耘乡村的道德行为和善于教学的工作能力的承认与尊重，是对乡村教师自我价值实现的激励。（2）荣誉作为精神激励，功能有限。为避免"泛道德化"的激励机制，规避超越或者贬低荣誉制度价值的功能期待，降低试错成本，最大程度发挥激励性，荣誉承认需要与薪酬待遇等配合作用。（3）荣誉制度不只是"实体"性制度，也需要一套完整的、合理合法的程序来保障。

第二，寻求荣誉承认供需匹配。目前的荣誉制度关注供给端发力，还需更多地考虑到乡村教师的荣誉需求。一是对乡村教师荣誉证书价值进行优化改进。需要通过延展荣誉证书的社会功效进而凸显荣誉感，譬如进出公园、图书馆、博物馆、科技馆和艺术馆等文化场所，进出旅游景点，乘坐公共交通工具享受优惠的功能。此外，荣誉证书还应及时发放，避免因"延迟折扣"导致激励性能弱化。二是利用激励主体的比较优势有针对性开发荣誉激励形式。荣誉制度以精神驱动为内核，在内涵上并不排斥形式多样、内容丰富、贴合实际的物质性激励形式。

第三，践行荣誉承认积极差异。积极差异原则要求荣誉承认既是稀缺的与竞争的，又是可达成的与可获得的。一是重新衡量教师荣誉尤其是长期从教荣誉证书的竞争性，改革荣誉承认依据的标准。以"乡村任教年限＋业绩"为考察标准，一方面能够激励教师相对长期留任，另一方面还能因其竞争性增加激励教师不断提升教育教学能力。二是针对部分"大奖"可获得性较低的问题，需要适当增加获得机会。一方面，在预算固定的情况下，可以考虑通过适当缩小激励程度来扩大获得机会，以此增强教师的荣誉期待心；另一方面，进一步加大力度吸引社会力量如企业、高校等参与多元激励。

第四，优化荣誉承认中微环境。首先，荣誉授予仪式作为荣誉承认的微观环境，能够营造一个让荣誉获得者以及全体参与者全身心投入的"神圣空间"，而这个空间特别能够引发荣誉感。为最大程度生成乡村教师群体认同感、荣誉感、道德感，仪式至少需要满足三个条件。一是参与对象应当多元。独特的"领导文化"要求政府主要负责人到场；为增进社会对乡村教师群体的认同与理解，学生、家长等其他社会人员也要参与其中。二是仪式需要程序。程序意味着规范，规范意味着秩序、庄严与神圣，不过应尽力避免程式化影响下的"走过场"。三是赋予仪式内容，即强化荣誉者主体性，突出互动、参与和共享。仪式不是领导讲话集合，需要设计更多荣誉者互动、情感共鸣的情感体验环节。其次，中观维度的环境来自组织氛围和社区理解。一是营造教师间积极谋求合作、寻求改革创新的学校组织文化，让教师感受到自身价值的存在。二是加大乡村教师群体之间的交流与互动，形成属于乡村教师群体的集体情感和集体意识，形成乡村教师的职业共同体和职业精神。三是加大乡村社区与乡村学校、教师的联系，努力促成相互理解，让乡村教师切实感受到来自生活与工作社区的尊重和认可。

三、乡村教师精准培训质量评价体系建设

（一）乡村教师精准培训课程体系①

1. 课程设置的三个维度

第一，乡村教师专业发展阶段维度。教师专业发展是一个持续不断的过程，贯穿于教师的整个职业生涯。国内外关于教师专业发展的阶段划分的研究发现，处在不同发展阶段的乡村教师有不同的发展起点和需求，有不同的特质。不同生涯时期教师关于自我愿景的关注点不同。伴随生涯发展，教师的自我愿景经历了从"聚焦于一般意义的教师形象"到从"'教'的层面定义自我形象"，再到"从'学习'以及'学生发展'层面定义自我形象"，最后到聚焦于"专业品质"的自我形象。② 据此，确定乡村教师的四个发展阶段，即新手阶段（工作1~3年）、胜任阶段（工作4~10年）、成熟阶段（工作11~20年）和专家阶段（工作21年以上），作为课程设置中课程内容螺旋式上升安排的基本依据。如"教育科研方法"课程，从新手教师到专家教师，可由浅入深、从单一到综合设置为以下层次：新手教师以撰写教学反思为重点，胜任教师以教学论文和行动研究为重点，成熟教师以课题研究为重点，专家教师以多种研究方法综合运用的个性化理论研究为重点（写专著）。

第二，培训课程实施的路径维度。《国务院关于加强教师队伍建设的意见》

---

① 王嘉毅，等. 乡村教师精准培训质量评价体系研究报告［R］. 兰州：甘肃省教育厅，2016.

② 贺敬雯. 教师不同生涯时期自我愿景发展的特征研究：基于长春市初中教师的调查［J］. 教师发展研究，2017，1（1）：79-89.

(国发〔2012〕41号)要求"推动信息技术与教师教育深度融合,建设教师网络研修社区和终身学习支持服务体系,促进教师自主学习,推动教学方式变革"。因此,在乡村教师培训课程设置中,要充分考虑到教师学习方式的变化和信息化发展水平,积极借助信息化手段,搭建教师学习研究的资源平台和研讨交流的互动平台,积极推动线上线下相结合的混合式学习。乡村教师培训课程实施的组织形式分为集中研修(学习)、校本研修、个人研修(网络研修)三个层次,目的是充分调动教师专业发展的主体自觉性。

第三,乡村教师的需求回应维度。乡村教师培训课程是提高教师培训效果的关键,课程内容及组织形式由乡村教师学科专业、不同层次的目的和发展需求及培训者可提供的课程资源等因素决定,还需要结合乡村教师的发展进行规范化设计,既保证乡村教师发展的共性要求,又能够满足乡村教师发展的个性化需求。教育部《教师教育课程标准(试行)》提出:"在职教师教育课程分为学历教育课程和非学历教育课程。……非学历教育课程方案的制定要针对教师在不同发展阶段的特殊需求,参照在职教师教育课程设置框架,提供灵活多样、新颖实用、针对性强的课程,确保教师持续而有效的专业学习",在职教师教育课程要引导教师"加深专业理解、解决实际问题和提升自身经验"。然而,针对乡村教师的培养培训,无论是师范院校的基础设施、校园文化建设,还是师生的价值观念、生活方式和学生的就业目标,都存在明显的"去农村化"倾向,使得培养出来的乡村教师与乡土距离渐行渐远,很难充分涵养未来教师在乡村学校任教时所需的知识、技能与情感,乡村教师的乡土文化素养先天不足。[①] 因此,要立足乡村教师的物质和文化环境,引导他们多了解乡村的地域文化和学生的学习、生活、认知特点,激发他们发展的内生力,关注他们的学习心理和学习特点,构建促进乡村教师终身学习和专业发展的服务体系。要把农村优秀的地方文化知识纳入乡村教师教育课程体系,即除常规的学科知识、教育类知识、实践性知识之外,还应把生产生活的地方性知识、历史文化的地方性知识、传统民俗的地方性知

---

① 汪明帅,郑秋香.从"边缘人"走向"传承者":回归乡土的乡村教师发展研究[J].教师发展研究,2016(8):13-19.

识、民间艺术的地方性知识、地理景观的地方性知识、思想观念的地方性知识引进乡村教师教育课程体系，发挥乡土文化在农村基础教育中的特殊作用，不断适应区域间、城乡间的教育差异。

2. 乡村教师培训课程的基本结构

乡村教师培训应当以乡村教师的发展需求为导向，切实关注他们的生活场域和教学现状，唤醒他们对自我经验的审视，立足他们的"自我经验"，让他们在"行走"中改变行走方式。① 要从乡村教师的立场出发，唤醒他们的职业认同感和归属感，向社会展示其工作的常态化与特殊性，重构乡村教师教书育人、服务乡村、富有诗意的新形象。② 按照全面、系统、完整的要求，乡村教师培训课程包括基础性课程、选择性课程和众筹性课程。基础性课程注重"宽基础"，包括提升教师专业伦理、扩充文化知识素养、提高教育教学实践能力及社会适应能力等内容。选择性课程注重"小切口"，运用自上而下的方式，设置丰富的菜单式课程，满足教师的适切性发展需要，实现教师的个性化成长。众筹性课程注重"个性化"，运用自下而上的方式，根据参训者个体自身发展的需求和诊断评测所发现的问题，由培训机构因需设课。

3. 乡村教师培训课程的框架

乡村教师培训课程的框架见表16-2、表16-3。

---

① 潘海燕. 教师的自我经验及其作用：基于中小学教师专业成长的科研转向［J］. 中国教育学刊，2017（5）：95-99.

② 时伟. 乡村教师形象：他者认知与自我建构［J］. 中国教育学刊，2017（5）：21-25.

表 16-2 学前教育乡村教师培训课程主题/模块

课程功能指向	主题/模块
师德修养	1. 法治教育 2. 教师职业道德与行为修养 3. 职业角色认同与理解 4. 教师心理健康与社会适应 5. 乡土文化认同 6. 多民族文化理解
专业理念与规范	1. 国家教育方针的理解 2.《3～6岁儿童学习与发展指南》《幼儿园教育指导纲要（试行）》解读 3. 国际比较视野中的幼儿教育及儿童研究新进展 4. 幼儿园教师专业标准 5. 幼儿园工作规程 6. 保教管理指南
专业知识与能力	1. 教育教学基本知识 2. 幼儿认知发展知识 3. 五大领域教育知识 4. 哲学、艺术、科学等领域的通识知识 5. 园本课程开发与实施 6. 一日生活常规 7. 游戏活动的设计与实施 8. 主题活动设计与综合性学习 9. 园区环境创设与利用 10. 幼儿园安全工作 11. 幼儿行为观察与评价 12. 园本课程资源开发与利用 13. 幼儿学习发展评价 14. 信息技术运用 15. 现代远程教育课程资源运用 16. 沟通与合作

续表

课程功能指向	主题/模块
专业发展主体意识	1. 职业生涯规划 2. 终身学习理念与能力 3. 研究能力提升 4. 教育教学行为反思 5. 教育教学经验总结 6. 问题意识 7. 科学研究方法 8. 论文、学术著作写作

表 16-3　义务教育乡村教师培训课程主题/模块

课程功能指向	主题/模块
师德修养	1. 法治教育、依法从教 2. 教师职业道德 3. 教师行为修养 4. 职业角色认同与理解 5. 教师心理健康与社会适应 6. 乡土文化认同 7. 多民族文化理解与认同 8. 社会主义核心价值观理解
专业理念与规范	1. 国家教育方针的理解 2. 国家改革与发展理念 3. 学科课程理念与价值要求 4. 国际比较视野中的中小学教育与学生发展研究新进展 5. 中小学教师专业标准 6. 学校工作规范

续表

课程功能指向	主题/模块
专业知识与能力	1. 教育教学基本知识
	2. 青少年儿童发展知识
	3. 学科课程与教学基本知识
	4. 人文与美育等方面的通识知识
	5. 课程设计与实施
	6. 学科课程课堂教学活动设计
	7. 学科课程课堂教学活动实施
	8. 课堂突发事件应对策略
	9. 学科课程整合实施策略（全科教师）
	10. 专题教育综合实践活动设计与实施（主题班会、队会等）
	11. 国家课程校本化
	12. 课后作业设计
	13. 教学评价（学生学习效果评价、教师教学行为评价）
	14. 课程资源开发与利用
	15. 学科课程资源开发
	16. 校本课程开发
	17. 课程评价
	18. 学生学习评价
	19. 教师教学评价
	20. 学业质量监测
	21. 现代信息技术运用
	22. 信息技术与学科教学整合
	23. 农村现代远程教育课程资源利用
	24. 青少年儿童教育与管理（包括班主任工作）
	25. 青少年儿童心理健康教育
	26. 青少年儿童行为观察与评价
	27. 青少年儿童品德教育
	28. 心理逆反期青少年儿童教育策略
	29. 关爱乡村留守儿童、残障儿童
	30. 问题儿童及其他特殊儿童教育
	31. 解决校园欺凌问题
	32. 沟通能力

续表

课程功能指向	主题/模块
专业发展主体意识	1. 职业生涯规划 2. 终身学习理念与能力 3. 研究能力提升 4. 教育教学行为反思 5. 教育教学经验总结 6. 问题意识 7. 科学研究方法 8. 论文、学术著作写作

（二）乡村教师精准培训质量评估机制

对乡村教师精准培训质量的评估，应遵循教师培训和教师专业发展的基本规律，在把握影响质量评估的关键环节和关键因素的基础上，确定评估内容框架，区分不同主体的职能职责，按照日常评估与定期综合评估相结合的方式进行，建构合理的评估运行机制。

1. 乡村教师精准培训质量评估内容

乡村教师精准培训质量评估工作可以围绕培训前的需求调研与素质测评、教师学习效果、承训机构的教学质量和教育行政部门的工作水平等几个方面展开。其中，对培训前需求调研与素质测评的评估为前置性评估，对教师学习效果的评估为评估的核心，对承训机构教学质量、教育行政部门工作水平的评估为评估的重点。

乡村教师精准培训工作的根本目的是通过教育培训活动，提升教师的素质、能力，进而服务教学、服务学生。与此同时，参训教师作为教育培训活动的参与者和受益者，他们的学习效果（主要表现为教育教学的实践智慧）是衡量培训质量的主要标准，培训质量评估的所有工作都必须围绕这一核心来展开。一方面，教师培训质量评估应该重点反映教师的学习效果，评估工作中评估什么、怎么评估、评估结果如何运用等，都必须围绕教师素质和能力的提升来进行，力求在真实情景中检核受训教师的师德与师能。另一方面，教师培训质量评估必须服务于培训质量的生成，重点考察与之相关的关键环节和影响因素，既要突出教师在整个质量评估工作中的主体地位，也要完善需求调研、计划生成、组织实施、跟踪反馈以及评估结果的综合运用等工作流程。

评估工作应以承训机构的教学质量和教育行政部门的工作水平为重点。乡村教师精准培训是一个由承训机构、主管部门、受训教师及其所在学校等多主体共同参与、共同作用的过程。培训质量是一个整体概念，教师的学习效果是评价培训质量的主要标准，但不是唯一尺度。承训机构作为培训过程中具体教学活动的提供者和组织者，其教学质量的高低，对培训质量起决定性作用。教师的学习效果是在承训机构提供的具体教学活动中达成的，教育行政部门的功能只有通过承训机构的具体教学行为才能发生。教育行政部门作为培训工作的宏观管理部门和多数培训项目的"委托方"，其工作水平的高低，也直接影响培训质量的生成。承训机构的教学质量和教育行政部门的工作水平构成质量评估工作的两大重点，因此，它们与教师的学习效果一道成为质量评估的重要对象。

2. 乡村教师精准培训质量评估方式

借鉴国际经验，乡村教师精准培训质量评估的形式可以多种多样，除了纸笔测试，更应根据成人学习的特点，采用情境模拟、档案和轶事记录等多种形式，取样可以采用随机分层抽样的方式。承训机构还可以采用全员测评的方式，对接受培训的乡村教师的学习效果展开全面、细致、准确的评估。这种方式强调乡村教师精准培训要明确利益相关方及其职责，注重需求调研、基线测评、过程评价和结果评价，注重背景、输入、过程和结果之间的关系，注重发现问题并及时加以解决。

乡村教师精准培训质量评估有两种类型：一种是在培训项目运行中开展的日常评估，另一种是综合评估。日常评估是针对各个项目的开展情况及影响因素进行的评估，贯穿于评估过程的始终，可以及时发现问题，实现对培训过程的质量控制，但不能反映教师教育培训质量的总体状况。综合评估是对培训工作的整体评估，可以全面地获知培训状况及影响因素，更好地发挥评估的导向与监督作用，但是只能评结果，不能反映各个培训项目的实际状况，不容易实现对培训过程的控制。因此，教师培训质量评估应该坚持日常评估与综合评估相结合。其中，日常评估是教师培训质量评估的基础和重点。

实现日常评估与综合评估的有机结合，必须依据乡村教师竞逐培训项目的时间段，将教师培训质量评估分为初期的招标评估、培训完成后的达标验收评估和返岗后的绩效评估。

初期的招标评估，即在项目实施之前，根据当前的政策导向、教师培训需求等因素，对教师培训项目在培训内容、培训模式、主体资质、经费预算、评价方案等方面进行系统的考量与评价。初期的招标评估的核心工作在于培训方案科学性与可行性的论证与审定。常见的形式有招标答辩、匿名评审、立项答辩等。培训完成后的达标验收评估是指在培训活动结束后，对培训结果是否到达预期目标进行整体评价。返岗后的绩效评估则是指对受训后的教师在课堂教学、科研等各种活动的表现通过自评和他评结合的方式进行系统性的评价。只有在上述三阶段的评估中，做好每一个评估环节，才能保证培训项目的整体质量。

3. 乡村教师精准培训质量评估运行机制

乡村教师精准培训质量评估运行机制主要包括评估前的启动机制，评估过程中的信息沟通机制、监督与责任机制、冲突协调机制、配合机制，评估后的反馈与运用机制。

（1）启动机制。乡村教师精准培训第三方评估活动的启动阶段，是整个评估活动周期的开始阶段，是评估各环节的基础。这一阶段的主要参与者是作为委托方的教育行政部门。具体工作包括四个方面。一是可行性研究。委托方提出由第三方对教师培训进行评估的建议，第三方在对评估的必要性、可行性与合理性进行分析的基础上撰写并提交可行性报告。二是成立评估工作小组。教师培训工作人员、专家以及委托方管理人员组成第三方评估工作小组，对被评估教师培训机构的资源、管理和服务项目加以分析，明确评估的目的和内容，确定评估活动的进度和经费。三是甄选第三方。第三方评估工作小组对每一个候选评估机构的情况进行调查研究，在进行沟通后，进入政府采购程序。四是签订合同。在双方合作没有异议后，确定最终的第三方并就双方合作事宜签订合同。

合同的订立十分重要。合同条款的规定应能够使得合作双方对各自的权利和义务有清晰的认识。合同内容应该包括评估目标、评估对象、评估方法、工作计划、委托方与第三方的职责、评估内容、合作双方的权利和义务、合同的变更与纠纷冲突的解决办法、合作期限、价格报酬、风险管理计划，以及评估活动的预期成果、形式和要求等。

在拟订合同后，委托方需要请专业的法律人员审查合同是否与现有法律冲突。在评价活动开始后，应建立简便有效的合同履行监督检查制度。对合同履约过程中的各种原始文档资料进行收集、整理、归档，作为解决纠纷的重要依据。应定期或不定期地对合同的履行情况进行检查，发现违约问题，立即采取合法有效的措施，防止违约行为的发生。

（2）信息沟通机制。信息是进行有效评估的重要资源，构建有效的评估体系的前提条件之一是获得信息。比如，在对教师培训机构的评估工作中，教育行政部门作为委托方不能干预第三方的工作，但是委托方需要为第三方提供教师培训机构的相关信息，制定政策文件，为第三方评估工作创造良好的条件。

在第三方对教师培训机构进行评估的过程中，委托方和第三方之间需要就双方的需求进行有效的沟通，尽量减少信息不对称。委托方和第三方应配备固定的联系人，就评估活动中出现的问题进行及时有效的沟通。双方在沟通的过程中要注意自身的诚信态度，保证信息采集和反馈的准确性和及时性。

第三方在对教师培训机构进行评估的过程中，要遵循评估原则和评估目标，适时告知评估内容、评估形式和评估的时间地点，及时反馈评估结果和改进建议；教师培训机构除了按照要求提供评估信息之外，还应及时了解评估结果，对委托方或者教育行政部门提出支持和改进教师培训的意见建议。

（3）监督与责任机制。在评估活动中，利益相关方各自认真履行职责是保证评估质量的基础。为了督促各方行为，委托方、教师培训机构和第三方之间需要建立监督与责任机制，形成互相监督的体制机制。委托方监督第三方的操作流程是否规范、科学与客观；第三方监督委托方是否认真履行合同中的权利和义务；教师培训机构主动配合第三方开展评估，及时获取反馈意见和建议。为了避免失真事件的发生，参与者应建立责任制度，严查委托方任意干涉质量评估的行为，明确相关个人和领导人的责任，规定各方责任的种类和范围、处罚措施等。

(4) 冲突协调机制。在第三方评估实施过程中，委托方、教师培训机构与第三方可能会就某些合作问题发生冲突，影响评估双方的合作关系，因此，在评估开始时应建立冲突协调机制，即当冲突发生时按照已建立的程序和步骤来有效解决冲突。当冲突发生时，首先应找到冲突的来源，判断其激烈程度，然后按照合同规定的程序和步骤解决冲突。在处理冲突的过程中，要根据不同的情况和条件，具体问题具体分析，依据冲突的性质、特征、所在环境的不同采取不同的应对措施。

(5) 配合机制。第三方评估不是一项孤立的活动，也不是项目的一个环节，而是一种发展性的增值评估。第三方的独立性是评估结果客观公正、具有信服力的前提和基础，利益相关方的配合机制将会对评估活动产生重要的影响。每一个评估都环环相扣，都为下一步乡村教师精准培训的推进提供支撑，这就需要相关机构统筹协调，明确各自的职责，建立配合机制。

教育行政部门作为委托方，其职责是对第三方评估活动进行宏观管理，确定评估客体和评估目标、评估内容，在评估过程中协助第三方处理相关工作，并在第三方提交评估报告后恰当应用评估结果。例如：按照相关要求，建立由省内外教师培训专家、一线优秀中小学教师、教研员组成的第三方评审专家库，遴选具有较强优势、丰富经验的优质机构承担评估工作；加强评估规划方案研制，做好需求任务对接工作，及时下达评估任务；改革完善评估项目招投标机制，结合教师培训评估特点，优化采购流程，实行3年周期招标制，确保评估工作按时部署启动、按时保质完成；规范评估经费拨付流程，严格经费开支范围，加强经费使用监管，确保专款专用；发布并利用评估结果，改进教育管理，督促教师培训机构优化服务项目，提高服务质量，督促参训教师尽职尽责，如期达成培训目标；等等。

第三方是整个评估活动的核心参与者，是评估活动的组织者，对各地各机构乡村教师精准培训项目实施过程及成效进行绩效评估。其中最重要的影响因素是评估者，评估者是指对教师培训质量做出评估的个人，包括两类，一类是第三方机构内部的工作人员，另一类是第三方机构邀请的专家或者教师培训用户。评估者的主要职责包括了解教师培训的一般情况，对与评估内容相关的各种复杂现象进行分析、判断，提出意见和建议。评估者的真实感受是非常重要的。第三方的主要职责包括评估方案的设计和实施，具体有评估模式的选择、评估流程的设计、评估指标体系的设计、评估步骤和评估时间的安排、评估者的选择与培训、评估工具的选择与应用、统计数据的分析与管理、评估结果的管理与利用等。具体步骤如下。

一是设计评估方案。第三方根据委托方提出的评估内容和目标，设计教师培训评估方案。评估方案包括评估指标体系的设计、评估进度的安排、评估工具的选择与应用、评估数据的统计与分析方法等。

二是收集数据。根据评估方案，第三方采用适当的方法全面收集相关信息。评估者的主要任务是根据第三方的要求和本人的认知提供相关信息。信息和数据的采集、整理和分析必须快捷而简单，减少大规模的实地调研与人海战术，减轻培训机构与参训教师的负担。

三是数据统计与分析。第三方的工作人员对调查所获取的数据的有效性进行识别，对有效数据进行统计、分析。

四是撰写评估报告。在对数据进行统计分析的基础上，第三方得出评估结论，具体包括对评估结果和意见进行总结概括，对评估结论进行复核，撰写评估报告。

第三方要充分利用各种现代数据采集方式，开发网络评估系统，确保能及时有效地采集到相关信息和数据，并通过数据清理、分析等技术手段，快速形成评估报告。可以在中小学教师培训管理平台的基础上进一步开发相关功能，包括建立网上评审专家智库、培训需求调查系统、信息监测评价平台、数据分析软件平台、网络问卷系统、网上评估分析模型，推进评估报告生成的自动化程度。还可以通过开发手机APP、培训智慧卡等方式方便参训教师及时、快速地反馈培训进展。

在这里，教师培训机构是第三方评估活动的客体。由于第三方评估活动的独立性，在评估过程中，教师培训机构的主要任务是配合第三方的工作，提交第三方所需的资料，并确保资料的真实性和有效性。

（6）反馈与运用机制。评估结果的使用是乡村教师精准培训质量评估目标能否达成的关键环节。要形成乡村教师精准培训"评估—反馈—调整—整改—再评估"的良性循环机制，充分发挥质量评估对乡村教师精准培训工作的导向、调控、激励和约束作用。

运用评估结果，激发教师学习动力。要将训前素质能力测评结果和培训期间学习效果评估情况，以适当方式及时反馈给教师，帮助教师了解自身素质能力状况，寻找差距与不足，激发学习的内生动力；要将教师参加培训的情况和培训期间学习效果的评估结果记入教师培训档案，及时反馈给学校和主管部门，作为了解教师、培养教师和使用教师的依据，充分发挥教师培训的导向、激励和约束作用。

运用评估结果，促进教师培训机构提高教学水平。教师培训机构应该按照反馈的评估意见，认真分析总结，有针对性地制订整改方案，落实整改措施，特别是要针对影响乡村教师精准培训教学质量的关键环节和重要因素，完善需求调研，改进课程体系设计，深化教学改革，强化教学组织管理，加强师资队伍建设，提高培训的针对性、实效性，逐步成为有特色、高质量、具有品牌效应的培训机构。

运用评估结果，促进教育行政部门提高工作水平。教育行政部门要根据评估结果，全面掌握教育培训的情况，充分发挥教育宏观管理职能，指导教师培训机构开展工作，提升培训质量。要将评估结果作为设置培训项目、选择培训机构的重要依据，不断培育和规范教师培训市场，充分调动各级各类培训机构的积极性，形成平等参与、有序竞争、功能互补、充满生机与活力的教师培训新体系；要科学分析评估结果，全面了解本地区教师队伍的素质能力状况，有针对性地开展培训工作，促进乡村教师健康成长，全面提升乡村教师队伍的综合素质和专业能力。

四、乡村学校校长专业发展需求及培训对策

随着我国义务教育普及的全面落实，推进义务教育均衡发展、促进教育公平成为义务教育发展的时代主题，农村地区校长和教师队伍专业发展逐步进入义务教育发展的重点领域。校长作为学校办学的主要责任人，在学校发展中有举足轻重的作用，尤其是乡村中小学校长是农村地区学校发展的核心业务领导力量，其整体专业素质水平是提升农村学校教育质量和缩小城乡教育差距的关键影响因

素。2013 年，教育部印发《义务教育学校校长专业标准》（以下简称《专业标准》），从规划学校发展、营造育人文化、领导课程教学、引领教师成长、优化内部管理、调适外部环境六个方面对义务教育学校校长提出了系统的标准和基本准则，并要求各级教育行政部门将该标准作为义务教育学校校长队伍建设和校长管理的重要依据。2015 年，国务院办公厅印发《支持计划》，旨在"加强老少边穷岛等边远贫困地区乡村教师队伍建设，明显缩小城乡师资水平差距，让每个乡村孩子都能接受公平、有质量的教育"。校长的专业水平直接影响着学校教师队伍的稳定和教师教育教学水平的提升。研究乡村中小学校长专业培训对策，有效促进中小学校长专业发展，对提升农村教育质量具有重要意义。

（一）乡村学校校长队伍建设存在的问题

1. 日常状态与教育改革发展、校长专业化要求不相称

乡村校长日常工作方式多是"事务型""会议式"。校长主要忙于行政事务、各种会议，副校长投入教育教学引领的时间相对较多，但是也被行政事务、各种会议占去了大量的时间和精力。可见，校长用于行政性事务与专业性引领工作的时间和精力失衡，很难担当好"引领发展"的领导者角色。

2. 专业发展状况与教育改革发展、校长专业化要求不相适应

乡村校长缺乏应有的基本理念。"以德为先""育人为本""引领发展""能力为重""终身学习"是校长应坚持的基本理念，但是，不少乡村校长对此基本没有概念。调研者曾与一个农村校长对话"校长最头疼的事情"，这位校长说：孩子不愿意上学，因为没有出路；家长不愿意送孩子上学，因为上学没用，还要花学费，毕业就失业；老师职业倦怠，因为待遇不高，好孩子都去城里了，剩下的孩子不好管……。校长本人也认同这些看法。这说明一些校长角色意识、使命感、责任感不强。

更令人担忧的是，有的校长对终身学习缺乏自觉和行动。有的校长自述专业书籍阅读量不大，少数校长坦言自己不读书。访谈和相关分析表明，有一定阅读量的校长大多是参加培训的校长，教学点校长、村小校长的阅读量明显低于乡中心学校的校长，西部、中部地区校长的阅读量显著低于东部地区的校长，任职年限短的校长的阅读量显著低于任职年限长的校长。乡村校长了解国家教育政策、教育理念或有关教育信息的渠道主要是参加有关教育的工作会议，其次是参加培训班、同行交流等，属于被动学习。北京教育学院的培训者调研结果表明，45.8%的校长属于听从安排参加培训，能够比较主动参加培训的校长不足30%。访谈中表示渴望参加培训的校长都是参加过培训并感受到培训益处的校长。

3. 部分校长的自我认识存在偏差

乡村中小学校长整体上对自身专业能力的评价偏高。大部分乡村校长对自身专业能力的评价良好，且高度一致。14%～16%的校长认为自己的能力很强，39%～48%的校长认为自己的能力较强。但是，行政管理者和培训者问卷统计数据显示，近60%的受访者认为乡村校长的胜任能力不太适应教育改革发展的需要。

校长对领导类型的自我感觉与他人感受不符。45%的校长认为校长应该靠人格魅力来管理，而50%的培训（管理）者认为乡村校长的领导类型主要是专制型。

（二）对策建议

1. 促进乡村中小学校长对自身专业发展的认识

乡村中小学校长是自身专业发展的主体。无论政府采取什么政策或何种方式促进乡村中小学校长专业发展，其前提是必须让乡村中小学校长认识到专业发展的重要性、必要性和迫切性，树立自主追求专业发展的意识和态度。

(1) 加强乡村中小学校长对《专业标准》的学习，全面把握校长专业发展的要求。乡村中小学校长还没有从根本上认识到校长职务的专业性，也没有意识到自身专业发展的重要性，许多校长还停留在原有的经验性办学模式上，典型的表现就是乡村中小学校长日常阅读的专业书籍太少，有相当一部分乡村中小学校长没有读过《专业标准》。《专业标准》指出："校长是履行学校领导与管理工作职责的专业人员。"《专业标准》是对义务教育学校合格校长专业素质的基本要求。义务教育学校校长要将《专业标准》"作为自身专业发展的基本准则。制定自我专业发展规划，爱岗敬业，增强专业发展自觉性"。《专业标准》体现了义务教育学校校长职务的专业性特征，乡村中小学校长的专业发展必须以此为起点，做到人人认真学习《专业标准》的内容和要求，深刻领会《专业标准》的内涵和精神，让《专业标准》成为乡村中小学校长日常自主评价的基本依据和自主发展的行动指南。

（2）加强乡村中小学校长的专业发展规划，将相应培训与其专业发展紧密结合。结合校长的专业成长阶段特点，我国目前开展了任职资格培训、提高培训、高级研修等几种类型的中小学校长培训。然而，乡村中小学校长并不是都对这些培训类型十分了解，包括每类培训的时间、目的、内容、要求等。究其原因，主要在于乡村中小学校长还没有充分认识到校长的成长规律和专业发展阶段性，不能深入把握校长每个发展阶段的特点和主要要求。因此，要加强乡村中小学校长自身的专业发展规划指导和培训，帮助校长们把握校长专业发展的规律和阶段性，明晰自己每个阶段的职责任务、问题挑战和专业要求，并通过与之相对应的任职资格培训、提高培训、高级研修等，指导和帮助校长们明确自身的发展方向，改进办学的基本思路，让乡村中小学校长在落实专业发展规划的过程中实现自身的专业发展。

2. 优化乡村中小学校长培训内容

首先，乡村中小学校长培训要基于《专业标准》的六个方面，即规划学校发展、营造育人文化、领导课程教学、引领教师成长、优化内部管理、调适外部环境，整体设计课程体系，指导校长从这六个方面系统地理解自身专业发展的核心内容，深入把握每个方面在理解与认识、知识与方法、能力与行为上的专业要求，从而促使乡村中小学校长逐步形成体现校长专业发展的系统思维模式和行为方式。其次，针对乡村中小学校长参与较多的任职资格培训和提高培训，分层次、分级别开展这六个方面的系统培训，尤其是要做好乡村中小学校长的任职资格培训，让他们深入了解六个方面的内容、要求及相互关系，把握应知应会的基础知识、理论和方法技能，为后续的专业发展奠定坚实基础。

3. 丰富乡村中小学校长培训方式

乡村中小学校长培训需要探索包含专题讲座、案例分析、课题研究、下校指导、拓展训练、异地跟岗学习等多样化培训方式，通过项目委托、项目招标等办法实现"本土培训""异地培训""送培到地"的培训方式创新。

（1）关注乡村中小学实际问题，探索基于学校改进的行动研究式培训模式。培训需要关注乡村中小学的实际情况和具体问题，兼顾通识型培训和主题型培训；既开展相关理论、方法的指导，又兼顾校长专业知识能力的提升和学校实际问题的解决，避免理论和实践两张皮。同时，行动研究式培训面对的对象不仅仅是乡村中小学校长个体，还包括教师、家长等在内的学校发展关键群体。在对学校具体问题的共同研究中，各相关群体也都能获得成长，从而为提升乡村中小学办学质量创设良好的环境。各地可依托师范大学（或教育学院），建立相应的高水平的专业化乡村中小学校长培训基地。另外，可以采取专家"送培到地"的模式，也可以建立师范院校（或教育学院）与乡村学校的伙伴合作关系，为校长和学校发展提供经常的、及时的智力支持和服务。

（2）充分运用网络信息技术，创新乡村中小学校长网络培训模式。网络有利于扩大培训规模，提高培训效率。网络培训是乡村中小学校长培训的一种主要类型。当前信息技术飞速发展，乡村中小学校长培训可以充分运用各种网络信息技术手段，不断创新网络培训模式，尝试建立乡村中小学校长培训交流互动平台，探索网络平台运行机制。首先，平台可以提供丰富的教育政策信息、校长专业发展理论资源、专家校长讲座资源、学校教育教学和课程资源、农村学校发展典型案例和经验资源等，为乡村中小学校长提供全方位且具有针对性的信息支持和培训服务。其次，平台具有多种互动和交流功能，如乡村中小学校长除了可以自由选择在平台上查阅信息、聆听讲座、自主学习外，还可以通过文字、音频、视频等多种形式，与专家、学者、名校长、农村学校同行等进行实时或延时的网络咨询和对话，解决自身专业发展和学校办学实践中的疑难困惑，交流在办学过程中的心得。同时，各方人员也可以借此平台了解、研究和交流我国乡村中小学校长的专业发展问题。

五、结语

立足新方位,站在新起点,我国教师队伍建设面临着新机遇,也面临着新挑战,许多新情况新矛盾新问题需要去面对、去解决。我们要提高站位,科学研判,认清形势,找准方向。①

第一,重点要充分把握。教育是经济社会发展的优先领域,教师是教育发展的突出议题。从中央看,习近平总书记对教师关怀如此之深切前所未有,中央对教师工作如此之重视前所未有。从部委看,相关部委支持教育部和教师队伍建设力度之大前所未有,教师工作在教育系统地位之突出前所未有。不管在中央的文件中还是在有关领导的讲话中,教师内容均被单列强调,这是更加重视教师队伍建设的一个信号。从地方看,各省党委和政府如此认真研究制定教师专项文件、部署教师专项工作前所未有。抓好教师工作已是上下同心、左右共识,怎么重视都不过分,怎么用力都不过分。

第二,痛点要充分研判。教师领域每天都在发生着很多很多的事情,但有一些本不应该发生的成了切肤之痛,这是让我们痛心的地方。从师德看,我国1 600多万名教师,总的看都是让党放心、人民满意、学生敬仰、家长信赖的好老师,但极个别人伤天害理、道德败坏。近来接连曝出一些高校教师性骚扰事件,引发一系列社会反应、舆论炒作,严重影响了教师形象。从待遇看,根据教育在19个行业大类中的排名,教师平均工资近几年来排名一直靠前,实属不易。但是由于部分地区重视不够、政策理解偏差等原因,还有不少省份义务教育教师平均工资收入水平仍低于当地公务员平均工资收入水平,这与有关法律和中央文件精神严重不符。

第三,难点要充分分析。教师队伍建设面临着一些老大难问题,有的长期存在,悬而未决,这是需要我们破解的地方。从管理看,事权财权人权没有统一,体制机制障碍尚未破解。一些地方乡村结构性缺员与城镇缺编问题加剧,

---

① 王定华. 全面建成小康社会之际我国教师队伍建设基本方略[J]. 全球教育展望,2018,47(11):53-62.

编制倾斜不够，区域调配不顺，部分学校教师严重不足。一些地方"县管校聘"改革举步维艰，交流轮岗机制不活，配套制度不完善，教师流动存在困难。一些高校考核评价制度改革呼声很高、动作很小，重数量轻质量、重科研轻教学的现象没有太大改观。从均衡看，东中西部存在明显的经济发展水平梯度，城乡二元结构分明，各级各类教育在办学理念、投入、条件、标准等方面差异很大，区域、城乡、校际教师队伍发展水平存在较大差距。中西部和乡村地区教师队伍整体素质明显低于东部和城镇地区，中西部地区教师的工资待遇明显低于东部地区。从负担看，中小学教师承担着一些不必要的工作负担。在一些地方，名目繁多的检查、评比、考核等让教师疲于应付，形式多样的创建、示范等让教师无所适从。

第四，薄弱点要充分关注。教师队伍建设存在着一些短板弱项，这是需要补强的地方。乡村和"三区三州"是最薄弱的区域。总的看，当地教师队伍面貌发生了很大变化，但在部分地方，"新鲜血液引不进、优秀人才留不住、在岗教师不安心"的现象仍然存在，性别失衡、年龄断层、教非所学等问题在小规模学校尤其是教学点比较严重。从幼儿园看，这是我国教育发展最快的一个领域，也是最大的短板之一。很多教师从小学转任过来，没学过幼儿托育，带来了小学教学方法。还有的幼儿园从业者从中职毕业，素质不高、能力不强，个别的还没有教师资格证。从青年群体看，学历较高，好学上进，视野宽广，思想活跃，开放自信，处于成长大好年华，但也面临着一些现实困难。对于乡村青年教师来说，文化生活相对单调，有的婚恋问题难以解决，一定程度上影响了其下得去、留得住、教得好的决心。对于高校青年教师来说，多数未经正规师范训练，教育教学能力偏弱。同时，由于不少学校激励机制不顺、政策不硬、支持不够，高校青年教师面临着工作和生活上的困难。

第五，上升点要充分催化。近年来，教师队伍建设出现了一些新的增长点，这是需要我们加油助力的地方。从教师教育发展看，振兴行动浓墨重彩、开启发端，配套政策接连推出、精准实施，止住了边缘化和弱化颓势，扭转了改头换面和摘帽倾向，回归初心的师范教育再度繁荣令人期待。从提升学历层次看，虽与发达国家对中小学和幼儿园教师学历要求本科以上、对高校教师学历要求博士以上相比还有很大差距，与我国实现教育现代化目标相比也有一定距离，但我国各级各类教师学历合格率逐年提高，均接近100%，高一级学历也在逐年攀升，提高入职学历标准已有现实基础，实现目标不再遥远。从运用人工智能看，人工智能成为创新发展的新引擎，"教育＋人工智能"成为教育转型升级的新模式。教师领域运用人工智能已有初步规划，有待加快推进。可以说，这都是教师队伍建设全面升级的能源棒，是教育事业全面发展的倍增器。

在此过程中，应当聚焦短板，补齐补强。乡村和"三区三州"是教师队伍建设领域的短板弱项，尤其"三区三州"是短中之短、弱中之弱。

2020年，全国乡村专任教师有近300万人，"三区三州"专任教师有32万多人，他们分布在草场林海、偏僻山区、海岛渔村、戈壁大漠、雪域高原，坚守在祖国的每一个角落。全面建成小康社会，加快教育现代化，不能让一个地区落后，不能让一个民族掉队。要抓住乡村和"三区三州"教师队伍建设最关键领域最紧迫任务，多措并举，加快攻坚，定向发力，精准施策，标本兼治，切实形成下得去、留得住、教得好、有发展的局面。

要继续大力落实乡村教师支持计划。加强编制倾斜，落实城乡统一的中小学教职工编制标准，科学核定乡村小规模学校编制，确保开齐开足国家课程。要加强培养补充，鼓励地方采取多种形式定向培养全科和一专多能的乡村教师；扩大"特岗计划"实施规模，提高工资性补助标准，提升招聘质量。要实行"县管校聘"，推进交流轮岗，引导城镇优秀教师、校长向乡村学校流动，努力做到科科有骨干教师、校校有领军人才。要实施乡村教师生活补助，鼓励扩大实施范围，提高补助标准，惠及更多教师。要加大教师周转房建设力度，按规定将符合条件的纳入住房保障范围，让乡村教师住有所居。要着力支援"三区三州"教师队伍建设，实施好万名教师援藏援疆支教计划以及各类支持项目，引导更多的优秀教师到当地支教服务，带来粮食、留足种子、授人以渔，充分发挥示范引领作用。要加大培养培训力度，结合民族地区特点，把坚决执行党的民族和宗教政策、维护祖国统一和民族团结的思想政治素质作为根本标准，把业务能力提升作为根本主线，努力造就一支"三区三州"高素质教师队伍。

广大乡村教师，是当地教育"活的灵魂"，是当地孩子睁眼看外部世界的"第一面镜子"，是推进教育脱贫攻坚的具体实践者，任务更艰巨，使命更光荣，应当自觉奉献更多爱心，点燃每个孩子的梦想，守护每个孩子的希望，让孩子们自尊自信、自立自强，昂首挺胸、绽放笑脸，和城市、和其他地区的孩子们共享同一片蓝天，接受公平而有质量的教育，帮助他们成长成才，挖掉穷根，减贫脱困，跳出谷底，彻底阻止贫困现象代际传递。

附录

中共中央国务院关于全面深化新时代教师队伍建设改革的意见

（中发〔2018〕4号，2018年1月20日）

百年大计，教育为本；教育大计，教师为本。为深入贯彻落实党的十九大精神，造就党和人民满意的高素质专业化创新型教师队伍，落实立德树人根本任务，培养德智体美全面发展的社会主义建设者和接班人，全面提升国民素质和人力资源质量，加快教育现代化，建设教育强国，办好人民满意的教育，为决胜全面建成小康社会、夺取新时代中国特色社会主义伟大胜利、实现中华民族伟大复兴的中国梦奠定坚实基础，现就全面深化新时代教师队伍建设改革提出如下意见。

一、坚持兴国必先强师，深刻认识教师队伍建设的重要意义和总体要求

1. 战略意义。教师承担着传播知识、传播思想、传播真理的历史使命，肩负着塑造灵魂、塑造生命、塑造人的时代重任，是教育发展的第一资源，是国家富强、民族振兴、人民幸福的重要基石。党和国家历来高度重视教师工作。党的十八大以来，以习近平同志为核心的党中央将教师队伍建设摆在突出位置，作出一系列重大决策部署，各地区各部门和各级各类学校采取有力措施认真贯彻落实，教师队伍建设取得显著成就。广大教师牢记使命、不忘初衷、爱岗敬业、教书育人，改革创新、服务社会，作出了重要贡献。

当今世界正处在大发展大变革大调整之中，新一轮科技和工业革命正在孕育，新的增长动能不断积聚。中国特色社会主义进入了新时代，开启了全面建设社会主义现代化国家的新征程。我国社会主要矛盾已经转化为人民日益增长的美好生活需要和不平衡不充分的发展之间的矛盾，人民对公平而有质量的教育的向往更加迫切。面对新方位、新征程、新使命，教师队伍建设还不能完全适应。有的地方对教育和教师工作重视不够，在教育事业发展中重硬件轻软件、重外延轻内涵的现象还比较突出，对教师队伍建设的支持力度亟须加大；师范教育体系有所削弱，对师范院校支持不够；有的教师素质能力难以适应新时代人才培养需要，思想政治素质和师德水平需要提升，专业化水平需要提高；教师特别是中小学教师职业吸引力不足，地位待遇有待提高；教师城乡结构、学科结构分布不尽合理，准入、招聘、交流、退出等机制还不够完善，管理体制机制亟须理顺。时代越是向前，知识和人才的重要性就愈发突出，教育和教师的地位和作用就愈发凸显。各级党委和政府要从战略和全局高度充分认识教师工作的极端重要性，把全面加强教师队伍建设作为一项重大政治任务和根本性民生工程切实抓紧抓好。

2. 指导思想。全面贯彻落实党的十九大精神，以习近平新时代中国特色社会主义思想为指导，紧紧围绕统筹推进"五位一体"总体布局和协调推进"四个全面"战略布局，坚持和加强党的全面领导，坚持以人民为中心的发展思想，坚持全面深化改革，牢固树立新发展理念，全面贯彻党的教育方针，坚持社会主义办学方向，落实立德树人根本任务，遵循教育规律和教师成长发展规律，加强师德师风建设，培养高素质教师队伍，倡导全社会尊师重教，形成优秀人才争相从教、教师人人尽展其才、好教师不断涌现的良好局面。

3. 基本原则

——确保方向。坚持党管干部、党管人才，坚持依法治教、依法执教，坚持严格管理监督与激励关怀相结合，充分发挥党委（党组）的领导和把关作用，确保党牢牢掌握教师队伍建设的领导权，保证教师队伍建设正确的政治方向。

——强化保障。坚持教育优先发展战略，把教师工作置于教育事业发展的重点支持战略领域，优先谋划教师工作，优先保障教师工作投入，优先满足教师队伍建设需要。

——突出师德。把提高教师思想政治素质和职业道德水平摆在首要位置，把社会主义核心价值观贯穿教书育人全过程，突出全员全方位全过程师德养成，推动教师成为先进思想文化的传播者、党执政的坚定支持者、学生健康成长的指导者。

——深化改革。抓住关键环节，优化顶层设计，推动实践探索，破解发展瓶颈，把管理体制改革与机制创新作为突破口，把提高教师地位待遇作为真招实招，增强教师职业吸引力。

——分类施策。立足我国国情，借鉴国际经验，根据各级各类教师的不同特点和发展实际，考虑区域、城乡、校际差异，采取有针对性的政策举措，定向发力，重视专业发展，培养一批教师；加大资源供给，补充一批教师；创新体制机制，激活一批教师；优化队伍结构，调配一批教师。

4. 目标任务。经过 5 年左右努力，教师培养培训体系基本健全，职业发展通道比较畅通，事权人权财权相统一的教师管理体制普遍建立，待遇提升保障机制更加完善，教师职业吸引力明显增强。教师队伍规模、结构、素质能力基本满足各级各类教育发展需要。

到 2035 年，教师综合素质、专业化水平和创新能力大幅提升，培养造就数以百万计的骨干教师、数以十万计的卓越教师、数以万计的教育家型教师。教师管理体制机制科学高效，实现教师队伍治理体系和治理能力现代化。教师主动适应信息化、人工智能等新技术变革，积极有效开展教育教学。尊师重教蔚然成风，广大教师在岗位上有幸福感、事业上有成就感、社会上有荣誉感，教师成为让人羡慕的职业。

二、着力提升思想政治素质，全面加强师德师风建设

5. 加强教师党支部和党员队伍建设。将全面从严治党要求落实到每个教师党支部和教师党员，把党的政治建设摆在首位，用习近平新时代中国特色社会主义思想武装头脑，充分发挥教师党支部教育管理监督党员和宣传引导凝聚师生的战斗堡垒作用，充分发挥党员教师的先锋模范作用。选优配强教师党支部书记，注重选拔党性强、业务精、有威信、肯奉献的优秀党员教师担任教师党支部书记，实施教师党支部书记"双带头人"培育工程，定期开展教师党支部书记轮训。坚持党的组织生活各项制度，创新方式方法，增强党的组织生活活力。健全主题党日活动制度，加强党员教师日常管理监督。推进"两学一做"学习教育常态化制度化，开展"不忘初心、牢记使命"主题教育，引导党员教师增强政治意识、大局意识、核心意识、看齐意识，自觉爱党护党为党，敬业修德，奉献社会，争做"四有"好教师的示范标杆。重视做好在优秀青年教师、海外留学归国教师中发展党员工作。健全把骨干教师培养成党员，把党员教师培养成教学、科研、管理骨干的"双培养"机制。

配齐建强高等学校思想政治工作队伍和党务工作队伍，完善选拔、培养、激励机制，形成一支专职为主、专兼结合、数量充足、素质优良的工作力量。把从事学生思想政治教育计入高等学校思想政治工作兼职教师的工作量，作为职称评审的重要依据，进一步增强开展思想政治工作的积极性和主动性。

6. 提高思想政治素质。加强理想信念教育，深入学习领会习近平新时代中国特色社会主义思想，引导教师树立正确的历史观、民族观、国家观、文化观，坚定中国特色社会主义道路自信、理论自信、制度自信、文化自信。引导教师准确理解和把握社会主义核心价值观的深刻内涵，增强价值判断、选择、塑造能力。引导广大教师充分认识中国教育辉煌成就，扎根中国大地，办好中国教育。

加强中华优秀传统文化和革命文化、社会主义先进文化教育，弘扬爱国主义精神，引导广大教师热爱祖国、奉献祖国。创新教师思想政治工作方式方法，开辟思想政治教育新阵地，利用思想政治教育新载体，强化教师社会实践参与，推动教师充分了解党情、国情、社情、民情，增强思想政治工作的针对性和实效性。要着眼青年教师群体特点，有针对性地加强思想政治教育。落实党的知识分子政策，政治上充分信任，思想上主动引导，工作上创造条件，生活上关心照顾，使思想政治工作接地气、入人心。

7. 弘扬高尚师德。健全师德建设长效机制，推动师德建设常态化长效化，创新师德教育，完善师德规范，引导广大教师以德立身、以德立学、以德施教、以德育德，坚持教书与育人相统一、言传与身教相统一、潜心问道与关注社会相统一、学术自由与学术规范相统一，争做"四有"好教师，全心全意做学生锤炼品格、学习知识、创新思维、奉献祖国的引路人。

实施师德师风建设工程。开展教师宣传国家重大题材作品立项，推出一批让人喜闻乐见、能够产生广泛影响、展现教师时代风貌的影视作品和文学作品，发掘师德典型、讲好师德故事，加强引领，注重感召，弘扬楷模，形成强大正能量。注重加强对教师思想政治素质、师德师风等的监察监督，强化师德考评，体现奖优罚劣，推行师德考核负面清单制度，建立教师个人信用记录，完善诚信承诺和失信惩戒机制，着力解决师德失范、学术不端等问题。

三、大力振兴教师教育，不断提升教师专业素质能力

8. 加大对师范院校支持力度。实施教师教育振兴行动计划，建立以师范院

校为主体、高水平非师范院校参与的中国特色师范教育体系，推进地方政府、高等学校、中小学"三位一体"协同育人。研究制定师范院校建设标准和师范类专业办学标准，重点建设一批师范教育基地，整体提升师范院校和师范专业办学水平。鼓励各地结合实际，适时提高师范专业生均拨款标准，提升师范教育保障水平。切实提高生源质量，对符合相关政策规定的，采取到岗退费或公费培养、定向培养等方式，吸引优秀青年踊跃报考师范院校和师范专业。完善教育部直属师范大学师范生公费教育政策，履约任教服务期调整为6年。改革招生制度，鼓励部分办学条件好、教学质量高院校的师范专业实行提前批次录取或采取入校后二次选拔方式，选拔有志于从教的优秀学生进入师范专业。加强教师教育学科建设。教育硕士、教育博士授予单位及授权点向师范院校倾斜。强化教师教育师资队伍建设，在专业发展、职称晋升和岗位聘用等方面予以倾斜支持。师范院校评估要体现师范教育特色，确保师范院校坚持以师范教育为主业，严控师范院校更名为非师范院校。开展师范类专业认证，确保教师培养质量。

9. 支持高水平综合大学开展教师教育。创造条件，推动一批有基础的高水平综合大学成立教师教育学院，设立师范专业，积极参与基础教育、职业教育教师培养培训工作。整合优势学科的学术力量，凝聚高水平的教学团队。发挥专业优势，开设厚基础、宽口径、多样化的教师教育课程。创新教师培养形态，突出教师教育特色，重点培养教育硕士，适度培养教育博士，造就学科知识扎实、专业能力突出、教育情怀深厚的高素质复合型教师。

10. 全面提高中小学教师质量，建设一支高素质专业化的教师队伍。提高教师培养层次，提升教师培养质量。推进教师培养供给侧结构性改革，为义务教育学校侧重培养素质全面、业务见长的本科层次教师，为高中阶段教育学校侧重培养专业突出、底蕴深厚的研究生层次教师。大力推动研究生层次教师培养，增加教育硕士招生计划，向中西部地区和农村地区倾斜。根据基础教育改革发展需要，以实践为导向优化教师教育课程体系，强化"钢笔字、毛笔字、粉笔字和普通话"等教学基本功和教学技能训练，师范生教育实践不少于半年。加强紧缺薄弱学科教师、特殊教育教师和民族地区双语教师培养。开展中小学教师全员培训，促进教师终身学习和专业发展。转变培训方式，推动信息技术与教师培训的有机融合，实行线上线下相结合的混合式研修。改进培训内容，紧密结合教育教学一线实际，组织高质量培训，使教师静心钻研教学，切实提升教学水平。推行培训自主选学，实行培训学分管理，建立培训学分银行，搭建教师培训与学历教育衔接的"立交桥"。建立健全地方教师发展机构和专业培训者队伍，依托现有资源，结合各地实际，逐步推进县级教师发展机构建设与改革，实现培训、教研、电教、科研部门有机整合。继续实施教师国培计划。鼓励教师海外研修访学。

加强中小学校长队伍建设，努力造就一支政治过硬、品德高尚、业务精湛、治校有方的校长队伍。面向全体中小学校长，加大培训力度，提升校长办学治校能力，打造高品质学校。实施校长国培计划，重点开展乡村中小学骨干校长培训和名校长研修。支持教师和校长大胆探索，创新教育思想、教育模式、教育方法，形成教学特色和办学风格，营造教育家脱颖而出的制度环境。

11. 全面提高幼儿园教师质量，建设一支高素质善保教的教师队伍。办好一批幼儿师范专科学校和若干所幼儿师范学院，支持师范院校设立学前教育专业，培养热爱学前教育事业，幼儿为本、才艺兼备、擅长保教的高水平幼儿园教师。创新幼儿园教师培养模式，前移培养起点，大力培养初中毕业起点的五年制专科层次幼儿园教师。优化幼儿园教师培养课程体系，突出保教融合，科学开设儿童发展、保育活动、教育活动类课程，强化实践性课程，培养学前教育师范生综合能力。

建立幼儿园教师全员培训制度，切实提升幼儿园教师科学保教能力。加大幼儿园园长、乡村幼儿园教师、普惠性民办幼儿园教师的培训力度。创新幼儿园教师培训模式，依托高等学校和优质幼儿园，重点采取集中培训与跟岗实践相结合的方式培训幼儿园教师。鼓励师范院校与幼儿园协同建立幼儿园教师培养培训基地。

12. 全面提高职业院校教师质量，建设一支高素质双师型的教师队伍。继续实施职业院校教师素质提高计划，引领带动各地建立一支技艺精湛、专兼结合的双师型教师队伍。加强职业技术师范院校建设，支持高水平学校和大中型企业共建双师型教师培养培训基地，建立高等学校、行业企业联合培养双师型教师的机制。切实推进职业院校教师定期到企业实践，不断提升实践教学能力。建立企业经营管理者、技术能手与职业院校管理者、骨干教师相互兼职制度。

13. 全面提高高等学校教师质量，建设一支高素质创新型的教师队伍。着力提高教师专业能力，推进高等教育内涵式发展。搭建校级教师发展平台，组织研修活动，开展教学研究与指导，推进教学改革与创新。加强院系教研室等学习共同体建设，建立完善传帮带机制。全面开展高等学校教师教学能力提升培训，重点面向新入职教师和青年教师，为高等学校培养人才培育生力军。重视各级各类学校辅导员专业发展。结合"一带一路"建设和人文交流机制，有序推动国内外教师双向交流。支持孔子学院教师、援外教师成长发展。

服务创新型国家和人才强国建设、世界一流大学和一流学科建设，实施好千人计划、万人计划、长江学者奖励计划等重大人才项目，着力打造创新团队，培养引进一批具有国际影响力的学科领军人才和青年学术英才。加强高端智库建设，依托人文社会科学重点研究基地等，汇聚培养一大批哲学社会科学名家名师。高等学校高层次人才遴选和培育中要突出教书育人，让科学家同时成为教育家。

四、深化教师管理综合改革，切实理顺体制机制

14. 创新和规范中小学教师编制配备。适应加快推进教育现代化的紧迫需求和城乡教育一体化发展改革的新形势，充分考虑新型城镇化、全面二孩政策及高考改革等带来的新情况，根据教育发展需要，在现有编制总量内，统筹考虑、合理核定教职工编制，盘活事业编制存量，优化编制结构，向教师队伍倾斜，采取多种形式增加教师总量，优先保障教育发展需要。落实城乡统一的中小学教职工编制标准，有条件的地方出台公办幼儿园人员配备规范、特殊教育学校教职工编制标准。创新编制管理，加大教职工编制统筹配置和跨区域调整力度，省级统筹、市域调剂、以县为主，动态调配。编制向乡村小规模学校倾斜，按照班师比与生师比相结合的方式核定。加强和规范中小学教职工编制管理，严禁挤占、挪用、截留编制和有编不补。实行教师编制配备和购买工勤服务相结合，满足教育快速发展需求。

15. 优化义务教育教师资源配置。实行义务教育教师"县管校聘"。深入推进县域内义务教育学校教师、校长交流轮岗，实行教师聘期制、校长任期制管理，推动城镇优秀教师、校长向乡村学校、薄弱学校流动。实行学区（乡镇）内走教制度，地方政府可根据实际给予相应补贴。

逐步扩大农村教师特岗计划实施规模，适时提高特岗教师工资性补助标准。鼓励优秀特岗教师攻读教育硕士。鼓励地方政府和相关院校因地制宜采取定向招生、定向培养、定期服务等方式，为乡村学校及教学点培养"一专多能"教师，优先满足老少边穷地区教师补充需要。实施银龄讲学计划，鼓励支持乐于奉献、身体健康的退休优秀教师到乡村和基层学校支教讲学。

16. 完善中小学教师准入和招聘制度。完善教师资格考试政策，逐步将修习教师教育课程、参加教育教学实践作为认定教育教学能力、取得教师资格的必备条件。新入职教师必须取得教师资格。严格教师准入，提高入职标准，重视思想政治素质和业务能力，根据教育行业特点，分区域规划，分类别指导，结合实际，逐步将幼儿园教师学历提升至专科，小学教师学历提升至师范专业专科和非师范专业本科，初中教师学历提升至本科，有条件的地方将普通高中教师学历提升至研究生。建立符合教育行业特点的中小学、幼儿园教师招聘办法，遴选乐教适教善教的优秀人才进入教师队伍。按照中小学校领导人员管理暂行办法，明确任职条件和资格，规范选拔任用工作，激发办学治校活力。

17. 深化中小学教师职称和考核评价制度改革。适当提高中小学中级、高级教师岗位比例，畅通教师职业发展通道。完善符合中小学特点的岗位管理制度，实现职称与教师聘用衔接。将中小学教师到乡村学校、薄弱学校任教1年以上的经历作为申报高级教师职称和特级教师的必要条件。推行中小学校长职级制改革，拓展职业发展空间，促进校长队伍专业化建设。

进一步完善职称评价标准，建立符合中小学教师岗位特点的考核评价指标体系，坚持德才兼备、全面考核，突出教育教学实绩，引导教师潜心教书育人。加强聘后管理，激发教师的工作活力。完善相关政策，防止形式主义的考核检查干扰正常教学。不简单用升学率、学生考试成绩等评价教师。实行定期注册制度，建立完善教师退出机制，提升教师队伍整体活力。加强中小学校长考核评价，督促提高素质能力，完善优胜劣汰机制。

18. 健全职业院校教师管理制度。根据职业教育特点，有条件的地方研究制定中等职业学校人员配备规范。完善职业院校教师资格标准，探索将行业企业从业经历作为认定教育教学能力、取得专业课教师资格的必要条件。落实职业院校用人自主权，完善教师招聘办法。推动固定岗和流动岗相结合的职业院校教师人事管理制度改革。支持职业院校专设流动岗位，适应产业发展和参与全球产业竞争需求，大力引进行业企业一流人才，吸引具有创新实践经验的企业家、高科技人才、高技能人才等兼职任教。完善职业院校教师考核评价制度，双师型教师考核评价要充分体现技能水平和专业教学能力。

19. 深化高等学校教师人事制度改革。积极探索实行高等学校人员总量管理。严把高等学校教师选聘入口关，实行思想政治素质和业务能力双重考察。严格教师职业准入，将新入职教师岗前培训和教育实习作为认定教育教学能力、取得高等学校教师资格的必备条件。适应人才培养结构调整需要，优化高等学校教师结构，鼓励高等学校加大聘用具有其他学校学习工作和行业企业工作经历教师的力度。配合外国人永久居留制度改革，健全外籍教师资格认证、服务管理等制度。帮助高等学校青年教师解决住房等困难。

推动高等学校教师职称制度改革，将评审权直接下放至高等学校，由高等学校自主组织职称评审、自主评价、按岗聘任。条件不具备、尚不能独立组织评审的高等学校，可采取联合评审的方式。推行高等学校教师职务聘任制改革，加强聘期考核，准聘与长聘相结合，做到能上能下、能进能出。教育、人力资源社会保障等部门要加强职称评聘事中事后监管。深入推进高等学校教师考核评价制度改革，突出教育教学业绩和师德考核，将教授为本科生上课作为基本制度。坚持正确导向，规范高层次人才合理有序流动。

五、不断提高地位待遇，真正让教师成为令人羡慕的职业

20. 明确教师的特别重要地位。突显教师职业的公共属性，强化教师承担的国家使命和公共教育服务的职责，确立公办中小学教师作为国家公职人员特殊的法律地位，明确中小学教师的权利和义务，强化保障和管理。各级党委和政府要切实负起中小学教师保障责任，提升教师的政治地位、社会地位、职业地位，吸引和稳定优秀人才从教。公办中小学教师要切实履行作为国家公职人员的义务，强化国家责任、政治责任、社会责任和教育责任。

21. 完善中小学教师待遇保障机制。健全中小学教师工资长效联动机制，核定绩效工资总量时统筹考虑当地公务员实际收入水平，确保中小学教师平均工资收入水平不低于或高于当地公务员平均工资收入水平。完善教师收入分配激励机制，有效体现教师工作量和工作绩效，绩效工资分配向班主任和特殊教育教师倾

斜。实行中小学校长职级制的地区，根据实际实施相应的校长收入分配办法。

22. 大力提升乡村教师待遇。深入实施乡村教师支持计划，关心乡村教师生活。认真落实艰苦边远地区津贴等政策，全面落实集中连片特困地区乡村教师生活补助政策，依据学校艰苦边远程度实行差别化补助，鼓励有条件的地方提高补助标准，努力惠及更多乡村教师。加强乡村教师周转宿舍建设，按规定将符合条件的教师纳入当地住房保障范围，让乡村教师住有所居。拿出务实举措，帮助乡村青年教师解决困难，关心乡村青年教师工作生活，巩固乡村青年教师队伍。在培训、职称评聘、表彰奖励等方面向乡村青年教师倾斜，优化乡村青年教师发展环境，加快乡村青年教师成长步伐。为乡村教师配备相应设施，丰富精神文化生活。

23. 维护民办学校教师权益。完善学校、个人、政府合理分担的民办学校教师社会保障机制，民办学校应与教师依法签订合同，按时足额支付工资，保障其福利待遇和其他合法权益，并为教师足额缴纳社会保险费和住房公积金。依法保障和落实民办学校教师在业务培训、职务聘任、教龄和工龄计算、表彰奖励、科研立项等方面享有与公办学校教师同等权利。

24. 推进高等学校教师薪酬制度改革。建立体现以增加知识价值为导向的收入分配机制，扩大高等学校收入分配自主权，高等学校在核定的绩效工资总量内自主确定收入分配办法。高等学校教师依法取得的科技成果转化奖励收入，不纳入本单位工资总额基数。完善适应高等学校教学岗位特点的内部激励机制，对专职从事教学的人员，适当提高基础性绩效工资在绩效工资中的比重，加大对教学型名师的岗位激励力度。

25. 提升教师社会地位。加大教师表彰力度。大力宣传教师中的"时代楷模"和"最美教师"。开展国家级教学名师、国家级教学成果奖评选表彰，重点奖励贡献突出的教学一线教师。做好特级教师评选，发挥引领作用。做好乡村学校从教30年教师荣誉证书颁发工作。各地要按照国家有关规定，因地制宜开展多种形式的教师表彰奖励活动，并落实相关优待政策。鼓励社会团体、企事业单位、民间组织对教师出资奖励，开展尊师活动，营造尊师重教良好社会风尚。

建设现代学校制度，体现以人为本，突出教师主体地位，落实教师知情权、参与权、表达权、监督权。建立健全教职工代表大会制度，保障教师参与学校决策的民主权利。推行中国特色大学章程，坚持和完善党委领导下的校长负责制，充分发挥教师在高等学校办学治校中的作用。维护教师职业尊严和合法权益，关心教师身心健康，克服职业倦怠，激发工作热情。

六、切实加强党的领导，全力确保政策举措落地见效

26. 强化组织保障。各级党委和政府要满腔热情关心教师，充分信任、紧紧依靠广大教师。要切实加强领导，实行一把手负责制，紧扣广大教师最关心、最直接、最现实的重大问题，找准教师队伍建设的突破口和着力点，坚持发展抓公平、改革抓机制、整体抓质量、安全抓责任、保证抓党建，把教师工作记在心里、扛在肩上、抓在手中，摆上重要议事日程，细化分工，确定路线图、任务书、时间表和责任人。主要负责同志和相关责任人要切实做到实事求是、求真务实，善始善终、善作善成，把准方向、敢于担当，亲力亲为、抓实工作。

各省、自治区、直辖市党委常委会每年至少研究一次教师队伍建设工作。建立教师工作联席会议制度，解决教师队伍建设重大问题。相关部门要制定切实提高教师待遇的具体措施。研究修订教师法。统筹现有资源，壮大全国教师工作力量，培育一批专业机构，专门研究教师队伍建设重大问题，为重大决策提供支撑。

27. 强化经费保障。各级政府要将教师队伍建设作为教育投入重点予以优先保障，完善支出保障机制，确保党和国家关于教师队伍建设重大决策部署落实到位。优化经费投入结构，优先支持教师队伍建设最薄弱、最紧迫的领域，重点用于按规定提高教师待遇保障、提升教师专业素质能力。加大师范教育投入力度。健全以政府投入为主、多渠道筹集教育经费的体制，充分调动社会力量投入教师队伍建设的积极性。制定严格的经费监管制度，规范经费使用，确保资金使用效益。

各级党委和政府要将教师队伍建设列入督查督导工作重点内容，并将结果作为党政领导班子和有关领导干部综合考核评价、奖惩任免的重要参考，确保各项政策措施全面落实到位，真正取得实效。

主要参考书目

1. 《当代中国》丛书教育卷编辑室. 当代中国高等师范教育资料选：上册[M]. 上海：华东师范大学出版社，1986.

2. 《中国教育年鉴》编辑部. 中国教育年鉴：1949—1981[M]. 北京：中国大百科全书出版社，1984.

3. 《中国教育年鉴》编辑部. 中国教育年鉴：2010[M]. 北京：人民教育出版社，2011.

4. 《中国教育年鉴》编辑部. 中国教育年鉴：2011[M]. 北京：人民教育出版社，2012.

5. 《中国教育年鉴》编辑部. 中国教育年鉴：2012[M]. 北京：人民教育出版社，2013.

6. 《中国教育年鉴》编辑部. 中国教育年鉴：2013[M]. 北京：人民教育出版社，2014.

7. 《中国教育年鉴》编辑部. 中国教育年鉴：2014[M]. 北京：人民教育出版社，2015.

8. 《中国教育年鉴》编辑部. 中国教育年鉴：2015[M]. 北京：人民教育出版社，2016.

9. 《中华教育历程》编委会. 中华教育历程：下卷[M]. 北京：光明日报出版社，1997.

10. 蔡迎旗. 幼儿教育财政投入与政策[M]. 北京：教育科学出版社，2007.

11. 陈永明. 教师教育研究[M]. 上海：华东师范大学出版社，2003.

12. 陈永明. 教师教育学[M]. 北京：北京大学出版社，2012.

13. 邓小平. 邓小平论教育[M]. 3版. 北京：人民教育出版社，2004.

14. 丁钢. 中国中小学教师专业发展状况调查与政策分析报告[M]. 上海：华东师范大学出版社，2010.

15. 顾明远. 教育大辞典 [M]. 增订合编本. 上海：上海教育出版社，1998.

16. 顾明远. 顾明远教育演讲录 [M]. 北京：人民教育出版社，2014.

17. 顾明远. 中国教育路在何方：顾明远教育漫谈 [M]. 北京：人民教育出版社，2016.

18. 何东昌. 中华人民共和国重要教育文献：1976—1990 [M]. 海口：海南出版社，1998.

19. 何东昌. 中华人民共和国重要教育文献：1991—1997 [M]. 海口：海南出版社，1998.

20. 何东昌. 中华人民共和国重要教育文献：1998—2002 [M]. 海口：海南出版社，1998.

21. 何东昌. 中华人民共和国重要教育文献：2003—2008 [M]. 北京：新世纪出版社，2010.

22. 贺祖斌，等. 教师教育：从自为走向自觉 [M]. 桂林：广西师范大学出版社，2007.

23. 胡乐乐. 美国人心中最好的老师：2005—2014年美国国家年度教师透视 [M]. 北京：中国人民大学出版社，2014.

24. 教育部教师工作司. 教师教育课程标准（试行）解读 [M]. 北京：北京师范大学出版社，2013.

25. 教育部课题组. 深入学习习近平关于教育的重要论述 [M]. 北京：人民出版社，2019.

26. 教育部师范教育司. 教师专业化的理论与实践 [M]. 修订版. 北京：人民教育出版社，2003.

27. 靳希斌. 教师教育模式研究 [M]. 北京：北京师范大学出版社，2009.

28. 梁威. 农村小学全科教师成长手册 [M]. 北京：北京师范大学出版社，2014.

29. 梁忠义. 教师教育 [M]. 长春：吉林教育出版社，2000.

30. 刘朝忠. 教师队伍建设与专业发展 [M]. 北京：高等教育出版社，2017.

31. 刘捷. 专业化：挑战 21 世纪的教师 [M]. 北京：教育科学出版社，2002.

32. 刘捷. 高中新课程与教师专业发展 [M]. 天津：天津教育出版社，2005.

33. 刘捷，谢维和. 栅栏内外：中国高等师范教育百年省思 [M]. 北京：北京师范大学出版社，2002.

34. 刘济良. 哲学之思：教师成长与发展的新视野 [M]. 北京：中国社会科学出版社.

35. 刘英杰. 中国教育大事典：1949—1990 [M]. 杭州：浙江教育出版社，1993.

36. 马啸风. 中国师范教育史：1897—2000 [M]. 北京：首都师范大学出版社，2003.

37. 梅新林. 聚焦中国教师教育 [M]. 北京：中国社会科学出版社，2008.

38. 梅新林. 中国教师教育 30 年 [M]. 北京：中国社会科学出版社，2008.

39. 帕梅拉·格罗斯曼. 专业化的教师是怎样炼成的 [M]. 李广平，等译. 北京：人民教育出版社，2012.

40. 瞿振元. 大学的革新 [M]. 北京：商务印书馆，2018.

41. 孙河川. 教师评价指标的国际比较研究 [M]. 北京：商务印书馆，2011.

42. 檀传宝，等. 教师专业伦理基础与实践 [M]. 上海：华东师范大学出版社，2016.

43. 汤丰林. 教师培训：理性与实践的核心关注 [M]. 北京：北京师范大学出版社，2018.

44. 滕大春. 教育史研究与教育规律探索 [M]. 北京：人民教育出版社，2019.

45. 王定华. 全面推进义务教育均衡发展 [M]. 北京：人民教育出版社，2012.

46. 王定华. 美国基础教育：观察与研究 [M]. 北京：人民教育出版社，2016.

47. 王定华. 美国高等教育：观察与研究［M］. 北京：人民教育出版社，2016.

48. 王定华. 新时代高品质学校建设方略［M］. 长春：东北师范大学出版社，2019.

49. 王定华. 中国基础教育：观察与研究［M］. 北京：人民教育出版社，2020.

50. 王定华，秦惠民. 北外教育评论：第一辑［M］. 北京：外语教学与研究出版社，2019.

51. 吴安春. 德性教师论［M］. 北京：人民教育出版社，2003.

52. 习近平. 习近平谈治国理政［M］. 北京：外文出版社，2014.

53. 习近平. 习近平谈治国理政：第2卷［M］. 北京：外文出版社，2017.

54. 谢维和. 我的教育觉悟［M］. 北京：人民教育出版社. 2016

55. 杨澜. 人工智能真的来了［M］. 南京：江苏凤凰文艺出版社，2017.

56. 余新. 教师培训师专业修炼［M］. 北京：教育科学出版社，2012.

57. 鱼霞. 反思型教师的成长机制探新［M］. 北京：教育科学出版社，2007.

58. 张彩云，等. 中小学教师工作政策研究［M］. 北京：人民教育出版社，2015.

59. 张铁道. 教师研修：国际视野下的本土实践［M］. 北京：教育科学出版社，2015.

60. 赵雪春. 职业教育师资队伍建设与发展［M］. 昆明：云南大学出版社，2007.

61. 中共中央宣传部. 习近平新时代中国特色社会主义思想学习纲要［M］. 北京：学习出版社，人民出版社，2019.

62. 中国学前教育研究会. 百年中国幼教：1903—2003［M］. 北京：教育科学出版社，2003.

63. 钟祖荣. 校长教师专业发展与培训研究［M］. 北京：高等教育出版社，2016.

64. 钟秉林. 大学的走向［M］. 北京：商务印书馆，2015.

65. 周红. 区域推进校本研修策略的个案研究 [M]. 长春：东北师范大学出版社，2015.

66. 周洪宇. 教师教育论 [M]. 北京：北京师范大学出版社，2010.

67. 周钧. 美国教师教育认可标准的变革与发展：全美教师教育认可委员会案例研究 [M]. 北京：北京师范大学出版社，2009.

68. 朱旭东. 教师教育标准体系研究 [M]. 北京：北京师范大学出版社，2011.

69. 朱旭东. 中国现代教师教育体系构建研究 [M]. 北京：北京师范大学出版社，2014.

70. 朱旭东，等. 中国教师培养机构发展研究 [M]. 北京：北京师范大学出版社，2016.

71. 朱旭东，等. 教师学习模式研究：中国的经验 [M]. 北京：北京师范大学出版社，2017.

72. 朱旭东，胡艳. 中国教育改革30年：教师教育卷 [M]. 北京：北京师范大学出版社，2009.

73. 朱永新. 致教师 [M]. 武汉：长江文艺出版社，2016.

74. 祝怀新. 封闭与开放：教师教育政策研究 [M]. 杭州：浙江教育出版社，2007.

75. Boyer J W. The university of Chicago [M]. Chicago：Chicago University Press，2015.

76. Kronman A. The assault on American excellence [M]. New York：Free Press，2019.

77. Reimers F M，Chung C K. Teaching and learning for the twenty-first century [M]. Cambridge：Harvard Education Press，2016.

78. Vegas E. Incentives to improve teaching [M]. Washington D.C.：The World Bank，2005.

后 记

百年大计,教育为本;教育大计,教师为本。教师是教育事业的第一资源,是国家繁荣、民族振兴、人民幸福的重要基石。多年来,我国在教师队伍建设方面做出艰苦努力,取得突出进展。我国1 670多万名各级各类教师学为人师、行为世范、扎根基层、默默奉献、阳光美丽、爱岗敬业、成绩凸显,成了实现中华民族伟大复兴中国梦的筑梦人。总结成绩,令人欣喜不已;正视问题,让人不敢懈怠。我们感到,教师教育改进的空间还很大,顶层设计有待优化,管理机制有待完善,适应性有待提高,教师自主性也有待激发。进入新时代,党中央将教师工作摆在前所未有的重要地位,教师队伍建设迎来了新的历史机遇和发展契机。

2017年11月20日,十九届中央全面深化改革领导小组第一次会议审议通过《中共中央国务院关于全面深化新时代教师队伍建设改革的意见》,并于2018年1月20日正式印发,这是新中国成立以来第一份以中共中央和国务院名义印发的教师队伍建设文件。该文件擘画了新时代教师队伍建设的宏伟蓝图,指明了新时代教师队伍建设的改革方向,对各级党委和政府抓好新时代教师队伍建设工作提出了明确要求。我作为这一重要文件起草组组长,做出了一点贡献,感到十分荣幸。

2018年9月10日,中华人民共和国第34个教师节当天,党中央、国务院召开了新时代第一次全国教育大会。习近平总书记做了高瞻远瞩、富有新意、深刻生动的重要讲话,对改革开放以来,特别是党的十八大以来我国教育改革发展的经验进行总结,概括出九个法宝:坚持党对教育事业的全面领导;坚持把立德树人作为根本任务;坚持优先发展教育事业;坚持社会主义办学方向;坚持扎根中国大地办教育;坚持以人民为中心发展教育;坚持深化教育改革创新;坚持把服务中华民族伟大复兴作为教育的重要使命;坚持把教师队伍建设作为基础工作。这九个法宝涉及根本要求、根本任务、战略部署、政治原则、教育自信、价值追求、鲜明导向、使命担当、基础工作,是我国教育事业取得巨大成就的经验所在,也是新时代深入推进教育改革发展的重要遵循。教师是立教之本、兴教之源，担负着传播知识、传播思想、传播真理的神圣使命，从事着塑造灵魂、塑造生命、塑造新人的工作。

2020年1月10日，教育部部长陈宝生在2020年全国教育工作会议上号召全面加强教师队伍建设，要严师德、促发展、优管理、立尊严。

未来，加强教师队伍建设，必须学习好领会好上述精神，结合各地各校实际，立足新时代，面向现代化，做好如下重点工作。

一是加强师德师风建设。国无德不兴，人无德不立。评价教师队伍素质的第一标准是师德师风。习近平总书记多次倡导教师争做"四有"好老师，希望教师做到教书与育人相统一、言传与身教相统一、潜心问道与关注社会相统一、学术自由与学术规范相统一，从而成为先进思想文化的传播者、党执政的坚定支持者、学生健康成长的指导者和引路人。在全国教育大会上，他对教师提出了新的更高希望，即要像春蚕吐丝那样竭心力，像蜡炬成灰那样发光热，像和风细雨那样润心田，像孺子牛那样做人梯。教师是太阳底下最光辉的职业，可以肯定地说，绝大多数教师是好的，值得充分肯定。但也确有个别教师严重违反师德，损害了教师形象。根据全国教育大会精神，下一步，要把提高教师思想政治素质和职业道德水平摆在首要位置，认真贯彻教师职业行为十项准则，把社会主义核心价值观贯穿到教书育人全过程，突出全员全方位全过程师德养成，引导广大教师以德立身、以德立学、以德施教、以德育德。

二是提高职前培养质量。体现问题导向，采取有力措施，改变教师培养环节薄弱现状。提升生源质量，鼓励办学条件好、教学质量高的院校师范专业提前批次录取，对符合政策要求的采取到岗退费或公费培养、定向培养等方式，吸引和选拔乐教适教善教的优秀青年进入师范专业。改进培养环节，实施《教师教育振兴行动计划（2018—2022年）》，加大对师范院校支持力度，建立以师范院校为主体、高水平非师范院校参与的教师教育体系。借鉴国际经验，界定教师应当具备的素质，诸如专注于学生和教学，对所教科目谙熟于心并善于传授，对学生学习进行管理和掌控，对教学实践进行系统思考并汲取有益做法，将自己置于学习共同体之中。实施卓越教师培养计划，分类培养一批高素质专业化的中小学教师、高素质善保教的幼儿园教师、高素质双师型的职教教师、高素质创新型的高校教师，倡导教育家办学。做好师范类专业认证，以认促建，以认促强，自愿申报，不收费用，专家主导，试点引领，学生中心，产出导向，持续改进。

三是提高在职培训实效。根据全国教育大会精神，应当大力开展能力建设。在国培方面，以标准引领方向，以短板作为重点，以需求制订规划，以模块设置课程，以种子培育团队，以名师开展领航，以创新优化项目，以精品打造标杆，以管理改革增效，以专家视导评估。统筹推进国培项目，分级分层分类开展培训，"国培计划"集中支持中西部乡村教师提升整体素质，教师素质提高计划重点提升职业院校教师实践教学技能，高校国培项目注重提升西部青年教师教学能力。强化校本教研，发挥教学名师示范带动作用，引领青年教师快速成长。通过领航工程、领雁计划等举措，鼓励教师大胆探索，创新教育理念，改进教学方法，成为学生创新精神的呵护者、创造能力的培育者、创业生涯的指导者。提升校长办学治校能力，增强校长培训的针对性，促进校长队伍专业化建设。

四是创新现代治理体系。创新和规范中小学教师编制配备，盘活事业编制总量，优先保障教育发展需要。深化中小学教师资格考试和定期注册改革，逐步提高中小学教师入职学历。鼓励职业院校专设流动岗，聘用企业家、高科技人才、高技能人才兼职任教。严把高校教师选聘思想政治关，推进职务聘任制改革，实现能进能出。深化职称制度改革，优化中小学中高级教师岗位比例，在中职学校设立正高级职称，将职称评审权下放至高校并做好相应监管。深化考核评价制度改革，突出教育教学实绩和师德要求，努力扭转中小学单纯以升学率和学生考试成绩评价教师的倾向，努力扭转高校教师重科研轻教学、重数量轻质量的倾向。

五是确保教师地位待遇。完善中小学教师待遇保障机制，确保平均工资收入水平不低于当地公务员。关注教师身心健康，提供有效健康服务，让教师健康工作、幸福生活。深化"放管服"改革，推动管办评分离，充分发挥教师办学治校主体作用。补齐乡村教师队伍短板，切实落实乡村教师支持计划，鼓励地方政府和相关院校采取多种方式培养一专多能的本土化乡村教师。扩大"特岗计划"招聘规模，适时提高特岗教师工资性补助标准。编制配备向乡村小规模学校倾斜，深化"县管校聘"制度改革，关爱乡村青年教师。完善荣誉制度，深入做好教学名师、教育系统先进集体和先进个人、教书育人楷模等评选推选活动，发挥其示范引领作用，营造全社会尊师光荣、鄙师可耻的浓厚氛围。

六是不断完善法律体系。2009年版《中华人民共和国教师法》曾发挥较大作用，根据新时代变化了的新形势和中共中央、国务院关于教师队伍建设的文件，重启《中华人民共和国教师法》修订十分必要，正当其时。《中华人民共和国教师法》修订要有明确的指导思想。指导思想是行动指南。只有确立正确的指导思想，才能让教师队伍建设进程行稳致远，取得应有成效。指导思想应明确举什么旗、走什么路、坚持什么、树立什么。新时代教师队伍建设必须全面贯彻落实党的十九大精神，紧紧围绕统筹推进"五位一体"总体布局和协调推进"四个全面"战略布局，坚持和加强党的全面领导，坚持以人民为中心的发展思想，坚持全面深化改革，牢固树立新发展理念，全面贯彻党的教育方针，坚持社会主义办学方向。落实立德树人根本任务，遵循教育规律和教师成长发展规律，加强师德师风建设，培养高素质教师队伍。倡导全社会尊师重教，力争形成优秀人才争相从教、教师人人尽展其才、好教师不断涌现的良好局面。《中华人民共和国教师法》修订还要有明确的指导原则。（1）继承适用条款。法中继续适用的条款，曾是多方费力形成的共识，广大教师耳熟能详，则可保留。（2）"漂移"中央政策。如2018年中央4号文件内容，总书记于2014年教师节、2016年教师节、2016年高校思政会、2018年全国教育大会、2019年全国思政课教师座谈会讲话中关于教师和教师工作的重要指示和讲话。（3）提炼各地做法。各地近期出台了中央4号文件实施意见，都有这样那样的亮点或实招。可把所有省份的实施意见汇集起来，把尽量多的亮点实招归纳出来，罗列起来。工作中了解的、新闻中报道的、各单位报送的好做法，也可分分类，予以总结提炼。认真研究后，有的便可写到法律里。（4）尽量具体明确。《中华人民共和国教师法》不同于《中华人民共和国教育法》，还是宜针对教师队伍建设中或教师工作生活中普遍存在的问题，予以界定，直面问题，给出实招。明确表述条款，突出管用，不无病呻吟；突出明确，不模棱两可。（5）引导改革创新。时代在变，万物皆流，不忘初心，与时俱进。《中华人民共和国教师法》的条款，既要聚焦现时期，又要涵盖新时代。整体考虑2035年之前的态势和需求，具有前瞻性；不囿于一成不变的教条，具有创新性。

在写作《中国教师教育：观察与研究》的过程中，得到了挚爱亲朋的大力支持。教育部教师工作司任友群司长，黄伟、宋磊副司长给予了热情指导。焦江方、刘扬处长花费宝贵时间收集素材、整理文稿，做了重要的基础性工作。黄小

后记

华、王薇、赵静、王炳明、王克杰处长和汤兴虎同志提供了相关素材。中国教育学会国际教育分会筹备组的杨慧文、张东升同志参与了校阅。人民教育出版社郭戈总编辑和刘立德、诸惠芳、曾红梅、韩华球等同志对本书的编辑出版给予了悉心安排、精心加工。生活在家乡年迈的老父亲对我撰写的每本书总是反复阅读、逐行揣摩，并认真批画、一字不落，体现了对远方游子的关心和思念。就这本书，我干脆把"过程稿"打印出来，呈送他指教。著名教育家顾明远先生欣然为本书题词，体现了对笔者的关心和支持。在编写过程中，我参考了大量专家学者的研究成果，还选用了担任司长时委托相关专家所写的调研报告，对此笔者尽量予以注明，如不慎疏漏，敬请原谅。

编写这本书，既是脑力劳动、智力贡献，也是友情凝结、亲情奉献，没有大家的支持帮助，便没有这本书的付梓。对此，我心存感激、诚挚致谢。

这本书从一个角度反映了我国教师教育的发展变化，主要展现了 21 世纪之初的二十年里国家教师教育的宏观政策与决策过程，相信可以给读者以启发。同时，我也深知，由于目前担任大学的主要领导职务，事务缠身，写作不够专注，本书可能存在一些不妥或谬误，敬希各位贤达和广大读者不吝赐教，我一定虚心接受并予以订正。

王定华
2020 年夏于北京